广东哲学社会科学规划优秀成果文库

民法典实施后商法一般条款法律适用研究

周林彬　官欣荣　等　著

·广州·

版权所有　翻印必究

图书在版编目（CIP）数据

民法典实施后商法一般条款法律适用研究/周林彬，官欣荣等著. -- 广州：中山大学出版社，2024.12. -- （广东哲学社会科学规划优秀成果文库：2021—2023）. -- ISBN 978 - 7 - 306 - 08186 - 5

Ⅰ. D923.99

中国国家版本馆 CIP 数据核字第 202459NN05 号

出 版 人：	王天琪
策划编辑：	金继伟
责任编辑：	周　玢
封面设计：	林绵华
责任校对：	刘奕宏
责任技编：	靳晓虹
出版发行：	中山大学出版社
电　　话：	编辑部 020 - 84111996，84113349，84111997，84110779
	发行部 020 - 84111998，84111981，84111160
地　　址：	广州市新港西路 135 号
邮　　编：	510275　　传　真：020 - 84036565
网　　址：	http://www.zsup.com.cn　E-mail：zdcbs@mail.sysu.edu.cn
印 刷 者：	佛山家联印刷有限公司
规　　格：	787mm×1092mm　1/16　22.25 印张　424 千字
版次印次：	2024 年 12 月第 1 版　2024 年 12 月第 1 次印刷
定　　价：	98.00 元

如发现本书因印装质量影响阅读，请与出版社发行部联系调换

《广东哲学社会科学规划优秀成果文库》出版说明

为充分发挥哲学社会科学优秀成果和优秀人才的示范带动作用，促进广东哲学社会科学繁荣发展，助力构建中国哲学社会科学自主知识体系，中共广东省委宣传部、广东省社会科学界联合会决定出版《广东哲学社会科学规划优秀成果文库》（2021—2023）。从 2021 年至 2023 年，广东省获立的国家社会科学基金项目和广东省哲学社会科学规划项目结项等级为"优秀""良好"的成果中，遴选出 17 部能较好体现当前我省哲学社会科学研究前沿，代表我省相关学科领域研究水平的学术精品，按照"统一标识、统一封面、统一版式、统一标准"的总体要求组织出版。

2024 年 10 月

目 录

导 论 何以研究商法一般条款适用问题 ················· 1
  第一节 研究背景与研究意义 ························· 1
    一、研究背景 ································· 1
    二、研究意义 ································· 8
  第二节 相关文献述评 ····························· 11
    一、一般条款的相关研究 ························· 11
    二、商法适用的相关研究 ························· 13
    三、商事单行法中一般条款适用的相关研究 ············· 18
    四、民法规范与商法规范区分适用的文献述评 ············ 19
    五、国外商法适用的研究综述 ······················ 21
  第三节 内容结构与主要观点 ························ 29
    一、内容结构 ································ 29
    二、研究方法 ································ 30
    三、创新观点 ································ 30

第一章 商法一般条款的理论分析 ····················· 34
  第一节 商法一般条款的含义与分类 ···················· 35
    一、商法一般条款的含义 ························· 35
    二、商法一般条款的类型 ························· 37
  第二节 商法一般条款的发展脉络 ····················· 42
    一、立法演进：民商关系历时态的考察 ················ 43
    二、商法一般条款的制度演进特点：体系内部视角的考察 ···· 47
  第三节 商法一般条款入典的理论范式 ·················· 51
    一、商法一般条款的功能分析 ······················ 51
    二、商法一般条款的分类入典标准 ··················· 53
    三、分类入典的形式 ···························· 54

四、商法一般条款分类"入典进编"的意义 …………………… 56
　第四节　基于民商关系的商法一般条款新分类 ………………………… 59
　　一、"一般条款"的理解辨析 …………………………………… 59
　　二、基于民商关系的商法一般条款进阶分类方法 …………… 62
　小　结 …………………………………………………………………… 68

第二章　《民法典》总则编中商法一般条款的法律适用 …………… 69
　第一节　总则编中商法一般条款的加入现状 …………………………… 71
　　一、总则编加入商法一般条款的学术争论 …………………… 72
　　二、总则编加入商法一般条款的得失分析 …………………… 76
　　三、总则编中商法一般条款的适用完善 ……………………… 89
　第二节　总则编第八十三条（禁止权利滥用原则）的适用分析 ……… 95
　　一、总则编第八十三条的法理构造及立法表达 ……………… 96
　　二、总则编第八十三条三种适用模式的实证分析 …………… 104
　　三、总则编第八十三条的适用完善 …………………………… 112
　第三节　总则编第八十六条（交易安全原则）的适用分析 …………… 117
　　一、总则编第八十六条的法理构造及立法表达 ……………… 118
　　二、总则编第八十六条的适用分析 …………………………… 121
　　三、总则编第八十六条的适用完善 …………………………… 130
　小　结 …………………………………………………………………… 132

第三章　《民法典》分编中商法一般条款的法律适用（上） ……… 134
　第一节　物权编中商法一般条款的法律适用 …………………………… 134
　　一、物权编加入商法一般条款的法理基础与加入现状 ……… 134
　　二、物权编中商法一般条款的适用分析：以担保物权为例 … 141
　　三、物权编中商法一般条款的适用完善：以商事非典型担保
　　　　规范为例 …………………………………………………… 155
　第二节　合同编中商法一般条款的法律适用 …………………………… 163
　　一、合同编加入商法一般条款的法理基础与加入现状 ……… 163
　　二、合同编中商法一般条款的适用分析：以违约金约定为例
　　　　………………………………………………………………… 178
　　三、合同编中商法一般条款的适用完善：以商事违约金调减
　　　　规范为例 …………………………………………………… 184

第三节　侵权责任编中商法一般条款的法律适用……………… 188
　　一、侵权责任编加入商法一般条款的法理基础与加入现状……… 189
　　二、侵权责任编中商法一般条款的适用分析：以安全保障义务
　　　　为例………………………………………………………… 199
　　三、侵权责任编中商法一般条款的适用完善：以商事安全保障
　　　　义务规范为例……………………………………………… 204
　　小　结………………………………………………………… 210

第四章　《民法典》分编中商法一般条款的法律适用（下）……… 211
第一节　人格权编中商法一般条款的法律适用………………… 211
　　一、人格权编加入商法一般条款的法理基础与加入现状……… 211
　　二、人格权编中商法一般条款的适用分析：以商誉权保护为例
　　　　………………………………………………………………… 226
　　三、人格权编中商法一般条款的适用完善………………… 229
第二节　婚姻家庭编与继承编中商法一般条款的法律适用…… 233
　　一、婚姻家庭编与继承编加入商法一般条款的法理基础
　　　　与加入现状………………………………………………… 234
　　二、婚姻家庭编与继承编中商法一般条款的适用分析：
　　　　以涉家事股权转让与继承为例…………………………… 241
　　三、婚姻家庭编与继承编中商法一般条款的适用完善……… 250
　　小　结………………………………………………………… 256

第五章　《民法典》外商法一般条款的法律适用……………… 258
第一节　典外商法一般条款的法律适用………………………… 260
　　一、"双向运动"潮流下商法一般条款的发展动向…………… 260
　　二、从《民法典》"商事立法剩余"到"剩余商事立法"……… 264
　　三、"剩余商事立法"的路线图和着力点…………………… 266
第二节　典外冲突型商法一般条款的适用分析………………… 267
　　一、商法原则、解释规准的法理分析……………………… 269
　　二、典外冲突型商法一般条款的适用困境………………… 273
　　三、典外冲突型商法一般条款的适用完善………………… 278

第三节 典外冲突型商法一般条款的完善方案（一）：
以商事主体一般条款为例 288
一、商事主体的资格取得构造要件辨析 289
二、商事主体法律制度的适用分析 301
三、典外商事主体法律制度的安排思路：以一般条款设计为例
304

第四节 典外冲突型商法一般条款的完善方案（二）：
以商事行为一般条款为例 308
一、商事行为的法理分析 308
二、商事行为一般条款的法律适用困惑 315
三、典外商事行为的制度安排思路：以一般条款设计为例 317

小　结 325

后　记　栖栖道岂穷 326

参考文献 328

导 论　何以研究商法一般条款适用问题*

第一节　研究背景与研究意义

"一般条款"按学界通说又称"概括条款",是一种不具有明确构成要件或法律效果的法律规范,"法律中常有某些内涵和外延不确定,具有开放性的指导性规定,这就是所谓一般条款"①。而所谓"商法一般条款",则是指商事法律领域中内涵抽象、外延宽泛,不像具体法律规则那样具有严格的逻辑结构或确定的权利义务指示,其适用须依赖法官之价值补充的法律条款。所谓"法律适用",在法理学上是将有效的法律规范符合事实地适用于具体纠纷。法律适用有广义和狭义之分:广义法律适用等同于法的实施,是指一切国家机关(包括立法机关)及其工作人员、社会团体和公民实现法律规范的活动;狭义法律适用专指国家司法、执法机关及其工作人员依照其职权范围把法律规范应用于具体事项的活动。本书所论的"商法一般条款适用",主要是通过"从'纸面上的法'到'行动中的法'的法秩序实现维度"来分析,包括"适用解释论+剩余立法完善论"的双向展开内容。

一、研究背景

从《中华人民共和国民法典》(以下简称《民法典》)的立法背景看,《中共中央关于全面推进依法治国若干重大问题的决定》提出将《民法典》的

---

* 本章的主要作者为周林彬、官欣荣、黄志成。丁紫晗协助了本章的资料整理与初稿写作工作。
① 朱靖利:《试析法律悖论》,载《河南教育学院学报(哲学社会科学版)》2010年第6期,第108页。

编纂作为完善我国市场经济法律体系的第一要务。① 2015 年 3 月，全国人民代表大会常务委员会法制工作委员会（以下简称"全国人大常委会法工委"）启动民法典编纂工作，分成"两步走"：2017 年先出台《中华人民共和国民法总则》（以下简称《民法总则》），为修典奠定坚实基础；后续编纂各分编，历经 5 年多时间，最终与总则汇合成一部完整民法典。2020 年 5 月 28 日，《民法典》由第十三届全国人大第三次会议正式表决通过，是中华人民共和国成立以来颁布的第一部以法典命名的法律文本。作为市场经济的基本法，《民法典》在社会主义法律体系中居于基础性地位，并在民商事领域发挥着统领性规范作用，中国现代化法治进程自此进入了一个新时代。

《民法典》内容精深、结构严谨、体系完备，被誉为"社会生活的百科全书"，更是保障人民私权的"权利宣言书"。依民事法律制度调整的两种最基本的社会关系，即人身关系和财产关系，《民法典》相应地规定了人身权和财产权两种基本权利类型。人身权包括一般人格权、具体人格权及人格利益；财产权包括物权、债权、知识产权、继承权、股权和其他投资性权利、数据和网络虚拟财产权等。《民法典》还创设了禁止权利滥用的一般条款，将人格权的内容独立成编，同时，关于权利具体类型的制度设计可谓空前完备。此法典的颁行将中国特色社会主义法律体系的发展进程又向前推进了一大步，为良法善治注入了私法自治的体系化"因子"，标志着我国治理体系和治理能力现代化进入了一个新阶段。在《民法典》颁布后，学界的研究重点从立法研究转向了法律体系完善研究和法律适用研究，而如何通过对《民法典》相关规范的解释和完善来提升其适用效能，将是迈入《民法典》时代后的一大法治课题。

虑及我国民商合一立法体例下统分结合的私法构造，《民法典》纳入了相当比重的商法内容，精准理解《民法典》价值理念和各项制度规范意旨，发挥《民法典》统率民商事各部门法律的"领航"功能，注意民商区分的特殊规范，减少不必要的交易成本，消解部门法之间的价值冲突，促进各部门法之间的协调适用，实乃完善中国特色社会主义法律体系的新征程、新起点。

"法的生命在于实施"，从《民法典》的实施背景看，我国《民法典》利用后发优势，完成了从民事单行法的各自适用到法典体系化适用的重大转变，

---

① 研读《中共中央关于全面推进依法治国若干重大问题的决定》有关民法典编纂的"前言后语"，不难发现市场经济法律体系完善任务还包括与市场交易关系密切的商事立法、经济立法等。参见周林彬《民法总则制定中商法总则内容的加入——以民法总则专家建议稿"一般规定"条款的修改意见为例》，载《社会科学战线》2015 年第 12 期，第 206 页。

开启了一个民商法体系解释论的新时代。据此，我们既要对法典中定型的民事法律规范做出解释适用，又要对商事特别法律规范做出解释适用。而"在法典时代开始后，静止法律与进步社会之间的区别已开始显露出来"①，现代互联网和信息科技、人工智能发展一日千里，在线平台经济、网络直播、共享经济的商业交易模式日新月异，股权众筹、区块链融资引发商事法律关系骤变，传统的民事交易法无法满足适用需求。残缺式与演变式的体系违反带来的法律漏洞与法律发展问题，逐渐呈现。例如，2005 年修订的《中华人民共和国证券法》（以下简称《证券法》）第一百二十条秉持交易恒定原则，基于维护交易结果的逻辑，规定了依法定交易规则进行交易的结果不得改变，但这与《民法典》第一百四十七条"基于重大误解实施的民事法律行为可请求撤销"的规定相抵触。2019 年修订的《证券法》第一百一十七条增加了"重大过错"的除外规定，对证券交易结果恒定原则做了例外规定。可见，由规范之间的矛盾所形成的冲突型法律漏洞，可通过援引一般条款来补救。

由于民法无法穷尽商事特别法应当规定的全部内容，而商事活动又最具创新性，"常与商界习惯有关，而商界习惯，又常有变易"②，商事特别法滞后于商事实践已司空见惯，因此，商法漏洞的产生遂成常态。③ 商法漏洞形式多种，既包括典内规范漏洞，也包括商事单行法上的漏洞，还包括制定法之外的漏洞。对于此类商法漏洞的填补而言，是依照"特别法未规定的适用一般法的基本原理"适用民法一般规则予以填补，还是应在商法方法论的指导下进行填补，便成了民商事法律规范协同适用中亟待跨越的障碍。有学者指出，"我国编纂中的民法典采民商合一体例，虽部分解决了商事特别法的规则，但商法漏洞仍不可避免，而民法总则引入的法律适用条款对解决商法的漏洞尚显制度供给不足，应通过法律解释和完善法律漏洞填补规则的路径，协调好民法和商法漏洞填补的一般性规则"④。在本书看来，商法一般条款是"储存"了商法理念、价值、思维方式和方法等丰富信息的法律条款，法官利用其进行价值补充以填补法律漏洞，"法律漏洞填补必须在考量商事交易的需求、商事活动的本质等漏洞填补的一般法则后，参酌商法基本原则和商法自身的法源规定，运用商法的原则、习惯和一般规则，遵循法律漏洞填补的法学方法论进行

---

① ［英］亨利·萨姆奈·梅因：《古代法》，高敏、瞿慧虹译，九州出版社 2007 年版，第 31 页。
② 史尚宽：《民法总论》，中国政法大学出版社 2000 年版，第 63 页。
③ 参见于莹《民法基本原则与商法漏洞填补》，载《中国法学》2019 年第 4 期，第 285 页。
④ 钱玉林：《商法漏洞的特别法属性及其填补规则》，载《中国社会科学》2018 年第 12 期，第 91 页。

法律续造，补充商法规范的漏洞"①。可见，进入《民法典》解释论的新时代之后，商法一般条款的方法论研究价值愈加凸显。替代型、补充型、冲突型商法一般条款的分类入典研究，有助于辨识其商事特别法规范属性，解决新型、疑难、复杂商事纠纷案件引发的规则冲突、规则漏洞问题。

从发展新质生产力②的内生要素看，依照制度经济学基本原理，新时代营商环境的"良法+善治"作为社会经济发展的内生性要素，将激发市场主体活力，推动科技创新和经济高质量增长。在商法助力新质生产力建设、持续优化营商环境、促进经济高质量发展的新征途中，新质生产力管理和制度层面的创新尤为迫切。以2023年修订的《中华人民共和国公司法》（以下简称新《公司法》）③为例，其通过类别股（双重股权结构）、单层制治理、国家出资、公司党组织法定地位确立等制度的完善与创新，为赋能国有企业、专精特新"小巨人"企业、独角兽企业等各类市场主体科学技术创新、生态环境保护、社会责任履行、公司治理优化，以及为将可持续发展理念融入公司战略规划、经营管理提供良好的制度基础和法律保障。

从持续优化国际化营商环境方面看，近些年我国深入推进改革开放，积极践行"一带一路"倡议，为世界经济复苏和全球可持续发展注入了强大动力；④同时，亦应看到，随着中国企业走出国门，迈向全球市场，涉外商事纠纷的风险亦不可小觑，人们对持续优化法治化、国际化的稳预期的营商环境提出了更多期许。我国商事法律制度体系化建设面临着如何实现从本土规范适当法典化，到对接、融合互联互通的国际贸易法律制度的转变，以应对促进国际法律交往互惠增信的新挑战、新使命。从"一带一路"相关国家和地区的双

---

① 于莹：《民法基本原则与商法漏洞填补》，载《中国法学》2019年第4期，第301页。
② 所谓"新质生产力"，是相对传统生产力而言，建立在新产业、新业态、新模式要求下，以新理念、新技术、新形态为主要内涵的生产力，是融合了数字化技术等全新质态要素的生产力。习近平总书记在新时代推动东北全面振兴座谈会上强调："积极培育新能源、新材料、先进制造、电子信息等战略性新兴产业，积极培育未来产业，加快形成新质生产力，增强发展新动能。"新质生产力是党中央立足于世界科技进步的前沿，着眼于全面建成社会主义现代化强国这一目标任务提出的新概念。
③ 本书简写之《公司法》均指作期限前施行的2018年10月26日修正的《中华人民共和国公司法》，特别注明的"新《公司法》"则指2023年12月29日修订的《中华人民共和国公司法》。
④ "一带一路"倡议提出10年来，为伙伴国创造了42万个工作岗位，使将近4000万人摆脱贫困。"世界银行研究报告显示，到2030年，共建'一带一路'将使参与国贸易增长2.8%～9.7%、全球贸易增长1.7%～6.2%、全球收入增加0.7%～2.9%"，参见《2023年7月19日外交部发言人毛宁主持例行记者会》，见外交部官网：http://www.mfa.gov.cn/web/fyrbt_673021/jzhsl_673025/202307/t20230719_11115197.shtml，最后访问时间：2023年12月6日。

边/多边贸易协定中提炼出便利贸易的共通规则，并通过国际仲裁机构的法律适用形成新的国际贸易规则，能为国内外"用户"减少搜寻、释明法条的成本。"提升我国商法规则在国际市场竞争中的制度性话语权"①，使其从跟跑者向并跑者、领跑者的角色转换，并从商事法律制度的输入向示范模式转变，能让中国商法文明不仅成为国内商人的"经济语言"，更成为世界通用商法的重要组成部分。将国际贸易通行的意思自治、商业合理性、善意等商法基本原理和原则，以中国化的一般条款立法形式载入国内商事基本法律文件，是补齐国内商法短板、存异求同，对接国际商法的有效路径。

《民法典》是市场经济前置法、基础法，"富民强国的培本之法"，为营商环境持续优化提供了基础性法律保障。其通过典内优化合同订立、履行、解除规则，增设了电子商务相应规定，增加了保理合同、物业服务合同等新合同类型；典外商事单行立法也在不断完善，如2022年8月1日实施的《中华人民共和国期货和衍生品法》（以下简称《期货和衍生品法》），健全了市场化国际化资本市场法制，②补齐了投资营商的资本市场生态法治短板。在对外贸易领域，《民法典》中关于合同订立、货物运输和检验、知识产权保护③等方面的规范，直接为包括外贸企业在内的各类市场主体提供了明确的法治保障，是营造稳定、公平、有序的营商环境，促进和保障我国社会主义市场经济健康有序发展的重要法律基石。在传导、推介和输出《民法典》法律精神、价值、规则的进程中，我们应注意两方面：一是《民法典》所规定的一般原则与规则同样适用于贸易领域，如第六条规定便属于本书所归类的替代型商法一般条款，④毫无疑问，外贸活动应当遵守该规定；二是应该明白，《民法典》作为私法的一般法，对于商事特别法的规范属性和革新品格不能完全囊括，唯有通

---

① 杨临萍：《当前商事审判中的十大热点纠纷问题梳理》，载《人民司法》2016年第4期，第32页。

② 此法进一步改进了期货和衍生品交易规则，加大了对普通交易者的保护力度，构建了交易者分类和适当性制度，明确了交易者所享有的各项权益，禁止特殊主体参与期货交易，防范利益冲突，等等。

③ 知识产权是企业开拓国际市场的核心竞争力。《民法典》除了明确出卖标的物的知识产权不属于买受人的基本原则以外，最大亮点即严格区分了技术转让合同和技术许可合同，还对集成电路布图设计专有权、植物新品种权、计算机软件著作权等其他知识产权的转让和许可进行了规范，同时赋予了拥有自主知识产权的外贸企业更大的自治权。《民法典》第六百条规定："出卖具有知识产权的标的物的，除法律另有规定或者当事人另有约定外，该标的物的知识产权不属于买受人。"

④ 《民法典》第六条规定："民事主体从事民事活动，应当遵循公平原则，合理确定各方的权利和义务。"

过商法一般条款"剩余立法"的适用完善,才能更好地满足现代外贸交易决疑解纷的市场诉求。

从建立有中国特色的、具有自主话语体系的商法学理论背景看,为了在商事法律领域贯彻党的二十大报告"加快构建中国特色哲学社会科学学科体系、学术体系、话语体系"的指示精神,如何在《民法典》民商合一的立法体例及私法"理一分殊"的实施语境下,建立有中国特色的、具有自主话语体系的商法学理论和思维方式,明晰民商区隔思维,又有辩证统一思维的理论自觉,仍任重道远。换言之,在对《民法典》总则编及各分编的民法规范与商法规范的适用、商法规范与商法一般条款二者之间的联系与区别上,如何提升运用现代商法思维的觉悟水平,还仰赖有中国特色的、具有自主话语体系的商法学理论的发展和成熟。任何学科都有自己的基础概念群、关键术语、特有范畴和原理,商法学理论也不例外。除了传统商法上的"商事法律制度""商事主体""商事行为""营业"外,① 也有现代商法为满足技术革新、市场需要而产生的新术语、新公式、新定理。例如,在商业创新实践中,"特殊目的公司"②(special purpose vehicle,SPV)、"金融商品交易"、"股权众筹"、"风险内控"、"绿色治理"等概念丛生,这引发了法律适用中表述不明确、用语待规范、指向性模糊等困境。

以"习惯"为例,实务中出现了"商事习惯""商事惯例""商业习惯""商业惯例""商事交易习惯""商事交易惯例""商业交易习惯""商业交易惯例"等不同表述形式。③ 在适用效力方面,《民法典》第十条突破性地规定了习惯的(补充性)法源地位,但其因为过于原则化而无法涵盖商事活动的多样性事实,容易引发争议。按特别法优先于一般法、习惯法补充适用的顺序,可推导出"商法—民法—习惯"的适用顺序;但虑及商法规范的特殊性,商事习惯也属于商法规范的一种,按照商法特殊规范优先适用的逻辑,应当确立"商法—商事习惯—民法"的适用顺序。在商事实践中,出现过优先于民法一般规定来适用商事习惯的判例,做出这些判例的法院并未试图寻找或类推

---

① 参见《商法学》编写组《商法学》,高等教育出版社2022年版,第13页。
② "特殊目的公司"是一类为金融活动而专门创设的法律载体。
③ 参见何柯《商事习惯法律适用研究》(博士学位论文),西南财经大学2022年,第70-73页。

适用民法规定,① 同时在填补法律漏洞方面也优先考虑商事习惯。②

《日本商法典》明确规定了商事习惯法的地位，随着《日本公司法》的法典化修订，"商事习惯法"的术语被"商事习惯"所替代，但其适用规则未变。在处理商事关系时，首先应适用商法的具体条款，商法未予规定的情形下，则可适用商事习惯。即使在某些问题上民法已有相关规定，但在商事活动中，商事习惯仍可能优先于民法的相关规定得到适用。③ 这充分表明商事习惯在特定情况下效力甚至高于民法规范，体现了日本商法对商事实践规律和传统交易习俗的尊重与合理采纳。"古为今用，洋为中用"，"整理商事立法和判例的资料，提出关于商法的解释、商事习惯法的认知以及商法学理的探究等方面的见解，并形成公认的商法理论，是商法学的当代使命"。④ 我国商法学自主话语体系的构建，需要寻找商法适用所固有的逻辑法则。商法的话语体系、规则体系，以及与民法对话、求同存异的语境仍有待建立。

总之，正如意大利学者伊尔蒂所指出的，"一个国家的立法史开始于法典的颁布，或者说是从法典颁布时起变得清晰的"⑤。中国特色社会主义法治体系的重点工程《民法典》完成后，法治的重心便从立法转移到对成文法规范的解释、适用、实施。接续《民法典》的编纂，开展民商事法律适用（包括立法、司法、执法和守法之广义法律适用）的研究仍任重道远。基于市场经

---

① 参见河北省石家庄市中级人民法院（2017）冀01民终2596号民事判决书、上海市浦东新区人民法院（2017）沪0115民初20934号民事判决书。钱玉林教授认为，关于上述两个案例中的损害公司利益纠纷，法院本可以援引相关的民法规定做出裁判，如侵权责任法、反不正当竞争法等，但法院选择优先适用商事习惯作为裁判依据。参见钱玉林《民法总则与公司法的适用关系论》，载《法学研究》2018年第3期，第62页。

② 例如，在某县糖烟酒副食有限责任公司与余某某等的盈余分配纠纷案中，公司在国企改制时将部分职工的股份改为由职工合股基金代持；之后，均由公司按照职工的出资额向所有出资职工直接进行利润分配。在该案中，公司主张余某某等并非登记股东，不具备股东资格，不能以股东身份提起公司盈余分配之诉。法院认为，糖烟酒公司、职工合股基金及职工之间，对于盈余分配的方式已形成惯例及事实上的契约关系。在公司盈余分配时，由职工合股基金代持股份的职工与直接持有公司股份的职工实际享有相同的地位，故有权因对公司分配方案持有异议而提起诉讼。在该案中，法院在《公司法》等法律规范并未对国企改制中由他人代持股份职工的权利予以明确规定的前提下，直接适用习惯补了法律漏洞，取得了较为合理的裁判结果。当然，商事习惯认定适用应符合严格的程序和标准。参见云南省红河哈尼族彝族自治州中级人民法院（2022）云25民终1278号民事判决书。

③ 参见《日本最新商法典译注》，刘成杰译注，中国政法大学出版社2012年版，第7页。

④ 钱玉林：《商法漏洞的特别法属性及其填补规则》，载《中国社会科学》2018年第12期，第109页。

⑤ ［意］纳塔利诺·伊尔蒂：《民法典的理念》，董能译，载《交大法学》2017年第1期，第98页。

济关系的调整分工和作用领域的不同，如何运用商法思维在民商合一立法体例下对商法规范做出解释适用，面临巨大的挑战，其中尤以通过"提取公因式"方式进入《民法典》的商法一般条款的法律适用议题为最薄弱环节，亟须在理论与实践上得到加强。

二、研究意义

本书系 2017 年度国家社会科学基金重点项目"民法总则制定后我国商法一般条款的立法完善研究"之优秀结项成果，是继项目主持人主持完成 2015 年度司法法治建设与法学理论研究部级科研项目"我国民法总则制定中商法总则条款加入的立法研究"之后，伴随我国《民法典》总则编及各分编的制定及实施全过程，从立法论的角度，对商法一般条款加入《民法典》进行的较全面与深入的研究，而且还对《民法典》实施后商法一般条款的法律适用问题进行了更全面与深入的探讨，特别是将研究重心落于三类（替代型、补充型、冲突型）商法一般条款的法律适用及完善方面。

从理论价值方面看，商法一般条款涉及民商关系、商法价值标准、商法体系化、商法适用方法论等诸多基础理论问题的突破。首先，商法一般条款具有体系化整合功能，可突破成文法具体规则不足以涵盖全部生活事实之局限。在《民法典》直接或间接加入商法一般条款之后，未加入《民法典》总则编及各分编的商法一般条款（主要是冲突型商法一般条款）面临着如何进行立法安排（未来的商事基本法律文件的立法安排）的问题。为满足法律适用和商事实践的迫切需求，我们需要在立法论和解释论方面进行深入探讨。本书通过对《民法典》典内及典外商法一般条款的立法及实施的研究，为商法体系化建设提供了一般条款的独特视角和方法指南，较有开拓性。

其次，《民法典》出台后，商法研究重心面临着从立法完善论题向法律适用论题转型的局面，但对中国特色民商合一立法体例下秉持民商区分思维、民法补充适用的底线性思维的研究仍然较为空泛和薄弱（如《民法典》第八十六条交易安全原则的适用效果亟待得到总结提升）。

本书通过对民商关系的精细化分类剖析，进一步提出将私法规范划分为替代型规范、补充型规范与冲突型规范，而冲突型规范又可以分为冲突型商法规范与冲突型（纯粹）民法规范（以下统称"三型四类规范"）。

本书同时追求宏观与微观两个目标：在宏观的体例安排上，使不同类型的私法规范在《民法典》的典内与典外各安其所；在微观的规范设计中，使不同类型的私法规范适度纯化，力图避免"商化过度"或"商化不足"，以期厘定一条规范的民法属性与商法属性的界线或标准，突破民商关系长期以来"剪不断，理还乱"的困局，这具有一定的学术价值。

最后，本书对于商法理论基础的夯实，商法理论体系、规范体系化和商法话语体系科学化建设，以及冲出"显而不强"的研究瓶颈来说，较有理论创新意义。《民法典》实施后，学界循此商法一般条款路径进行的探讨少之又少（详见"相关文献述评"部分的统计分析），在《民法典》编纂及实施背景下的探讨则更鲜有人问津。本书运用法经济学分析、法教义学分析等方法，通过对商事裁判经验的总结，所构建出的具有中国特色、符合本土实际与市场发展规律的商法一般条款的理论研究成果（三类规范在典内、典外的分类配置及其差别化适用的"公式"）和对商法规范适用方法论的提炼升华，具有拾遗补阙、体系整合之价值。

从实务价值方面看，首先，本书着重在有中国特色的民商合一的立法体例下，通过对《民法典》总则编、各分编、典外加入商法一般条款的立法后续的论述，为统筹民商事法律适用提供系统化论证和有效参考。社会和经济生活商业化背景下的法律需求达到了新高度，但同时亦凸显出民商法界分的难题，《民法典》对此需进行回应。[1] 我们需要讨论何种情形下民商规则不必大费周章，一体化适用即可；何种情形下秉持民商区分思维成为客观必需，斟案酌情需要"在商言商"；何种情形下需越过私法界限，运用行政法、刑法思维以适得其所，同时处理疑难案件皆应审慎研判。[2] 三类规范的分类入典与区别适用由此显得极有现实指导意义。[3] 因为"适用某一法律规范，实际上就是适用整个法秩序"[4]。探求三类规范的区分适用规律，可以更科学地运用民商区分思

---

[1] 参见谢鸿飞《〈民法典〉制度革新的三个维度：世界、中国和时代》，载《法制与社会发展》2020年第4期，第75页。

[2] 例如，处理互联网众筹案件即应秉持刑法谦抑性原则、慎用刑法思维，倘若被定性为刑事案件，定罪标准也有非法吸收公众存款罪和集资诈骗罪的区别。参照已发生的P2P（点对点）平台案件，互联网金融案件审判会根据性质的不同进行分类，若当事人具有主观性且意图永久非法占用社会不特定公众的资金，应定为集资诈骗罪；若当事人临时占有资金，承诺并意图付本付息，则应被定为非法吸收公众存款罪。如"皇家范"案件中投资人与项目方发生纠纷时，法院尽量以保护投资人权益为重，对案件进行公平审理，为股权众筹的创新发展留出了适度空间。

[3] 《民法典》第八十六条规定的交易安全原则在民事案件中应以交易安全的民法思维处理，而在商事案件中则应以交易安全的商法思维处理；法官适用违约金调整规则时，在民事案件中应秉持民法公平价值导向，而在商事案件中则将受意思自治的约束。

[4] ［德］罗尔夫·旺克：《法律解释》，蒋毅、季红明译，北京大学出版社2020年版，第110页。

维，排除或减少"大民法"观念的不当干扰，① 防范误用刑法思维规制的风险，有效解决疑难商事纠纷（如互联网金融案件），对于护商兴市、维护统一市场秩序、促进社会经济繁荣发展等方面，具有重大意义。

其次，本书的研究有利于弥补商法制度供给不足及规则冲突的商法漏洞问题，为法官填补商法漏洞提供方法论上的指导。具体而言，我们可将法律矛盾按德国学者恩吉施（Engisch）的观点分为制定法技术矛盾、规范矛盾、价值矛盾、目的论矛盾与原则矛盾五种类型。② 因制定法技术矛盾可归入规范矛盾，故常见的矛盾形式主要有规范矛盾、价值矛盾、原则矛盾三类。规范矛盾是不同法律规范对同一法律事实赋予不同法律效果的情形；价值矛盾、原则矛盾则属于观念思想层面的冲突，可通过规范矛盾具体体现，故法律矛盾主要集中体现为规范矛盾。此类型在金融资本交易市场更为多见，如证券交易规则对民法裁判逻辑产生了很大冲击，需要以现代商法思维来化解《民法典》与商事单行法之间的规则冲突，以区分处理民事与商事交易问题。对此，有学者呼吁应超越商事交易裁判中的普通民法逻辑，坚持商事特别法优先适用。③ 通过商法外观责任、商法解释规准（canons of statutory construction）等理论研究，锻造科学运用商法解释技术和方法的商法思维，可为司法裁判实践提供科学指引。

最后，本书助力推动现代化商法秩序重构和中华商业文明复兴。商法是商业文明发达的标尺，现代商法体系打破了传统商法格局，突破了商事主体和商事行为的局限，形成了企业法（商事组织法）、金融交易法（商事交易法）、商事管理法、商事秩序法等融贯和谐的商法体系。商事法律适用不仅是法律规范的适用，也是价值体系的适用。商法一般条款的适用过程，也是市场经济制度下中国特色商法价值理念付诸实现的过程；商法一般条款是社会主义核心价值观在商事交易领域的引领、贯彻和延伸，是行动中的商事主体和行为规则的精华和结晶。商法体系是规范体系和价值体系的有机统一，如果实现了法律规

---

① 例如，对格式条款的规制和解释仍是从一般消费者的立场出发，不加区分地统一适用于民事合同与商事合同，而忽视了商人的认知能力和风险偏好，导致了实质上的不公平。还有诸如对流质条款仍坚持民商事不分，一概否认其效力的规定，未考虑买卖合同中检验期间和通知义务的特殊性、商事租赁合同中承租人的优先续租权、商事合同中违约金数额调整的例外规定，以及对商事委托合同中委托人解除权的限制等。
② 参见陈永强《私法的自然法方法》，北京大学出版社2016年版，第145页。
③ 参见蒋大兴《超越商事交易裁判中的"普通民法逻辑"》，载《国家检察官学院学报》2021年第2期，第5页。

范的体系化及相互支持（协调化），则可降低其生产、实施的成本。① 规范体系和价值体系的体系化整合程度反映了商业法治文明的发达水平，也成为法治化营商环境的重要参考指数，"规范体系有助维系规范周延，价值体系能够衍生价值秩序"②。在《民法典》统领下，商法注重与其他商事部门法协同实施，遵循特别法优先适用、民法兜底补充适用，在填补商法漏洞时优先运用具有特别法属性的商法一般条款的方法论指引，实现商事判例类型化的整理及立法表达的完善，形成现代商法思维，以现代化商法意识装备国民，对于与时俱进凝练升华商法的时代精神，包容先进的市场交易制度、减少不必要的交易成本、提高商事效率，减少市场运行犯错、失范的代价，为优化法治化、市场化、国际化营商环境一起发力，提升效率与正义价值双赢的体系化效能来说，意义深远。

第二节　相关文献述评

一、一般条款的相关研究

"一般条款"之概念由20世纪初德国学者赫德曼（Hedmen）明确提出，《民法典》中"善良风俗""诚实信用""禁止私权滥用"等一般条款为其典范。我国民商事立法为克服成文法所带来的封闭性，大量使用了一般条款，以其规范的弹性和开放性适应社会情势变化。这些居于立法重要地位，能够概括法律共通属性并具有普遍指导意义的条款，不仅具有统领具体规范的作用，也在欠缺具体规范时发挥着填补作用，从而使法律保持较高的适应性。但因一般条款本身的模糊性，其适用研究一直是学术界和实务界的难题。

纵观我国法学界针对一般条款的研究，以我国《民法典》实施为分界，多在民法总则、侵权法、反不正当竞争法乃至刑法、行政法领域展开，③且大

---

① 周林彬：《法律经济学论纲》，北京大学出版社1998年版，第333页。
② 陈金钊：《〈民法典〉阐释的"体系"依据及其限度》，载《上海师范大学学报》2021年第2期，第91页。
③ 华南理工大学2020级民商法硕士研究生吴潮东、法律硕士徐云蕴对本部分文献述评做了初步整理，特此致谢。

多将重点集中于一般条款的立法问题,对其适用的问题则研究较少。① 从研究对象来看,一般条款适用的研究对象集中于民法与《中华人民共和国反不正当竞争法》(以下简称《反不正当竞争法》)的一般条款,关于商法一般条款适用的文献最少。② 从研究内容来看,针对一般条款的适用,学者们基于理论和司法实务,对一般条款的认定、一般条款的适用要件、一般条款的类型化标准及其对新类型的涵射、一般条款适用的限制、一般条款与其他条款的适用关系进行探讨。(见图0-1)

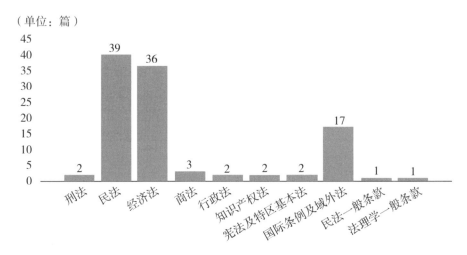

图0-1 各部门法关于一般条款文献研究(论文)数量的统计柱状图

本书针对各部门法(学)一般条款司法适用研究的问题侧重点,整理出表0-1。

---

① 我们通过在"中国知网"数据库(截至2022年6月7日)以"一般条款"为篇名关键词进行检索,得到中文社会科学引文索引(CSSCI)期刊文献105篇,其中以"立法"为主题关键词的期刊文献有63篇,篇名关键词明确包含"适用"二字的期刊文献仅30篇,经筛选、排除无关项,最终仅得期刊文献28篇。而以"一般条款"为主题关键词检索,仅得3篇博士学位论文,其题名分别为《侵权法一般条款研究》《反不正当竞争法一般条款研究》《反不正当竞争法一般条款的司法适用问题研究》,其中仅有1篇博士学位论文以"一般条款的司法适用"为学位论文题名。图中数据总量为104份[排除检索得到的期刊文献中无关项的最终结果,所排除论文为《一般债权质押问题之探讨——兼评我国〈物权法〉(草案)相关条款之规定》]。

② 以期刊文献数量为例,在"中国知网"数据库以"一般条款适用"为篇名关键词,检索得CSSCI期刊文献30篇,其中以"不正当竞争"为篇名关键词的期刊文献有11篇,以"侵权责任"为篇名关键词的期刊文献有4篇,仅有1篇期刊文献中包含了"商法"的篇名关键词。

表 0-1　一般条款研究问题的文献数量

(单位：篇)

研究问题	部门法（学）								
	民法	商法	经济法	刑法	行政法	知识产权法	宪法、基本法	国际条例及域外法	法理学
一般条款的辨别	9	0	4	0	0	0	0	0	1
一般条款的调整对象	6	0	0	0	0	0	0	0	0
一般条款的适用条件	11	0	7	0	1	0	0	4	0
一般条款的司法适用限制	5	1	12	0	0	1	0	1	1
一般条款与具体条款的司法适用关系	9	0	2	0	0	0	0	1	0
一般条款与特殊一般条款的司法适用关系	4	0	1	0	0	0	0	0	0

二、商法适用的相关研究

（一）有关商事（法）通则、商法总则立法及其适用的文献梳理

针对商法一般条款的理论研究，其进路通常以立法中心主义为取向，表现在我国学者主要从商法体系化建设、制定商事通则/商法总则/商法通则（以下统称《商法通则》）的角度进行立法设计研究。我们在"中国知网"以"商事通则""商法总则""商法通则"为篇名关键词，以文献来源为"北大核心""CSSCI"作为筛选条件进行检索，可得到相关文章42篇（不包括与商事立法无关的文章），统计分析结果如图0-2所示。

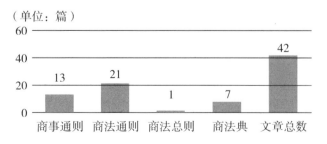

图 0-2　文献检索结果

此外，中国商法学研究会分别于 2004 年、2007 年、2015 年、2016 年四次年会上，以制定"商事通则"为议题做了讨论，2017 年 10 月公布了《商法通则（立法建议稿）》，①这对于仍处于芜杂状态的整个商法体系走向统一化，起到了很好的推动作用。但这些研究的理论进路通常偏重于立法中心主义，疏忽司法适用（如这些专家稿中都缺乏对商法解释规则和方法的理论回应和立法设计），有脱离商法实践品格、陷入理论务虚"迷雾"之嫌。

总的来看，我国商法学界就有无必要及应该如何制定《商法通则》的问题集思广益、献计献策，累积了不少成果，从《商法通则》制定的必要性与可行性、民商合一对《商法通则》制定的影响以及其体系规划等方面逐一做了阐释。

在《商法通则》制定的必要性与可行性方面，有论者指出：第一，对我国市场经济发展而言，《商法通则》的制定是完善社会主义市场经济法律体系的内在要求，是建设法治化营商环境的关键一环，有利于为"一带一路"倡议提供制度资源。第二，从世界趋势看，我们需要运用商法思维来制定《商法通则》，以形成制度竞争优势和参与全球治理体系建设。第三，于社会层面而言，我们可通过制定《商法通则》来推动多元自治性法源（如自治规范、商事习惯与判例）建设，为司法裁判依据与说理依据的形成开辟道路。②

在论述民商是否应该合一方面，有论者指出，民商分立或民商合一并非实质意义上的划分。商法具有相对的独立性，是《民法典》的重要补充。《商法通则》应当是"补充法""权利法"和"裁判法"。总之，需尽快制定《商法通则》，以解决商事单行法群龙无首、互不协调的窘境，从而提高商事法律的

---

① 截至 2021 年 7 月 25 日，在"中国知网"以"商事通则"为关键词进行检索，得到文献 688 篇；以"商法通则"为关键词进行检索，得到文献 164 篇。而且，有多个版本的学者建议稿陆续问世。例如，除了苗延波的商法通则建议稿外，还有王保树领衔、中国法学会商法学研究会调研组起草的商事通则建议稿。参见王保树《商事法论集（第 20 卷）》，法律出版社 2011 年版，第 1 - 11 页；樊涛《商法通则：中国商事立法的应然选择（附：〈中华人民共和国商法通则建议稿〉）》，载《河南大学学报（社会科学版）》2000 年第 3 期，第 19 页。

② 参见张力《民法典与商法通则对完善市场法制的分工：中心化与去中心化》，载《当代法学》2020 年第 4 期，第 14 页；赵旭东《改革开放与中国商法的发展》，载《法学》2018 年第 8 期，第 46 页；赵旭东《商法通则立法必要性和可行性研究》，载《地方立法研究》2018 年第 2 期，第 12 页；范健《民法典编纂背景下商事立法体系与商法通则立法研究》，载《中国法律评论》2017 年第 1 期，第 81 页。

适用效能，完善我国私法法治体系。①

在《商法通则》或商法典的体例研究方面，有论者指出：第一，《商法通则》内容可包括商法的立法背景、建构目标、体系架构、基本内容、基本原则等。第二，《商法通则》的编制体系可采用七编制。第三，建议立法机关可先制定《商法通则》，再逐步完成《商事法律汇编》，最终编纂商法典。②

（二）商法总论维度的法律适用考察

首先是有关商法思维的适用。第一，商法思维适用的优势。商法思维强调效率优先、交易保护以及利益平衡等原则，有必要通过一系列商事法律规范逻辑基础的比较来呈现商法思维有别于民法思维的特殊性。③ 第二，商法与民法的适用顺序问题。依循民法逻辑和商法思维的基础性来比较，可呈现出有别于民法逻辑的商法思维特点，并可以此说明在商事审判过程中将民法与商法按照"一般法与特别法"的关系进行理解和适用，并不是审判科学化的一个合适选择。有论者认为，虽然民商共处一典，却不能"以民代商"，也不能"以商代民"，而是要运用民法的思维和方法来解决民法问题，运用商法的思维和方法来解决商法问题。④ 第三，商法思维的适用方式。从商法解释方法和商法思维模式的应用，到商法三段论的逻辑推理，乃至在商法的利益衡量和价值判断之中，商法理念、价值和原则像"无形之手"影响着法官对商事法律事实的确认和对商事法律规范的理解与适用。⑤ 除了三段论的推理适用外，商法一般条

---

① 参见赵万一《后民法典时代商法独立性的理论证成及其在中国的实现》，载《法律科学》2021年第2期，第129－130页；赵旭东等《〈商法通则〉立法大家谈》，载《国家检察官学院学报》2018年第3期，第10页；刘凯湘《剪不断，理还乱：民法典制定中民法与商法关系的再思考》，载《环球法律评论》2016年第6期，第117－119页。

② 参见薛波、雷兴虎《"中国特色"民法典编纂方法及其对商事立法的镜鉴》，载《学术界》2020年第10期，第143页；薛波《论商法通则的立法定位及其逻辑展开》，载《时代法学》2020年第1期，第27－28页；雷兴虎、薛波《论商法通则立法的缘起及时代价值》，载《学术论坛》2019年第1期，第12页；蒋大兴《〈商法通则〉/〈商法典〉总则的可能体系——为什么我们认为"七编制"是合适的》，载《学术论坛》2019年第1期，第38－39页；蒋大兴《〈商法通则〉/〈商法典〉的可能空间?》，载《比较法研究》2018年第5期，第50页。

③ 参见郑彧《民法逻辑、商法思维与法律适用》，载《法学评论》2018年第4期，第87页；郑彧《商法思维的逻辑基础》，载《学术月刊》2016年第6期，第87－88页。

④ 参见施天涛《商事法律行为初论》，载《法律科学（西北政法大学学报）》2021年第1期，第111页。

⑤ 参见杨峰《商法思维的逻辑结构与司法适用》，载《中国法学》2020年第6期，第181－182页。

款的内容还可以类型化、具体化，以便利法官适用。此外，商法思维在法律适用中的微观辨析，有助于为法官的司法裁判提供理性而正当的判断基础及思维模式。① 通过法律解释和完善法律漏洞填补规则的路径，协调好民法和商法漏洞填补的一般规则，形成公认的商事法理，是商法学的当代使命。②

其次是有关商事行为的适用。法律上确认商事行为特殊性的目的是确立适用于商事行为的特别法律规则，以保护商事交易高效、安全的价值。但在解决商事法律关系纠纷、对商事行为进行规制的过程中，我们需要平衡商法所追求的商事交易高效、安全价值和民法所追求的公平正义价值。以典型商事行为证券交易为例，《证券法》第一百一十七条虽然规定了证券交易恒定原则，但是需要根据体系解释以及公平正义的价值对其进行解释，以确保商事行为和《民法典》中的重大误解规范有机结合，最终实现公平正义。③

再次是有关商事代理中的适用。在"中国知网"上以"商事代理"为主题或篇名关键词，对中文文献进行检索，并对相关文献数据进行收集和分析，统计分析结果如图 0-3 所示。④

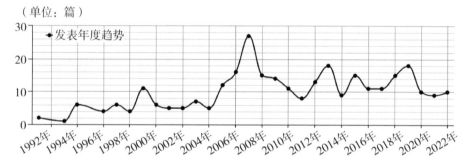

图 0-3　文献统计结果

---

① 参见杨峰《商法一般条款的类型化适用》，载《中国社会科学》2022 年第 2 期，第 62 页；段向坤《商法思维法律适用性微观辨析》，载《人民论坛》2015 年第 35 期，第 121 页。
② 参见钱玉林《商法漏洞的特别法属性及其填补规则》，载《中国社会科学》2018 年第 12 期，第 109 页。
③ 参见任永青《商行为的特殊性与公平正义价值的衡平》，载《人民司法》2021 年第 19 期，第 100 页。
④ 本统计表格由华南理工大学 2021 级法律硕士张金琪绘制，特此致谢。截至 2022 年 6 月 6 日，以"商事代理"为主题关键词进行检索，得到中文文献 295 篇，其中学术期刊 213 篇、学位论文 48 篇（博士学位论文 1 篇、硕士学位论文 47 篇）。

在295篇文章中，最早的文献发表年份为1991年，对该主题的研究关注度最高的年份出现在2007年。在我国提出编纂《民法典》立法计划的前后，对商事代理制度的关注度也有所升温。在《民法典》颁布实施后，我们可搜索到10篇相关文章，结合"商法典"进行讨论的文章有2篇。可见，在既往研究中，商事代理制度并未受到足够重视，商事代理制度在我国的法律适用问题仍未得到足够关注。既有的代表性研究主要围绕着商事职务代理展开，它是以代理人在商事主体内部基于特定职务身份而进行的代理。职务代理人处于可以反复且持续地实施代理行为的状态，以适应商事交易迅捷的需要。商事组织法定代表人与职务代理人、表见代理与表见代表规则同构、功能等值，在法律适用上可以合并《民法典》第六十条第一款、第一百七十条第一款、第五百零四条，形成一体化的商事职务代理或表见代理制度。"职务代理约定限制不得对抗第三人规则"是权利外观责任在商事代理中的体现，商事组织因为经营组织风险而归责。①

最后是有关商事习惯（惯例）的适用。有学者提出，应限制对交易习惯的适用，认为交易习惯具有非普遍性、不确定性等明显缺陷。因此，若不加鉴别地对其予以适用，将给司法公正带来较大风险，于是建议对交易习惯的司法适用进行严格限制，明确其产生约束力的情形。② 此外，还有文章对商事惯例的适用③、国际惯例适用研究④、商事自治规范的类型化适用⑤、票据法原则的

---

① 参见冉克平《论商事职务代理及其体系构造》，载《法商研究》2021年第1期，第146页。
② 参见宋阳《论交易习惯的司法适用及其限制》，载《比较法研究》2017年第6期，第186页；潘艺《交易习惯的司法适用》，载《法治论坛》2008年第4期，第147页。
③ 参见周林彬、王佩佩《试论商事惯例的司法适用——一个经济法学的视角》，载《学术研究》2008年10月期，第66-72页。
④ 参见宋阳《"一带一路"商事仲裁中国际商事惯例适用研究》，载《法商研究》2020年第2期，第183-196页；宋阳《论国际商事惯例的性质及司法适用》，载《法学杂志》2015年第9期，第94-103页。
⑤ 参见董淳锷《商事自治规范司法适用的类型研究》，载《中山大学学报（社会科学版）》2011年第6期，第171-180页。

适用①等进行讨论，还有部分涉及商事审判的著述成果。②

针对《民法典》第十条规定将习惯作为法源适用的问题，有学者认为，在商事领域中，从法律渊源概念的视角，可得出"商事习惯法不存在"的结论，且商事惯例因具有规范品格而难以从商事习惯中分离（即商事习惯与商事惯例、商事习惯法的双重合一）。因此，在适用商事惯例、习惯或习惯法时，法源意义上的习惯与习惯法作合一论解读，是对《民法典》第十条所使用的"习惯"一词在法教义学上的精确解读。③

三、商事单行法中一般条款适用的相关研究

我国商事特别法（如《公司法》《证券法》）采用单行法的形式施行，其中大多数部门法中一般条款或不确定概念的解释均以民法解释适用方法为主，仅有个别学者从商法角度做出法律解释，商法适用方法论的话语体系亟待构建。以下以《公司法》中的一般条款适用研究为例做出说明。

我们在"中国知网"以"公司法"为主题关键词，以文献来源为"北大核心""CSSCI"作为筛选条件，再以"法律解释""法律适用"为关键词，分别检索并统计分析结果（见图0-4）。

---

① 参见夏林林《对票据无因性原则法律适用的思考》，载《法律适用》2004年第4期，第40-45页。
② 例如，代表性的论述有江必新《商事审判与非商事民事审判之比较研究》，载《法律适用》2019年第15期，第3-12页；孙鸿尚《涉外民商事审判中外国判例的适用问题研究》，载《法律科学（西北政法大学学报）》2018年第4期，第146-160页；广东省广州市中级人民法院电子商务课题组《"互联网+"语境下之商事审判疑难问题研究》，载《法律适用》2017年第1期，第29-36页；曹志勋《商事审判组织的专业化及其模式》，载《国家检察官学院学报》2015年第1期，第121-130页；刘晓华《商事审判中权利外观原则的适用》，载《东岳论丛》2013年第4期，第156-159页；范健《商事审判独立性研究》，载《南京师大学报（社会科学版）》2013年第3期，第74-84页；周林彬《法律与经济发展的中国经验——以商事审判为例》，见顾功耘《中国商法评论（2011—2012卷）》，北京大学出版社2012年版，第289页；赵万一《商法的独立性与商事审判的独立化》，载《法律科学（西北政法大学学报）》2012年第1期，第54-64页；蒋大兴《审判何须对抗——商事审判"柔性"的一面》，载《中国法学》2007年第4期，第123-133页；李后龙《中国商事审判的演进》，载《南京大学法律评论》2006年第1期，第166-184页。
③ 参见李建伟《法源意义上的习惯与习惯法合一论——以商事习惯与商事习惯法为视角的研究》，载《政治与法律》2021年第11期，第63页。

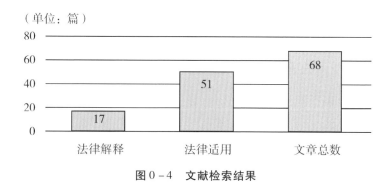

图0-4 文献检索结果

法律适用的重要前提是法律解释,而商事单行法的解释研究方兴未艾,如王保树指出,"公司法的适用需要解释,公司法的发展需要解释,公司法理论的发展也需要解释,法解释的生命力就在公司法的实践之中"①。许多学者提倡从法律解释的角度适用《公司法》中的一般条款。在司法实践中,商法规范体系可能会出现援引民法一般规定而不是填补商法漏洞的逻辑紊乱的状况,此时应运用法律解释方法,尤其是体系解释和目的解释方法,对《公司法》一般条款的法律适用问题进行阐释。一般条款形成了一项法律漏洞,需要借助法律解释方法来填补,并从文义解释、体系解释、目的解释以及历史解释等多角度进行解释。但与成熟的民法解释和适用研究相比,整个商法解释学研究力量十分薄弱。② 关于商法适用特有方法的专论偏少,因而不能很好地回答商法与民法究竟有哪些不同的法律适用规则与方法。

四、民法规范与商法规范区分适用的文献述评

商法解释学研究力量薄弱的原因主要在于,它没有建立起符合自身特点的解释论话语体系,"大民法"观念的根深蒂固,制约着对商法特有解释方法的科学认识。正如有论者指出,"民法理论和规范并不是商法的当然的解释论基

---

① 王保树:《从法条的公司法到实践的公司法》,载《法学研究》2006年第6期,第21页。
② 参见钱玉林《我国〈公司法〉体系的重构——一种解释论的观点》,载《政治与法律》2021年第2期,第5—6页;曾大鹏《公司关联担保三大类型的效力解释》,载《法律科学》2020年第6期,第145页;钱玉林《民法与商法适用关系的方法论诠释——以〈公司法〉司法解释(三)第24、25条为例》,载《法学》2017年第2期,第92页;郭富青《论商法类推适用的依据、范围和正当性》,载《甘肃政法学院学报》2012年第5期,第38页;王保树《从法条的公司法到实践的公司法》,载《法学研究》2006年第6期,第21页。

础,忽视商法自身特点的民法理论借用和民事规则援引,将给商法理论的生成和发展以及商事纠纷的处理造成全方位的不良影响"①。

(一) 亟须确立独特的商法原则

商法原则普遍适用于商法制度,其能体现商法独特价值,体现商法的特殊性,也是商事立法、司法活动的重要标准。适用民法基本原则填补商法漏洞虽然能够满足逻辑上的自洽,却无法应对商事法律关系的多元性和复杂性,会损害商业创新和商法的价值追求。商事纠纷的正当裁判和权威裁判客观上要求商法法源的正当性,而以基本原则为基础建立商法规范体系,可以指导和协调各商事单行法,消弭法律冲突,弥补商法漏洞。具言之,与民法基本原则相区分的商法原则具有唯一性,也即营利性原则,其包括营业自由与确认、保护营利等子原则。②

(二) 亟须承认商事权利与民事权利的差异性

《民法典》第五章的产权制度对商事权利的适配性较差。商事权利作为商事法律关系的内容,可谓理解商法特殊性与独立性的关键。我国亟待确立商事权利理论体系,推动商事权利制度体系化,以促使我国商法学科体系与规范体系走向成熟。例如,商事留置权属于《民法典》尚待明晰与规定的商事权利。③《民法典》第四百四十七条未正面回应司法实践的巨大争议,也未对商事留置权的牵连性问题做出限制性的规定,仍将主体限定为企业,将客体限定为债务人的动产。未来在对商事留置权规范予以适用时,我们应贯彻交易安全和效率优先的商法考量,明确商事留置权的牵连性关系为营业关系,同时将主体扩张为商人,将客体扩张为债务人所占有的动产,并肯定善意取得的适用。④ 此外,也有论者从比较法角度对商事留置权适用做出法律解释,通过对典型国家和地区立法例的梳理和对比,总结出商事留置权制度的特殊性及其价

---

① 曾洋:《谨慎对待商法解释论话语体系中的理论援用》,见陈洁《商法规范的解释与适用》,社会科学文献出版社2013年版,第60页。
② 参见李建伟《民法典背景下再论商法基本原则的判断标准与厘定》,载《荆楚法学》2022年第1期,第94页;于莹《民法基本原则与商法漏洞填补》,载《中国法学》2019年第4期,第298页。
③ 参见王建文《论我国商事权利的体系化构建》,载《当代法学》2021年第4期,第98-99页。
④ 参见刘灿《民法典时代的商事留置权完善路径》,载《河北法学》2020年第8期,第175页。

值追求。①

（三）亟须克服民法解释与适用方法在商法领域适用的局限性

民法学的核心是民法解释学，民法解释学和商法解释学存在着较大的差异。商法解释偏重于技术型的文义解释，比较法解释更是大行其道；民法规范的类推适用受强制性规范的限制较少，而商法规范的类推适用受公法性规范和强制性规范的限制较多，这些反映在司法实践上，就迫切需要法官运用商法思维来处理商事纠纷。也有学者通过法哲学思辨、社会学研究方法、经济分析法等特别方法论来适用民法。此外，在"互联网+"时代，民法适用与商法适用方法的区分出现巨大转变，我们发现单纯的主体区分已经不能很好地区分适用民法规范和商法规范，亟须以"主体+行为"的实质经营标准为商法适用的判断规则，帮助法官更好地选法、用法。

五、国外商法适用的研究综述

从国外有关商法适用理论与实践的研究来看，在19世纪，作为商法解释学载体的各种具体法律制度和商事学说极少，很难为商法解释学提供生长和发展的土壤。20世纪以来，商法解释学虽然取得了一些进步，但仍处于不发达状态，至少与同时期民法解释学的状态相比是如此。② 下面将分别从大陆法系国家与英美法系国家的商法适用研究方面来简要阐述。

（一）大陆法系国家的商法适用研究

1. 德国

注重法教义学的商法适用研究成为其主流。其特点有三：一是在德国，体系化的适用模式仍未解体，真正意义上的商法研究重心越来越集中于实质意义上的商法总则研究。在对待《德国商法典》的态度上，卡纳里斯（Canaris）强调了商法不能割断与民法的联系，他的《德国商法》是现代私法制度对商事主体和商事交易领域的行为的反映；而施密特（Schmitt）等商法学家则建议抛弃传统的"商人""商法典"概念，提倡从"特别私法"转向"企业对

---

① 参见刘凯湘《比较法视角下的商事留置权制度》，载《暨南学报（哲学社会科学版）》2015年第8期，第1—10页。

② 参见张民安《商法总则制度研究》，法律出版社2007年版，第21页。

外私法",但他们都未主张完全废除商法典而将其中的商法规范并入民法典中,也未主张制定诸如《商事登记法》《商号法》之类的分散商事单行法。二是法律教义学、解释学成为主要分析工具。三是民法方法论在为商法适用补充"营养"的同时,也制约了后者的独立发展。

《德国商法典》的内容共有五编,依次为"商人身份""公司和隐名合伙""商业账簿""商行为""海商"。不过,现行《德国商法典》的适用主要包括商事主体和商事行为两方面。其一,在商事主体适用方面,主要包括:要式商人、拟制商人的适用;商事登记所产生的外观责任的适用、非登记性信赖责任的适用;企业转让对原债务责任的适用,企业作为法律交易的标的物、企业继承等适用;对商号法的教义学分析;商事账簿的法教义学归类;商事代理权中经理权、代办全权、虚假代理全权的规制;销售、业务中间商等各类型代理权的适用。其二,在商事行为适用方面,主要包括:非商人(类似商人、公法人等)从事商事行为的适用,商事行为与法律行为的区别适用(包括商事惯例、商事交易条款、沉默等适用),商事行为与一般债权的区别适用(往来账、一般债权变更等适用),商事行为与物权行为的区别适用(主要是善意取得与商人留置权的法教义学适用分析),商事行为与特别债权的区别适用(商事买卖、行纪营业、货物运输及其代理和仓储营业等)。[①]

此外,有论者专以案例研习方式对《德国商法典》的适用进行研究,在商人资格确认与继任、商事行为认定、商事代理(包括经理、代理商等)约束方面与民法的民事主体、法律行为、民事代理等行为进行严格区分,以体现商法一般条款适用时追求交易效率、交易安全等的原则。[②]

值得注意的是,商人概念决定了商法规范的适用范围,决定了商法规范对经济生活的干预和规范程度。《德国商法典》扩展商人概念,将其延伸适用于公司法领域和合伙法领域,甚至适用于登记的合作社领域。另外,商事登记簿上的被登记者为拟制商人,其仅承受有限的法律效力,例如,其效力不扩张到《德国商法典》中的账簿记载义务和刑法上的账簿犯罪;在商事往来中引起商人之表象者,为表见商人,适用法律表象原则的直接法律后果,是将所引起的可以归责的表象等同于真实,即将表见者作为商人对待,从而将商法典中那些

[①] 参见[德]C. W. 卡纳里斯《德国商法》,杨继译,法律出版社2006年版,第533–630页。

[②] 参见[德]托比亚斯·勒特《德国商法案例研习》,李金镂译,北京大学出版社2021年版,第153–163页。

原本以商人资格为连结点的法律规范，扩大适用于并不具有商人资格的非商人。①

2. 法国

商法适用研究在努力超越民法原理的过程中，探寻其在法源、制度、程序等方面不同于民法适用的特性。法国作为开商法法典化先河的国家，《法国商法典》在商事单行法纷纷独立的趋势下，也走向了"去法典化"。但立法机关一直在寻求法国商法的"再法典化"，而且商事法院留存至今。为人诟病的是，由于其商法理论基础落后于民法，所以未能给《法国商法典》提供充足的理论准备，但这种 19 世纪的落后状况如今已逐步改变。

从居荣（Guyon）的《法国商法》来看，其对于商法不同于民法的特性仍予以相当的重视。居荣的《法国商法》对商法特有的渊源——习惯，以及行政渊源或规章条例渊源的重要性及多样性做了讨论。居荣指出，在民法体系中，由于各项原则都更为确定，行政渊源的作用基本消失，而商法为了实行紧急干预（如在外汇市场情势吃紧的情况下以"部颁答复"来补充某一条文），形成了运用习惯及行政渊源补充具体商法规范的实践惯性，这在处理商事纠纷时具有很大的实践作用。② 此外，正如法国商事法院在《法国商法典》中占有一席之地（尽管很多规定被移到了司法组织法中），对于商事司法组织的阐述在居荣的《法国商法》一书中也占有一定篇幅，这些论述为我国研究者从比较法角度进行商法的法律适用研究提供了镜鉴。

《法国商法典》的内容共有九卷，其中第一卷为"商事总则"，主要包括"商事行为""商人""居间商、行纪商、承运人、商业代理人与独立的上门销售人""营业资产"四编内容。由此可见，虽然法国"商事总则"的内容有四编，其实主要包括三部分内容：行为、人、物。其中，虽然商事行为是法国商法典立足的基石，但是第一卷第一编中仅有 4 条相关内容，且并未对商事行为做出具体定义，而是通过简单列举来试图囊括所有商事行为。具言之，第 L110-1、L110-2 条分别列举了法律规定的商事行为以及等同视为商事行为的其他行为，主要包括买卖、租赁、居间、行纪、代理、代办、运输、拍卖、汇兑、银行、汇票以及制造业、海商等行为；第 L110-3 条规定了商人对于商

---

① 参见杜景林《〈德国商法典〉的法律技术连结点——商人》，载《国际商法论丛》2014 年第 1 期，第 192 页。
② 参见［法］伊夫·居荣《法国商法（第 1 卷）》，罗结珍、赵海峰译，法律出版社 2004 年版，第 29 页。

事行为证明的"证据之自由";第 L110-4 条则规定了时效。①

《法国商法典》经历了"去法典化""再法典化",且并未试图大规模地改变当时生效的实际规范,而是遵循了"尊重规范等级""文本编撰的结构性""法律的协调"三个标准,这种统一协调清晰的法典结构有利于法官对其中涉及的商法一般条款进行适用。不过商法与民法适用的区别仍然存在,现行《法国商法典》第五卷"商业票据和担保"中的担保属于最具商事属性或者只适用于商业领域的担保形态,《法国民法典》中的担保类型同样在现代商事实践中发挥着重要的信用保障功能。②

3. 日本

学界对商事部门法(公司法、证券法)适用的研究热度超过了对"商法总则"的研究,"商法总则"的适用虽有被冷落之嫌,但法典地位犹存,习惯、判例也具有很强的商法适用效力。近年来,《日本商法典》不断把公司法、保险法等部门法剥离出来,呈现出解构的态势。在《日本商法典》出现解构现象的同时,《日本民法典》中规定的"商法性质的条文"存在适用问题,并且与商法适用存在冲突。例如,B2C(business-to-customer,企业对消费者)交易是适用商法规范规制还是适用民法规范规制的问题,目前依然存在争论。③

与《德国商法典》的体例不同,《日本商法典》分为"总则编""商行为编""海商编"。总则编主要包括通则、商人、商业登记、商号、商业账簿、商业雇员(商业使用人,主要包括公司经理、其他管理人员等)、代理商、杂则,商行为编主要包括总则、买卖、往来账(商事交互计算)、隐名合伙、居间营业、行纪营业、货运行纪营业、运输营业、保管、保险。其中,商法一般条款的适用主要集中在总则编,尤其是商法适用范围、商人的规定、商业登记以及账簿、经理权的规制等。④

日本商法规范体系以《日本商法典》为中心,是日本现代法律体系中与市场经济行为、市场主体联系最直接、最紧密的法律部门,也是调整现代企业

---

① 参见《法国商法典(上册)》,罗结珍译,北京大学出版社 2015 年版,第 4-13 页。
② 参见聂卫锋《〈法国商法典〉总则述评——历史与当下》,载《比较法研究》2012 年第 3 期,第 129 页。
③ 参见 [日] 尾崎安央《日本商法典的"解构"与日本民法的"商法化"现象》,张杨译,载《中国政法大学学报》2018 年第 1 期,第 110-111 页。
④ 参见 [日] 近藤光男《日本商法总则·商行为法》,梁爽译,法律出版社 2016 年版,第 56 页。

内部组织关系及外部交易关系的基本法。从法律适用角度看,《日本商法典》总则编第一章"法例"即规定了商法适用范围,而且日本商法界对于商习惯很早便给予了充分重视。旧商法第一条规定"本法未作规定的适用民法之有关规定及商习惯",将商习惯置于与民法并列的地位。新《日本商法典》中更直接表述为"本法未作规定的适用商习惯法,商习惯法中也未作规定的适用民法的有关规定",使商习惯(法)规定优先于民法规定,这为我国研究者重视商事习惯的研究及设计民商法的适用次序提供了有益启示。

自 2005 年《日本商法典》修改及《日本公司法典》单行立法后,《日本商法典》第一编虽仍名为"总则",但是其适用范围有所限缩。具言之,现行《日本商法典》总则中第一至十条规定适用于所有商人,但对于公司(含外国公司)而言,则仅为兜底补充性规定。换言之,《日本公司法典》若无规定,则优先适用《日本商法典》的规定。而第十一至二十一条规定仅适用于公司以外的一般商人。①

在适用商法基本原则时,如适用外观主义原则时,日本商法和日本民法在适用上存在理论差异。《日本商法典》第九条虚假商业登记的效力规则,与《日本民法典》虚假不动产登记的效力规则及《日本商法典》第二十一条、第二十四条表见支配人规则、商号借用规则和表见代理规则存在差异。② 这有助于我国相关研究对商事登记、商事代理与民法中的登记、代理的区分。

值得一提的是,《判例所表现的商法法理》所提及判例中确立的"法人格否认的法理""追究董事责任时适用法令的范围""经营判断原则"以及"股东代表诉讼时公司的辅助参加"等,都是成文法没有规定而通过判例所确认的商法法理,补充了商法成文法的漏洞。③ 该书在日本是法律实务家、民商法学者的必备读物。这对于我国研究者研究中国商法的判例效力、丰富商法总则的法源具有较为重要的参考意义。

---

① 参见刘成杰、柳经纬《日本最新商法典译注》,中国政法大学出版社 2012 年版,引言第 6 页。
② 参见郭远《商法与民法在外观主义原则适用上的差异性》,载《商业研究》2020 年第 1 期,第 148 页。
③ 根据日本《最高裁判所裁判集(民事)要旨集(商法编)》《最高裁判所高等裁判所民事判例要旨集》《最高裁判所裁判集第 52—58 卷索引》中登载的判例中与商法有关的日本最高裁判所的判例编译而成,体现了日本最高裁判所的重要判例具有权威的法律依据效力,有关商法的判例也成了商法的组成部分,以补充制定法的不足。参见《判例所表现的商法法理:日本最高裁判所商法判例要旨(1962—2004)》,马太广编译,法律出版社 2004 年版,第 63 页。

(二) 英美法系国家的商法适用研究

英美商法使用的 business law、commercial law 的称谓，泛指与企业或者经营有关的法律。其中不仅规定了大陆法系商法中公司或商事组织的内容，还包括税法、反托拉斯法、消费者权益保护法等内容。

1. 英国

虽然英国的商法不像刑事法或侵权法那样作为一块独立、完整的部门法领域存在，但英国商事领域的成文法成就辉煌。例如，早期为了吸引更多的外地商人来英国贸易，1283 年通过《商人法》，为在英国从事贸易的商人迅速解决纠纷提供方便；1303 年通过《贸易特许法》，承认商人法构成英国法的一部分；1353 年通过《贸易中心法》，创设了贸易中心法院，允许该法院按照商人法而不是普通法受理商人之间的纠纷。1873—1875 年英国司法改革后，普通法体系与衡平法体系归于合并，国会发挥的立法作用更加显著，为商事单行法出台扫清了体制上的障碍。而且，英格兰的"商法缔造之父"曼斯菲尔德（Mansfield）大法官的推动作用巨大，他身体力行地将一系列的司法判决和规则通过法律重述的方式归纳为整体意义上的普通法。英国虽从未像大陆法系国家那样颁布自成体系的商法典，但其一部商事单行法的颁布便使得判例的地位"相形见绌"，只有在法院解释有关成文法时才具有重要意义。[①]

在制定商法典的态度上，英国大多数律师认为，关于商事交易或商人之间的事务应归入单独的商法典还是归入大一统的民法典的争论适合留给大陆法系的法学家，没有必要让这个问题来烦恼英国的律师，因此现在英国既没有商法典，也没有民法典。当然，没有任何人会认为商法是一个独立于民法的封闭的体系。但是，有少数人在积极倡导英国应该制定自己的商法典，如罗伊·古德（Roy Goode）教授。因为商法典的制定不仅是对商法基本原则的重述，而且在其制定和实施的过程中，法律原理、政策中许多潜在的矛盾、不合理的规则及缺陷都有望被克服，这有助于改变商法体系连贯性缺乏所导致的商事特别法零碎发展的格局。更重要的是，商法典可以为商人交易提供模范，[②]为律师、法官提供行为的法律后果预期，有利于商事习惯和惯例的司法承认。应当说，英

---

① R. Goode, "The Codification of Commercial Law", *Monash University Law Review*, 1988, 14: 135, 141.
② 因为商法与数不胜数的交易有关，这些交易中的每一方都是常规性的参与者，所以交易的种类具备典型性特征，并且在很大程度上会经常重复，于是它们在实质意义上也就有了标准化的处理方式。参见李燕《英国商法历史沿革及其法典化问题探析》，载《商业经济与管理》2008 年第 7 期，第 65 页。

国没有形式意义上的商法典，但古德教授认为商法典存在适用价值，实质上为我国研究者研究商法的适用问题开拓了视野。

英国先是由中世纪的商人法院处理"商人法"案件，后来商人法院被普通法院取缔。幸好在约翰·何特（John Holt）和曼斯菲尔德两位大法官的努力下，英国实现了商事习惯和普通法的协调，并且这种调和几乎全部能被商业社会的实践所接受，同时，旧的法律基本原则和被调和的观点都能被商人和律师所接受。①

英国没有统一的商法典，其商法体系是以法官判例所构成的普通法和衡平法为基础，并不断修订补充而组成的部门性法律规范体系，如英国的《公司法》《破产法》等。英国商法法典化的过程主要归功于一些杰出的起草者，迈肯日·查尔莫斯（Mackenzie Chalmers）起草了1882年的《汇票法》、1893年的《货物销售法》和1906年的《海事保险法》。弗雷德里克·珀勒克（Frederick Pollock）起草了1890年的《合伙法》。这些部门法组成了英国的商法体系。②

由此可见，英国法院对于商事纠纷案件的适用规则成了日后成文法的重要"养料"，而商事习惯、商业惯例的适用是商事纠纷案件审判中的重要参考。因此，我国在制定《商法通则》或者法院在适用商法规范时，应当适当收集分散在全国各地的商业习惯、商业惯例。

2. 美国

《美国统一商法典》于1952年在美国统一州法委员会和美国法学会的共同推动下，由现实主义大师卢埃林领衔起草，现已作为示范法为各州所采用。它调整以买卖为中心的各种商事交易关系，反映了资本市场现代化的需求，卢埃林在解释为何要制定《美国统一商法典》时，曾用了6个词汇概括其立法理由，那就是使美国当时的商法"清晰、简洁、方便、公平、完整、统一"③。其可贵之处是：强调法典的灵活性和开放性；尊重商人协议和习惯，以及适应商业现代化需要，特别是第1-103条的规定④使得《美国统一商法典》在实

---

① C. M. Schmitthoff, "International Business Law: A New Merchant", *Current Law and Social Problems*, Ⅱ, Toronto: University of Toronto Press, 1961: 129, 137.
② H. C. Gutteridge, "Contract and Commercial Law", *Law Quarterly Review*, 1935, 51: 91.
③ 孙新强：《论美国〈统一法典〉的立法特点》，载《比较法研究》2007年第1期，第75页。
④ 《美国统一商法典》第1-103条规定："在本法没有具体条款予以排除的情况下，普通法和衡平法的各项原则，包括商人法和涉及合同能力、本人和代理人、禁止反悔、欺诈、虚伪说明、胁迫、错误或破产的法律，或其他使合同生效或失效的法律，应作为本法的补充。"

现法典创新的同时，对普通法和衡平法的各项法律原则保持了尊重和沿用。

《美国统一商法典》最为著名的中译本是潘琪翻译的版本，其囊括了货物买卖、租赁、流通票据、银行收款、资金转账、信用证、货物储运、投资证券和担保交易等多个不同领域。其中货物买卖是法典的核心内容，其他部分的内容则服务于货物买卖，且货物买卖的规定内容具有开放性、抽象性。可见，货物买卖规定与其他部分的内容可以被称为《美国统一商法典》中的一般条款。例如，票据或信用证常常在货物买卖中用于货款支付，而仓储或运输业常常服务于货物买卖。就货物买卖编适用的范围来说，货物买卖合同属于合同的一种，因此，《美国统一商法典》第二编中没有规定的内容由合同法或判例进行补充。换言之，《美国统一商法典》中的各部分规范虽然以特定种类的商事行为为核心，但是并未全部涵盖该领域的所有规定，仍需参照合同法、代理法、财产法、保证法、证券法及破产法等其他法律规定。① 这为我国制定类似于《美国统一商法典》的《商法通则》的体例设置，提供了内容设置方面的借鉴。换言之，《商法通则》不一定需要涵盖所有商法规范的全部内容，仅需以一般条款的方式对其有所提及，其余细节规定仍需参照《民法典》合同编、《中华人民共和国企业破产法》（以下简称《企业破产法》）及《证券法》等其他法律规范的有关内容。就《美国统一商法典》的具体条文而言，第2-104条中"商人"的定义并未有明确的列举，这使法院裁判适用需要凭借案件事实来还原交易双方的地位，例如，法院常用测试标准（专业性测试、在先经验测试、商事外观测试）来判断当事人是否是商人。可见，《美国统一商法典》并非规定具体规则，而是提供判断标准，从而更加灵活地适应纷繁复杂的市场变化，并通过对商人适用符合其地位的特殊规定来平衡责任分配和风险转移。② 值得注意的是，美国商法典化的事业是否破坏了普通法系传统，取得了绝对意义上的成功，也遭到了学者们的质疑。③

综上所述，总体上商法一般条款的相关立法理论与实践研究文献落差较大。国内研究的理论进路通常以立法中心主义为取向，而以司法中心主义为取向的实践研究则较少，难以回应商法规则诉求和解决商法漏洞；在商法适用研

---

① 参见潘琪《美国〈统一商法典〉解读》，法律出版社2020年版，第27页。
② 参见芮晨宸《谁是商人？——美国〈统一商法典〉第2编如何定义商行为》，第二届北京大学商法圆桌论坛会议论文，2018年6月2日于北京。
③ 参见［美］罗伯特·E. 斯科特《反思商法中的统一规范——普通法与〈法典〉在方法论上的一个比较分析》，见［美］乔迪·S. 克劳斯等《公司法和商法的法理基础》，金海军译，北京大学出版社2005年版，第193页。

究中，对传统法学方法的运用较多，对其他学科方法的运用较少，如较少运用比较法律经济分析法。对商事各法的制度适用（包括一般条款）研究较多，对商法一般条款的特别法规范属性的漏洞补充功能分析较少。商法方法论方面缺少一种具有创新意义的理论分析框架，我们期待跨学科的方法运用能够促使商法研究寻求新突破。因而，总结国内外研究得失，系统化、专题化地研究商法一般条款的国内外文献并不多。结合中国实际，突破当前商法适用困境，发现商法不同于民法的适用理论与实践，已成为当前我国商事法律制度建设中基础性、关键性的一环。

第三节　内容结构与主要观点

一、内容结构

本书主要从立法论与解释论层面，较全面地探讨《民法典》构造的民商合一立法体例下商法一般条款的分类适用及其完善议题。本书共有七部分内容：

第一部分为导论，介绍了本课题及其研究开展的时代背景、研究意义、主要内容、研究方法。

第二部分阐述了商法一般条款的概念、类型、功能（立法与法律适用）、发展脉络，并对三类规范分类入典的理据、方式、意义做了简要理论分析，为后面各章的展开论述提供了理论铺垫和支撑。

第三部分为商法一般条款分类加入《民法典》总则编的立法得失做出探讨，并以《民法典》总则编第八十三条禁止商事权利滥用条款、第八十六条交易安全原则为例做了商法一般条款的适用完善分析。

第四部分分别对《民法典》物权编、合同编、侵权责任编中商法一般条款的分类加入及适用做了较全面分析，并以担保物权、违约金约定、安全保障义务所涉及的商法一般条款适用为例证，结合司法案例提出相应优化完善的思路与对策。

第五部分分别对《民法典》人格权编、婚姻家庭与继承编中商法一般条款的分类加入及适用做了较全面分析，并以人格权保护、涉家事股权转让与继承所涉及的商法一般条款适用为例证，结合司法案例提出相应优化完善的思路与对策。

第六部分为《民法典》外商法一般条款适用分析,主要针对典外商法核心一般条款,以及商事主体、商事行为一般条款的适用问题做了分析,提出典外推进商法体系化完善的思路与对策。

第七部分为结语和展望,在总结全文的基础上,对接续推进营商环境优化做了展望分析。

需要说明的是,为行文方便,"入典"表述指"加入《民法典》","典外"表述指"《民法典》之外"。

二、研究方法

首先,本书运用了法解释学、法经济学、法历史学、社会学多学科理论方法或称"科际整合"方法,探求三类规范的正当性理论基础,并重点从法解释学、法经济学角度对商法一般条款的完善之道做出解释。

其次,本书注重运用比较法的研究方法,有助于充分吸收域外国家和地区的法治经验,在《民法典》实施背景下促进商法规范体系的完善。作为市场经济重要法律部门,我国商法发展一直走着"散兵作战"、单行立法的非系统性立法及司法模式,从域外其他国家和地区民商法典的改革得失和古今比较中,汲取"养料"和获得参考,以减少改革成本,这既是后发优势所在,也是制度文明成长规律使然。

最后,本书强调实然分析与应然分析的有机结合。前者侧重案例例证、样本数据统计分析,对我国《民法典》三类规范的立法加入现状和问题的研究更有理有据;后者则针对三类规范入典及典外适用完善与展望做了较好的分析。

三、创新观点

针对近现代国内外商事立法的不同理论与实践之主要争点,着眼于是否需要采取商事基本法的立法形式这一共性问题以及商法一般条款被长期忽视的现实情形,研究《民法典》编纂前后我国商法一般条款立法入典及典外适用完善问题,是本书的主要内容和特色。据此,本书拟提出以下四种可能创新的观点:

第一,商法一般条款可以根据不同标准做出不同划分。依适用方式可分为充当商法基本原则的一般条款和作为具体裁判规则的一般条款，依是否与例举条款立法并用可分为直接作为价值补充的一般条款和作为兜底条款的一般条款，依规范内容可分为实体与程序、国内与国外、国家与地方商事立法的一般条款的不同类型，另依《民法典》中的立法形式可分为商法共享的一般条款、商事基本法及单行法的一般条款。根据民商关系，因民法和商法规范对象、价值补充、裁判思维等多层面的特性大于共性，商法一般条款与民法一般条款存在替代（如诚实信用、公序良俗）、补充（如民法意思自治与商法自主经营）、冲突（民法真意表示与商法外观主义）关系。

第二，从理论准备到经济、政治条件成熟及市场法治的演进规律来看，《民法典》时代我国商法的立法、适用、理论的体系完善是一个渐进的过程，可采取商法一般条款适用完善的多元化系统设计方案：即从分类入典（如替代型商法一般条款、补充型商法一般条款加入《民法典》总则编、各分编），再到典外商法核心一般条款的适用完善、兼顾商事单行法一般条款的优化完善方略，乃至通过民间立法推出示范性的商事基本法律文本，聚拢商法一般条款规范体系，待创新、试验有效再由立法机关认可并正式颁行，以减少创新阻力和立法成本。

第三，《民法典》的编纂与实施不能完美替代商事立法的体系化完善。《民法典》编纂完成之日，恰是商事法律应当重新整合之时，即商法基本法律（一般条款）的独有功能发挥和统筹接续立法论证作业应提上日程，其特别法规范属性的漏洞补充功能亟待得到系统深入的研究。由于现代社会商业创新迭出，风险性、不确定性剧增，疑难商事纠纷案件多发（如对赌协议纠纷、股权众筹纠纷），介于私法最大限度的"提取公因式"与具体商法规范之间进行中度抽象、《民法典》外专设商法核心一般条款调整商事活动，对于实践正义，满足统一商法、灵活解释和适用商法需要等方面，尤其必要和重要，也利于发挥其"通、统、补"的功能，克服现行商事立法中碎片化、法条冲突或僵化滞后的缺陷，从而构建起统一、高效、安全的交易秩序。其中应注意的是：一是商法一般条款设计时可汲取《美国统一商法典》一般条款的立法经验（现实主义思想），将风险防范、外观责任、商法解释规范进行商法一般条款的成文法表达，以避免民法商法化"详略不当"之弊；二是针对商事主体、商事行为立法安排，可基于兜底式一般条款的立法技术优势，尽量涵摄商业创新形式；三是设计应突出商事一般条款适用时特别法的规范属性，以及一般条款的优先适用地位，以促使商法解释规则和适用方法不断走向成熟。

第四，促进完成商法适用方法论话语体系，是"一带一路"国际交往使然、世界所趋、经济发展之所向。而结合本土实际，比较与借鉴境外有益经验，是一种重要途径。对于前者，可大力发掘本土商事惯例；对于后者，可参考境外商法典立法法例，如有的商法典不仅规定了商事习惯优于民法适用，还有优于商法强制性规范适用的判例。我国商法适用方法论的构建可以此为参考，将商事审判思维加以升华以拓展体系化的立法表达空间。

除了上述的观点创新，本书拟创新之处还表现在以下四个方面：

一是研究视角创新。一般条款是联结立法与司法的枢纽、沟通立法体系与外接价值判断的中介。与要么限于民法或反不正当竞争法的一般条款研究领域，要么就商事立法而论商事立法（忽略商法适用）的封闭式体系研究相比，本书以商法一般条款之维切入，以小见大地抓住了我国《民法典》编纂后商事立法完善理论与实践问题的关键，较以往偏重从"商人""商事行为""营业"等概念入手构建商法理论与实践体系来说，富有找到商事立法与司法关键因素、另辟蹊径的原创意义。

二是研究对象创新。尽管关于民商关系的分析数不胜数，但具体应如何厘定一条规范的民法属性或商法属性的指引却付之阙如。什么才是一个逻辑周延的民商关系分析？本书的分析与纠结于民商分合的体例之争相比，更实在，可操作性更强。重点在于紧扣《民法典》的实施问题，以精细化的民商关系来分析检视私法规范的世界。本书既有对商法一般条款加入《民法典》的适用得失分析，又有对各国商事立法发展模式中一般条款立法安排的比较考察，同时结合我国《民法典》的实施进行了对一般条款的细致化设计讨论。

三是框架内容创新。首先，按照民商法统分调整规律、立足中国传统与实际，对加入《民法典》规范领域的商法一般条款进行点、面结合考察，对典内典外的商法一般条款优化提出了完善设计思路。其次，改变长期以来专于商法研究的立法中心主义的制度选题倾向，对我国商法一般条款分类适用做了具体例证研究。最后，针对目前商法学界出现商法内核价值、核心范畴、公司法核心原则之表述，本书首次对《民法典》外商法制度核心性一般条款做了研究，提出在《民法典》统领下探索商法适用方法论的话语体系构建的中国路径，总结商法解释规则，此不失为商法方法论补阙之举措。

四是研究方法创新。商法一般条款立法目标旨在推进商法体系化、消除规则矛盾、调整适用次序、减少找法成本，因而对于体系化效益指标测度，比较法律经济分析方法的运用恰得其所。本书通过中外对照、本土法治建设得失的比较法律经济分析，强化商法解释学的方法论。同时，本书结合"总则编＋分编"适用的实证研究，辅以大量案例数据、图表论证，保证了研究成果充分考虑我国《民法典》的独特体例和司法实践的具体情况，使得制度设计具有更强的适应性，提出商法一般条款设计和适用时坚持采取"分步走"的方案，先民间后国家、先国际后国内、先程序后实体的立法思路体现出一种务实的精神和鲜明的实践风格，很大程度上开创了本土商法学派务实求索的新气象。

第一章　商法一般条款的理论分析*

【案例 1-1】深圳某公司诉深圳市发改委行政处罚行为案①

2015 年 8 月 4 日，深圳市发展和改革委员会（以下简称"深圳市发改委"）告知深圳某公司，对于其未按时足额履行 2014 年度碳排放履约义务的违法行为，拟从深圳某公司 2015 年度碳排放配额中扣除 2014 年度未足额补缴数量的碳排放配额，对该公司处以其"2014 年度超额排放量乘以履约当月之前连续 6 个月碳排放配额交易市场平均价格三倍"的罚款，并举行听证做出行政处罚决定书。深圳某公司不服，诉请撤销深圳市发改委做出的行政处罚决定。一审法院认为，深圳某公司作为温室气体重点排放单位，其 2014 年度实际碳排放量超过其持有的碳排放配额，且未能按期足额履行碳排放配额清缴义务，也未按要求如期履行补缴义务。根据《深圳市碳排放权交易管理暂行办法》规定，做出行政处罚决定书，符合法律规定，程序合法，应予支持。此案经上诉二审，维持原判。

【评析】 在案例 1-1 中，法院依法确认《深圳市碳排放权交易管理暂行办法》作为地方政府规章，是依据《深圳经济特区碳排放管理若干规定》的授权，对碳排放实际配额计算公式做出规定，与上位法并无冲突，应予执行。应依法支持行政机关履行温室气体减排行政监管职责，对促进节能减排，推进碳达峰碳中和具有积极意义。碳排放行政主管部门在碳排放总量控制的前提下，可以根据公开、公平、科学、合理的原则，结合产业政策、行业特点、温室气体重点排放单位碳排放量等因素，确定初始分配的碳排放额度。温室气体重点排放单位应当在确定的碳排放额度范围内进行碳排放。② 其实，从《民法

---

* 本章的主要作者为官欣荣、黄志成、何子君，其中黄志成、何子君负责第四节第二点的资料整理与初稿写作。钟俊杰、叶婕颖协助了本章的资料整理与初稿写作工作。
① 参见广东省深圳市福田区人民法院（2015）深福法行初字第 1205 号行政判决书。
② 2023 年 2 月 17 日，最高人民法院（以下简称"最高院"）发布《最高人民法院关于完整准确全面贯彻新发展理念　为积极稳妥推进碳达峰碳中和提供司法服务的意见》，同步发布 11 个司法积极稳妥推进碳达峰碳中和的典型案例，此案被列于其中。

典》第九条确立的绿色原则来看，其不仅适用于民事主体（自然人），亦适用于商事主体；不仅确立了绿色民法理念，亦树立了绿色商法理念，属于本书归类的替代型商法一般条款，对于商法漏洞具有填补功能，对于商事活动具有指导意义。

在法典现代化潮流下一般条款的理论与实践研究方兴未艾。本章主要在《民法典》实施语境下阐述商法一般条款的概念、类型划分、发展脉络、分类入典的标准、方式、功能、价值等理论问题，为后面各章进行铺垫和支撑。

第一节　商法一般条款的含义与分类

概念为框架分析的逻辑起点。类型是对概念反映的外部世界依据一定标准所进行的分门别类的归纳，是对概念过于空洞之局限性的超越。功能分析旨在揭示事物的价值、作用。本节针对商法一般条款的含义、类型及民商关系进阶划分进行了理论初探，从而为后文阐述"入典进编"等理论问题提供必要的知识储备。

一、商法一般条款的含义

一般条款（德文 Genralklauseln，英文 general provision 或 catch-all clause[①]，中文语境中亦称概括条款[②]、一般条项[③]）是指表达价值取向，内容具有模糊性、空泛性的法律条款。主流观点认为，一般条款是指"在成文法中具有基础性地位的、能够概括法律关系共通属性的、具有普遍指导意义的条款"[④]。如大陆法系国家民法典中常见的诚实信用、禁止权利滥用、善良风俗等条款，以及《荷兰民法典》设置的"合理性与公平性"等条款就是一般条款。也有

---

① 如美国证券交易委员会制定的"10（b）-5"规则被表述为 catch-all anti-fraud provision。
② 参见［日］我妻荣《新法律学辞典》，董璠舆等译，中国政法大学出版社1991年版，第25页。
③ 参见黄茂荣《法学方法与现代民法》，中国政法大学出版社2001年版，第222页。
④ 张新宝：《侵权行为法的一般条款》，载《法学研究》2001年第4期，第42页；周叶中、叶正国《论基本法一般条款的功能和适用》，载《北京联合大学学报（人文社会科学版）》2014年第1期，第84页。

观点认为，一般条款是指针对某类行为规定了构成要件并可充当裁判规则的法律条款，如过错责任原则条款。①

自 20 世纪初德国学者赫德曼提出与"特别条款"（Spezialklausel）区分的"一般条款"概念以来，一般条款得到了侵权法、竞争法等民商事法律制度的较大关注，学界也对该条款进行了深入和广泛的探讨。时至今日，一般条款的内涵和外延已发生改变，远远超出初指原则性条款的范畴。例如，有学者将"但书性"条款也归入一般条款范畴。②"但书性"条款是针对一般规定的例外情况所做出的规定，这种例外既有个别特例，也能概括多数情况。

从构成要件与法律效果分析，与具体法律规范不同，"一般条款是没有特定要件和效果的条款"③。我国商法学界对民法方法论意义上的"一般条款"关注相对较少，学者们使用较多的是"商法一般性规定""商法一般性规范""一般性商事规则"等概念。④ 还有学者提出"总纲性商法规范"的制定主张，以统领全部商事部门法的一般条款为核心内容，⑤ 其实质是指关涉商事一般性问题的法律规定，多集中体现在（但不限于）民（商）法总则，⑥ 国外商法典中出现的"一般规则"之立法表述也是在此意义上使用的。另有学者曾提出，《商法通则》首先要对整个的商法规范体系"提取公因式"（凝练出"商行为"概念），而后《商法通则》再对商事行为"提取公因式"，借此形成"商行为的一般条款"。⑦ 但此一般条款的表达并非民法学者方法论意义上讨论的"一般条款"，准确来说只是包括了一般条款在内的"一般规定"。另有文章针对商法一般条款的类型化、具体化方法做了深入探讨，提出应结合商法的立法宗旨、基本理念、价值取向进行，注重外观主义，参照商事惯例和商事自治规范，强化商法效益优先的原则。为防止主观恣意性，对商法一般条款的运用应予适当限制。⑧ 本书所探讨的"商法一般条款"是指商事领域中内涵

---

① 参见王利明《法律解释导论》，法律出版社 2009 年版，第 433 页。
② 我国台湾地区"民法有关规定"第七十一条的"但书规定"赋予了概括条款的体制功能。参见苏永钦《走入新世纪的私法自治》，中国政法大学出版社 2002 年版，第 37 页。
③ ［日］山本敬三：《民法讲义 I》，解亘译，北京大学出版社 2004 年版，第 397 页。
④ 参见中国法学会证券法学研究会秘书处《民法典编纂中的证券法一般规范研讨会实录》，见郭锋《金融服务法评论（第九卷）》，法律出版社 2018 年版，第 444–455 页。
⑤ 参见王建文《中国商法立法体系：批判与建构》，法律出版社 2009 年版，第 31 页。
⑥ 例如，《民法典》第九百六十七条属于合伙的一般性规定，也准用于商事合伙。
⑦ 参见曾大鹏《从法理到法条的转换：评苗延波先生的〈商法通则〉草案建议稿》，载《河北法学》2010 年第 7 期，第 101 页。
⑧ 参见杨峰《商法一般条款的类型化适用》，载《中国社会科学》2022 年第 2 期，第 43 页。

抽象、外延较为宽泛，有赖适法者具体化的法律条款，同时基于民商关系的立法论与适用论的双重维度切入论题。

二、商法一般条款的类型

"类型"概念肇端于希腊文 túpos，指围绕一个意义中心和对象的特征组合起来"形成一个整体"，从而成为类型。[①] 由于概念思维受到自然语言工具束缚，无法涵摄全部生活事实，类型思维可通过意义中心寻找整体相似性，凝练出典型、范例和一组事物的共性特征等基本含义。法学上所讨论的"类型"存在两种意义：一是指"分类"之义，即依据一定标准将对象分成不同集合；二是指形成一整套语词认识和法律适用方法，使得规范通过意义中心得以归类，连接成"可变的体系"。[②] 本书使用的是第一种意义上的商法一般条款分类法，而商法一般条款具体化适用时往往是在第二种意义上使用，即通过案例群的类型化找到商法一般条款具体化适用的标准。

按第一种意义上的类型思维，商法一般条款依不同标准可进行以下五种不同的分类研究：

第一，从不同法源类型来考察，[③] 商法一般条款包括：采取民商合一立法体例的国家或地区（如瑞士、意大利、荷兰、俄罗斯、加拿大魁北克省）的民法总则与分则中的一般条款（如商事物权、商事合同、商事侵权、商事人格权一般条款）、采取民商分立立法体例的国家或地区（如法国、德国、日本、韩国、越南）的商法总则（商人、商行为、营业、商事登记、商业账簿）与分则（保险、海商）中的一般条款、商事单行法一般条款[④]、商事自治法/

[①] 参见［德］卡尔·拉伦茨《法学方法论》，陈爱娥译，商务印书馆 2003 年版，第 127 页。

[②] 参见王美舒《类型思维下的金融消费者：从语词认识到裁判逻辑》，载《法律科学（西北政法大学学报）》2019 年第 2 期，第 190 页。

[③] 一般条款本为国家立法之法典化技术结晶，但商法法源多元化，自治法、民间法中都有一般条款之运用，故本书做广义考察。

[④] 例如，《中华人民共和国合同法》（以下简称《合同法》）总则中关于合同平等、自愿等原则性一般条款。

民间法一般条款①、商事国际法一般条款②，以及商事司法解释一般条款［如《中华人民共和国票据法》（以下简称《票据法》）无因性司法解释③］，或行政规章一般条款［如《上市公司收购管理办法》④（2020年修正）第二条至第四条］。显然，由于商法法源的多元性和层级性，商法一般条款也具有相应的多元立法表达形式。换言之，不同的法律法规及规范性文件中都有商法一般条款的运用空间。

第二，从商法一般条款的规范层级来考察，商法一般条款可分为不可被直接司法适用的原则性商法一般条款和可直接作为裁判规则的具体性商法一般条款。⑤ 按凯尔森的法律规范理论，法律为"一组具有阶层的规范"（a hierarchy of norms）等级体系，作为商法规范的一般条款因抽象层次不同，也有等级差异。依规范事项、抽象层级及立法的法源定位不同可分为：一是体现私法最高原则、与民事法律制度价值共通的商法一般条款，二是商事基本法律文本中的一般条款，三是商事单行法中的一般条款。与民事法律制度价值共通的商法一般条款包括诚实信用、公序良俗、禁止私权滥用等条款，此类一般条款规范事项最广泛，"提取公因式"的抽象程度最高，无论在民商分立还是合一的立法体例中皆为民商法共通适用的一般条款，与民法一般条款存在替代关系，故而作为私法基本法的《民法典》制定时，置于其中的私法一般条款通常起着"以民替商"的规整作用。

商事基本法律文本中的一般条款的规范事项主要针对商事活动领域，"提取公因式"的抽象程度稍低，在商法体系中居于核心地位，既提纲挈领，又是后位补充，可在规则不明、冲突或阙如等情形下予以适用。如商事风险防范原则、商法外观原则，此类一般条款针对商事活动领域，"提取公因式"的抽象程度次于私法基本原则（如意思自治、公序良俗等原则）。一般可在商事基本法律文件中予以规定，根据民商分立的立法体例，主要反映在《民法典》之外另行制定的商法典之中，如《德国商法典》规定的权利外观原则。而商

---

① 例如，《深圳证券交易所交易规则（2023年修订）》第1.3条规定的"证券交易遵循公开、公平、公正的原则"，第1.4条规定的"证券交易应当遵守法律法规、本规则及本所其他相关规定，遵循自愿、有偿、诚实信用原则"。
② 例如，国际统一私法协会1994年制定的《国际商事合同通则》第1.7条的"诚实信用和公平交易"条款。
③ 例如，2000年《最高人民法院关于审理票据纠纷案件若干问题的规定》的第十四条是对票据无因性原则的间接确认（有因性仅适用于直接的债权债务人之间）。
④ 该规章自2006年出台后，经2008年、2012年、2014年修订，2020年修正。
⑤ 参见王利明《法律解释学》，法律出版社2017年版，第512-513页。

事组织类型法定原则条款虽未直接加入商法典，但大陆法系国家商法典已有相应制度体现，国外商法学者亦已明确认可此原则的存在和实际适用。除了实定法之外的法律原则属于思想形式外，实定法内通过一般条款立法表达的商法宗旨①和原则条款②，也具有高度抽象性、统领性、普适性，有时被等同视为原则③或交替使用④。原则性一般条款的内容较空泛，需做价值补充，在裁判功能方面不可直接被援引，仅有以下两项例外：其一，在规则穷尽后仍存在漏洞，或者个案适用具体规则明显不当之情形下，可被援引，否则不得"向一般条款逃逸"。其二，在规则可适用于案件但说理欠充分的情形下，原则性一般条款可辅助论证，以加强说理和证成判决。

商事单行法中的一般条款主要包括公司社会责任条款、票据无因性条款、证券反欺诈条款等。此类一般条款规范事项主要限于所辖的具体商事领域，其"提取公因式"的抽象程度较低，但又比其他刚性具体条款较为抽象、概括，适用对象主要为商事单行法特别调整的商事法律关系。

第三，从法律适用方式来考察，商法一般条款可分为充当商法特有原则的一般条款和作为商法裁判规则但需进一步具体化的一般条款。前者在商法体系中居于核心地位，作为联结立法与司法之枢纽、沟通规范体系与外接价值判断之中介，此种商法一般条款在商法规范体系的建构中发挥着提纲挈领的作用，又在法律适用中发挥着填补规范漏洞、进行司法续造的功能。后者指对某类法律事实（构成要件或法律后果）做了概括规定，可直接当作个案请求权基础或裁判依据的概括性条款，如《德国商法典》第 15 条第 1 款规定的权利外观责任条款。公司法中的董事注意义务条款，也可作为裁判规则予以适用。如新《公司法》第一百八十条规定董事、监事、高级管理人员对公司负有忠实义务和勤勉义务，但此种义务的标准比较抽象，需在判例累积基础上提炼出合理的法律判断标准。再如《澳门商法典》第八十五条第一款规定，"作为生产商之

---

① 立法宗旨条款主要具有宣示价值，常与原则或具体规则"连用"以补强裁判说理。
② 商法原则介于宗旨与具体规则之间，具有普适意义，西方商法典尚无条文问世，但单行法上出现了立法表达，如保险法的"最大诚信"原则。
③ 例如，谢怀栻先生曾指出，"所谓一般条款是一种抽象的原则性的规定，法官可以把一般条款运用到各种具体案件中去，以解决他要解决的问题"。谢怀栻：《外国民商法精要》，法律出版社 2002 年版，第 96 页。
④ 例如，"海带配额案"中表述为"一般条款"，参见最高人民法院（2009）民申字第 1065 号民事裁定书。腾讯公司、腾讯计算机公司与奇虎公司、奇智公司不正当竞争纠纷案中表述为"法律原则"，参见最高人民法院（2013）民三终字第 5 号民事判决书。相关论述，可参见谢晓尧《未阐明的规则与权利的证成——不正当竞争案件中法律原则的适用》，载《知识产权》2014 年第 10 期，第 4 页。

商业企业主不论有否过错,均须对因其投入流通之产品之瑕疵而对第三人所造成之损害负责",此种无过错责任规则也构成一种概括条款,可作裁判规则之用。裁判规则性一般条款的裁判标准模糊,需在判例累积基础上提炼出更明确的法律适用规则,"这种规范不是调整个别案件抑或规范某一具体行为,而是调整基于共同的价值判断而联系在一起的一类事实或行为"①。其规范层级次于原则,既能发挥具体规则之裁判依据作用,又因兼具原则的弹性特征而有待法官具体化解释。

明确上述原则性一般条款与规则性一般条款的分类,有助于把握其立法位阶和适用方式上的差异。商法原则性一般条款由其所处的法律体系中的位阶和其自身所蕴含的法律价值所决定,其不能直接被法官援引,只有在穷尽规则或发生规则冲突的情形下才可适用。商法原则性一般条款存在相互补充、相互限制的关系,"通过这种协作,整体的法秩序的价值脉络及个别原则的效力范围及其意义才能清晰显现"②。而规则性一般条款一般可被法官作为直接援引的明文依据,只是裁判标准亟待结合个案来确定。

第四,从一般条款有无显现伦理特性来考察,商法一般条款可分为技术性一般条款与伦理性一般条款。商法规范固然以技术性见长,但同属私法规范,具有伦理价值取向的诚信信用、市场自治、平等等原则性一般条款同样适用于商业市场领域,不可被忽视;而商事主体法定、商事行为无因性、登记外观等一般条款所蕴含的是一种特定的法律技术,若有违反,并不直接表现为否定的道德评价,而只是可能承担规范所预设的法律后果。以物权公示法定原则为例,当事人在不动产交易中未经公示的,按照规定产生不发生物权变动的后果,这种后果并不表示对当事人行为的一种否定的伦理指责。国外学者也将这种技术性原则称为"结构性原则",如物权法定原则、绝对性原则、公示原则、特定原则、无因性原则等。技术性原则的立法形式即技术性一般条款,按照技术规范要求便可得出法律后果而不需要法益权衡,因而在法的适用上其实并不适合被称为原则,而更适合被称为规则。③ 信赖保护原则作为法律行为交往的原则,在拉伦茨(Larenz)看来,"它没有法律伦理的基础","只是一种

---

① [意]斯特凡诺·特罗伊安罗:《〈意大利民法典〉中的一般条款》,张礼洪等译,见张礼洪、高富平《民法法典化、解法典化和反法典化》,中国政法大学出版社2008年版,第380页。
② 转引自陈永强《私法的自然法方法》,北京大学出版社2016年版,第130页。
③ 参见陈永强《私法的自然法方法》,北京大学出版社2016年版,第143页。

旨在提高法律行为交易稳定性的法律技术手段"①。但是技术性一般条款通常也服务于特定的价值，受到历史、理性、经济等诸多因素的影响。如信赖保护原则并非单纯的技术性原则，而是蕴含着伦理要素，其适用受到作为维护交易安全和保护信赖利益基础的诚信原则和公平原则的衡量。② 区分技术性一般条款与伦理性一般条款的意义在于，当二者冲突时，伦理性一般条款的位阶高于技术性一般条款并可对其进行修正。伦理性一般条款与技术性一般条款还会呈现出彼此交融的特点，有的技术性一般条款（如权利外观条款）为伦理性一般条款（如诚信善意条款）所涵盖，而有的伦理性一般条款（如公共利益条款）可以派生技术性一般条款（如体现商法强制主义、公示主义的技术性条款，以及票据文义记载规定）。

第五，从是否与例举条款并用来考察，可分为直接作为商法价值补充的一般条款和具有兜底性、开放性的商法一般条款。③ 前者如诚实信用原则，其通常不与例举条款发生关联，而是独立作为一种概括条款提供商法价值导向。后者通常位于例举条款之末，在例举事项后通常缀以代词"其他"或助词"等"，最后加上抽象的上位概念兜底，力求涵盖全面。相较于其他部门法，此种兜底性一般条款在商法领域似乎更为普遍。如我国新《公司法》中以"其他"或"等"标识的兜底性一般条款合计达 80 条，约占总条文数量的 30%。其特征在于实现了规范具体与抽象概括的有机统一、例举事项明确与边界模糊的有机统一、调整范围的封闭与外延开放的有机统一、法律预期稳定与变动的有机统一。④ 相较于商法原则性一般条款，兜底性一般条款的开放程度相对较小，不能独立运用，而必须与例举事项及抽象的上位概念一并适用。换言之，兜底性一般条款解释、适用的要求和标准既不在例举之内，又不能与例举事物的性质相差悬殊，而应与其相联，从中延伸、推衍出相近、相似的事项规则。例如，1885 年《西班牙商法典》第 3 条规定："一经利用函件、报刊、海报、广告栏或使用其他形式向公众发布具有商业目的的公告，即被依法推定为该个人或组织在从事商业活动。"⑤ 该条"使用其他形式"的兜底式规定似

---

① ［德］卡尔·拉伦茨《德国民法通论（上册）》，王晓晔等译，法律出版社 2003 年版，第 30、59 页。
② 参见陈永强《私法的自然法方法》，北京大学出版社 2016 年版，第 124 页。
③ 此分类受王利明教授观点启发，参见王利明《法律解释学导论》，法律出版社 2017 年版，第 513 页。
④ 参见刘风景《例示规定的法理与创制》，载《中国社会科学》2009 年第 4 期，第 97 页。
⑤ 《西班牙商法典》，潘灯、高远译，中国政法大学出版 2009 年版，第 3 页。

乎颇有远见地为现代商业行为（如网络交易、微商）的商法适用进行了铺垫。①

而"但书规定"既可以是针对一般规定之外的个别情形做出的规定，也可以是针对例外的多数情况进行的概括性规定，后者即构成"但书性"一般条款。例如，我国台湾地区的"民事有关规定"第七十一条规定："法律行为，违反强制或禁止之规定者，无效。但其规定并不以之为无效者，不在此限。"其中，"但书规定"即"赋予了概括条款的体制功能"②。商法"但书性"一般条款是指以"但"或"除外"相缀，例外规定商事事项的概括性条款。③"但书性"一般条款的规范层级均取决于其他条文的抽象层级，在法律适用上亦需基于其他条文的规定才能明确。对于兜底性一般条款而言，通常应结合例举规定进行体系解释适用，既参照所例举提供的标准，又在例举之外确定其内容。而"但书性"一般条款不能在本法条文中直接找到所适用的规则，必须结合其他法律的规定做出裁判解释。

第二节　商法一般条款的发展脉络

历史与逻辑相统一，商法文明源于"商"而成于"史"。我们通过梳理商法制度变迁及其一般条款的发展脉络，可以洞见商法制度文明的内在结构，发掘商事立法及一般条款的演进规律，因为"历史是立法科学有形的实验室"。

纵览商法文明发展成果，可经由不同路径来探究。"有的主张按一般编年史进行区分，有的主张按商业史进行区分，有的主张按商法史进行区分，还有的主张按商法自身进化变迁进行区分。"④ 东方商业文明虽早于西方，甚至在我国历史的较早时期便出现了财货交易的市场及对应的市场管理制度。《周礼》载有"凡民同货财者，令以国法行之"。自春秋战国至明清时代的律法均

---

① 由此似乎可以窥见这个偏居欧陆一隅、以传承彻底的商行为立法模式而著称的《西班牙商法典》延用百年、保持长寿的奥妙所在。

② 苏永钦：《走入新世纪的私法自治》，中国政法大学出版社2002年版，第37页。这种方式与《民法典》第一百五十三条第一款之"但书规定"技术如出一辙，均为间接加入商法一般条款。

③ 例如，《民法典》第四百四十八条规定："债权人留置的动产，应当与债权属于同一法律关系，但企业之间留置的除外。"

④ 任先行：《商法原论》，知识产权出版社2016年版，第271页。

有涉及"商"的内容,南宋甚至有记录大量商法判例的《名公书判清明集》。①但近代以降,却未曾出现法典意义和学科意义上的商法论述杰作。本书以西方商法为参考,从民商规范关系视角展开论述,以裨益东方商法文明特别是具有中国特色的商法文明的复兴。②

一、立法演进:民商关系历时态的考察

西方私法(民商法律制度)文明的进化大致划分为远古孕育期、中古形成期、近代鼎盛期、现当代适用完善期四个重要时期,对不同时期以民商法关系视角进行透析,可知嵌入私法制度规范的一般条款类型经过了"替代型为主""冲突型为主""冲突型+补充型与替代型+冲突型的分流""替代型、补充型、冲突型的多极发展"等若干演进阶段。

进言之,在古希腊-罗马法时代,私法以民法为主,与民法不同的商法规范(冲突型商法规范)依稀萌芽(如古希腊罗德岛的《海商法》),罗马法中与市民法相对的万民法③之中也不乏商法规范适用的萌芽(如交易安全原则对海陆运输具有重要意义,裁判官对船主、车主、旅馆和货栈业主规定了严格的安保责任,但该时期民商法杂糅一体,体系化商法规范更为匮乏)。例如,作为"商品生产者社会的第一个世界性法律"的罗马法,主要表现为"以民替商"的简单商品经济④法律调整模式,加之奉行"严格法"观念和讲究"各种概念精确计算",⑤因而甚少出现商法一般条款。

11世纪晚期至13世纪早期,生产方式变革推动了剩余产品交换,继而引发集市交易、海上贸易的繁荣,于是,以地中海沿岸交易习惯法为核心的商人

---

① 参见范健等《商法学》,高等教育出版社2019年版,第21页。

② 这里提出"宏大叙事"式的商法复兴,是指越来越多的文献研究表明,中国古代虽不曾产生法典意义上的商法规范,但调整与商业有关的法律制度及实践,在我国自古即有。参见李功国《中国古代商法史稿》,中国社会科学出版社2013年版,前言第2-3页。断代商业法制的具体研究,可参见任先行《商法原论》,知识产权出版社2015年版,第401-490页;郑颖慧《宋代商业法制研究——基于法律思想视角》,法律出版社2010年版,全书;邱澎生《当法律遇上经济:明清中国商业法律》,中国台北五南图书出版公司2008年版,第251-278页;赵晓耕《宋代官商及其法律调整》,中国人民大学出版社2001年版,第199-210页。

③ 有别于处理"国内民事纠纷"的市民法,万民法适用于罗马人与外族人的贸易纠纷。

④ 古罗马农业对社会财富的贡献大约是贸易和工业的20倍。参见[英]M.M.波斯坦等《剑桥欧洲经济史(第2卷)》,王春法译,经济科学出版社2004年版,第62页。

⑤ 参见[德]弗里德里希·卡尔·冯·萨维尼《立法与法学的当代使命》,许章润译,中国法制出版社2001年版,第23页。

法应运而生，其"具有了结合各种原则、概念、规则和程序的体系化特征"①，成为西方商法文明产生的一大摇篮。②此种商人法在民间法对国家法的背离③与商法对民法的背离之历史条件下发展起来，而且冲突型商法规范占据主导地位。④虽然该时期的商人法通过公证人参与商业活动间接吸收了罗马法术语形式，但更多地注入了教会法善意、公平交易、恪守协议的观念，形成了程序便捷、商人自治、善意、交易公平、商业合理性等诸原则的价值内核，⑤并将之付诸裁判而不拘泥于条文。

当然，由于受到历史局限，该时期商事立法系统思维仍欠发达，尚未上升到国家法典化的形式理性高度，因而无法生成完备形式的一般条款。直到近代资本主义政权确立，国内市场统一，民族国家造典运动推进，该时期出现两大分流：其一，在实行民商分立立法体例的国家，商法特性得以确立并被体系化制成商法典，由商业活动带来的制度革新扮演了私法开路先锋的角色，不断补充和丰富民法体系（如善意取得制度和促进交易、保障交易安全原则），而民法则常常被作为私法一般法备用，商法中法人、财产、债权规范往往是对民事法律制度所做的变更、例外和补充之规定。例如，《德国商法典》中违约金调整规则系排除《德国民法典》第343条第1款适用的冲突型商法规范，由此塑造出民商法规范"冲突型＋补充型"的私法结构。其二，在实行民商合一立法体例的国家，私法规范最大范围地集结于单一法典，如在意大利、荷兰、俄罗斯的民法典立法中表现为替代型规范，但入典模式多样。《瑞士民法典》将公司、有价证券等内容都纳入第五编"债务法"；《意大利民法典》将公司

---

① ［美］哈罗德·J.伯尔曼：《法律与革命——西方法律传统的形成》，贺卫方等译，中国大百科全书出版社1993年版，第424页。

② 德国的戈尔德斯密特（Goldschmidt）、意大利的维万德（Vivante）、法国的伊夫·居荣、美国的伯尔曼（Berman）等都是持此通说之代表。参见夏小雄《商法"独立性"特征之再辨析——基于历史视角的考察》，载《北方法学》2016年第5期，第91页。

③ 当然，中世纪商法的独立也是一种政治安排，国家税捐与商人自治利益同盟，使封建领主不得威胁商业。参见［美］泰格、［美］利维《法律与资本主义的兴起》，纪琨译，学林出版社1996年版，第54页。

④ 例如，罗马法延续下来的民事合伙规定不能适应新的商业流通精神，而商事合伙规定赋予每个合伙人独自处理合伙事务的权力，并使其承担无限连带责任。参见［意］F.卡尔卡诺《商法史》，贾婉婷译，商务印书馆2017年版，第40页。又如，中世纪商人行会登记制度、买卖合同风险移转的规定、善意取得规定等。参见施鸿鹏《民法与商法二元格局的演变与形成》，载《法学研究》2017年第2期，第79页。

⑤ 商人习惯法的善意与合理原则在现代商事仲裁中（如1979年国际商会"帕巴克仲裁案"）仍被沿用。参见赵秀文《商人习惯法及其适用》，载《国际经济法论丛》2022年第1期，第373页。

法内容纳入"劳动编";《荷兰民法典》改为采用民商合一立法体例后,鉴于运输业的重要性,将包括海运、内河运输法的内容列入第九编。当然,在民商合一立法体例下也不排除在典外制定商事单行法(如《瑞士破产法》),其与民法典一起构造出"替代型+冲突型"规范占主导的私法体系结构。

总体来看,受益于以笛卡儿(Descartes)、康德(Kant)等为代表的近代理性哲学思潮,各国在法律制定中竞相采用一般条款,其有助于增强法典的实用性,消弭法律规范的潜在漏洞。例如,与《德国民法典》相比,《瑞士民法典》在运用一般条款的质和量上"后来居上"(如将诚信原则作为民商事"帝王"条款);《荷兰民法典》则运用参引条款将相关规范连接起来,方便适用。① 而且,一般条款的立法运用在实行民商分立和民商合一立法体例的国家中各具特色。前者的主要贡献是,通过商法典"冲突型+补充型"一般条款立法(如对商人、商事行为的概括规定②),搭建起相对独立并具有灵活性和适应性的商法体系。后者的主要贡献是,将替代型规范(如善良风俗、诚实信用等原则)的立法发挥得淋漓尽致,如《荷兰民法典》第一编第7条规定,"任何人在民事活动中应该遵循诚实信用和公平交易的原则,任何人不能排除或限制之"③,并透过其他一般条款技术(如"但书性""转介性"条款)对商法内容进行拓展补充,最大限度地促进了私法体系的统一。

第二次世界大战(以下简称"二战")之后,商法的发展跨越到现代时期,其制度与规范革新呈现出以下三方面特点:首先,为适应经济全球化背景下商事关系的调整需要,一些具体制度因国别不同而存在较多差异或时常更迭,国际商事原则与规则经过各个国家和地区的较量适用最终胜出,④ 并发展出了"现代商人法",⑤ 其所涵盖的一般法律原则达20条之多,包括国际商事惯例、标准合同范本、通过比较方法发现的国内私法中所共有的一般原则、国际商事仲裁的裁决等。⑥ 这些原则借助《国际商事合同通则》《联合国国际货

---

① B. Wessels, "Civil Code Revision in the Netherlands: System, Contents and Future", *Netherlands International Law Review*, 1994, 41: 163.
② 例如,《法国商法典》第1条规定:"实施商事行为并以其作为经常性职业者是商人。"该规定历百年而未废改。参见《法国商法典(上册)》,罗结珍译,北京大学出版社2015年版,第9页。
③ [荷] I 海玛·《荷兰新民法典导论》,刁君姝、田志钢译,见《荷兰民法典》,王卫国主译,中国政法大学出版社2006年版,第24页。
④ E. Kadens, "The Myth of the Customary Law Merchant", *Texas Law Review*, 2012, 90: 1153.
⑤ 该概念"二战"后便已被提出,后被广泛用于国际贸易法研究。参见[英]施米托夫《国际贸易法文选》,赵秀文译,中国大百科全书出版社1993年版,第14-16页。
⑥ 参见刘丽《国际商法视阈下的一般法律原则》,法律出版社2015年版,第94页。

物销售合同公约》《联合国国际商事仲裁示范法》等国际商事法律文件上升为一般化的国际商事法律制度条款,也为国内商法的对接或引入提供了蓝本。正如有学者指出,根据"国际商业的客观规则"或各国法律共同规则生成的国际商法一般条款具有"商人国际共同体"原创性的法秩序元素,可"为实施国内法提供辅助,或者视为可适用的实体法"①。其次,在具有普通法传统的美国,为回应工商界统一各州商法的吁求,20世纪50年代由民间机构制定的具有示范性质、在各州实际生效的《美国统一商法典》,反映了"贸易+金融"的市场主导力量,提供了现代化商法的另类范式(如第九编"担保交易编"对各国担保立法影响深远)。最后,随着市场分工精细化和商事关系的复杂化,"去法典化""再法典化"的多重变奏开始出现。所谓"去法典化"是指法国、德国、日本等国的商法典越来越被"掏空",公司、保险乃至海商等商法规范体系纷纷脱离商法典本体,朝着单行法(典)方向发展,为企业商法、金融商法、网络商法释放了足够的空间,凸显了冲突型商法规范主导的一股发展潮流。而所谓"再法典化"的表现有二:一是法国商法自20世纪50年代去法典化后,2000年又进行再法典化,维持了民商分立的原貌;巴西2002年制定了民商合一("企业法"为分则第二编)的《巴西民法典》之后,又提出了重新制定商法典的动议,于2013年年底推出了《巴西商法典草案》。二是另一些国家则在"民法商法化、商法民法化"的作用下重构单一法典,取代了旧的"民法典-商法典"二元模式,如2011年生效的新《罗马尼亚民法典》②、2014年施行的新《捷克民法典》③。

商法在现代社会的发展中,既有国际法规范、自治法规范形式的商人法复兴,又有普通法系商法的创新;既有与民法融于一体的私法一元法典再造,又有去法典化后的再法典化。投射在民商法关系类型上即呈现出替代型、补充型、冲突型商法一般条款交相辉映、多极互长,具体表现为以下四方面:

第一,作为一种复兴的"新商人法",程序便捷、商人自治、诚信原则、尊重交易习惯等原则纷纷被一般条款化,④ 这对于减小跨地域贸易摩擦,重构

---

① G. Hanessian, "General Principles of Law in the Iran-U. S. Claims Tribunal", *Columbia Journal of Transnational Law*, 1989, 27: 309, 315.
② C. Cojocaru, "Adoption of the New Romanian Civil Code and Some Effects Thereof on the Business Law", *Journal of Advanced Research in Law and Economics*, 2013, 4: 96.
③ 参见陈卫佐《现代民法典编纂的沿革、困境与出路》,载《中国法学》2014年第5期,第260页。
④ 《联合国国际商事仲裁示范法》第28条规定了公平合理的仲裁原则,《国际商事合同通则》第1.7条规定了诚实信用和公平交易条款。

全球化市场秩序意义重大。

第二,《美国统一商法典》总则规定了商法解释的灵活性、现代化、惯例与协议优位、善意等原则,各编也有一般条款之创制,[①] 开创了英美商法的实用主义风格,此恰为大陆法系商法之所缺。

第三,在应对金融交易、电子商务的商事公法监管及"私序"(private order)治理领域,公法性与自治性一般条款(如公共利益条款、社会责任条款、商业合理性原则)成为赋商兴市、减少制度成本的新血液和润滑剂。

第四,单一法典国家的替代型商法一般条款(如诚信原则)于交易安全和市场秩序维护而言,功能等值。

二、商法一般条款的制度演进特点:体系内部视角的考察

从商法体系构造内部视角来考察,在人类繁复的社会生活关系(民事法律关系)中分离出商事法律关系并对其进行专门调整,是社会、经济、政治条件具备与法律分工精细化综合作用下的产物。又因在一定时空条件的市场实践及法律适用作用下,伴随着交易类型复杂化、商事关系异质化,从贩夫走卒式的交易到现代企业融资,再到电商网购、金融衍生产品交易,所生成、聚合、进化的商法规范重心不断变化,在其法律适用实践的历程中,嵌入商法规范结构中的一般条款与商法制度板块组合一样,也发生了与地质学意义上的"板块漂移"类似的状况,呈现出如下五方面制度演进规律及特点。

(一)先有商事法理要素储备原则和商事判例规则的孕育,后有商事成文法一般条款的生成

"人类的一切重要制度,都是从早期所具有的少数思想胚胎进化而来的。"[②] 如中世纪商法的善意、交易公平等先以伦理观念形态存在(吸收了教会法的善意、公平交易和恪守协议的道德观念),后在商法典中确立(如《德国商法典》第15条第1款、第384条)。又如,商事案件类型日新月异,裁判者身处纠纷前沿,通过判例积累、试错、调适,建立起合理的商事裁判原则和

---

① 如该法典的§2-103(1)、§3-108(1)、§4-108(1)、§5-114、§6-110(2)、§7-203、§8-311、§9-206。

② [美]路易斯·亨利·摩尔根:《古代社会》,杨东莼等译,商务印书馆1997年版,第16页。

规则，可降低立法成本。例如，中世纪《康索拉度法》《奥列隆法》《维斯比法》判例被汇编为现代海商法的"母体"，并通过商事判例汇编将商法规范系统化，其中所确立的共同海损规则沿用至今；英国公司董事的信义义务先由判例法确立，再通过成文法一般条款写入《英国 2006 年公司法》；2002 年《巴西民法典》修订时，将美国判例法上的"法人人格否认"规则载入了法典第 50 条。

（二）先有商事程序性一般条款的运用，后有商事实体性一般条款的产生

商事程序性规范无须像实体法那样因人而异或因事而异，而只需要预设一个交易决策及其行为的程式和方法。如 13 世纪英国文献《弗莱特》（*Fleta*）中出现的 lex mercatoria，本意指便捷、灵活的证据与案件管辖等程序法方面的规定。该内容最初在商人法庭裁判中被确立为商事自治性、衡平性一般条款，后被纳入统一的商事实体性立法，正如施米托夫（Schmitthoff）指出的："曼斯菲尔德法官在伦敦市政厅与他专门的陪审员共同审理商事案件的司法改革，表面上是简化商事程序，实际上其目的在于创造一个具有逻辑性、公正性和现代性特征的商事实体法，同时符合普通法的原则。正是曼斯菲尔德法官的才能实现了商事习惯和普通法的协调，并且这种调和几乎全部能被商业社会的实践所接受，同时旧的法律基本原则和被调和的观点都能被商人和律师所接受。"[①] 由于早期普通法系国家法官不承认商事习惯的法律效力，按照旧的普通法，商人及律师在商业诉讼令状中，要对其所引用的商事习惯进行充分的举证，这一举证无形中增加了普通法院审理商事案件的难度，所以曼斯菲尔德大法官与商人陪审团一起进行了商法适用方面的改革：一是简化商业习俗举证程序，即当事人只要主张"依据商人习俗"即视为完成了举证；二是将内容涉及商业财产、合同、救济方面的商业判例法编纂为商事判例集，在这些判例中使用的商事习惯得到了较全面和彻底的阐述并形成了英美商法的重要规则。[②]

[①] 李燕：《英国商法历史沿革及其法典化问题探析》，载《商业经济与管理》2008 年第 7 期，第 63 页。

[②] R. M. Goode, "Twentieth Century Developments in Commercial Law", *Journal of Catholic Legal Studies*, 1983, 3: 283.

(三)先有商事国际法一般条款的发展,后有商事国内法一般条款的适用

肇始于商人自治的商业活动具有跨地域、超国界的天然秉性,随之而生的商事国际性一般条款对于消除贸易壁垒、实现利润最大化的内生作用巨大,只要不与国内强行法、公共秩序条款相抵触,就有优先适用的效力,而且常被吸收为国内商事立法的一般条款。如巴西加入《联合国国际货物销售合同公约》后,为消除差距,在《巴西商法典草案》中尽量采取了与该公约相同或相近的法律规则。①

(四)先有商事法典化一般条款的定型成熟,后有商事单行法一般条款的派生发展

近代商事成文法规范的系统化和统一化使商法独立成典之后,在市场精耕细作和商法分门别类调整的驱动下,商事单行法逐渐脱离商法典,形成了一些专门化、行业性的一般条款。例如,2008年《日本保险法》从《日本商法典》中分离出来,实行单行立法并强化了对道德风险的防范,创设了保险人基于重大事由解除契约的概括条款(如《日本保险法》第三十条、第五十七条、第八十六条)。

(五)先有商事私法性一般条款的形成,后有商事公法一般条款的问世

在从简单商品经济到发达市场经济再到信息社会市场交易调整的背景下,具有商人习惯法私法属性的商法规范被纳入国家立法后,特别是"二战"前后政府干预市场失灵的商事立法(如1933年《美国证券法》)大量出现,维护国家利益和社会公共利益、体现维护市场秩序、贯彻经济政策、保护弱势阶层等公法价值的商法强制性规范应运而生。另外,为了抑制商事交易外部性,产生了管制性一般条款,如《德国商法典》商号登记的真实性、稳定性、区别性、同一性原则,商事账簿的正常簿记原则(清晰性、明确性、完整性、一致性、谨慎性等),以及引入英国法中的"准确与合理印象"原则,等等。②

---

① R. M. Goode, "Twentieth Century Developments in Commercial Law", *Journal of Catholic Legal Studies*, 1983, 3: 283.
② 参见[德] C. W. 卡纳里斯《德国商法》,杨继译,法律出版社2006年版,第360-363页。

综上所述，我们可总结出如下商法一般条款制度演进特点及启示：《法国民法典》较早采用一般条款，[①] 之后《德国民法典》和《瑞士民法典》大量采用。随着社会生活关系（民事法律关系）分离出商事法律关系，民商法分工和一般条款的立法抽象技术的发展推动了商法一般条款的演进和发展，这说到底是对市场运行逻辑的反映，与一定历史时期内的政治、经济、法律传统及时空条件密不可分。

马克思（Marx）曾指出，"（立法者）不是在创造法律，不是在发明法律，而仅仅是在表述法律，他用有意识的实在法把精神关系的内在规律表现出来"[②]。我国《民法典》的颁布实施，不仅为本国市场经济运行提供了基本遵循，而且，"这些具有高度普遍性的原则、概念制度等，可以作为一座桥梁，成为连接中国和其他'一带一路'国家的一种法律上的基础设施"[③]。但是，在面对新的情况安排在体系中需要创造新的具体规定时，我们应该首先尽可能地使用逻辑，然后满足正义的要求，并且这种新的规定必须同全部体系相和谐。[④] 这对于我国审慎对待民商规范关系并分清轻重缓急进行立法资源配置具有重要意义。

我们没有必要盲目排斥外来商法文明，而是可以在一定条件下，适当地参考吸收西方商法文明中揭示了的市场经济普遍法则的有益要素及一般条款技术结晶，立足国情，借后发优势，挖掘"以不同名称、形式与内容"存在于中国古代的调整市场交易的商法本土资源，"洋为中用、推陈出新"；既要考虑在一定条件下采取商法规范分类适当入典的策略，又要注重商事法理性与成文法、程序性与国际性、法典性与单行法、私法化与公法性的一般条款统筹立法，把握立法轻重缓急的制度诉求和发展节奏，以指引我国市场经济法律的体系化和科学化的持续推进。

---

① 如《法国民法典》第1382条规定："任何行为使他人受到损害时，因自己的过失行为而致使行为发生之人对该他人负赔偿责任。"

② 转引自朱全宝《马克思主义法哲学思想的价值意蕴》，载《光明日报》2018年1月29日，第15版。

③ 罗晓娅：《第二届滇峰法治论坛：浅议中华法系对南亚东南亚各国当代法律制度的影响——探索中国法治外交》，见普洱长安网：https://www.pecaw.gov.cn/faxueyuandi/16293.html，最后访问时间：2023年12月6日。

④ 参见［意］司德法《中国新"民法典"与一带一路倡议——从罗马法角度的初步思考》，见百家号网：https://baijiahao.baidu.com/s?id=1636281576181533551&wfr=spider&for=pc，最后访问时间：2023年12月6日。

第三节　商法一般条款入典的理论范式

《中共中央关于全面推进依法治国若干重大问题的决定》在"法治经济"制度建设部分而不是在"法治社会"制度建设部分提出《民法典》的编纂目标,体现出了我国《民法典》的市场经济基本法定位,符合我国"先经济改革、后社会改革"的渐进式改革规律。我国采取有特色的民商合一立法体例,《民法典》应适当加入商法一般条款,主要标准是根据民商规范的三类关系进行分类加入。本节在商法规范和一般条款的功能分析基础上,对其入典的标准、方式、理据、意义进行考察,以期提出一种民商统分架构下较为科学、具有适应性的商法一般条款入典适用的理论范式。

一、商法一般条款的功能分析

从法律规范功能分析,一般条款是为补充制定法的局限而设置的,日本学者通常将一般条款的功能归纳为四种:法具体化机能、正义衡平机能、法修正机能和法创设机能(权利授予性机能)。在山本敬三看来,法创设机能属于广义的法的修正,故而一般条款的机能有三种,即法具体化机能、正义衡平机能、法修正机能。朱岩则将其功能归纳为实现法的价值的援引功能、实现个案正义的弹性功能、授权功能和制度创新功能。[①]

本书认为,商法一般条款具有立法和司法多重功能,主要体现在以下四方面:

一是商法价值承载储藏功能。一般条款具有承载储藏商法价值的功能,将法外空间如商业社会伦理、市场正义价值引入法律之中。一般条款往往由其前身社会伦理规范转化而来,如《德国民法典》规定的诚实信用一般条款(第157条、第242条)和善良风俗一般条款(第138条第1款、第826条)等。商法一般条款也是商业道德的法律转化,是承载储藏商法价值功能的空间和对外展示商法精神的平台,一般条款借由立法者的创制和司法者的适用,使得社会伦理价值在商事法律关系中得以实现。

二是规范拓展援引功能。一般条款可拓展援引法律之外的规范和其他法律

[①] 参见朱岩《民法典一般条款研究》,载《月旦民商法》2005年第7期,第115-117页。

领域的规范。前者适用于在法律之外的规范体系中存在一个可加以适用的规范的情况,如存在竞争规则、行业道德等,而这些规范可能与同时适用的法律规范产生冲突。最典型的例子就是《德国商法典》第 346 条,该条规定在没有任何明确的相反的协议时,协议各方当事人和法院必须就商业实践做出对法规和合同条款有约束力的解释。依据该条规定,合同当事人必须兼顾商事习惯。后者则适用于如下情况:多个法律规范调整对象重合,规范之间可以互相援引。例如,合同法和反不正当竞争法之间存在内在联系,要判断合同是否违反善良风俗原则,可以参照反不正当竞争法的规定。① 再如,在荷兰最高法院裁判的一起公司收购案中,法官运用《荷兰民法典》上的"合理性与公平性"一般条款,支持了公司董事会可以不经股东大会决议做出并购决策的主张。②

三是弥补法律漏洞,实现法律正义功能。商事法律漏洞可以通过一般条款的具体化解释适用得到填补。一般条款是给予法官的"空白委任状",③ 具体的社会生活事实决定着一般条款的真正内涵,因此,法官在维护法律稳定性和体系性的同时,可以追求个案正义。④ 在商事领域,科技革命带来了商业业态的不断创新,疑难复杂案件也层出不穷,商法规范滞后于实践渐成常态。一般条款既能赋予司法者释疑解纷的能力,又能防止司法和执法权力的滥用,从而维护交易公平和法律正义。在本章所评析的深圳某公司诉深圳市发改委行政处罚行为案中,尽管法律、行政法规未对碳排放配额做出具体规定,但行政监管部门可以根据公开、公平、科学、合理的原则(其与《民法典》绿色原则相一致),依据地方性法规和地方政府规章确定碳排放配额。在上海某公司诉北京某计算科技公司委托合同纠纷案中,法院依据《民法典》第八条规定的公序良俗一般条款及第九条的绿色原则,认定能源消耗巨大且已被国家列入淘汰类产业的比特币"挖矿"行为所涉合同无效,这里的公序良俗一般条款及绿色原则均发挥了填补一般条款的漏洞、指引法官裁判的积极作用。

---

① 参见朱岩《民法典一般条款研究》,载《月旦民商法》2005 年第 7 期,第 115-117 页。
② 参见[荷]温福瑞得·凡·登·马森伯格《荷兰公司法的合理性与公正性:实践中的"软法"问题》,见赵旭东、宋晓明《公司法评论(2007 年第 3 辑:总第 11 辑)》,人民法院出版社 2008 年版,第 111-118 页。
③ 参见黄茂荣《法学方法与现代民法》,中国政法大学出版社 2001 年版,第 310-311 页。
④ 第一次世界大战(以下简称"一战")后,德国法院就利用一般条款成功地处理了因通货膨胀而产生的债务案件。在一起借贷合同案件中,当事人借款额为一万马克,借期是 4 年或更长时间。1917 年之后,马克贬值,几乎成为废纸,德国法院依据《德国民法典》第 242 条诚信原则做出裁决:偿还债务时还应以相当的财产来偿还,而不能用一堆废纸来偿还。参见谢怀栻《外国民商法精要》,法律出版社 2002 年版,第 97 页。

四是推动商法创新功能。这是指在商法典或单行法律中设定一般条款，通过一般条款的开放性与灵活性，增加商法规范体系的开放性，及时地把社会规范导入正式的法源，使法律与社会生活经验相沟通，以适应复杂多变的情况。同时，一般条款的设立也能排除商法规范体系中部分不适当规范的适用，这样，既能保证商事法律规范体系的与时俱进和不断发展，又能保持商事法律规范体系的相对稳定性。

毫无疑问，我国商事体系化既需要构成要件和法律后果规定明确的商法具体条款之设置，也离不开一般条款之技术运用，以便对经济社会变迁中错综复杂的商事关系做出灵活且弹性化的规范。但"一般条款不能代替具体条款的设置，只是起到一种补强作用"[1]。同时，商法一般条款的具体化依赖于一套较为成熟的商法解释理论与方法，如果商法一般条款创设不当甚至被滥用，则有可能造成法官自由裁量权行使不当或者滥用，进而导致司法恣意性增加、法典权威性减弱、法官说理负荷加重等弊端。维内认为，"一般条款的优势和弱点都在于它的普遍性"[2]，此为辩证对待商法一般条款应有的科学态度。

二、商法一般条款的分类入典标准

民商法发展呈现出"人"字型走向。有学者指出，"民法与商法的关系犹如'人'字结构，左撇视为民法的话，右捺即为商法，两者既有重合又自成体系"[3]。商法规整的事项越具体，与民法的差别就越大；独特性和独立性越显著，"提取公因式"的难度就越大。为此，本书创新性地提出商法一般条款的分类入典标准是：基于民商关系的商法一般条款的新分类（详见本章第四节），将与民法存在"公因式"关系的替代型一般条款积极加入民法总则及分则，将与民法存在较弱"公因式"关系的补充型一般条款适量加入，而将与民法不存在"公因式"关系的冲突型一般条款不加入或少量加入，由此产生的"立法剩余"由其他法源另做安排。

进言之，替代型商法一般条款如诚实信用、公序良俗、禁止权利滥用等原

---

[1] 周叶中、叶正国：《论基本法一般条款的功能和适用》，载《北京联合大学学报（人文社会科学版）》2014年第1期，第85页。
[2] ［法］热内维耶芙·维内：《一般条款和具体列举条款》，见《"侵权法改革"国际论坛论文集》，全国人大法工委2008年6月，第3页。
[3] 钱玉林：《商法漏洞的特别法属性及其填补规则》，载《中国社会科学》2018年第12期，第95页。

则尽可入典，起到"替代"或统领商法一般条款的作用；补充型商法一般条款如情势变更规则、社会责任原则、加重责任原则，与民法诚实信用、公序良俗、过错责任原则存在补充、衍生乃至变更关系，应审慎入典；而冲突型商法一般条款所调整的商事法律关系较特殊，与民法规范排斥性强，[①] 如商事主体法定制度（商人资格依法登记取得）与民事主体规范（权利能力自始获得）的冲突（如对于"设立中的公司"的行为属性与效力，无法用民法主体的行为能力理论解释或"准用合伙关系"存在逻辑"跳跃"[②]），商事物权变动规则对民事物权规则的突破，[③] 以及商事人格权的一般保护对传统民法人格权制度的冲击。故此类条款皆宜在典外立法完善。

应当注意的是，首先，针对《民法典》总则与分则的"七编"立法安排，分类入典需要因"编"制宜，不能固守单一标准。《民法典》总则编从民商法一般条款层面"提取公因式"的技术阻力显然较少，替代型商法一般条款加入《民法典》总则编的阻力显然较多；而在《民法典》各分编领域因"提取公因式"的制度空间被限缩，立足于事实构成要件和效果规定在法律规则层面"提取公因式"的技术难度加大，替代型商法一般条款占比宜趋于减少，补充型一般条款占比可适量增加，冲突型一般条款则尽量不予加入。其次，因《民法典》物权编、合同编、侵权责任编等涉及商事事项的调整差异较大，入典配置时涉及财产归属、人身部分的替代型和补充型商法一般条款占比相对较少，涉及合同交易、商事侵权的替代型和补充型商法一般条款占比相对较多。最后，分类入典标准是一种预设的理论范式，不能绝对化地对应，还应尊重立法传统与满足市场需求，进行规范取舍和制度创新。

三、分类入典的形式

本书认为，对商法规范入典持积极态度者更多关注到的是商法一般条款加入《民法典》的有利方面，而持消极态度者更多关注到的是商法一般条款加入《民法典》的不利方面。正确的态度应当是：权衡利弊，审慎对待商法一般条款的分类入典及实施完善的问题。基本思路是：在《民法典》中适度加

---

① 例如，《德国商法施行法》规定："在商事案件中，仅于商法未做相反规定时，民法典的规定始可适用。"

② 参见郑彧《民法逻辑、商法思维与法律适用》，载《法学评论》2018年第4期，第85页。

③ 参见刘道远《基于法律行为的商业财产权变动公示研究》，载《政法论丛》2015年第3期，第145页。

入商法一般条款。所谓"适度",主要是按商法一般条款与民法一般条款"公因式"的关系融合程度,合理地部分加入和部分不加入《民法典》。进言之,与民法一般条款存在替代和补充关系的商法一般条款,应积极加入或适量加入《民法典》总则编及各分编;与民法一般条款存在冲突关系的商法一般条款,则尽量不加入《民法典》总则编及各分编。具体可通过显名和隐名两种形式使商法一般条款分类加入《民法典》,这以是否贴上"商法标识"为准。如《瑞士民法典》第 190 条、第 191 条、第 215 条直接使用了"商人""商事交易"字样,第 347 条关于旅行推销员合同的规定中出现了第 934 条规定中的"商业营业""生产制造营业"及"其他以商人方式经营的营业"字样,此为商法规范显名的直接加入形式。与之相对的是,商法规范也可通过隐名形式加入《民法典》,如我国《民法典》绿色原则也是对商事活动的规范,这是一种隐名的间接加入形式。

在我国,"商事"概念已在党的政策文件及商事制度改革规章中多次出现,但因"大民法"的思维定式的影响,《民法典》总则编缺失"商事"的立法用语,充其量在补充型规范中出现了近似的表述(如"营利法人"),这就是调整商事关系所需采取的"显名加入"或称"直接加入"的入典形式;而运用较广的是替代型商法一般条款,其通过"隐名加入"或称"间接加入"的入典形式,统一规范民事法律关系和商事法律关系,即通过"隐名加入"或称"间接加入"形式可以统一调整民事活动和商事活动。有的学者提出,可采用混合方式来实现对民商事法律关系的调整,即同一个条文调整民事和商事两种性质不同的关系,该类一般条款被称为存在两个层次意涵的"混合性规范",[①] 如曾经的《合同法》第一百一十四条关于违约金的规定。此类条款没有"商法标识",需待个案适用时,依民事案件解释为纯粹民事规范,或在商事案件中运用商事思维解释为冲突型商法规范。此外,不予入典的冲突型商法一般条款还可通过"转介性"条款技术规定留下商事规范空间,或通过"但书性"条款做出与民法规范不相同的规定。

---

① 参见王轶《民法典的规范配置——以对我国〈合同法〉规范配置的反思为中心》,载《烟台大学学报(哲学社会科学版)》2005 年第 3 期,第 281 页。

四、商法一般条款分类"入典进编"的意义

(一) 有利于民商合一有度,构建起抽象层级分明、差序有别的法典体系

一般条款在部门法体系化和法典现代化进程中起着举足轻重的作用。法律规范体系除了运用抽象概念和规则依形式理性逻辑进行建构外,还通过一般条款传导价值理性,促进体系整合,保持立法开放和发展的范式越来越受到青睐,此为部门法现代化发展中的一条普遍规律,并不断被民商事最新立法实践所证成。[①] 自 1986 年《中华人民共和国民法通则》(以下简称《民法通则》)颁行以来,民商事立法伴随经济改革开放实践,走出了一条中国特色之路,开辟了以民法为基本私法、商法为特别私法的私法法治路径。将更多与民法关系密切的商法一般条款加入《民法典》,既遵行了民商合一体例传统,又使私法同源名副其实,可降低民商事法律规范制定和实施的成本。

当然,如何反映从市民社会生活型民法到市场交易型民法的发展趋势,反映 21 世纪交易型、网络化、数字化的民法发展潮流,并从多元、异质法律关系中抽象出共通原理来构筑法典的基石,是我国《民法典》立法的一大难题。其中,商法一般条款的类型提炼、取舍标准的确立至关重要。《荀子·修身》曰:"人无法,则伥伥然;有法而无志其义,则渠渠然;依乎法而又深其类,然后温温然。"将商法一般条款划出不同类型,区分入典,有助于摆脱民商合一还是分立的优劣诘问,找到符合国情的答案。

具体来说,从多元、异质的法律关系中抽象出共同的普遍原理、构筑好法典体系的基石,商法一般条款的立法加入不可或缺。如前文所述,从与民法一般条款是否具有"公因式"关系的维度切入,存在替代型、补充型、冲突型三类商法一般条款。其中替代型商法一般条款如诚信原则、公序良俗原则,"提取公因式"的抽象层级最高,通过《民法典》基本原则的立法,可以"替

[①] 从开创了现代商法新纪元的《美国统一商法典》和最新版《阿根廷民商法典》(该法典 2014 年 10 月 7 日由政府颁布,2016 年 1 月 1 日起施行)来看,它们都很注意对一般条款的立法运用,前者在法律现实主义支配下,创设了第 1-102 条第 (1) 款、第 1-102 条第 (2) 款、第 1-102 条第 (3) 款等一般条款,确立了灵活性、现代化、惯例、协议优位、善意等原则;后者使阿根廷疑式的旧法典脱胎换骨为原则性的法典。参见徐涤宇《解法典后的再法典化:阿根廷民商法典启示录》,载《比较法研究》2018 年第 1 期,第 186 页。

代"或统领商法一般条款;补充型商法一般条款如交易安全原则、社会责任原则,"提取公因式"的抽象层级次高,与民法上的意思自治、禁止权利滥用、公序良俗等一般条款存在有机补充、衍生的关系,此类商法一般条款可加入《民法典》中。冲突型商法一般条款规范针对某些商事领域,"提取公因式"的抽象层级低,如商主体法定原则、商行为外观主义原则对民事主体规范(如权利能力规范)和相关行为规范(如真意表示)的突破,票据无因性原则对民事基础交易关系的脱离,此类商法一般条款与民法一般条款的规定冲突性明显,不能加入《民法典》。总之,替代型商法一般条款加入《民法典》总则编及各分编多多益善,补充型商法一般条款可少量加入,冲突型商法一般条款则不宜加入并应由商事基本法律文件或单行法另行规定,这样有助于民商法结构耦合、"各就其位",又可通过《民法典》适当设置商法一般条款为引入商法价值提供"窗口",保障《民法典》统摄稳定性与商法调整易变性的平衡,构建起层级分明、差序有别、开放包容的法典体系。

(二)更便于商法优先适用、民法候补适用,及时缓解商法一般条款诉求压力

我国在《民法通则》奠定的"大民法"观念下实施商事单行立法硕果累累,实质意义上的商法体系初具雏形,且在法律适用中形成了商法优先适用、民法补充适用的一般规律。但商事立法缺乏一部能统领商法特性、凝聚商法理念并指引商事制度创新的"龙头法"(即商事基本法律文件),商法一般性调整方法要么被个别性调整方法所替代,要么动辄诉诸民法一般条款,难以满足统一大市场发展的需要。

近年来因市场关系变动快速而频繁,我国商事法律制度漏洞尤为突出,难免有一些法不好用、无法可用的法律适用困境。在商法具体规定缺失,产生各类漏洞[按魏德士(Rüthers)的观点,商事法律漏洞亦可相应分为规范漏洞、法律漏洞、冲突漏洞、领域漏洞四类①]之际,②商法一般条款的入典成文化可以及时缓解疑难案件中商法一般条款的援引诉求,降低法律制定和实施的成本,消弭商事法律漏洞,避免动辄"向民法一般条款逃逸",从而切实地为市场经济提供基本遵循。

---

① 参见[德]伯恩·魏德士《法学学》,丁晓春、吴越译,法律出版社2003年版,第365-366页。
② 学界对法律漏洞分类众说纷纭,如王建文认为,我国市场经济实践极速变动,商事法律关系错综复杂,因而,各种法律漏洞乃至严重的"领域漏洞"也在一定程度上存在于商法体系之中。

（三）促进民商法"各就其位",为复数多样形态的商法成长预留空间

"立法形式相对而言并不重要,更应该关注背后的法理,商民规制对象的区别。"① 商法为规制商事关系的"专业主体"法律部门,民法为"非专业主体"法律部门,② 这是因为"民法典编纂只能对商法宏观、抽象、共通性规则进行驾驭,而不能染指商法的特殊性"③,既不至于损及单一民法自洽的逻辑,又维护了复数商法的独特性、独立性。如《法国商法典》第四编"营业资产"第一章"营业资产的买卖"用了22个条文（第L141-1条至第L141-26条）对营业转让合同做出规定;④ 若采用《民法典（学者建议稿）》方案（典内立法仅有10个条文）,⑤ 显然相形见绌。又如交互结算制度通过抵充制度,减少了频繁支付货币的成本以及解决了采取电子化形式支付的问题,若一味依赖民法的规定（合同法上的抵销制度）显然不敷使用,合理的选择是将交互结算一般规则（结算期限方法、原则,交互计算关系的形成条件,交互计算的法律效力,交互计算中的担保与抵押以及交互计算关系的解除）另行规定,涉及电子化形式的交易规则主要留给电子商务法特别规定。

质言之,反映商法内核部分的专业条款不宜加入《民法典》,反映商法特性的冲突型商法一般条款及调整特别商事关系的具体条款应尽量在典外安排,有所取舍地进行典外剩余立法,既不损及民法的逻辑自洽,又维护了商法的独特性、独立性,还可为复数多样形态的商法成长（如金融交易法）预留广阔空间。

---

① [日] 尾崎安央:《谈日本商法总则适用中的问题点》,中国政法大学名家论坛讲座,2017年10月23日于北京。
② 参见 [日] 尾崎安央《谈日本商法总则适用中的问题点》,中国政法大学名家论坛讲座,2017年10月23日于北京。
③ 彭真明:《论现代民商合一体例下民法典对商事规范的统摄》,载《社会科学》2017年第3期,第92页。
④ 参见《法国商法典（上册）》,罗结珍译,北京大学出版社2015年版,第11页。
⑤ 《中国民法典草案专家建议稿》第一千五百五十八条至第一千五百六十七条,可参见于海涌《中国民法典草案立法建议》,法律出版社2016年版,第289页。

第四节　基于民商关系的商法一般条款新分类①

在上述商法一般条款的含义、类型与功能讨论的基础上，本书基于三类规范研究商法一般条款适用的创新思路，提出一般条款及商法一般条款均可在两个意义上被使用。所谓"条款"，无非规定之意，无须做特别解释，因而讨论中心在于何为"一般"上。

一、"一般条款"的理解辨析

"一般"的第一种含义，与"个别"对立，意在说明事物的共同属性。例如，在对《商法通则》的立法讨论中，《商法通则》就被理解为"商事权利义务的一般性规定"和"一般商事法律制度"。② 作为共同属性的"一般"，意在适用的普遍性，例如，《商法通则》中关于商事登记的规定，就统一适用于商事主体各种类型。

除了被理解为共同属性的"普遍性"以外，"一般"的第二种理解在于"抽象性"而对立于"具体"。例如，民法上的人格权一般条款，又或是《中华人民共和国反垄断法》（以下简称《反垄断法》）中的一般条款。所谓抽象，意在说明由于规范构成要件或法律效果的开放性，所以其内涵与外延不确定，从而常常引发适用方面的难题。在此，一般条款实际上是指法经济学上与规则（rule）相对应的标准（standard），前者（指一般条款）不同于后者（指规则），后者在适用上具有确定性，也不依赖于事后开放的裁量权。此外，我国民法学界也有基于功能角度就民法上概括条款进行的讨论，③ 概括条款与民法上的基本原则通常以同一规范的样态来表现，具有价值填充性、不可涵摄性、

---

① 私法适用中所适用的法律规范既有确定性强的具体条款，也有不确定性强的一般条款。本书基于民商关系提出的替代型、补充型、冲突型的细化分类既适合商法具体条款，也适合商法一般条款。尽管民商事法律制度构成离不开具体规范依托，除了会偶尔"连带"论及该项商事法律制度规范。本书认为，所研究主题和对象为《民法典》实施语境下的商法一般条款，故行文以商法一般条款为中心展开讨论。

② 参见赵旭东等《〈商法通则〉立法大家谈》，载《国家检察官学院学报》2018年第3期，第40页。

③ 相关讨论，可参见于飞《基本原则与概括条款的区分：我国诚实信用与公序良俗的解释论构造》，载《中国法学》2021年第4期，第26-28页。

结构兜底性等特点。① 这种理解方式同前文所述一般条款的"共通性"与"抽象性"内核趋于一致。需要注意，"一般"的两类理解方式没有必然联系，现有研究也并不强调对这两种意义的区分，甚至会混淆两者的意义。

应该承认的是，在最根本的意义上，任何规范，无论是法律还是社会规范、习俗，都必然具有最低限度的抽象性。这种抽象性是一种规范在适用时注定产生的最低限度的普遍性：所谓规范者，必然不是以"一事一议"的方式设立的。正因规范不是"一事一议"的形式，所以其必然需要对多数之事进行概括，从而产生一定的抽象性。这就意味着，任何类型的规范，在根本意义上，都至少同时具有一定的普遍性与因普遍性而产生的抽象性。而在人工智能与大数据迅速发展的背景下，学者提出所谓微指令（micro-conduct）之革命性的法理意蕴就在于：微指令可以在事实上实现一事一议，而消灭规范的普遍性，进而消灭其抽象性。② 在微指令的指导下，人工智能清楚说明"某人于某时在某处面对某事时，应如何作为"而为主体提供指导。这就打破了诸如"某一类人面对某一大类事务，应大致如此作为"的法律的一般结构，从而能够结合行为人特征，结合当场事态紧急程度等细节给出具体指示。对于合法与非法的判断也由此变得非常简单，遵循微指令则合法，反之则非法。显然，从微指令真正实现的那一天起，任何规范，包括法律在内，都将拥有一定程度的普遍性与抽象性。

不过，抛开此种根本意义上规范所具有的抽象性与普遍性不谈，在对具体规范进行分析时，我们应当意识到，两者并无必然关系：某规范可能具有普遍性，管辖对象较多，范围较广，但未必同时具有适用上的抽象性，不存在适用的困难；或者反之，某规范虽然仅有适用上的个别性，只管辖数量、类型等非常有限的法律关系，但其法律适用可能是一个非常开放的过程，且具有适用上的抽象性，因而难以确定法律要件或法律效果的含义。依据普遍性/个别性与抽象性/具体性两组关系，我们可以得到 a（普遍而抽象）、b（个别而抽象）、c（普遍而具体）与 d（个别而具体）四种规范类型。

普遍性/个别性与抽象性/具体性的 2×2 列联表组成的四类规范如表 1-1 所示。

---

① 参见刘亚东《〈民法典〉概括条款的识别标准与类型构造》，载《财经法学》2023 年第 1 期，第 77 页。

② A. J. Casey, A. Niblett, "The Death of Rules and Standards", *Indiana Law Journal*, 2017, 92: 1401, 1411-1412.

表 1-1　一般规范的列联表

管辖对象	适用特征	
	普遍性	个别性
抽象性	a	b
具体性	c	d

类型 c（即普遍而具体的规范）以《商法通则》中对商事登记、商事代理等一般性商法规范的规定为例。对于商事登记与商事代理而言，我们完全可以也应当对这些规则进行详细规定，并拒绝其适用的抽象性。实际上，正是民法规范在商事登记等问题上具体规定的供应不足，才产生了通过《商法通则》对这些法律的技术细节进行规范的必要。这便是有普遍性而无抽象性类型的例证。类似的，民事法律总则中的相关内容，也都应具备普遍性的特征，才有资格构成"总则"或"通则"。例如，我国《民法典》第十七条规定："十八周岁以上的自然人为成年人。不满十八周岁的自然人为未成年人。"这条规定管辖范围极大，涉及包括成年人与未成年人的全体自然人，其进入《民法典》总则编，顺理成章。但对《民法典》第十七条的适用显然并不需要考虑抽象性问题，18 周岁的数字规定清晰明确，不存在开放语义的讨论空间。这意味着其同样属于"普遍而具体"的 c 类规范。实际上，只有部分民法总则内容（如民法基本原则）才兼具抽象性与普遍性，而属于 a 类规范。

同样，特定规范即便具有开放、抽象的属性，也并非必然涵盖法律关系的共同属性而具有普遍性。学者往往会模糊一般规定的普遍性与开放性两个特点，将一般的两个不同含义混为一谈。例如，在有的学者看来，一般条款是指在法律规范中居于重要地位的，能够概括法律关系共同属性的，具有普遍指导意义的条款。[1] 在此定义中，一般条款的普遍性得到了强调。另外，其又强调一般条款具有概括性、抽象性和开放性的特征，认为一般规定同时具有普遍性和抽象性。依此逻辑，类型 a 属于商法一般条款的"理想类型"。

兼具普遍性与抽象性两个特点而构成类型 a 的法律规范可以原则性条款为代表。例如，诚实信用原则作为民法上的帝王条款，理论上可以统一适用于各类民事法律关系，具有普遍性。另外，法律原则也是高度抽象的。需要注意的是，尽管法律原则在理论上同时具有普遍性与抽象性，但学理上仍强调区分原

---

[1] 参见杨峰《商法一般条款的类型化适用》，载《中国社会科学》2022 年第 2 期，第 43 页。

则的两类属性，并强调原则的普遍性需要被限制。这也就是所谓的司法裁判"不得向一般原则逃逸"，其实就是限制诚实信用原则的普遍性：对于已做专门规定的法律关系，自然应当适用专门规定，而不能再适用原则。又如，《德国民法典》中著名的人格权一般条款，其存在的意义正在于补充可能的漏洞，而不是要将已做规定的具体人格权也纳入一般人格权条款的管辖之下。与此同时，对于意在填补漏洞的一般条款，在某一种原本无专门规定的法律关系成熟后，裁判者也往往不再依赖于直接援引一般规定，而是由立法者另行设立专门规定或是以判例作为裁判依据。

值得指出的是，在许多规范中，普遍性和抽象性不必然具有联系。有的讨论对一般规范的理解并未明确区分普遍性与抽象性，因而在具体例证分析时难免顾此失彼。从绝对数量上来看，不少规定实际上属于类型 d，即个别而具体的规范。例如，我国《证券法》第三十三条规定，"股票发行采用代销方式，代销期限届满，向投资者出售的股票数量未达到拟公开发行股票数量百分之七十的，为发行失败。发行人应当按照发行价并加算银行同期存款利息返还股票认购人"。该条款管辖范围并不广泛，适用也不具有抽象性，在数量上明确了"未达到拟公开发行股票数量百分之七十的"属于发行失败。但显然，一个规范至少需要具备抽象性和普遍性两点中的一点，才有可能成为学术研究或者司法诉讼中的重点或难点。多数类型 d 规范，常因为缺少争议点而没有引起重视。

总之，一般规定具有普遍性与抽象性两个不同的含义。两个性质并不具有必然关系，不一定同时出现于同一规范中。因此，使用一般条款时，必须明确何为"一般"，以免导致定义含糊和前后矛盾。

二、基于民商关系的商法一般条款进阶分类方法

本书所讨论的一般条款，更倾向于强调一般条款中的普遍性而非抽象性。这里的普遍性专指规范在多大程度上同时调整民事法律关系与商事法律关系。或者说，某一私法规范是否兼具民事属性与商事属性。基于在民商关系中普遍适用性的强弱，规范可以被分为冲突型民法规范、替代型商法规范、补充型商法规范与冲突型商法规范这三型四类规范。其思想起源在于微观经济学中按消费者需求及偏好将市场供给的商品分为替代品、补充品、独立品等类型。

由于一般条款是相对具体规则而言的抽象性规范，为了更好地厘清民商法关系边界，我们可依据民商关系，从私法规范整体分析，将其划分为三型四类

规范，冲突型规范可被细分为冲突型商法规范与冲突型民法规范。这种分类可用一个简单的韦恩图来表示（见图1-1）。

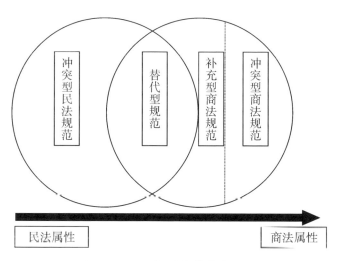

图1-1 三型四类规范的韦恩图

在图1-1中，两个圆与一条虚线划分出四个部分，从左至右分别是冲突型民法规范、替代型规范、补充型商法规范与冲突型商法规范。左边的圆代表民法规范，由冲突型民法规范与替代型规范组成。右边的圆代表商法规范，由替代型规范、补充型商法规范与冲突型商法规范组成。代表商法规范的圆中内设一条虚线，将替代型规范以外的商法规范，分为补充型商法规范与冲突型商法规范。

两圆底部的带箭头的直线，表示民商属性光谱。从左至右，表示从纯粹的民法属性到纯粹的商法属性。这正对应着两圆中四类规范的民商属性强度。从左至右，依次表现为冲突型民法规范属性最强且具有纯粹的民法属性，替代型规范民法属性稍弱，补充型商法规范的商法属性强于替代型规范但弱于作为纯粹商法的冲突型商法规范。下面将对三型四类规范做出定义与进一步的阐释。

无论是民法学者还是商法学者都会承认，民法规范与商法规范存在重合之处。本书称这些重合部分为替代型规范。所谓替代型规范，既调整民事法律关系，也调整商事法律关系。或者说，在替代型规范的管辖下，法律关系不做民商区分而一体适用。例如，《民法典》第三条的宣示性规定为："民事主体的人身权利、财产权利以及其他合法权益受法律保护，任何组织或者个人不得侵犯。"在此,所谓的民事主体实为私法主体,同时覆盖了民事主体与商事主体。替代型规范既属于民法规范,又属于商法规范。在商法的视域中,我们可以称其为替代型商法规范。在民法中,我们则可称其为替代型民法规范。只是替代型民法规范与替代型商法规范所指涉的对象实际上是一致的。又如我国《民法典》总则中诚实信用、公序良俗、绿色发展等基本原则大体上为民商事法律关系一体适用,也属于替代型规范。在韦恩图中,替代型规范表现为两圆的交叉部分。在民商属性光谱上,则居于中间位置。

不同于替代型规范统一调整民商法律关系,冲突型规范仅仅调整一类法律关系。也就是说,冲突型规范仅调整民事法律关系或仅调整商事法律关系:前者是冲突型民法规范,后者则是冲突型商法规范。冲突型规范如《民法典》第九百九十条第二款规定的"自然人享有基于人身自由、人格尊严产生的其他人格权益"。在此,人身自由、人格尊严等人身权益是纯粹民事法律关系。显然,法人(包括商法人)无法拥有这些权益。与此同时,自然人也是依据其狭义的民事主体的身份,而非依据其商自然人的身份获得人身自由、人格尊严保障的。因此,此规范仅调整民事法律关系,属于冲突型民法规范。由于其仅仅调整单一法律关系,所以冲突型民法规范的民法属性最强,冲突型商法规范的商法属性最强。冲突型商法规范(如德国商法)规定了商人在其经营过程中所约定的违约金排除适用《德国民法典》第343条规定;商法对于信赖利益的保护远比一般民法更强,[1] 并且推行不同于民法真意表示的外观原则;比民法注意义务要求更高的特殊义务构造[2]及严格责任规定(如合伙人、公司发起人、海上承运人的加重责任,商事保证人的连带偿还责任);还有,因交易外部性而产生的管制性一般条款;以及限缩民法和民事诉讼法适用、旨在强化风险控制的商事程序性一般条款(如公司解散清算等非诉程序规则和股东派生诉讼规则等)。

在图1-1中,冲突型民法规范和冲突型商法规范处于民商属性光谱的两端,分别位于代表民法规范和商法规范两圆的最左和最右。除了已经讨论过的替代型规范和两类冲突型规范,第四类规范是补充型商法规范。补充型商法规范在商法属性强度与制度完整性两方面有别于其他类型的规范。就其本身而

---

[1] 参见王文宇《从商法特色论民法典编纂——兼论台湾地区民商合一法制》,载《清华法学》2015年第6期,第67页。

[2] 《韩国商法典》规定了商事买卖中买受人及时检查、瑕疵通知的义务,以及商人营业收到物件寄存时,即便无偿也要承担善良管理人的义务。参见[韩]金洗禄《韩国商法总则和商行为编中民法地位考察》,刘卫锋译,载《地方立法研究》2017年第3期,第31页。

言，补充型商法规范只调整商事法律关系，所以其商法属性强。但不同于其他规范，补充型规范本身并不能独立地构成完整的制度，而依赖于对替代型规范的变通。也就是说，补充型商法规范必须与替代型规范相结合，以"替代型规范＋补充型商法规范"的方式形成完整规范。例如，对民事债法/合同制度做出填补、变通的商事行为一般条款，即：《德国商法典》第359条和第361条规定，在履行时间、度量衡、货币和距离有争议时，由商事惯例决定，这被看作被民法所接受的"一般法律思想的表达"[1]；以及我国1999年《合同法》第六十一条，等等。

我们以《民法典》第四百四十八条关于商事留置权的规定为例，对补充型商法规范进行说明。第四百四十八条规定，"债权人留置的动产，应当与债权属于同一法律关系，但是企业之间留置的除外"。在此，商事留置权被限定在企业之间，与民事留置权仅仅在"是否属于同一法律关系"这一构成要件上存在差别。除了"同一法律关系"这个构成要件以外，商事留置权与民事留置权在构成要件与法律效果上再无其他区别。显然，第四百四十八条无法单独构成一项完整的商事留置权制度。该条文只是对"同一法律"这一要件进行了例外规定，它还必须依赖第四百四十八条以外的关于留置权的替代型规范，才能构成一项完整的商事留置权制度。完整的补充型商法规范需要同时实现两个功能。

其一，明确适用对象如何不同于替代型规范，并通过适用范围大小进行区分。例如，我国《民法典》第四百四十八条规定商事留置权适用于企业之间。而比较法上商事留置权的适用对象往往不限于企业，而是更具一般性的商人。例如，我国台湾地区"民法有关规定"第九百二十九条规定："商人间因营业关系而占有之动产，与其因营业关系所生之债权，视为有前条所定之牵连关系。"显然，补充型商法规范的适用对象范围越广，则替代型规范的适用对象范围越窄。反之亦然。

其二，补充型商法规范还兼有调整替代型规范的法效果，其既可以明确规定商事关系应如何规范，也可以仅仅排除替代型规范的一般规定，而未阐明商事法律关系具体应如何规范。例如，《民法典》第五百八十五条第二款规定："约定的违约金过分高于造成的损失的，人民法院或者仲裁机构可以根据当事人的请求予以适当减少。"在违约金制度中，从字面上来看，本条为替代型规范，未做民商区分。但在解释上，学界多认为应基于违约金酌减规范进行民商

---

[1] ［德］C.W.卡纳里斯：《德国商法》，杨继译，法律出版社2006年版，第591、631页。

区分。① 一种观点认为《民法典》所规定的违约金酌减，可基于民商差异而拆分为在民事法律关系中"违约金过高必调减"（民法规范）和商事关系中"违约金过高必不调减"（商法规范）。此种解释参照了德国立法例。《德国商法典》第348条规定："一个商人在自己的商事营利事业的经营中所允诺的违约金，不得依《德国民法典》第343条的规定减少。"这种解释实质属于规定商事法律关系应如何规范的补充型商事规范。也即，商事违约金制度不仅排除了"违约金过高必调减"这一适用于民事法律关系的规范，还明确了在商事法律关系中"违约金过高必不调减"的调整规则。另一种相反的观点则认为，商事违约金酌减作为补充型商法规范，仅仅排除了"违约金过高必调减"这一民事规范，却未明确商事规范应如何调整。换言之，商事法律关系中违约金规范仅为"违约金过高可不调减"，而具体适用则有待法院判断。

由于补充型商事规范仅仅调整商事法律关系，但又不能独立构成完整的商事法律制度而需依赖于替代型规范，在民商属性光谱上，其商事属性强于替代型规范而弱于冲突型商事规范。

换言之，冲突型民法规范和冲突型商法规范意味着立法者认为在此法律关系上需要进行高度的民商区分。选择替代型规范则说明立法者采取了无须进行民商区分的态度。基于中间的则是补充型商法规范。此时，立法者认为仅仅需要进行低度的民商区分，因而选取"替代型规范+补充型商法规范"的模式加以规范。上述判断可以反映为一个简单的关于民商关系的决策树。（见图1-2）

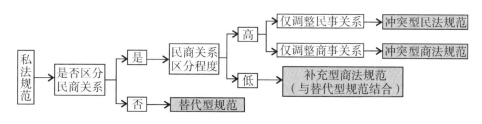

图 1-2 三型四类规范判断的决策树

以上述规范的分析框架为基础，对四类规范的互动关系、规范组合、规范识别与入典安排做进一步分析，本书认为，三型四类规范的适用关系与数量关系存在以下互动规律。

---

① 此处还涉及商法规范的"隐名加入"问题，待后文阐释。

在制度构成上,数个相关的替代型规范或冲突型规范均可自给自足地构成一项内容较完整的制度。补充型商法规范与此不同,往往无法独立构成一项完整制度,需要搭配替代型规范,如前述的商事留置权制度。替代型规范和冲突型规范则需要与其他类型相组合。数量关系的规律主要体现为冲突型规范(包括冲突型民法规范与冲突型商法规范)与替代型规范大体呈此消彼长的变动关系。也就是说,替代型规范越多,则冲突型规范越少。反之亦然。当某一事实被私法承认而予以调整时,如果法律认为对此关系不需要做民商区分,则替代型规范便被创设出来。如果立法者认为必须区分民商关系,则其将设置冲突型规范。

面对同一事实,如何选用三型四类规范的组合,比较法上常给出不同答案,这反映出不同立法者对民商关系的判断差异。再以留置权为例,对商事留置权,我国《民法典》选择了"替代型规范 + 补充型商法规范(企业之间留置不受同一法律关系要件限制)"的设计方案。在此,补充型规范仅仅对同一法律关系这一要件进行变更、补充。与之相较,我国台湾地区"民法有关规定"同样采取了"替代型规范 + 补充型规范"的模式,但其补充型商法规范的变更程度更低。其"民法有关规定"第九百二十九条规定:"商人间因营业关系而占有之动产,与其因营业关系所生之债权,视为有前条所定之牵连关系。"在此,补充规范甚至没有直接排除民事留置权中牵连关系的要件,而是以法律拟制技术最小化补充规范对民事留置权的变通程度。与之相较,我国民法直接豁免了企业之间的商事留置对牵连关系的要求,变通程度较大。除了"替代型规范 + 补充型商法规范"的构造方式,在比较法上,德国还在商法典中另起炉灶,以冲突型商法规范创设商事留置权的立法例。显然,冲突型商法规范较"替代型规范 + 补充型商法规范"意味着更高的民商区分度。而在同样采取"替代型规范 + 补充型商法规范"的立法例内部,也因补充型商法规范的适用对象和变通程度而显示出不同的民商区分度。

总之,从民商关系的管辖普遍性角度来理解一般条款,则分析对象较基于适用抽象性的一般条款要多。基于上述民商关系替代型、补充型、冲突型规范的分类,本书认为,可以从民商关系的普遍性出发对"商法一般条款"进行新的理解。也就是说,从规范在多大程度上同时调整民事法律关系与商事法律关系这个角度出发,理解商法一般条款的普遍性。基于此,本书认为,私法法律规范划分为冲突型民法规范、替代型商法规范、补充型商法规范与冲突型商法规范这三型四类规范,并以此为基础展开分析。

从上述基于民商法关系维度做出的替代型、补充型、冲突型规范分类标准可知，商法一般条款的细分化入典对于民商法立法体例选择及其法律适用深具法理与实践价值。长期以来，纠缠于民商合一抑或是分立体例孰优孰劣的争辩，还不足以从"真理的学校"完全扩充和充实"解决办法的仓库"；① 而面向民商法律关系的规范分类及立法技术层面的微观探讨，则超越了非此即彼的思维僵化模式，对于在比较法上无先例可循②的我国"民商分合"问题的解决及民法典的方法论诠释更具现实指导价值。

小　　结

《民法典》实施语境下商法一般条款理论实践问题尚未得到系统和深入的讨论。本章在考察商法一般条款的概念、类型、民商关系进阶划分的基础上，从商法内外部制度结构演进方面对其发展脉络做了梳理，提出"洋为中用、出古入新"的研究思路，并基于民商关系视角提出了三类规范在《民法典》内外区分配置的理论范式与功能价值，为其他各章节的具体展开、例证分析做了理论预设和底层铺垫。

---

① 参见［德］K. 茨威格特、［德］H. 克茨《比较法总论》，潘汉典等译，法律出版社 2003 年版，第 28 页。

② 参见王利明《民商合一体例下我国民法典总则的制定》，载《法商研究》2015 年第 4 期，第 3 页。

第二章　《民法典》总则编中商法一般条款的法律适用*

【案例 2-1】某县市场管理有限公司与赖某某等物权纠纷案①

案涉某县江边市场 D 区 14 个禽肉摊位，由于 2001 年 6 月某县工商行政管理局（以下简称"某县工商局"）与所属某县市场发展总公司脱钩，需要剥离原某县工商局工会集资购买的江边市场摊位资产。2001 年 11 月，经某县国有资产管理局同意，D 区 14 个摊位折价款 35 万元由职工集资购买，并将产权划入某县市场发展总公司工会。2001 年 12 月 20 日，某县市场发展总公司召开职工代表大会通过了具体集资方案。2022 年 2 月 15 日，某县人民政府对案涉平板摊位进行征收，原告赖某某等认为，案涉摊位权属应归属集资人，被告则认为应归属单位工会，遂引发本案纠纷。集资方案中约定，"集资收益分配遵循共同投资、共担风险、共同收益的原则，收入总额除扣除 30% 作为还本管理维护费用外，保月息（1分）分红；还本金额达到集资总额时只按 10% 提取管理维修费款。还本期暂定 10 年。还清本金后，该资产仍由总公司工会管理，其收益仍由集资者按股份分配"。某县市场发展总公司工会并没有实际出资，仅是案涉摊位的名义产权方，享有管理权，并有权收取约定比例的管理费，扣除管理费用后的收益人应为原告。被告扣留的租金收益是原告的历年租金分配后累积的，其所有权依方案约定，应归原告所有。法院受理后认为，原告的出资，其本质上就是购买案涉摊位上所附的民事权益，属于投资性权利，因此政府征收所得的补偿款理当归原告所有。职工集资购买案涉摊位的处置流程并不违反法律规定，不应按借贷法律关系处理。法院依据《民法典》第一百二十五条规定"民事主体依法享有股权和其他投资性权利"，确认某县江边市场 D 区禽肉摊位的民事权益（含征收补偿款及其他相关民事权益）归赖某某等原告按份共同享有。二审法院维持了原判主张：出资购买案涉摊位，应享

---

* 本章的主要作者为官欣荣。钟俊杰协助了本章的资料整理与初稿写作工作。
① 参见福建省龙岩市中级人民法院（2023）闽 08 民终 912 号民事判决书。

有案涉摊位的收益，即便解除劳动关系亦不影响集资人享有收益分配权。

【案例2-2】朱某某与钟祥市某医院股东知情权纠纷案①

钟祥市某医院设立登记为民办非营利单位，系非营利法人。朱某某作为钟祥市某医院出资人，为了实现设立非营利医院的目的，诉称：要求获悉医院经营管理活动、财务状况等重要信息，该行为是其行使监督权、参与重大决策和选择管理者等权利的基础，符合国家保障民办非营利性单位举办者合法权益的范围，依法应当予以保护。钟祥市某医院辩称：没有法律规定民办非营利性单位出资人的知情权，所以朱某某不享有知情权。但该意见不符合国家鼓励民间资本出资经办经营非营利性学校、医院的政策，违背了法律规范的意旨，故不予采纳。该案经二审，法院依据《民法典》第一百二十五条规定，认为出资人的知情权是股权和其他投资性权利中最基本的、固有的权益，不容剥夺。

【评析】上述案例均援引了《民法典》第一百二十五条的规定，取得了较佳裁判效果。与本书前文所涉及的原则性一般条款不同，《民法典》第一百二十五条属于具有"其他"标识性语词的兜底性一般条款。从民商关系规范来分，前者属于替代型商法一般条款，后者属于补充型商法一般条款，其不仅将股权纳入民事权利，还创设了"投资性权利"这一新的法律概念，与民事权利的其他权利类型归入同一序列，使民事权利体系更为完整自洽。同时，该条款保持了开放性与扩张性，如银行理财产品、艺术品信托等新型投资均可涵盖，案例2-1所涉市场摊位的投资收益亦包括在内。另外，该条款除适用于公司股权之外，还适用于其他企业团体，如自然人投资成立的非公司类营利法人和非法人组织（如合伙企业、独资企业），乃至案例2-2所涉及的医院这种非营利性机构。《民法典》通过创设规定"股权和其他投资性权利的一般条款"妥善处理了总则与分则、民商事基本法与商事特别法的关系，但对其保护方式未做规定，需要借助《民法典》分编及典外商事特别法的具体规定来实行，如《民法典》分编规定的权益保护方式、侵权责任认定等规则，以及《公司法》规定的针对股权诉权等规定。可见，补充型商法一般条款的适用除了运用文义及体系解释方法，其具体化解释应结合商事特别法，运用现代商法思维对"其他投资性权利"的具体适用要件、法律后果做出裁量。

《民法典》是我国第一部以"法典"命名的法律，其公布与实施标志着我

---

① 参见湖北省荆门市中级人民法院（2023）鄂08民终1166号民事判决书。

国迈入了《民法典》时代。正如习近平总书记指出的,"民法典系统整合了新中国七十多年来长期实践形成的民事法律规范,汲取了中华民族5000多年优秀法律文化,借鉴了人类法治文明建设有益成果"①。以国内和国际的法治经验为基础,一方面,《民法典》吸收了从古罗马法以来世界民法理论发展的成果和各国民法典的编纂经验,继承了人类社会法治文明的优秀成果;另一方面,《民法典》沿用了改革开放以来中国内地制定和实施《民法通则》及相关民事单行法律的主要内容。《民法典》是中国特色社会主义法治建设的重大成果,其制度和规则凝聚了民族精神,彰显出鲜明的中国特色。《民法典》的制度设计,展现了中国自信,其中许多制度与规则设计立足中国实际,是直面回答并解决中国问题的"中国方案",协调了民法和商法的关系,平衡了传统守成与时代革新的张力。②《民法典》在立法体例上既未照搬瑞士、俄罗斯等国的民商合一模式,也未采取法国、德国等国的民商分立模式,而是形成了具有中国特色的"有合有分"立法安排。③ 本章通过《民法典》总则编中对商事主体、商事行为、商事权利等制度规范入典(主要是替代型和补充型商法一般条款)的考察,检视三类规范的入典得失,并以商事权利滥用原则、交易安全原则法律适用为例证进行探讨。

第一节 总则编中商法一般条款的加入现状

所谓"总则",其源自《德国民法典》采行的潘德克吞式编纂体例,"规定各种法律关系,为了避免重复规定,将各种法律关系中的共同性制度和规则抽出,集中规定在个别规定之前,称为总则"④。其在方法论上可追溯到萨维尼对罗马法的研究贡献。萨维尼提倡:"抽象化和简约化的方法,使得为几乎所有法律领域创设总则成为可能,在总则中概念是共同的,它们置于起首并要

---

① 习近平:《充分认识颁布实施民法典重大意义 依法更好保障人民合法权益》,载《中国人大》2020年第12期,第7页。
② 参见周林彬、王睿《〈民法典〉的中国之问与解决方案》,载《地方立法研究》2021年第2期,第11页。
③ 即除了私法基本法的民法典集中编纂,我国市场经济法律体系中还存在公司法、证券法、保险法、票据法之类的商事单行法,将它们全部编入或编为"法典",既无必要也不太现实。
④ 梁慧星:《民法总论》,法律出版社2001年版,第16页。

求有广泛的有效性。"① 在民商合一立法体例下，民法总则为私法基本法之总纲。《民法总则》作为《民法典》的"开篇之作"先行出台，明确"我国民事立法秉持民商合一的传统"。② 据此，商法一般条款的立法加入应该是"恰如其分"的。但商法一般条款适当加入的边界如何更为精准化，如何确立符合实际的切分标准，涉及我国社会主义市场经济法律的体系化和科学化之理论与实践课题。本节以商法一般条款的三类规范配置为视角，就其加入《民法典》总则编及实施完善问题展开讨论。

一、总则编加入商法一般条款的学术争论

（一）商法规范入典的不同观点

根据我国《民法典》编纂"分步走"的部署，先行起草的《民法总则》延续了1986年《民法通则》之有中国特色的民商合一立法体例，③ 终结了学界对于商事法律制度立法安排的争论。反思过去，有助于更好把握现在、规划未来。回顾我国《民法典》出台之前的方案主张，主要有四种：其一，在《民法典》中纳入商事基本法律制度与规范。其二，在商事单行法中设定商事基本法律制度与规范。其三，在单独制定的《商法通则》中设立商事基本法律制度与规范。④ 其四，商事基本法律制度与规范既可以立法安排，也可以司法安排，即所谓"立法与司法并重"。其中，第一种是民法学界的主流意见，第三种是商法学界的主流观点。而在起草《民法典》总则编的进程中，民商关系论争具体聚焦于商法总纲性规范（包括商法一般条款）应否加入《民法总则》这个问题，对此，学界和实务界持有积极和消极两种不同主张。

积极说主张《民法典》编纂中应当加入商法总纲性规范（包括商法一般条款）。主要理由在于，我国实行民商合一的立法体例，核心是在于民商法总

---

① ［德］萨维尼：《当代罗马法体系》，张虎译，中国法制出版社2010年版，第11页。
② 参见李建国《关于〈中华人民共和国民法总则（草案）〉的说明》，见中华人民共和国中央人民政府官网：https://www.gov.cn/xinwen/2017-03/09/content_5175399.htm#1，最后访问时间：2023年12月6日。
③ 此传统甚至可溯至我国南京国民政府时期起草的"民法典"。
④ 2009年受中国法学会商法学研究会委托，本书作者和徐卫东作为课题组负责人，组建了《商事通则（总则部分）》立法调研组，就我国《商事通则（总则部分）》的立法可行性与必要性进行了立法调研，形成了调研报告，有关报告内容在王保树教授生前主编的《商事法论集（第20卷）》中发表。

则（一般条款）的"合一"（包括民商法一般条款层面的"合一"），因而商法一般条款应该尽可能加入《民法典》。但我国既然实行民商合一的立法体例，就不应该在《民法典》外另对商法总则立法；① 否则，民商合一就名不副实。而且，"将商法总则的条款分解，如在宗旨、对象、原则、法律适用等一般条款制定中加入民法总则"②，将"企业法人的主体资格、商事行为的报酬请求权、营业转让、商业账户、经理的权限"等商法规范内容加入民法典，③ 有利于民商法在基本制度层面统一适用并据此确立《民法典》市场经济基本法的地位。

消极说主张商法总纲性规范（包括商法一般条款）不加入或少加入《民法典》。主要理由是，民法与商法的区别大于联系，商事基本法条款/总纲性条款（含商法一般条款）的单独立法，有利于商法的自给自足、漏洞填补，④ 以确保其优先适用的地位。而且，现代商事关系日益丰富，制定包容大量商法规范的《民法典》，既超出了单一法典的正常容量，也有违法典自身的逻辑合理性，"民商合一（立法上合一）既无必要也无可能"⑤。

上述持积极说的学者更多关注的是商法入典的有利方面，消极说则更多关注到其不利因素。科学的态度是权衡利弊，着眼于商法规范（包括商法一般条款）的分类应当适当地加入。商法发展的重心越来越从交易法形态转换到"企业法+金融法"的复合形态，基于私法自治的民法体系难以全面吸收"商法公法化"的属性及效率至上的价值取向。即便积极主张民商合一的学者也坦言，"民商合一+德国民法典编制"模式在比较法上无先例可循，部分商法的共性规则如营业转让等难以完全纳入《民法总则》。⑥ 随着《民法总则》落地，商法一般条款加入的利弊问题仍有反思必要，其将影响着《民法典》体系化实施的成效。

---

① 参见王利明《民商合一体例下我国民法典总则的制定》，载《法商研究》2015年第4期，第3-4页。
② 周林彬：《民法总则制定中商法总则内容的加入——以民法总则专家建议稿"一般规定"条款的修改意见为例》，载《社会科学战线》2015年第12期，第205页。
③ 参见江平《中国为何迟迟没能有自己的民法典》，见新浪微博：https://weibo.com/p/2304189223c60d0102wjf9，最后访问时间：2023年12月6日。
④ 关于商法原则的解释、适用，完善漏洞填补机制的分析，可参见王建文《中国商事司法实践中的法律适用：困境与出路》，载《现代法学》2010年第5期，第141-149页。
⑤ 赵旭东：《民法典的编纂与商事立法》，载《中国法学》2016年第4期，第43页。
⑥ 参见王利明《民商合一体例下我国民法典总则的制定》，载《法商研究》2015年第4期，第6-7页。

（二）境外商法一般条款入典的参考及我国的抉择

我们考察成文法国家法典化之实现，可知各国立法造典的一条重要规律是，除了运用抽象概念和规则进行形式理性的立法建构外，还要通过一般条款传导价值理性，以促进体系效益最大化（如"储存"规范、最大限度涵盖社会生活、消除法条间矛盾）。① 德国学者恩吉施指出："一般条款的真正意义在于立法技术领域。由于其有很大的普适性，一般条款可能使一大组事实构成无漏洞地和有适应性地承受一个法律后果。"② 从部门法运用一般条款的立法技术及原则性法典发展趋势来看，一般条款的立法加入比重越大，"提取公因式"集中立法的实现可能性就越高。此前已有不少实践范例可供参考。如1992 年新《荷兰民法典》没有规定德国式的民法典总则，而是采用"序编+十编"的模式（财产法编、债法编各设总则），并成功运用一般条款使判例规定法典化，重塑了法典的开放性与现代性；③ 2016 年 1 月 1 日施行的《阿根廷民商法典》扬弃旧法典（运用 4057 个条文设定各种事实假定和相应的法律效果）决疑模式，新法典在法条主义和原则主义之间寻求平衡，运用了大量的开放性、弹性一般条款，至少有 58 个条文（如第 552 条、第 580 条、第 794 条、第 1881 条、第 1973 条、第 2246 条等）授权法官酌情进行法律评价。一般条款固然难免给司法裁判带来一些不确定性，但并不意味着有损"再法典化"，反而是对法典编纂的再定义：当代法典乃借助原则，以适当的方式与法律推理相适应。④

针对我国《民法典》采用的有特色的民商合一体例而言，商法一般条款入典的技术难度较大。这不仅因为其较难通过"提取公因式"方法，运用单一标准贯串财产法与身份法于全部法典，即便最讲究体系缜密的《德国民法典》，也兼采了法律效力与构成事实的双重标准（齐特尔曼称为"交叉分类"标准：债法和物法之分立是奉行法律效果标准的结果，亲属法与继承法之形成

---

① 参见谢鸿飞《民法典的外部体系效益及其扩张》，载《环球法律评论》2018 年第 2 期，第 28 - 50 页。

② ［德］卡尔·恩吉施：《法律思维导论》，郑永流译，法律出版社 2004 年版，第 153 页。

③ 例如，《荷兰民法典》第一编第 7 条规定的 "任何人在民事活动中应该遵循诚实信用和公平交易的原则，任何人不能排除或限制之"，以及第六编第 162 条关于侵权责任的规定。参见焦富民、盛敏《论荷兰民法典的开放性、融和性与现代性——兼及对中国制定民法典的启示》，载《法学家》2005 年第 5 期，第 142 - 148 页。

④ 参见徐涤宇《解法典后的再法典化：阿根廷民商法典启示录》，载《比较法研究》2018 年第 1 期，第 180 - 194 页。

则倾向于相似的构成事实①）。而且，我国《民法典》尤其是总则编除民事领域外，还要横跨民商事领域完成"提取公因式"任务。因此，我国《民法典》既面临类似《德国民法典》内部体系整合之难，又遭遇《瑞士民法典》民商合一的立法体例再造之难。关键问题在于，就商法一般条款的立法取舍而言，应将哪些条款加入法典，有无适合的标准可循？我国《民法典》编撰体例受潘德克吞式的立法模式影响较大（但又有别于德国的民商分立方法），《民法典》总则编在萃取民商共通规则方面有所精进，其中有关营利法人、非营利法人等制度创新均不乏对一般条款立法技术的运用。但由于立法具体工作者在专业分工和智识上对传统民法谱系具有"路径依赖"，以及对商法一般条款入典问题欠缺理论自觉和论证准备，导致《民法典》总则编内容和形式上存在"重民轻商、商化不足"，或者"加入过度、商化太重"之缺憾。这一立法作业偏差因对商法规范入典标准的疏忽，可能造成《民法典》市场经济基本法的定位偏差，甚至致使《民法典》所承载的政治、经济、文化等功能难以实现。

可见，商法一般条款入典及如何在典内典外区分配置的议题，不纯粹是立法技术或司法适用层面的小问题，而实属中国特色民商合一立法体例的《民法典》如何与社会主义市场经济法律体系契合，以及如何持续优化生态友好型的营商环境之大问题。

法与时转则治，治与世宜则有功。总结《民法典》总则编中商法一般条款加入的成功与不足，客观、全面、辩证、深入地反思和探讨，促进其实施和完善，是民商法学者迈入《民法典》体系化适用时代的共同使命。目前学界对《民法典》的绿色原则、诚信原则、公平责任一般条款讨论较多，②运用现代商法思维对典内替代型和补充型商法一般条款及典外冲突型商法一般条款的分类适用考察及"剩余立法"阐述相对较少。值得庆幸的是，商法学界有学者对社会主义核心价值观切实融入商法、首先融入商法基本原则转化为规范市

---

① 转引自朱庆育《民法总论》，北京大学出版社2016年版，第26页。
② 参见晋海、王妍《绿色民法典背景下物业公司违反环境管理义务的侵权责任》，载《河海大学学报（哲学社会科学版）》2021年第5期，第101－108、112页；于飞《基本原则与概括条款的区分：我国诚实信用与公序良俗的解释论构造》，载《中国法学》2021年第4期，第25－43页；孟强《公平责任归责原则的终结——〈民法典〉第1186条的解释论》，载《广东社会科学》2021年第1期，第238－253页。

场运行、指引商事行为的"刚性约束"问题展开了专题研究。① 但是，对于写入《民法典》总则编的商法固有的原则性一般条款（如禁止商事权利滥用、交易安全等原则）的实证考察尚不多见，对于能够起到抑制资本无序扩张作用的禁止商事权利滥用条款也缺乏系统深入的理论洞察和提炼，而对其立法及适用得失的检视，恰为本书此章的补充。

二、总则编加入商法一般条款的得失分析

具有中国特色的民商合一体例下的《民法典》总则编承担着提取私法规范"公因式"的双重立法使命，既统领民事领域（物权、债权、侵权、婚姻家庭、继承等），又贯通商事领域（公司、证券、票据、保险等）。回顾改革开放40余年，我国民商事立法不断升温，从"三资企业法"［指1979年《中华人民共和国中外合资经营企业法》、1986年《中华人民共和国外资企业法》、1988年《中华人民共和国中外合作经营企业法》，这三部法律经2016、2017年修正，于2019年统一修改为《中华人民共和国外商投资法》（以下简称《外商投资法》）］的引资护航，到《中华人民共和国全民所有制工业企业法》（1988年颁布，2009年修正）的颁行，再到适应社会主义市场经济体制改革而在"大民法"观念下陆续出台的一系列民商事单行法，形成了以狭义民事单行法、商事单行法、民商合一特别法三大法规群为骨干，其他法律（如《中华人民共和国著作权法》等）、行政法规及最高院司法解释为组成部分的合中有分的私法体系格局。而且按立法技术惯例，一般均设有总则，其中不乏商法一般条款之运用。如新《公司法》第二十条规定的社会责任原则和绿色原则；《证券法》第三条至第五条规定的证券法原则性一般条款；《中华人民共和国保险法》（以下简称《保险法》）第四条、第五条等的原则性一般条款；《中华人民共和国海商法》（以下简称《海商法》）虽未设"总则"，但在第十四章"涉外关系的法律适用"第二百七十六条规定了社会公共利益的原则性一般条款。此种商事领域主要倚重"大民法"观念而由商事特别法单行调整的方法，难以满足统一市场法治诉求。如《证券法》一般条款的漏洞填补作用主要限于该法所管辖的多层次资本市场出现的法律漏洞，至于股权众筹平台的规范缺失导致的法律适用困境，目前《证券法》及《民法典》均未能相应

---

① 参见郝磊《社会主义核心价值观与商法原则的内在联系》，见全国哲学社会科学工作办公室官网：http://www.nopss.gov.cn/n1/2020/0115/c373410-31549432.html，最后访问时间：2023年12月16日。

提供有效解决方案。实践中商事行为的一般条款规制方法的匮乏，容易导致适法者滑向刑法思维，运用刑法手段以非法集资犯罪处之，不利于刑罚谦抑性原则的贯彻实施。

从《民法典》总则编中加入商法一般条款的应然安排分析，本书前面所提出的三类规范中，替代型商法一般条款应积极加入、补充型商法一般条款宜适量加入、冲突型商法一般条款应尽量不予加入。而且按照"提取公因式"的立法逻辑，民商法共通适用的基本规则在《民法典》总则编中的占比应较各分编更多，因而替代型和补充型商法一般条款加入《民法典》总则编的制度空间和机会远胜于各分编。

从《民法典》总则编中加入商法一般条款的实然状况分析，其以显名或隐名入典的形式做了诸多突破和推进，可以说是达到了我国前所未有的民商合一历史新高度。目前，学界主要是从具体商法规范入典的层面来体察其立法得失。从民法学界主流观点来看，人们关于《民法典》总则编的评价较积极肯定，认为其适应了时代经济、人文和法治特征的要求，标志着中国当代民法实现了历史性跨越。[①] 而且，《民法典》总则编规定了为民商事主体所一体遵循的基本原则，及民商事主体的权利类型（如物权、债权、人格权、知识产权）、标准，以及法人解散责任和商事团体内部制裁（《民法总则》第一百三十四条第二款所规定的决议行为为商事团体内部自治确立了制裁规则。也就是说，只要符合法律与章程的规定，当商事团体内部成员有违规违章行为时，商事主体可以通过决议的方式对其实施相应的制裁行为），具有里程碑意义。[②] "采行了人格利益保护一般条款加具体人格权之模式，个人信息保护则采行为规制模式"，首次确立了隐私权和对个人信息的保护程序和方式。[③] 当然也有的观点认为，《民法典》总则编"进行技术上适当调整仍有空间"[④]。商法学界多持"得失兼而有之"的观点，如《民法总则》对商事行为的规定相比

[①] 参见杨立新《从民法通则到民法总则：中国当代民法的历史性跨越》，载《中国社会科学》2018年第2期，第96-97页。

[②] 参见许中缘《我国〈民法总则〉对民商合一体例的立法创新》，载《法学》2017年第7期，第56-57页。

[③] 参见叶金强《〈民法总则〉"民事权利章"的得与失》，载《中外法学》2017年第3期，第645、651页。

[④] 柳经纬：《论我国民法典形成之时总则编之调整》，载《政治与法律》2018年第6期，第104页。

《民法通则》得到了更多体现，同时也留下了"立法剩余"。① 也有的观点指出，商法入典之"得"贵在"很多条文冲破了债权让与的民法思维羁绊，现代商法思维的运用足窥一斑"②。而"失"的代表性观点认为，对商法的加入出现了"要么过度""要么落空"的偏差。如"营利－非营利"的法人分类不彻底，未将此分类标准贯彻到非法人组织的二级分类上，有关法人的规定部分有"复印公司法"之嫌；③ 而且《民法典》总则编未能提供同时规范民商事关系的共同性原则和规则。商事关系的无因性、商事行为的独立性及商法中的外观主义等未能得到充分的立法表达，无法寻求《民法典》总则编基本原则的支持。④ 本书这里偏重从三类规范区分加入的视角继续加以详细讨论。除因循民商关系的三类规范区分逻辑外，通盘考虑制度供给的需求情况，并防止对《民法典》造成"体系违反"。

（一）商法一般条款入典的创新

《民法典》的颁行是我们迈过1986年《民法通则》主导30多年的"重民轻商"历史阶段，迎来"民主商辅"式合一的《民法典》新时代的重要开端。虽然立法回避了"商事"的概念（在条文中未出现一个"商事"或"商法"的词汇），但就加入商法规范（包括商法一般条款）而言树立了新标杆，实现了重大创新（如《民法典》第八十三条禁止商事权利滥用条款、第一百二十五条投资性权利保护条款等）。

1. 立法宗旨方面

《民法典》总则编主要采用"间接加入"替代型商法一般条款的技术，规定了"弘扬社会主义核心价值观""保护民事主体的合法权益"等价值目标，以及"平等、自愿、公平、诚信、公序良俗、生态保护"等原则性条款（《民法典》第四条至第九条）。其立法表述虽无"商法标签"，却实为商事主体从事市场经济活动之基本遵循，从而对私人自治、人格平等、契约正义、诚实信

---

① 参见周林彬、官欣荣《论营业行为的商法安排》，载《学术论坛》2019年第1期，第16－22页。
② 官欣荣：《保理合同的法律适用及完善路径——以现代商法思维运用为视角》，载《河北工业大学学报（社会科学版）》2024年第1期，第63页。
③ 参见蒋大兴《〈民法总则〉的商法意义——以法人类型区分及规范构造为中心》，载《比较法研究》2017年第4期，第64－69页。
④ 参见施天涛《商事关系的重新发现与当今商法的使命》，载《清华法学》2017年第6期，第137页。

用、公序良俗等近现代民法基本观念或原则做了发展，更重要的传承与创新在于既吸收了人与自然友好共处、和谐发展（天人合一、民胞物与的"人类命运共同体"宇宙观）的中华优秀传统文化精髓，也注入了党的十八大以来所提倡的绿色发展理念，提纲挈领地融汇了文明、和谐、法治等社会主义核心价值观，标志着我国民商法律制度经过40多年发展，已经走过"成熟一个制定一个"的立法阶段，建立起体系化的、较为健全的、有中国特色的民商法观念体系和价值体系，为我国原创的现代化民法典打下了坚实基础。自此，社会主义核心价值观为商事活动、市场运行及监管提供了价值指引和行动标准。

基于21世纪对可持续发展观的强调，《民法典》最大的贡献之一莫过于回应生态危机和资源合理利用的时代要求，在导入"诚信""友好"等社会主义核心价值观的同时，以强制性规范确立起"绿色""生态保护"相关的原则性一般条款，为贯彻ESG①理念、践行"代际正义"的可持续发展观，开辟了商事法律规范"绿色商法"的新通道，走出了传统商法"唯商而商"的研究误区（即没有认真解决好商事行为活动产生的"熵和熵流、熵增问题"②），推动我国实现市场经济增长、社会财富最大化与生态保护和谐共生的新时代目标。

申言之，写入《民法典》的与"社会主义核心价值观""绿色""生态保护"相关的原则性一般条款，虽未贴上"商法标签"，但属于替代型商法一般条款，对所有民商事主体均适用，贯通民商事活动一切领域。不仅自然人在生活、消费中应尽生态保护义务，商事营业活动也应遵行绿色原则。据报道，我国2022年沪深上市公司超过半数均披露社会责任报告、ESG报告或可持续发展报告，这表明从事生产、经营、服务的商事主体特别是上市公司，越来越成为履行环境社会责任的主力军，成为新质生产力的开拓者，成为为实现"双碳"目标而对温室减排尽到相应责任的积极践行者，并成为绿色合规文化模范遵守者和具有国际竞争力的领跑者。

2. **民商事主体制度方面**

《民法典》总则编顺应了当代各国民法从"平等且对等的人"的规范向"类型化、异质化的人"的规范调整的发展潮流，在统一民事主体制度基础上类型化、异质化、精致化地制定了不同规则，注重运用补充型商法一般条款

---

① ESG为英文"environmental, social and governance"的缩写，是一种关注企业环境、社会、治理方面的非财务绩效的投资理念和企业评价标准。

② 唐荣智：《论商法生态化变革》，载《东方法学》2008年第3期，第27-29页。

（概括性规则及兜底性一般条款）对民商事法律规范体系进行创新。

首先，《民法典》总则编相较《民法通则》规定的两大主体类型（自然人/个体工商户、法人）有所突破，规定了"三－三－三"的主体层级结构，总则编第三章用三节（第二节至第四节）分别规定了营利法人、非营利法人和特别法人三分法模式，可谓是相当具有中国特色的一种创新性做法，形成了"营利法人－中间特别法人－非营利法人"的三分法结构。《民法典》总则编也规定了同时适用于商事主体的个人（自然人、个体工商户、农村承包户）、法人、非法人组织的三分法结构。即先将民事主体分为自然人、法人和非法人组织三类主体，其中将自然人分为民事自然人、个体工商户、农村承包经营户三类，[①] 将法人分为营利法人、非营利法人、特殊法人新三类，再将营利法人分为有限责任公司、股份有限公司和其他企业法人等（参见《民法典》第七十六条第二款的规定，该条款属于补充型商法一般条款，为未来补入新法人形态、涵盖公司新类型预留了空间）。这样，《民法典》总则编第二章第四节"个体工商户和农村承包经营户"的规定便提供了自然人可以自主选择成为商自然人的制度平台；通过第七十六条营利要件、第七十七条登记要件、第七十九条至第八十二条组织形式和内部治理要件，构造出了作为重要商事主体形态的"营利法人"制度；《民法典》总则编第四章还规定了非法人组织作为商事主体的补充类型，[②] 可为统领个人独资企业与合伙企业单行立法提供上位法规则。正如有学者指出，"理想的中国特色社会主义市场经济运行环境不应只是公司制法人的'一枝独秀'，而是秉性各异、功能互补、特色鲜明的各类企业形态的'百花争鸣'"[③]。此外，《民法典》总则编还创设了民事主体的特别类型，明确了农村集体经济组织法人、城镇农村的合作经济组织等特别法人的法律地位。除具备营利性外，特别法人还兼具公益性，由此在设立、税收、解散等方面与营利法人有所不同，成为一种特别主体类型。[④]

其次，《民法典》第六十九条统一规定了法人解散制度，填补了《民法通则》"有法人终止情形规定，无解散制度"的空缺，并以兜底性一般条款为法

---

① 个体工商户范围从"公民"扩至"包括港澳台居民、外国人和无国籍人在内的自然人"。
② 《民法典》第一百零二条明确将包括个人独资企业、合伙企业、不具有法人资格的专业服务机构等在内的非法人组织作为重要的民事主体类型之一（过去《民法通则》未曾纳入），需经登记才能营业。
③ 黎桦：《民法典第76条"其他企业法人"的规范解释与制度续造》，载《西南民族大学学报》2022年第10期，第84－85页。
④ 参见陈甦《民法总则评注》，法律出版社2020年版，第704页。

人（营性法人）适用司法解散制度提供了法律依据。申言之，第六十九条第一款第（五）项作为兜底性一般条款规定，不仅可以涵盖公司解散制度，也为其他营利法人类推适用司法解散规则提供了依据。

最后，《民法典》总则编将部分商法规范显名加入，如为营利法人"量身定制"了"禁止营利法人出资人的权利滥用""遵守商业道德，维护交易安全"等条款（《民法典》第八十三条、第八十六条），对于市场伦理净化、秩序保障有所裨益。而且《民法典》第八十六条还规定了"承担社会责任"的原则性条款，填补了非公司法人企业社会责任规制的空白。当然，将"维护交易安全"及"承担社会责任"规范在同一条文中有使立法简洁之效，但该规范是否适用于其他营利性的非法人组织，尚存在解释空间，需要依据类推适用方法予以解决。

3. 民商事权利（客体）制度方面

《民法典》总则编通过补充型商法一般条款（常标识为兜底性一般条款）对民事权利范围做了适当扩展，反映在以下三方面：

首先，《民法典》第三条规定了民事权利以及其他合法权益的法律保护框架；第一百一十条又明确列举了九项自然人权利，三项法人、非法人组织享有的权利（名称权、名誉权、荣誉权）。

其次，《民法典》第一百二十五条加入了"民事主体依法享有股权和其他投资性权利"之新规，[1] 将"其他投资性权利"与物权、债权、财产继承权及人身权等民事权利置于同一序列，[2] 较《民法通则》又推进了一大步。有的学者称投资性权利为"资本权"或"资本权利"，是民事主体处分自己的财产作为投资而进入营业领域，并因投资而转换或衍生的投资性权利，也是进入营业领域之后基于投资所享有的一项最具初始性或基础性的商事权利，[3] 如本章前引案例2-1、案例2-2所示。应该指出的是，相应条款因为是兜底性一般条款，所以在法律适用中难以避免民商事权利边界模糊的问题，需要通过法律解

---

[1] 《民法典》第一百二十五条规定："民事主体依法享有股权和其他投资性权利。"

[2] 《民法典》将不属于传统物权类型的基于投资性的权益纳入了物权法的保护之中。本条源于《中华人民共和国物权法》（以下简称《物权法》）第六十五条第一款规定的"私人合法的储蓄、投资及其收益受法律保护"。另外，《中华人民共和国侵权责任法》（以下简称《侵权责任法》）第二条规定的保护"合法民事权益"的客体范围，将"其他投资性权利"亦纳入其中。这些都为《民法典》第一百二十五条与时俱进地规定"投资性权利"一般条款奠定了法制基础。

[3] 参见肖海军《论资本权——〈民法典〉第125条的标志意义》，载《湖湘法学评论》2023年第4期，第69页。

释方法来保障其得以正确适用。例如，针对近年来金融交易中新出现的资产收益权的立法定性和看法不一①的问题，以"其他投资性权利"予以涵摄是提供立法保护的较现实之举，但应通过案例群的类型化整理，做出具体解释。又如，对于投资赌博协议纠纷，交易主体可能以消费者身份出现，或者以投机者身份博取某种利益或机会，一般而言，以投机者身份博取某种利益或机会不宜视作投资事项，实践中有法院基于《民法总则》第八条、第一百五十三条第二款判决协议无效。②再如，针对公司注销后外国投资者获得清算后资产的问题，可通过"其他投资性权利"的文义及体系解释进行处理，营造稳定、透明、可预期和公平竞争的市场环境。③

最后，《民法典》通过设立第一百二十七条链接条款④对数据和网络虚拟财产进行宣示性立法保护规定，此为我国首次在"民事权利"一章的民事权利客体中，对网络虚拟财产概念做出规范，这为从线下到线上的网络企业产权确认、转让（继承），以及网络店铺交易秩序维护都提供了基础性保障。⑤

4. 民商事行为制度方面

民事法律行为、代理等行为法部分的不少商化元素得到了反映，例如，我国《民法典》总则编中加入了决议行为、关联交易、默示的意思表示、商事行为不溯及既往、商事意思表示的外观解释方法、商事职务代理等内容。详细来说，其通过对补充型商法一般条款的运用做了如下制度创新：首先，《民法典》第一百三十五条添加了"行政法规规定或者当事人约定采用特定形式的，应当采用特定形式"之内容，相较《民法通则》第五十六条关于民事法律行为要件的规定更全面，为要式商事交易行为效果认定提供了新路径。其次，《民法典》第一百五十三条第一款采用隐名方式加入商法一般条款，通过对

---

① 学界对其法律属性存有争议，是将其认定为"将来债权"，还是"所有权的收益权能"，抑或是"用益物权"，未有定论。参见孟勤国、刘俊红《论资产收益权的法律性质与风险防范》，载《河北学刊》2014年第4期，第126-130页。

② 参见广东省江门市中级人民法院（2020）粤07民终3517号民事判决书。

③ 在日本杰电力公司与某银行储蓄存款合同纠纷案中，法院依据《民法典》第一百二十五条和《外商投资法》第五条、第二十一条判令外商投资收益可以依法自由汇入、汇出。法院认为，2017年中日合资公司经核准依法注销后，原告作为股东，可以依据该公司的剩余财产分配方案获得相关权益，对清算后应分配的所得依法享有权利。依据《外商投资法》相关规定，原告可以自由选择将其投资收益（本案指清算所得）转移至境内或境外。

④ 该条规定，"法律对数据、网络虚拟财产的保护有规定的，依照其规定"。参见杨立新《〈民法总则〉规定的民法特别法链接条款》，载《法学家》2017年第3期，第105-116页。

⑤ 目前我国关于网络虚拟财产的立法除了《工业和信息化部关于印发防范治理黑客地下产业链专项行动方案的通知》涉及"虚拟财产"外，基本处于真空地带。

《合同法》第五十二条及其司法解释的"公因式"提取，明确了民事法律行为在违反法律、行政法规的强制性规定的情形下一般无效；而推究第一百五十三条第一款之"但书"内容，在违反管理性强制性规范的情形下，不能简单判断有效或无效，要依个案酌定效力，且该"但书"条款适用商事管制的场合为多。①

此外，鉴于"转介性"条款是需要法官从所引致的具体规范的目的去确定其效果的法律条款，②在本书看来，此种"转介性"条款为法典编撰中将一般条款和特别条款衔接起来的立法技术。《民法典》通过设定"转介性"条款（如第十一条、第七十一条）的立法技术，积极发挥其引致功能，预留了商事法律调整空间，既利于民商合一立法体例下的体系构建，也便于相邻法律部门更好地衔接与协调，有助于民法规范与商法规范的协调。③

（二）《民法典》总则编"商化不足"的分析

将民商合一规范细加甄别，应厘清究竟是纯粹民法规范还是替代型商法一般条款，即除了分析以显名方式入典的商法一般条款，也要分析隐名的商法一般条款。隐名商法一般条款入典有助于节约法典资源并为商事特别法预留空间，弊端是可能导致商法规范内容"加入不足"或"加入过度"，不易进行民商识别和区分适用。从"加入不足、商化不到位"层面分析，主要表现有以下五个方面。

1. 主体类型方面

虽然《民法典》对民商事主体类型及定义做了拓展，不仅扩及自然人/个体工商户、法人、非法人组织三大类，而且将法人类型进一步细化为营利法人、特殊法人，但商事主体制度存在立法断层。例如，对商个人的界分逻辑存在缺陷与立法规范供给存在不足，法人的民商事主体界定标准存在逻辑缺陷，非法人组织民商事主体界分标准缺乏等。④

---

① 例如，《最高人民法院关于审理商品房买卖合同纠纷案件适用法律若干问题的解释》（以下简称《商品房买卖合同解释》）第二条规定了开发商未取得预售许可证即出售商品房的行为无效。
② 所谓"'转介性'条款"，又称引致条款或引致规范，是指本身没有独立的规范内涵，甚至不具有解释规则的意义，单纯引致某一具体规范，法官需要从所引致的具体规范的目的去确定其效果的法律条款。参见苏永钦《私法自治中的经济理性》，中国人民大学出版社2004年版，第35页。
③ 例如，《民法总则》第七十一条规定："法人的清算程序和清算组职权，依照有关法律的规定，没有规定的，参照适用公司法的有关规定。"导致民办非企业单位适用《民办非企业单位登记管理暂行条例》失效，其清算程序应当直接参照《公司法》的规定。
④ 参见万洪宏《商事主体法定原则再认识》，载《公关世界》2021年第8期，第196-199页。

2. 交易安全原则

《民法典》总则编第八十六条规定的"维护交易安全""承担社会责任"原则作为补充型商法一般条款，很大程度上弥补了《民法通则》"有民无商"之缺陷，但其解释适用是否扩及其他非法人的商事主体仍然存在疑问。对此，本书将在后文对交易安全原则的法律适用做一实证分析。

3. 法人登记方面

《民法典》总则编对民事主体（如自然人中的个体工商户、法人中的营利法人、非法人组织中的个人独资企业和合伙企业）依照法律的规定进行登记做了规定，而且第六十五条强调了"法人的实际情况与登记的事项不一致的，不得对抗善意相对人"，该条既弥补了《民法通则》有关法人登记公信力规定的空白，又吸收了《公司法》未经登记的股东名册不得对抗第三人规定之精髓，实为商事外观主义原则的体现。不过，相比民商分立国家的商法典有关体现权利外观的商事登记一般条款规定，①《民法典》中商事登记的公示公信效力不明确、不全面的状况还未彻底改变：② 首先，《民法典》第六十五条遗漏了非法人组织、个体工商户等主体的登记效力规定；其次，《民法典》对故意或者过失进行不实登记者能否对抗第三人未做规定；最后，《民法典》关于民商事外观制度适用要件的区分规则较为欠缺。

4. 权利客体类型方面

《民法典》尽管通过补充型商法一般条款扩充了民事权利基本类型，但仍存遗憾。如《民法典》第一百一十条第一款确立了自然人的肖像权、名誉权、荣誉权、隐私权等权利的立法保护制度框架，但对人格权商业化立法未做必要的立法回应。又如，《民法典》第一百一十条第二款将非法人组织的名誉权、荣誉权像法人的名誉权、荣誉权那样纳入明文立法保护序列，但未将商誉的立法保护补入。商誉权不同于名誉权和荣誉权，有的学者称其为"经营性

---

① 《德国商法典》第 15 条第 3 款规定："对应登记的事实已经进行不正确公告的，第三人可以在其事务上应对此种事实进行登记的人援用已经公告的事实，但第三人明知不正确的，不在此限。"《日本商法典》第十四条规定："因故意或过失而登记不实事项者，不得以该事项的不实对抗善意第三人。"

② 在《中华人民共和国企业法人登记管理条例》（以下简称《企业法人登记管理条例》）、《中华人民共和国公司登记管理条例》（以下简称《公司登记管理条例》）、《企业名称登记管理规定》等层级较低的法规条例或规章中，以及《民法通则》、《公司法》、《中华人民共和国合伙企业法》（以下简称《合伙企业法》）、《中华人民共和国乡镇企业法》、《中华人民共和国商业银行法》、《中华人民共和国私营企业暂行条例》（以下简称《私营企业暂行条例》）等法律法规之中均未有体现商事外观主义原则登记效力的完备立法。

资信权"。① 在我国,《反不正当竞争法》虽有商誉侵权之规定,但其主要适用于经营者之间,对消费者或非营利法人而言,一旦发生侵害企业商事人格权(商誉权)的情形,便难免陷入请求权基础不明的裁判困惑之中。在起草《民法总则》时,有专家学者曾提出将"商号、商誉、商事账簿、营业及其转让等商法基本制度规范"打包入典的主张,商誉的立法保护赫然在列,但由于种种原因,有的提议被搁置,有的提议不够周全,最终入典的商法规范相对于商事司法实践诉求而言,仍捉襟见肘、不敷使用。在经济全球化迅猛发展的时代,商誉已成为企业核心竞争力之要素。我国目前主要通过刑法的刑事责任②和竞争法的行政责任规制为经营主体提供商誉保护机制,但强化商誉侵权的私法救济(如民事赔偿责任)仍亟待明确完善。

立法上,将代理商的该项权利同商誉联系起来的只有海牙《代理法律适用公约》,该公约第8条规定了代理商"在顾客中树立的信誉的补偿"问题应适用代理商营业机构所在地法律。也就是说,随着商业贸易的日渐频繁,在商事代理合同解除后,代理商的商誉补偿请求权是对商人营业活动的持续性、营利性特点的回应,因代理契约的终止而不能获得报酬时,代理商有权获得补偿。该权利被国际贸易法专家施米托夫称为"商誉补偿请求权",但其行使须符合相应的条件并受最高补偿额和期限的限制,德国、法国、韩国在其商法典中对此皆有较完善规定。《意大利民法典》第1751条、《瑞士债法典》第418条第(U)款,以及《欧盟独立商务代理人(86/653号指令)》第17条均承认代理商享有该项权利。③ 至于如何获得司法救济的问题也有赖商事立法(尤其是利用一般条款技术)拾遗补阙以持续优化营商环境。④

5. 职务代理方面

《民法典》总则编关于职务代理的一般规定是对法人与非法人依职权范围而定的代理所做的立法创新,但对本可借补充型商法一般条款予以特殊规制的

---

① 参见郑志涛、王崇敏《我国商誉私法保护的实证分析与启示》,载《法律适用》2016年第3期,第54页。

② 《中华人民共和国刑法》(以下简称《刑法》)第二百二十一条规定:"捏造并散布虚伪事实,损害他人的商业信誉、商品声誉,给他人造成重大损失或者有其他严重情节的,处二年以下有期徒刑或者拘役,并处或者单处罚金。"

③ 参见郭艳芬、刘云升《论代理商的商誉补偿请求权》,载《河北法学》2007年第8期,第117-121页。

④ 在类似万宝龙与国瑞信代理纠纷的案件中,代理商因缺乏商誉补偿请求权的立法保护而陷入被动维权之境。参见黄清燕《奢侈品"过河"直销代理商频遭"拆桥"》,见每经网:https://www.nbd.com.cn/articles/2009-03-20/207179.html,最后访问时间:2023年12月6日。

商事职权代理考虑不全。因民商事代理在职权范围确定、交易相对人"善意"的构成要件方面均有不同,商事代理范围更依赖法定授权确定,而对外效力上必须结合《民法典》第一百七十条第二款之善意对抗规则认定。在缺乏法律规定的前提下,商事代理授权方面就容易"增加学理上和实务中就职权范围界定的不必要争议,甚至在司法实践中大大增加涉及法人和非法人组织代理的纠纷"[①]。而且,《建筑施工企业项目经理资质管理办法》(现已失效)关于项目经理权限的曾经的规定[②]能否构成职权代理范围的划定依据,不无疑问。即便司法特例认可,在更为普遍的商事领域,《民法典》总则编第一百七十条之简陋规定以及其他单行法关于组织内经理职权的规定,也无法构建起系统性的商事职务代理制度,更无法提供独立型代理商的制度供给。

(三)《民法典》总则编"商化过度"的分析

相较于《民法通则》"重民轻商"的特点,《民法典》总则编在突出"商事色彩"方面有所增强,但一些与民法一般条款缺乏共性甚至存在冲突的一般条款本应限制加入、拒斥加入或另外立法,却以直接加入的形式规定得过细或粗糙复制,反生"加入过度"、商化"气味"太重之弊害。

1. 营利法人的立法方面

对于《民法典》总则第三章"法人"专辟第二节营利法人的立法安排来说,《民法典》总则编的"营利法人"概念由《民法通则》"企业法人"概念改造而来,将"企业"一词换成"营利",突出了营利法人与非营利法人的区别主要在于营利性,而不在于组织性。但除此之外,在"营利法人"的组织机构设计上立法密度过细、有些条款过度复制《公司法》规定(见表2-1),还有些规定留下统摄不全的纰漏,似为"提取公因式"之"败笔"。如《民法典》第八十条规定:"营利法人应当设权力机构。权力机构行使修改法人章程,选举或者更换执行机构、监督机构成员,以及法人章程规定的其他职权。"该条对"营利法人设置权力机构"规定为强制性规范要求,且对其职权做了兜底性一般条款规定。但未充分考虑到营利法人存在特例情况,如《公司法》对一人公司或国有独资公司均无设置权力机构之要求,前者不存在股东会之类权力机构,后者是国家单独出资、由国务院或者地方政府授权本级政府国有资产监督管理机构履行出资人职责,也无营利法人组织内设权力机构之

---

① 尹飞:《体系化视角下的意定代理权来源》,载《法学研究》2016年第6期,第61页。
② 即有权"处理与所承担的工程项目有关的外部关系,受委托签署有关合同"。

必要。

表 2-1 《民法典》总则编与《公司法》规范对照

《民法典》总则编	《公司法》
第七十七条　营利法人的成立	第六条　公司的设立
第七十八条　营业执照	第七条　营业执照
第七十九条　法人章程	第十一条　公司章程及其效力
第八十三条　营利法人人格否认	第二十条　公司人格否认
第八十四条　营利法人关联交易	第二十一条　公司关联交易
第八十五条　营利法人决议撤销及其后果	第二十二条　公司决议的无效与撤销
第八十六条　营利法人从事经营活动的原则	第五条　公司从事经营活动的原则

民商法学者对此多有诟病。如有学者指出："我国不仅有《公司法》，还有《乡村集体所有制企业条例》《私营企业暂行条例》等等。换言之，营利法人或者企业法人基本上都有相应的私法特别法可资适用。因此，本着特别法优先适用的原则，《民法典》总则编中营利法人的规定基本上没有多少适用的空间。"[①] 还有的学者指出，营利法人调整规范大都是复制《公司法》，[②]"将营利法人等章节中民法过度商法化的规定冠以'创新'之名实属于过誉式解读"[③]。本书认为，《民法典》关于营利法人的规定应一分为二地辩证看待——有的营利法人制度创新的确为商事主体提供了上位法权威依据；也有的简单重复公司法人规定，有违立法节制原则。

2. 营利法人的法人人格否认方面

《民法典》总则编第八十三条将公司法的法人人格否认制度上升为一般性规范，实现了法人人格否认的判例法制度形式向成文法形式的二次跨越（第

---

① 张谷：《管制还是自治，的确是个问题！——对〈民法总则（草案）〉"法人"章的评论》，载《交大法学》2016年第4期，第70页。
② 参见蒋大兴《〈民法总则〉的商法意义——以法人类型区分及规范构造为中心》，载《比较法研究》2017年第3期，第53页。
③ 李建伟：《〈民法总则〉民商合一中国模式之检讨》，载《中国法学》2019年第3期，第290页。

一次出现于公司法上的跨越),① 将该制度适用的主体从"公司股东"扩大至"营利法人的出资人",凸显了国内私法对该项制度的充分重视。但虑及公司法的法人人格否认需在司法解释完善的前提下慎用,域外如巴西已出现法人人格否认理论扩张应用后出现不良效应,② 值得引以为鉴。本书认为,《民法典》总则编第八十三条属于法律事实构成要件模糊和抽象的一般条款,因对"滥用法人独立地位和出资人有限责任"的判断标准"未予界定",具有如此"高难度"适用性的一般条款被《民法典》总则编提升为普适于所有营利法人的一般条款,忽视了营利法人的多样性、差异性,可能导致其实施难度倍增。加之又因法人人格否认责任素有"无限连带责任说""不真正连带责任说""补充连带责任说"之争,司法实践中连带责任与补充责任适用标准不一,所以第八十三条采用"连带责任"表述规定,法律后果亟待解释明确。而且如果该制度一并适用于外商投资企业法人,直索背后的外方股东之责任,可能在国外产生判决执行难的新问题。我国司法实践中还出现过将法人人格否认类推适用到农民专业合作社法人纠纷的现象,进入诉讼程序前曾发生受损农户围堵案外第三人事件。③ 第八十三条规定实益如何,也有待司法适用的实证效果检验与理论反省,④ 以便于不断修正完善。正如有学者指出,法人人格否认泛化可能激发股东无限责任危机,促使法人制度死亡。因关系企业内部相互支持符合交易理性,所以应缓和家族企业集团内部法人人格否认之运用。⑤

综上,为了防止"体系违反",实然中的《民法典》民商合一仅能实现如学者所说的"在某种意义上可谓最低限度的民商合一"。而商法一般条款入典的不足或过度,需要通过司法限缩或扩充解释等技术方法或通过"剩余立法"的方式加以化解,从而确保立法体例缜密严谨、内容结构耦合协调、预设功能目标——实现。

---

① 法人人格否认制度在英美法系国家未像其他商事立法那样得到成文法表达,《公司法》虽做了明文规定,但相关司法解释未置一词,其裁判标准定型、适用之难可见一斑。
② 法人人格否认理论在巴西的应用产生了令人遗憾的扭曲现象。例如,税务法庭和劳动法庭利用法人人格否认制度任意"冻结"公司及其股东资产,而没有给予被冻结资产对象足够的"抗辩"权利,这往往使得公司的正常运营受到影响。参见夏小雄《民商合一民法典和商法典的生存空间——以巴西私法立法结构变迁为例》,载《拉丁美洲研究》2020年第5期,第95页。
③ 参见邹开亮、王馨笛《农民专业合作社法人人格否认的类推适用》,载《湖南工业大学学报》2022年第4期,第77页。
④ 参见薛波《公司法人格否认制度"入典"的正当性质疑——兼评〈民法总则〉"法人章"的立法技术》,载《法律科学》2018年第4期,第125页。
⑤ 参见蒋大兴《公司法改革的文化拘束》,载《中国法学》2021年第2期,第105-106页。

三、总则编中商法一般条款的适用完善

(一) 司法解释或指导案例的路径

从当下我国民商事立法实际出发,针对《民法典》总则编中替代型和补充型商法一般条款,我们应通过司法解释或指导案例指引,抑制或缓解商化不足或过度商化之弊,以保障《民法典》得到不偏不倚的正确适用。2022 年 2 月 24 日,最高院制定并公布《最高人民法院关于适用〈中华人民共和国民法典〉总则编若干问题的解释》(以下简称《民法典总则编解释》),自 2022 年 3 月 1 日起施行。共 39 条的《民法典总则编解释》无疑对《民法典》总则编甚至各分编的解释适用起到了方向性指引作用。但面对复杂新型商事案件的司法决疑诉求,我们可通过凸显商法思维的司法解释或发布类似《全国法院民商事审判工作会议纪要》(以下简称《九民纪要》)的司法政策性文件[①]及指导案例,指引《民法典》总则编中商法一般条款的正确适用,以保障商事疑难案件得到妥当处理。例如,《民法典》第一百二十五条规定是民事权利的兜底性条款,存在继续优化的空间。有学者提出,应将"其他投资性权利"修改表述为"其他权利或权益",或者"法律规定的其他权利",再由《证券法》等设定相应内容。[②] 此思路修法成本过高。在本书看来,可采取较为实用的方法,即在总结近年来新出现的其他投资性权利纠纷、委托理财产品纠纷、投资份额权纠纷、私募股权基金纠纷及金融交易中资产收益权纠纷的基础上,加以类型化提炼裁判规则,通过司法解释的方式对《民法典》第一百二十五条规定的投资性权利类型再做二阶细化与列举。此种思路更便于为基层裁判提供指引,稳定交易预期,从而更好地发挥其与商事单行法(如《证券法》《期货和衍生品法》等)的衔接适用、兜底补充适用的功能。

而对于《九民纪要》,我们应重在发挥其贯彻商法思维的论证说理作用。正如《学习〈九民纪要〉的三重境界与方法》一文中指出的,《九民纪要》

---

① 最高人民法院 2019 年 11 月 8 日发布的《全国法院民商事审判工作会议纪要》不仅涉及公司、合同、担保、证券、信托、保险、票据、破产等各个民商事实体法,而且涉及民事诉讼程序、举证责任分配、释明、执行异议、民刑交叉等各类程序法问题,共 12 个部分,130 条,关系到民商事审判业务中的若干重要问题,虽然不是司法解释,但其重要性不亚于任何民商事司法解释。

② 参见王克玉《民法典编纂应当为证券资本市场的发展留足制度空间》,载《财经法学》2017 年第 2 期,第 39 页。

涉及"对赌协议""让与担保""增信文件""劣后级受益人"等诸多商事领域的新概念，① 其实可解读为"九商纪要"。《九民纪要》虽不能作为直接援引的法律依据，但是可用于裁判说理，有利于《民法典》统领下运用民商合一又区分的辩证思维，尊重商事审判规律，"在商言商"，解构商事纠纷，消弭商事复杂交易和"大民法"观念下民商法律关系之间的罅隙，实现商业理性下责、权、利及风险的正当化配置。

至于在运用指导案例方面，我们不仅应重视对最高院指导案例的运用，也应重视对最高人民检察院（以下简称"最高检"）指导案例的运用。如对公司法人格否认的法律适用，最高院和最高检均出台了指导案例，前者为最高院指导案例第 15 号，确立了公司判定人格混同的标准需要满足人员、业务、财务混同三个方面。《九民纪要》进一步细化完善了作为人格混同重要表现的财务混同的典型情形（如股东无偿使用公司资金或者财产，不做财务记载）。后者为最高检指导案例第 77 号，即深圳市丙投资企业（有限合伙）股东损害赔偿责任纠纷抗诉案，其要旨是应当严格区分企业正当融资担保与恶意转移公司资产以逃避债务进而损害公司债权人利益这种违法行为的界限。如果公司股东没有利用经营权恶意转移公司资产谋一己之私，没有损害公司债权人利益，则依法不应当对公司债务承担连带责任。股东未滥用公司法人独立地位逃避债务并严重损害公司债权人利益的，不应对公司债务承担连带责任。检察机关应严格适用股东有限责任等制度，依法保护投资者的个人财产安全，让有恒产者有恒心，持续优化营商环境。毋庸讳言，这为慎用、善用、正确适用《民法典》第八十三条提供了参考指引，对此，本章第二节将做进一步分析。

（二）典外商法一般条款的路径

统一的《民法典》和典外商事法律共存的基本体例构成，其实正是我国目前已经形成和即将日臻完善的市场经济立法体系构造。② 而法律主体制度的

---

① 参见《学习〈九民纪要〉的三重境界与方法》，见网易：https://www.163.com/dy/article/FTMC1PF30551N6EG.html，最后访问时间：2023 年 12 月 6 日。

② 《中国商法学研究会关于民法典编纂中统筹规划商事立法的建议》（内部稿，由中国政法大学赵旭东主持撰写）指出，"虽然中国内地的立法者及其工作机构倾向于中国内地实行民商合一立法模式，且民法学界也主张民商合一立法模式，但商法学界的主流观点认为中国内地实行的不是绝对民商合一，也不是绝对民商分立，而是有分有合、民法法典化和商法单行化的折中模式。所谓的分，就是民法与商法分别立法、商法通则与各个商事单行法分别立法，不再制定一部无所不包的民法典和包罗所有商法规范的商法典。所谓的合，就是在某些领域将商法规范与民法规范融为一体，如商事合同与民事合同融于统一的合同法之中，商事信托与民事信托融入统一信托法之中"。

明晰和独立，是制度理性的基础，也是法律文本确定性的根本。① 在《民法典》统领下发挥典外商法一般条款立法技术优势，进阶完善商事主体、行为、权利等制度体系，能够更好地促进市场法治生态和谐、繁荣发展。

前已述及，《民法典》营利法人等制度创新成就了民商融合的新高度，但也留下适用困扰。以及，各分编出现的"经营者""自然人""单位""企业""组织""企业、个体工商户、农业生产经营者""用人（工）单位""经营场所……的经营者、管理者"等概念表述，能否用商法学界所青睐、马克思主义理论研究和建设工程重点教材《商法学》所使用的"商事主体"的范畴工具②加以立法概括使其明确化，在商法话语体系建设方面仍有探讨空间。

应该指出的是，2021年7月27日国务院颁布的《中华人民共和国市场主体登记管理条例》（以下简称《市场主体登记管理条例》）运用了"市场主体"概念，并对其定义和类型做了规定。市场主体是指在中华人民共和国境内以营利为目的从事经营活动的自然人、法人及非法人组织。该条例在列举主体登记类型时，还包括农民专业合作社（联合社）及其分支机构，以及法律、行政法规规定的其他市场主体在内，③ 此条例"上承《民法典》细化实施、下统各类企业登记法律、法规"④，极大地丰富了市场主体准入的法律依据，也基本完成了中国市场准入法律框架构建。但其主要是用于满足登记管理便利化的程序化改革需要，并将农民专业合作社也纳入市场主体登记之列。盖因农民专业合作社虽依《中华人民共和国农民专业合作社法》（以下简称《农业专业合作社法》）规定，明确为依法进行法人登记的"互助性经济组织"，但也是市场经营活动参与者，⑤ 兼有营利与公益性质，登记机构仍归属国家市场监督管理部门。⑥ 可见，"市场主体"概念的内涵和外延较"商事主体"更为广

---

① 参见马英《论法律现代性与现代法律主体制度的健全》，载《政治与法律》2012年第4期，第53页。

② 参见《商法学》编写组《商法学》，高等教育出版社2019年版，第44页。

③ 参见《市场主体登记管理条例》第二条、《中华人民共和国市场主体登记管理条例实施细则》第九条。

④ 改革开放后，我国相继出台了《工商企业登记管理条例》《企业法人登记管理条例》，与此前颁布的外商投资、个体私营等准入法律法规，为配合《公司法》《合伙企业法》《中华人民共和国个人独资企业法》的实施，陆续颁布了与之配套的《中华人民共和国公司登记管理条例》《中华人民共和国合伙企业登记管理办法》《个人独资企业登记管理办法》等法律、法规和规章。

⑤ 《农民专业合作社法》第八条规定："农民专业合作社从事生产经营活动，应当遵守法律，遵守社会公德、商业道德，诚实守信，不得从事与章程规定无关的活动。"

⑥ 《农民专业合作社法》第十六条第一款规定："设立农民专业合作社，应当向工商行政管理部门提交下列文件，申请设立登记。"

阔，将"介乎营利与公益之间的互助性经济组织"也包括在内。① 《民法典》与《市场主体登记管理条例》历史性地完成了私法主体上的具有里程碑意义的立法创新，同时，商事主体定义标准及登记方面存在的制度疏漏为"剩余商事立法"预留了空间。

从典外商事单行法来看，我们亟须按商法内核固有的逻辑构造一部商事基本法来整合商事主体类型的立法体系。由于历史时期、比较法经验、立法理念的不同，我国选择了商事主体类型"成熟一个制定一个"的方式，构造了由《公司法》《合伙企业法》等各个商事组织法和商事交易法所组成的特别法体系。鉴于各类型商事主体的责任承担形式、内部组织结构、意思表示和行为程序都有其特点，为了弥补从法典到单行法的逻辑断层，同时为未来新生商事主体的融入预留制度空间，这需要对商事领域各类主体以及未来可能出现的新业态主体类型更具统摄力的主体概念予以成文归纳，以便精准识别或直接"链接"适用商法规范。对此有学者提出，《民法典》构造的主体制度体系与商法上的主体制度体系不能完全重合，可行的完善思路是通过商事基本法确立商自然人营业权，并用"组织"作为主体概念来统领"法人"和"非法人组织"、单行法规定具体规则的方式、采取法律判定与事实判定相结合等。② 还有的学者提出，为减少与《民法总则》适用不一致的问题，应着眼于商事主体自我体系的分类及以内部治理为准。③ 在本书看来，我们可以根据替代型和补充型商法一般条款典内加入的剩余状况，以及冲突型商法一般条款典外区分配置的立法优势，考虑到反映商事特性的商事主体一般条款与《民法典》存在紧张关系甚至发生价值冲突，还有商事主体制度体系周延性和开放性统一的特点，将未予加入《民法典》总则编的冲突型商事主体规范，通过商事主体一般条款立法技术进行规范性聚合补漏，并通过类似法典化的商事基本法律文件，④搭建好《民法典》与商事主体特殊规则的沟通桥梁，以尽快充实商事立法的

---

① 《民法典》将此类介乎营利与公益之间的互助性经济组织作为"特别法人"对待。参见中国法制出版社《中华人民共和国民法典：实用版》，中国法制出版社2020年版，第6页。
② 参见汪青松《民法总则民商主体界分的制度缺陷与完善思路》，载《浙江工商大学学报》2019年第5期，第30页。
③ 参见葛伟军《民法典编纂视野下民事主体与商事主体的衔接》，载《上海财经大学学报》2017年第4期，第127-128页。
④ 法典化非专属民法之专利，日本在有了民法典之后还颁布了商法典，在有了商法典之后还颁布了具有法典化性质的公司法典。

薄弱基础。① 进一步的讨论详见本书第五章第三节的分析。

针对商事行为而言,我国《民法典》总则编采取民商合一立法体例,确立了"民事法律行为"② 概念,取消了原《民法通则》所规定的合法性要件,③ 规定了民事法律行为的形式及效力,添加了共同决议行为等规则。在《民法典》完善民事法律行为规范体系后,是否需要典外继续进行特殊制度安排,确立"营业""营业行为""商事行为"等概念的基本范畴,以及相关规范如何建构等,仍为《民法典》配套制度实施完善的重要问题。如附属商行为理论不仅是"象牙塔"里的想象,更是对商店、超市免费提供储物柜服务何以还要承担较苛刻安全保障义务的正当化解释。还有从法律规制的角度对"哪些人可以经商""哪些行为是营业行为"等问题进行规定,如"摆摊设点"应否被认定为营业?应否进行商业登记?如何区分民事有偿行为和商事行为?在风险加剧的商业社会,商事主体对交易稳定性的预期给法律制度提出了更高要求。在商法领域,确定性的重要性甚至超过了公平性,"如何维护交易主体之理性预期,维护交易之确定性乃解决商行为法律适用之目标"④。商事行为特殊规则的正确适用会直接影响到市场秩序和繁荣,亦亟待典外出特别法进行安排,对此,冲突型商法一般条款的立法大有用武之地。进一步的讨论详见本书第五章第四节的分析。

另外,在金融科技浪潮冲击下,资本市场新业态层出不穷,很多民商事物权债权结构发生裂变,大量"新型权利(益)"涌现,其应否获得法律保护以及采取何种方式予以保护,一直是困扰司法实践的重要问题。有论者指出,在《民法典》设置民事权利保护的一般条款,可充分体现《民法典》在"新型权利"保护问题上的开放性,此一进路可为网络虚拟财产继承权、信用权提供规范依据和裁判指引。⑤ 但是,尚未被《民法典》明确纳入典内的其他商事领域的"新型权利(益)"(如商誉权、商誉补偿请求权/代理商代理行为终止后

---

① 参见周林彬、吴劲文《我国商主体概念复兴与制度重构——基于多国商法典的比较分析》,载《安徽师范大学学报(人文社会科学版)》2019 年第 6 期,第 83 – 84 页。

② 《民法总则》第一百三十三条规定:"民事法律行为是民事主体通过意思表示设立、变更、终止民事法律关系的行为。"

③ 《民法通则》第五十四条规定:"民事法律行为是公民或者法人设立、变更、终止民事权利和民事义务的合法行为。"

④ 蒋大兴:《商行为的法律适用——关于理性社会、交易预期与规则简化的宣言》,载《扬州大学学报(人文社会科学版)》2011 年第 2 期,第 42 页。

⑤ 参见彭诚信、许素敏《"新型权利"在〈民法典〉中的表现形式及规范价值》,载《求是学刊》2022 年第 3 期,第 113 页。

的利益补偿权）的立法保护问题如何破解？进一步来说，因补充型商法一般条款的"商化不足"留下的遗憾问题如何补救？最佳选项是通过典外的商事基本法律文件来拾遗补阙进行保护，从而为法官裁判提供较明确的法律依据。

总之，依循商事特别法思维和经济逻辑，对商事行为、商事权利、商事责任的特殊制度设计，实属持续优化营商环境的未竟课题。我们应在《民法典》统领下发挥典内典外商法一般条款区分配置优势，进阶完善商事主体、商事行为等制度体系，促进市场法治生态和谐、繁荣发展。

（三）商法一般条款适用方法论的完善路径

针对商法特别法漏洞，我们应不断凝练和完善有中国特色的民商合一体例下商法一般条款适用的理论方法，以避免动辄援引民法一般条款。

从比较法角度来看，无论是实行民商合一立法体例还是实行民商分立立法体例的现代市场经济国家，商法都是优先适用于民法的特别法规范；而且体现市场经济特点的民法制度规范（包括一般条款）亦必然反映和表达商法制度与规范（包括一般条款）。据此，从《民法典》总则编的商法规范配置来看，立法机关主要采纳了替代型商法一般条款全部加入、补充型商法一般条款有限加入的路径，搭乘《民法典》总则编制定的"便车"，以促进商事基本法律的立法。但未来的市场经济法律体系完善之路，将更多体现符合市场经济规律的商法规范，与《民法典》总则编具有冲突性的规范内容，应通过全国人民代表大会制定总纲性质的商事基本法律文件（如商法学界曾一直呼吁制定的《商法通则》）予以归拢，其应囊括商法核心原则性一般条款、商事主体和商事行为制度与规范，上承《民法典》体现商法特殊理念的制度和规范，下接商事单行法（如《公司法》《证券法》《期货和衍生品法》等），发挥在《民法典》外拾遗补阙、融贯统合的剩余商事立法功能。当然，为了防止内容重合和冲突，我们应慎重考虑《民法典》总则编中商法一般条款适用诉求，找到承接和转换的路标。将未加入《民法典》总则编的冲突型商法一般条款聚合立法，应该能抓住商事法律制度体系化完善的关键，有的放矢地填补商法特别法漏洞，防止动辄援引《民法典》中的民法一般条款，从而便于稳定交易预期，持续优化营商环境。相关建设性的讨论详见后文论述。

而且，我们需要不断凝练和完善有中国特色的民商合一立法体例下的商法一般条款适用理论方法。商法一般条款的分类加入使《民法典》更具有社会经验的包容性和市场经济的适应性，能够不断满足民生发展需要。据此，一方面，我们需要通过替代型商法一般条款，加强社会主义核心价值观在商事审判中的价值指引、论证说理，保证《民法典》的价值统领和体系融贯；另一方面，我们应顾全商法的独特性，结合商法宗旨、理念、价值进行商法一般条款的具体化适用，如通过商事案例群积累和类型化处理，形成独具商法思维的适用理论方法。囿于类型化方法的局限性，我们对类型化的思维应予以适当限制，包括借助强制性法律规范或结合商法一般条款的立法目的或意旨予以适当限制，以确保法律规则的准确适用。① 对此，本章另辟第二、第三节分别对《民法典》第八十三条、第八十六条进行实证分析。

应当指出，一般条款也是一把双刃剑，如果过度适用一般条款将有可能弱化法学思维，滋生立法"惰性"，增加法官恣意性，混淆法与政治、道德的边界。而且，如果动辄援引民法一般条款，就会受到"大民法"观念的侵扰，淡化商法思维。近年来，法院在遇到新型商事案件时，因欠缺上位法的基本规则，仅能类推援引民事规范进行裁判。例如，在某网络科技有限公司与某餐饮管理有限公司股权众筹合同纠纷案中，存在交易内容是否全部有效等争议。在股权众筹专门性规定缺位的情形下，法官只好依赖民法思维以居间合同关系来处置。② 而长远之计在于，树立"现代商法思维"（如制定金融商事法），将股权众筹视为新的金融信用中介平台，使其承担信息披露、风险防范、投资者适当性审查的商事严格义务和责任。因此，商法一般条款的科学适用局限于方法论的发展水平。

第二节　总则编第八十三条（禁止权利滥用原则）的适用分析

《民法典》第八十三条是关于营利法人的出资人不得滥用"出资人权利、法人地位和有限责任"损害他人利益，以及权利滥用行为民事责任的规定。在本书看来，基于补充型商法一般条款的定位，我们应对其进行扩大解释，将其扩展适用于所有商事主体行使商事权利的场景，且将其视为私法上禁止权利滥用原则所派生出的禁止商事权利滥用条款。依照本书三类规范划分标准，第八十二条属于禁止私权滥用条款的补充型商法一般条款，对于解决当前非公司形态的营利法人控制权滥用问题和遏制因资本投资任性而为（或无序扩张）

---

① 参见杨峰《商法一般条款的类型化适用》，载《中国社会科学》2022年第3期，第60页。
② 参见北京市第一中级人民法院（2015）一中民（商）终字第09220号民事判决书。

所导致的法律监管漏洞,具有较高的适用价值。本节在进行法理剖析和具体例证分析的基础上,对其适用完善做一初探,以抛砖引玉。

一、总则编第八十三条的法理构造及立法表达

禁止商事权利滥用条款源于私法上著名的禁止权利滥用原则。为从理论证立禁止商事权利滥用条款,我们有必要先从禁止权利滥用原则的法理基础论起。

(一)禁止权利滥用原则的法理基础

禁止权利滥用原则是指在民事活动中,任何民事主体必须妥当行使民事权利,不得损害他人和社会公共利益。民事权利的法律性质为私权权利,是与私法义务相对的一个范畴。与私法上"权力"范畴相比,英美法系国家学者常将"权利"与"权力"概念通用,此即持重合论主张,"权力是指在一定社会关系中权力主体促使权力对象服从前者意志的能力,是被认为正当的权利"[①]。但美国学者霍菲尔德(Hohfeld)则指出,法律中的"权利"与"权力"并不完全同义,而是一种包容关系,前者实际包括了狭义的权利、特权、权力、豁免四种含义。在本书看来,私法上的权利与权力应结合具体语境来解释。如《公司法》上的决策权、执行权、监督权等公司机关职权、公司控股股东的控制权,更多指向的是"权力",而公司股权、债权、财产权则更多表达的是公司法上的"权利"。但二者时常发生重叠,权力成了实现权利的方式、手段,如股东多数表决权。为与私法禁止权利滥用原则所使用的"权利"保持一致,这里的禁止商事权利滥用条款也使用"权利"的表述。

在社会现代化变迁的大潮中,权利实现不仅关涉权利人的个人利益,而且涉及义务人、第三人以及社会利益,此为禁止权利滥用原则的思想根基所在。因而,几乎各国立法均对滥用权利做出了规定,但最初"禁止权利滥用"只作为一种基本观念的形式存在,随着"个人本位"转变为"社会本位"的法权观念变迁,私权神圣、权利绝对化行使受到适度限制,"禁止权利滥用"的思想才得以确立和发展,进而从对个别权利的限制发展为对一切权利行使的限制的一般条款。禁止权利滥用理念从罗马法初露端倪,《法国民法典》制定后出现著名判例,《德国民法典》正式将其确定为一项原则,继而瑞士、俄罗

[①] 转引自郭富青《公司权利与权力二元配置论》,法律出版社2010年版,第2页。

斯、日本民法等均以原则形式对其加以规定。这背后反映了人类生存以及人类社会可持续发展之根本利益高于个人自由的现代民法思想。①

关于对禁止权利滥用原则与诚实信用原则关系的认定，学界众说纷纭，主要有"重复适用说"和"重复适用否定说"两种观点。"重复适用说"认为，诚实信用原则与禁止权利滥用原则是上位原则和下位原则的关系，禁止权利滥用原则是违反诚实信用原则的效果。"重复适用否定说"主张，禁止权利滥用原则并非源自诚实信用原则，而是独立原则。其理由在于：一是诚实信用原则适用债法，禁止权利滥用原则适用物权法。二是禁止权利滥用原则是权利人自主行使权利时应当遵守的规定，当然表现在意思自治原则的内涵当中。其并非单由某一条原则（诚实信用原则或意思自治原则）加以涵盖，而是多项基本原则交融派生的产物。

现今通说是将诚实信用原则视为禁止权利滥用原则的基础或渊源，"权利滥用之禁止原则为由诚信原则所衍生之次位原则"②。从二者联系来看，两者均是私法上的重要法则，都以社会伦理观念为基础，是法律化的道德准则，具有法律与道德的双重调节功能。而且二者同为权利义务的行使准则，前者为积极原则，侧重于正面引导；后者为消极原则，侧重于反面禁止。③ 诚实信用原则是法律化的道德准则，要求权利人在行使权利时要充分运用道德这一尺度去衡量自己是否该行使、如何行使、行使后止于何种程度等，不得有害于他人。在适用范围上，我们甚至可以将禁止权利滥用原则视为诚实信用原则在权利行使领域的具体表现，前者具有极强的针对性，后者具有更大的模糊性。二者存在交叉，在指导财产权的行使方面更为显著，可以重叠适用。

从民商关系层面分析，禁止权利滥用原则包括禁止民事权利滥用和禁止商事权利滥用，前者适用于民事活动，后者适用于商事活动。我国私法体系研究上一直偏重民事权利范畴，其指法律赋予民事主体为或不为一定行为以实现特定利益的意志、享有的利益边界，主要包括财产所有权、债权、人身权、知识产权、财产继承权。随着商业社会分工和市场经济活动拓展繁荣，陆续涌现出股份公司、证券交易所、电商平台等主体类型和形式，由民事权利体系分化出来的商事权利越来越为商法学者所关注，并据此提出了如下商事权利体系基本

---

① 参见尹田《论民法基本原则之立法表达》，载《河南省政法管理干部学院学报》2008 年第 1 期，第 46 页。
② 曾世雄：《民法总则之现在与未来》，中国政法大学出版社 2001 年版，第 40 页。
③ 参见陈锐雄《民法总则新论》，中国台北三民书局 1982 年版，第 913 页。

分类（见表 2-2）：①

表 2-2　商事权利基本分类

	权利类型	权利内容	适用对象	适用法律
商事权利	投资人权利	股权、合伙企业份额权、合作社成员权	民商事主体	商法
	自始取得的权利	营业权、商号权、商事信用权、商业机会保护权、商业秘密权、公平交易权	商事主体	商法、知识产权法、竞争法
	基于营业活动取得的权利	商事物权（如企业浮动抵押权、留置权、应收账款质押权）、商事债权	商事主体和交易相对方	商法、民法典物权编、民法典合同编

由于私法上存在民事权利与商事权利的分野，禁止权利滥用原则也相应做出禁止民事权利滥用和禁止商事权利滥用的区分。按"如无必要，勿增实体"的奥卡姆剃刀原理（Occam's Razor），我们可将《民法典》第八十三条视为补充型商法一般条款的禁止商事权利滥用条款。从实践论上看，对禁止商事权利滥用条款与禁止民事权利滥用原则做出区分的实益在于以下四方面：

第一，有利于准确树立行使商事权利的价值导向。鲍尔（Baur）指出，在对某一法律领域进行立法规范时，必须首先弄清楚对该领域法律材料之构造起准则作用的基本思想和原则。这些思想和原则是一种法政策上的根本决定，其有多种渊源：世界观与政治观的、历史的、理性的、社会的与经济的以及纯立法技术的。"各种渊源之间存在强弱的差异，如亲属法领域多以世界观和政治观的思想为指导，商法与劳动法则以社会的和经济的思想为准则。"② 商事权利的正当行使受效率价值、经济伦理、市场正义观念支配。在经济资本化时代，禁止商事权利滥用条款具有防止资本任性、无序扩张，为资本投资权益提供安全阀的保障作用。

第二，有利于防止营利法人职权滥用。禁止民事权利滥用原则要求非营利

---

① 参见薛波《民法典时代民商关系论》，上海人民出版社 2021 年版，第 49 页。
② ［德］鲍尔、［德］施蒂尔纳：《德国物权法（上）》，张双根译，法律出版社 2004 年版，第 57 页。

性主体在不损害他人和社会公共利益的前提下，善意、审慎地行使自己的权利；在追求自身正当利益的同时要兼顾国家利益、社会利益、他人合法权益。针对营利法人而言，私权权利和权力发生重合，营利法人的营业权利往往通过经营层行使其权力（职权）得以实现。因此，禁止商事权利滥用很大程度上就是禁止营利法人机关实施职权滥用行为。

第三，有利于践行可持续发展理念，提高商事主体承担生态社会责任的理论自觉。可持续发展是指维护生态环境系统的生产和更新、永续发展的能力。我们在促进经济增长的同时，又要保护好人类赖以生存的地圈、水圈、大气圈等自然资源和环境，保障下一代繁衍不息、安居乐业。学界从传统民法角度对《民法典》绿色原则论述较多，从商法角度对此原则论述较少。在温室减排中，商事主体往往是"大户"，应倡导将绿色投资理念嵌入资本有序运作中，而不应以追求商业利润为唯一目的。新《公司法》增加了绿色条款，首次倡导公司公布社会责任报告，所折射出的现代商法精神是，在促进社会财富最大化的同时，倡导绿色商法理念，对股东、债权人、消费者、劳动者、生态环境、人类下一代等利益相关者之间的法益进行平衡保护。

第四，有利于划清商事权利行使的边界，填补商法漏洞，引导利益衡量。商事权利的行使遵循依法行使、诚信行使、自主自愿行使等原则，在商事权利立法领域出现规则漏洞，需要援引禁止权利滥用原则的情形下，优先适用禁止商事权利滥用条款，且其判断标准更需进行动态的利益衡平考量。① 由于商事权利涉及的利益主体多样，权利滥用认定更趋复杂。我们在方法论上可采用"利益衡量方法② + 动态系统论③"，即应当具体权衡权利人利益、相对人利益、群体利益、制度利益和公共利益，综合考量权利行使的时间、方式、对

---

① 参见［日］我妻荣《新订民法总则》，于敏译，中国法制出版社 2008 年版，第 33 页。
② 利益衡量指当法律所确认的利益之间发生冲突时，由法官对冲突的利益进行权衡与取舍的一种裁判方法。我国清华大学梁上上教授提出了利益衡量的层次结构说，对于资本市场错综复杂利益主体的法律适用更具现实价值。参见梁上上《利益衡量论》，北京大学出版社 2024 年版，第 119 页。
③ 《最高人民法院关于适用〈中华人民共和国民法典〉总则编若干问题的解释》第三条第一款的规定在认定民事权利滥用及其法律后果时采用了动态系统论方法。动态系统论观点的核心在于确定需要考量的因素和因子，而非赋予法官无限的自由裁量权。这些因素与因子，只能通过立法加以明确并对这些因素进行有序排列，因素排列越靠前，则越要重点考虑。在《民法典》编纂中，人格权编也在总结这些经验的基础上，对动态系统论进行了大胆的吸收与借鉴。人格权编中的多个条文均体现了动态系统论的思想，这也成为人格权编的重要特色或亮点之一。例如，《民法典》第九百九十八条规定："认定行为人承担侵害除生命权、身体权和健康权外的人格权的民事责任，应当考虑行为人和受害人的职业、影响范围、过错程度，以及行为的目的、方式、后果等因素。"参见王利明等《民法典新规则解读与适用（人格权编）》，法律出版社 2024 年版，第 198 页。

象、目的、造成当事人利益失衡的程度等,缓和权利行使的冲突。禁止商事权利滥用条款秉持了"既严格又自由"的商法精神基因,较禁止民事权利滥用原则在"严格与宽容"方面皆更突出。

以付诸资本市场的场景运用为例,在"严格"方面,《国务院关于加强监管防范风险推动资本市场高质量发展的若干意见》① 对上市前分红行为做了明确规定,防止上市公司在上市前突击分红套现,对通过离婚等方式绕道减持行为做了规范;《中国证监会关于严格执行退市制度的意见》规定了相关主要措施,进一步科学设置重大违法强制退市适用范围,增加控制权长期无序争夺导致投资者无法获取上市公司有效信息的退市情形,并规定了对重大违法退市负有责任的控股股东、实际控制人、董事、高管等要依法赔偿投资者损失。以上规定均与《民法典》第八十三条的立法精神一脉相承,对规范资本行为,维护国家利益、社会公共利益、他人合法权益(准确来说是"广大中小投资者利益",其与禁止民事权利滥用原则所保护的第三人利益相比,在内涵与外延方面均有拓展),更好地推动上市公司高质量发展,意义重大。

在"宽容"方面,禁止商事权利滥用条款基于保障资本活络、助长资本流动性的效率价值导向需要,较禁止民事权利滥用原则的利益衡量更为灵活。每个法律命令都决定着一种利益冲突,都建立在各种对立利益之间的相互作用之上,法律选择保护的是一种需要优先加以保护的利益。② 例如,在上市公司私有化交易主动退市中,通过优化资源组合,削减上市费用,降低代理成本,多数国家或地区皆设置"余股强制挤出"条款,赋能控股股东较大的退市主动权,如《德国股份公司法》规定,"持股95%以上的大股东可以通过股东大会决议的方式排除剩余的少数股东"。《德国证券并购和收购法案》规定"超过90%以上收购要约针对的股东已同意接受收购要约的条件时,该收购方就有权在收购要约期结束后3个月内向法兰克福地区法院提交申请来购买剩余股东所持股票"③。因为从商法思维出发,控股股东排挤少数股东可以提高公司

---

① 继2004年1月31日公布《国务院关于推进资本市场改革开放和稳定发展的若干意见》、2014年5月8日公布《国务院关于进一步促进资本市场健康发展的若干意见》这两个"国九条"之后,国务院于2024年4月4日公布了《国务院关于加强监管防范风险推动资本市场高质量发展的若干意见》,这是资本市场第三个"国九条",也被称为"新国九条"。
② 参见[德]菲利普·黑克《利益法学》,傅广宇译,载《比较法研究》2006年第6期,第148页。
③ 刘运宏、周凯:《上市公司市场化收购的公平与效率问题研究》,中国法制出版社2014年版,第119页。

控制的效率以及降低交易成本，从而提高经济效益。① 而且，德国立法者对挤出制度进行了合宪性基础论证，② 认为在退市公司的利益格局中，余股股东利益可被视为纯粹的财产性利益，若在挤出时给予其足额经济补偿，就可以认为挤出制度并未"侵夺"余股股东的股权。在 Feldmühle 案中，联邦宪法法院还引入了"容忍与补偿"原则，并不是赋予任何主体剥夺他人股权的权利，而是在满足挤出条件时赋予相关主体权利，对控股股东与余股股东之间的私法关系进行"转化"，将后者持有的股权转化为经济补偿请求权。当然，余股挤出的股价亦应公允、公道，否则易致侵害中小投资者权利而引发维权诉争。2017年，我国《证券法（修订草案二审稿）》第一百二十二条在上市公司收购制度框架下尝试引入"余股强制挤出"制度，但最终未能"兑现"，留下私有化交易主动退市情形下"余股强制挤出"制度漏洞。禁止商事权利滥用条款既是对控股股东权利行使的一种约束，也是对小股东权利行使的限制，可否对其进行漏洞填补、进行利益平衡的法律续造，值得理论跟进论证。总之，禁止商事权利滥用条款较禁止民事权利滥用原则的科学运用更有难度，需要法官较高的商业判断素养及现代化的商法思维来支撑。

（二）"禁止商事权利滥用"的入典表达

我国《民法通则》曾以一般条款形式规定了诚实信用原则，但未规定禁止权利滥用原则。2017年《民法总则》采取了诚实信用原则与禁止权利滥用原则分开立法的传统模式，《民法总则》第一百三十二条规定了禁止权利滥用原则，对权利行使做出限制。《民法典》延续民商合一立法体例，采取将替代型商法一般条款积极入典（如《民法典》第七条规定，民事主体从事民事活动时应当遵循诚实信用原则）、补充型商法一般条款适当入典（如有关营利法人社会责任制度的设计）、冲突型商法一般条款不予入典的立法模式。③《民法

---

① 参见范健《商法规范解释与适用的法律问题研究》，见陈洁《商法规范的解释与适用》，社会科学文献出版社 2013 年版，第 40 页。

② 替代性挤出是德国企业为了规避高门槛（95%）的法定挤出，在实践中探索出的低门槛挤出方案，在德国公司挤出实践中具有较为广泛的应用。具体内容为，在控股股东持有 75% 目标公司股份的情况下，可通过股东大会决议将公司全部资产转移给自身，之后注销目标公司并挤出其他余股股东。法院在进行利益衡量时认为，鉴于小股东所持股份具有纯粹的投资属性，故基于重要的公共利益考量，可认为小股东的股权存续利益劣后于企业集团自由开展经营的利益。参见张艳《主动退市背景下余股强制挤出制度的构建》，载《政治与法律》2024 年第 4 期，第 151 页。

③ 参见周林彬《商法入典标准与民法典的立法选择——以三类商法规范如何配置为视角》，载《现代法学》2019 年第 6 期，第 55 页。

典》总则编第一百三十二条关于禁止民事权利滥用原则的规定亦采取补充型商法一般条款适当入典的立法路径。同时，《民法典》总则编第八十三条脱胎于《公司法》第二十条，确立了禁止商事权利滥用条款，① 该条规定的"不得滥用出资人权利"内容，是对营利法人出资人禁止滥用商事权利的标识性规定，也足以洞察到立法者创设禁止滥用商事权利条款的坚定态度，是现代民法"权利不得滥用"这一基本原理的具体商法体现。申言之，主要有以下两方面。

1. **禁止营利法人出资人权利滥用**

首先，《民法典》第八十三条通过对《公司法》第二十条的淬炼，创立了禁止营利法人出资人权利滥用的一般条款，形成了对股东权利滥用条款的有效补充。

由于我国《公司法》第二十条规定仅适用于公司股东，无法扩及营利法人出资人，当作为营利法人的实际控制人滥用控制权时，《公司法》第二十条显然无法直接被援引。2019 年最高院发布的《九民纪要》第 11 条第二款将法人人格否认的主体要件范围从股东扩展至实际控制人。② 在江西安××酒业有限公司与中国农业银行股份有限公司福州××支行股东损害公司债权人利益责任纠纷案中，最高院类推适用《公司法》第二十条、援引民法诚实信用原则判决滥用公司法人独立地位的实际控制人对公司债务承担连带责任，③ 但前述仍是针对公司法人运作而言的。《民法典》为补此遗憾，通过第八十三条所表达的"出资人"范畴，涵盖基于间接投资关系控制营利法人的投资者，其对公司法法人理念与规则的提纯更为简约抽象。④ 虽然《民法典》第八十三条对

---

① 《民法典》第八十三条规定："营利法人的出资人不得滥用出资人权利损害法人或者其他出资人的利益；滥用出资人权利造成法人或者其他出资人损失的，应当依法承担民事责任。营利法人的出资人不得滥用法人独立地位和出资人有限责任损害法人债权人的利益；滥用法人独立地位和出资人有限责任，逃避债务，严重损害法人债权人的利益的，应当对法人债务承担连带责任。"

② 《全国法院民商事审判工作会议纪要》第 11 条第二款规定："控制股东或实际控制人控制多个子公司或者关联公司，滥用控制权使多个子公司或者关联公司财产边界不清、财务混同、利益相互输送，丧失人格独立性，沦为控制股东逃避债务、非法经营，甚至违法犯罪工具的，可以综合案件事实，否认子公司或者关联公司法人人格，判令承担连带责任。"

③ 参见最高人民法院（2019）民终 20 号民事判决书。

④ 参见刘俊海《论公司法与民法典的良性互动关系》，载《法学论坛》2021 年第 2 期，第85页。

于出资人、实际控制人的规定还有不明确及"提取公因式"的不足之处,① 但毕竟提供了上位法的一般条款支撑,可谓商事领域的禁止商事权利滥用条款之雏形,为扩张解释"出资人""失去公司股东身份的投资者(前股东)"、适用禁止滥用权利原则提供了理论和实践基础。当《公司法》第二十条禁止滥用股东权利条款出现规制漏洞时(不再具有股东身份的前股东起诉原公司控制股东侵权情形),可援引《民法典》第八十三条作为实体法依据。但《民法典》第八十三条的适用同样面临《公司法》第二十条所遭遇的非控制股东诉讼难题,即:非控制股东是否可对控制股东违反诚实信用义务提起直接诉讼,对间接损失可否请求救济,如何分配举证责任。

其次,司法上还需将营利法人的实际控制人滥用法人人格的行为特征和结果要件与《公司法》第二十条规定的股东滥用行为做类型化处理,实际控制人对公司的控制与股东本质上相同,都是资本控制。② 从法理上分析,这实为在特定情形下不具有公司股东身份的出资人和债权人之间基于公平原则的一种利益平衡。出资人放弃自己对出资的直接支配和控制,债权人则相应地放弃向出资人直接主张债权的权利,双方通过权利让渡构建出资人、债权人甚至整体社会之间的平衡。实践中,实际控制人往往基于股权投资关系实际控制公司,主要方式有隐名股东通过显名股东间接控制公司以及通过间接持股关系控制公司。实际控制人通过股东有限责任和股权代持协议两层"面纱"保护自身,于隐蔽处损害公司利益。此外,还有基于家族亲缘关系、基于特定身份、基于特定协议关系对公司进行控制的情形发生。类似公司股东按投入公司的资本额享有所有者的资产收益、做出重大决策和选择管理者的权利,作为营利法人的出资人亦享有经营管理权、资产收益分红权。为获取超额利润,营利法人的运营总是受到作为实际控制人的出资人控制,在控制出资人通过各种投资手段隐

---

① 将原本仅适用于公司的法人人格否认制度扩展至所有的营利法人,这种变化与《民法典》总则编中对法人的分类一致,避免了体系适用上的矛盾。而将"公司股东……依法承担赔偿责任"改为"营利法人的出资人……依法承担民事责任",实质上仍是对《公司法》的复制,因为该制度所涉及的法律责任本来就是具有侵权性质的民事责任。对《公司法》第二十条依照上文所述的三类规定的判断标准进行归类,其仅针对股东滥用法人有限责任而设立,有民商区分的必要,故不属于替代型商法规范;加之其规制的是营利法人,民商区分度较高,因而该规范属于冲突型商法规范。作为冲突型商法规范,应尽量不予入典。《民法典》第八十三条直接将已有的"法人人格否认"这一具体规范上升为一般条款,这种"复印公司法"的立法技术未能注意到营利法人内部的差异性、多样性,是体系内法律移植的滥用,可能影响法人制度实施效果。

② 参见李新天、吴杨《〈民法典〉视域下公司法人格否认主体要件之扩张》,载《河北法学》2022年第4期,第99-100页。

匿背后操控交易，致使其他出资人或者债权人蒙受经济损失时，作为法人制度、出资人有限责任制度的补充，极有必要对出资人的权利进行限制并要求其承担信义义务，这有利于在受法律化道德准则约束的基础上维护法人团体利益。这是"刺破公司面纱"制度的进一步升华。

2. 禁止滥用"投资性权利"

《民法典》总则编第一百二十五条创设了"投资性权利"这一新的法律概念，将投资性权利与其他类型民事权利一并规定，使民事权利体系内容更加完整；同时又通过设置一个一般性条款，具体内容依然由特别法调整，为未来商法中商事权利的确立与类型化预留了空间。但"投资性权利"的创设亦应设置法律红线，禁止商事权利滥用条款自然包括禁止滥用"投资性权利"。

我国自改革开放以来，资本的逐利性和民间的创造性使得民间投资日益增多，投资规模不断扩大，投资人数不断增加，投资方式也日益多元化，私人股权投资、信托、基金、理财等投资方式不断翻新，除了股权投资之外，还有债权投资和股权债权融合投资方式，"投资性权利"成为财产权利的主要类型。同时，我国多层次的资本市场体系逐步完善，私人投资的方式日益增多，除了股权投资之外，还有债权投资和股权债权融合投资方式。通过体系解释来禁止商事权利滥用（包括禁止"投资性权利"滥用）为资本理性投资、控制资本无序扩张提供了兜底防线，这既可与《证券法》《中华人民共和国证券投资基金法》及相关司法解释①协同实施，以实现融资上市、资本收购的有序运作，亦可为资本投资法律规制漏洞提供司法续造之依据。

二、总则编第八十三条三种适用模式的实证分析②

《民法典》第八十三条第一款对应《公司法》第二十条第一款及第二款，《民法典》第八十三条第二款对应《公司法》第二十条第三款公司法人人格否认，在法条内容表述上以"营利法人的出资人"代替"公司股东"，作为对出资人承担有限责任的限制，以规制出资人滥用法人独立地位和有限责任损害债

---

① 2003年《最高人民法院关于审理证券市场因虚假陈述引发的民事赔偿案件的若干规定》的第十八条开启了保护投资者因证券虚假陈述而获得民事赔偿的权利的先河。

② 本部分实例分析数据由华南理工大学2021级民商法硕士陈雅荷负责完成，特此致谢。截至2022年8月17日，我们通过裁判文书网以"《民法典》第八十三条"为关键词进行检索，得到275篇文书，剔除有关执行等裁定书22篇，对涉及一审和二审的案件进行筛选后，一共242个案件，所适用的《公司法》为2023年新修订之前的《公司法》。

权人利益的行为。① 在引用"《民法典》第八十三条"的 242 件样本案例中，法院直接以《民法典》第八十三条为依据进行裁判的案例有 126 件，约占比 52%；剩余 116 件法院未认定滥权行为的存在（其中 85 件仅当事人诉讼请求中认为对方违反《民法典》第八十三条，31 件法院认为当事人提供的证据不足以判定构成权利滥用）。我们进一步分析，主要存在以下三种模式。

（一）单独适用《民法典》第八十三条②模式

按《民法典》第八十三条第一款规定，③ 构成滥用出资人权利的要件，一是行为主体是营利法人的出资人；二是营利法人的出资人实施了不正当利用自己出资人权利的行为；三是出资人滥用自己权利的目的，是为自己谋取利益或者为第三人谋取利益，是故意为之；四是出资人的滥用权利行为给法人或者其他出资人造成损失的，滥用权利的行为与损害后果之间具有引起与被引起的因果关系。该款所涉及的损害赔偿请求权主体是受到损害的法人或者其他出资人。《民法典》第七十六条规定"营利法人包括有限责任公司、股份有限公司和其他企业法人等"。营利法人的出资人包括登记在册的股东、实际出资人等。第八十三条第二款是关于营利法人人格否认的规定，即法人虽为独立的民事主体，承担独立于其成员的责任，但当出现有悖于法人存在目的及独立责任的情形时，如果坚持形式上的独立人格与独立责任将有悖于公平，则在具体个案中可忽略法人的独立人格，直接将法人的责任归结为法人成员的责任。该款的请求权主体是受到严重损害的法人债权人。例如，在李某等 270 名员工申请执行某道具制造公司劳动仲裁的执行纠纷案中，某道具制造公司因公司法定代表人突然因病离世而造成经营停滞，引发众多债权人短时间内集中诉讼追讨公司经营期间所欠债务。法院依《民法典》第八十三条通过涉民生案件绿色通

---

① 参见梁慧星《〈民法总则〉重要条文的理解与适用》，载《四川大学学报（哲学社会科学版）》2017 年第 4 期，第 57 页。

② 这里"单独适用"是从实体法意义上相对于其他部门法协同适用而言，若考虑程序上的民事诉讼法，则离不开民事诉讼法的协同适用。

③ 《民法典》第八十三条第一款规定："营利法人的出资人不得滥用出资人权利损害法人或者其他出资人的利益；滥用出资人权利造成法人或者其他出资人损失的，应当依法承担民事责任。"

道促使被执行人关联公司主动承担连带担保责任。①

应当指出的是，我国基于《中华人民共和国立法法》（2015年修正）第九十二条确定的"特别法优先于一般法"的法律适用原则，在《公司法》和《民法典》均有规定时，优先适用《公司法》的有关规定；但在《公司法》无规定时，补充适用《民法典》的一般规则，以充分发挥其作为一般法、通用法、兜底法的维权赋能作用。②《民法典》第十一条也强调"其他法律对民事关系有特别规定的，依照其规定"。因而，凡《公司法》有特别规定的，一律优先适用，法官不可以直接适用民法规范进行裁判。

（二）优先适用《公司法》模式

作为一般条款的《民法典》第八十三条在适用时，按特别法优先适用规定需以《公司法》第二十条适用进行补充分析，以尊重两部法律之间的衔接关系。在司法实践中，针对滥用出资人权利，尤其是滥用股东权利造成其他弱势股东和公司债权人损害的案件，法院应先根据《公司法》第二十条对股东行为进行审查。虽然法条并未列明"滥用股东权利"的类型，但是法院在实践中逐渐形成了一套判定规则。

1. 法院判定构成"滥用股东权利"的情形

（1）股东行使权利未履行法定程序。在认定"滥用股东权利"时，较多法院以股东是否通过法定程序行使股东权利进行判断。当股东行为违反《公司法》或公司章程规定的程序性规定时，法院以此判断该股东超越股东行权界限，属于"滥用股东权利"。在李某某与上海佳××环保科技有限公司决议

---

① 270余名劳动者因公司欠发工资申请劳动仲裁，并于2021年6月3日起陆续向法院申请执行，案件标的600多万元。法院受理案件后，依托涉民生案件绿色通道，促使被执行人关联公司主动承担连带担保责任；迅速锁定关联公司到期债权的财产线索，向负有履行义务的第三方公司及时发出履行到期债务通知书，确保债权及时回收。参见上海市奉贤区（县）人民法院（2021）沪0120执4484号执行裁定书。该案例适用的法条有《民法典》第八十三条，《全国法院民商事审判工作会议纪要》第十一条，《中华人民共和国民事诉讼法》第二百四十条、第二百四十二条，《最高人民法院关于适用〈中华人民共和国民事诉讼法〉的解释》第五百零一条，《最高人民法院关于人民法院执行工作若干问题的规定（试行）》第四十五条，《最高人民法院关于执行担保若干问题的规定》第三条、第五条。参见《上海市高级人民法院2021年度破解"执行难"十大典型案例》，见一带一路法律服务创新中心官网，http://ydylflfwcxzx.com/ListDetail.aspx?Iid=9157，最后访问时间：2023年12月6日。

② 参见刘俊海《论公司法与民法典的良性互动关系》，载《法学论坛》2021年第2期，第79页。

撤销纠纷案中，[1] 最高院的裁判要旨指出，法院在审查公司决议时应保持谦抑的态度，只进行决议形式审查，不进行实质公平审查。由于股东行权未履行公司法定程序属于当然的"权利滥用"，但是这并不能推导出只要股东行使权利符合法定或公司章程规定的程序，便不构成权利滥用的判断。若股东行权违反了公司法基本原则，即使股东行使权利的程序合法，也有可能构成权利滥用。

（2）股东滥用资本多数决原则行使表决权。现代公司法制下，股东会的民主是资本、股份的民主。基于"一股一权"的原则，多数股股东在表决中处于控制地位。资本多数决原则是股东平等或股东民主较为现实的行为机制，是一种制度性的安排，并非最理想化的规则。因其正当性依赖于变动的多数派，所以对多数决原则正当化的唯一合理期待就是多数派股东为了全体股东利益诚实地行使了表决权，从而公正地做出了符合公司利益的股东会决议。[2] 然而实践中存在控股股东虽未违反公司法定程序，但为了追求自己或第三人利益，滥用多数决原则形成内容不公正的决议，侵害公司或弱势股东权益，这时，滥权股东就需要对弱势股东或公司债权人承担赔偿责任。

（3）股东未履行法定义务。①股东违反不得抽逃出资的义务。股东向公司出资后，所缴出资成为公司财产，股东因此丧失了缴纳的出资的所有权，同时取得了公司的股权并依法享有各项股东权利。股东出资作为公司财产中的最基本资产，对于奠定公司基本的债务清偿能力，保障债权人权益和交易安全具有重要价值。股东抽逃出资，一方面违反了公司资本维持原则，导致公司资产减少，降低了履约能力和偿债能力，是滥用公司有限责任的行为；另一方面对于外部债权人来说，公司资本充实的假象不利于商业交易的稳定和公平。因而在实践中，法院有以股东违反不得抽逃出资的法定义务判定其滥用股东权利的情形。②股东未履行清算义务。实践中，有法院将控股股东未履行清算义务的行为认定为滥用股东权利。在公司清算程序中，控股股东与其他股东均是公司的清算义务人，负有对公司进行清算的义务。若控股股东转移公司财产、隐匿财务账册，以致公司不能进行清算或不能进行全面清算，无法厘清公司的资产状况，无法实现其他股东对公司剩余财产的分配权，则其他股东就其损失有权

---

[1] 最高人民法院认为，公司股东申请法院撤销公司解聘其总经理职务的决议的，法院在审理中应当审查会议召集程序、表决方式是否违反法律、行政法规或者公司章程，以及决议内容是否违反公司章程。至于解聘总经理职务的决议所依据的事实是否属实，理由是否成立，法院应当尊重公司自治，无须审查。参见上海市第二中级人民法院（2010）沪二中民四（商）终字第436号民事判决书。

[2] 参见钱玉林《滥用多数决的股东大会决议》，载《扬州大学学报（人文社会科学版）》2007年第1期，第75页。

向控股股东主张损害赔偿。《九民纪要》规定了股东对公司债权人的清算义务。有学者认为，此规定所包含的"债权人对股东为公司利益善意履行清算义务之期待"，同样适用于在控股股东控制公司财务账册等资料时的非控股股东。由此，在控股股东对其他股东清算义务缺失的情况下，法院可裁判其承担未履行清算义务的赔偿责任，将未履行清算义务的行为认定为滥用股东权利。①

2. 法院判定不构成"滥用股东权利"的情形

（1）证明滥用股东权利的证据不足。在法院无法认定股东存在滥权行为的案例中，裁判理由往往是原告未能举证证明控股股东滥用股东权利。最高院的裁判意见是，根据《公司法》第二十条第二款，公司股东滥用权利损害公司利益之诉本质上属于侵权之诉，往往依照一般侵权行为责任的举证标准，原告应当就控股股东存在侵权行为、侵权损害后果及二者之间存在法律上因果关系承担举证责任；否则，在原告未能提供足够证据的情况下，法院将驳回原告诉请。原告除须对被诉股东存在滥用股东权利行为进行举证外，还须对滥用股东权利所导致的实际损失数额进行举证。此外，实践中还存在原告须举证证明股份价值减损是由被诉股东滥用股权权利所致的裁判倾向。②

（2）原告股东无法证明其直接利益受损。法院判定不构成滥用股东权利时，还有一种裁判理由是原告股东无法证明其直接利益受损。"控股股东行为直接侵害了公司的利益，但公司作为独立经营的有限责任公司，具有独立人格，公司利益并不能等同于股东利益，原告作为公司股东，其受到的只是间接利益损失，法院不支持原告股东的赔偿请求。"③ 当法院将"给公司或者其他股东造成损失"的文义限缩在直接利益损失的场合时，因间接利益受损的股东便无法通过直接诉讼获得保障。但是，司法中也存在立场相反的判决，即支持了股东直接提起损害赔偿诉讼。④（见表2-3）

---

① 参见傅穹、虞雅曌《控制股东滥用权利规制的司法观察及漏洞填补》，载《社会科学战线》2022年第1期，第206页。

② 参见广东省江门市中级人民法院（2021）粤07民终4536号民事判决书。

③ 参见四川省高级人民法院（2020）川民终1459号判决书。

④ 在周某某与蔺某某、罗某某、马某某、松原市长×房地产开发有限公司损害股东利益责任纠纷案中，法院认定四被告存在恶意串通低价出售第三人资产的行为，损害了第三人及原告的利益，并依照评估机构的评估价格计算了被告须给付的赔偿金额。参见吉林省松原市中级人民法院（2013）松民二初字第27号民事判决书。

表 2-3　法院判决、理由及典型案例

法院判决	裁判理由	典型案例	
1. 构成权利滥用	（1）股东行使权利未履行法定程序	岳阳天×置业有限公司与刘某等损害股东利益责任纠纷。① 李某某与上海佳××环保科技有限公司决议撤销纠纷②	
	（2）股东滥用资本多数决原则行使表决权	叶某某等与平湖伟×科技有限责任公司决议效力纠纷③	
	（3）股东未履行法定义务	①股东违反不得抽逃出资的义务	广西中×石化有限公司与广西金×矿业有限公司损害公司利益责任纠纷。④ 嘉兴市华×科工贸有限公司与嘉兴市佳×畜禽食品有限公司等与公司有关的纠纷⑤
		②股东未履行清算义务	叶某某与过某某损害股东利益责任纠纷⑥
2. 不构成权利滥用	（1）证明滥用股东权利的证据不足	海南国×投资有限公司与海口世×海港城置业有限公司损害公司利益责任纠纷⑦	
	（2）原告股东无法证明其直接利益受损	吴某某与邢某某等损害股东利益责任纠纷⑧	

---

① 参见湖南省岳阳市中级人民法院（2018）湘06民初79号民事裁判书。
② 参见上海市第二中级人民法院（2010）沪二中民四（商）终字第436号民事判决书。
③ 两审法院均认为，虽然资本多数决原则是公司法基本原则，对属于资本多数决处分范围的股东权，应尊重公司自治，但控股股东不应滥用资本多数决原则侵害小股东的权益。参见浙江省嘉兴市中级人民法院（2011）浙嘉商终字第185号民事判决书。
④ 该案法院认为，广西金×矿业有限公司作为广西中×石化有限公司的股东，违法将其认缴的出资款从公司账户中转出，且不予归还，属于抽逃出资、滥用股东权利。参见广西壮族自治区来宾市兴宾区人民法院（2014）兴民初字第2228号民事判决书。
⑤ 参见浙江省嘉兴市中级人民法院（2010）浙嘉商终字第245号民事判决书。
⑥ 参见江苏省南京市中级人民法院（2015）宁商终字第885号民事判决书。
⑦ 参见最高人民法院（2019）最高法民申4691号民事裁定书。
⑧ 参见广东省江门市中级人民法院（2021）粤07民终4536号民事判决书。

（三）《民法典》第八十三条与合同、侵权法律制度的协同适用模式

1. 与合同法律制度的协同适用

当出资人滥用控制权，弱势股东或公司债权人寻求合同法规制时，首先就需要各方当事人之间存在特殊合同或者协议约定，这在私募股权投资中较为普遍。私募股权的投资人在与融资公司签订股权投资协议时，一般会在协议里对融资公司控股股东、实际控制人的行为进行限制，约定较为严苛的甚至惩罚性的违约责任。① 进行事先约定的好处主要是投资方可以依照协议约定在公司股东、实际控制人滥权时追究其责任。但在商事实践中，大多数债权人为企业提供融资借款、出资人为企业提供资金时，并不会事先约定投资协议或者出资协议项下其他出资人滥用权利时严苛的违约责任，因而这一路径存在局限性。而当前认同度较高的是根据《民法典》的规定，向法院主张行使代位权、撤销权。若公司不积极追究其出资人对公司造成损害的赔偿责任，可以视为公司怠于行使或者放弃到期债权，公司债权人可以提起代位权之诉或者撤销权之诉。但是，代位权之诉与撤销权之诉在实践中也存在公司债权人权利难以得到救济的缺陷。例如，在某银行股份有限公司汕头分行与某发展银行股份有限公司韶关分行等公司的代位权纠纷案中，最高院认为，债权人提起代位权诉讼，应以主债权和次债权的成立为条件，债权成立不仅指债权的内容不违反法律、行政法规的规定，而且要求债权的数额应当确定。② 债权数额确定，不仅指主债权数额确定，也应指次债权数额确定。③ 但实际上，出资人滥权行为给公司造成损害数额的确定，也就是次债权的具体金额，可能因为滥权行为的通常性、隐蔽性，有时连出资人自己都无法计算，更何况公司的外部债权人。因而，即使代位权之诉所得的赔偿可以直接填补公司债权人的债权数额，但由于次债权难以确定，所以对公司债权人来说其实际价值存疑。债权人撤销权的适用情形，如"放弃到期债权""放弃债权担保""以不合理的低价转让财产或者以不合理的高价受让财产"等，与出资人滥用权利的行为存在契合之处。但是，由于撤销权之诉遵循"入库规则"，在公司恶意处置债权的行为被撤销后，财产

---

① 参见虞政平等《论公司人格否认规则对实际控制人的适用》，载《法律适用》2021年第2期，第94页。
② 参见最高人民法院（2011）民提字第7号民事判决书。
③ 参见山东省高级人民法院（2015）鲁商终字第123号民事判决书。

将被归还公司，胜诉利益无法直接惠及公司债权人，其自身债权还需通过其他途径来实现。这大大降低了债权人诉讼的积极性，影响了撤销权诉讼价值的实现，因而有赖于出资人滥权行为的侵权损害赔偿救济予以弥补。

2. 与侵权法律制度的协同适用

最高院将公司人格否认案件定性为侵权案件，公司股东滥用公司独立法人地位和股东有限责任侵犯公司债权人的利益，应依照侵权责任构成要件承担相应的侵权赔偿责任。① 前文提到，在海南国×投资有限公司与海口世×海港城置业有限公司损害公司利益的责任纠纷案中，最高院认为公司股东滥用股东权利损害公司利益之诉本质上属于侵权之诉，原告应就被告存在侵权行为、侵权损害后果以及二者之间存在法律上因果关系承担举证责任。②

公司内部弱势股东理论上可以通过提起股东派生诉讼进行救济，但是股东派生诉讼的效用价值存疑。一方面，在出资人侵占公司财产、损害公司利益，弱势股东提起股东派生诉讼并且获得胜诉判决后，依据胜诉返还的财产将归于公司。胜诉利益无法直接惠及原告，弱势股东仅能从公司处获得合理诉讼费用补偿，"获得感"并不明显，致使其提起派生诉讼的动力不足。③ 另一方面，滥权股东将损失赔偿返还公司，公司被其控制已然形骸化。④ 弱势股东重新处于控股股东的控制之下，本次派生诉讼的胜诉无法保证日后这些股东不被不公平对待。因此，派生诉讼对于弱势股东而言，所提供的救济效果甚微。此外，在弱势股东或公司债权人适用侵权法寻求救济时，最主要的问题就是举证责任的分配。但是侵权损害赔偿之诉的举证责任分配法则，也明显不利于债权人以

---

① 参见最高人民法院民事审判第二庭《〈全国法院民商事审判工作会议纪要〉理解与适用》，人民法院出版社2019年版，第146-147页。

② 首先，从侵权行为来说，当营利法人的出资人滥用公司人格，损害公司利益时，作为公司外部主体的债权人难以获悉，而直至公司完全无力承担债务时，债权人再以出资人侵权的事实为由提起诉讼，为时已晚。其次，在确定损害后果时，正如上文提到合同法代位之诉的规制路径存在的缺陷，滥权行为给公司造成损害的具体数额连出资人自身都无法确定，更何况处于信息不对称另一端的弱势股东和公司债权人。最后，当出资人实施滥权行为间接侵害公司利益，尽管债权人的债权利益会受到间接侵害，但这种间接侵害的因果关系能否证成、债权能否成为侵权客体、债权人作为权利人能否满足主体适格条件，存在争议。参见虞政平等《论公司人格否认规则对实际控制人的适用》，载《法律适用》2021年第2期，第93-94页。

③ 参见刘俊海《论控制股东和实控人滥用公司控制权时对弱势股东的赔偿责任》，载《法学论坛》2022年第2期，第91页。

④ 参见傅穹、虞雅絜《控制股东滥用权利规制的司法观察及漏洞填补》，载《社会科学战线》2022年第1期，第210页。

及弱势股东。① 如前文所述,法院判定不构成"滥用股东权利"的主要原因是证据不足。因而,在规制商事权利滥用时适用侵权法规则,会存在一定的程序障碍。

三、总则编第八十三条的适用完善

《民法典》如何处置民商关系涉及总则功能的完美实现。民商合一意味着《民法典》总则编不仅要对众多民事单行法及司法解释进行体系整合,还要从各类商事单行法及司法解释中剥离出有价值的商法规范纳入总则编之中。我国《民法典》总则编的创制实施,是对改革开放以来民商事单行法和司法解释经验系统化的整理和总结,是立法与司法实践的智慧结晶。总则编采用"复制"《公司法》规定的立法技术符合一定现实需要,② 但也存在适用缺陷。我们应在《民法典》和其他部门法具体规则的协同适用指引下,完善禁止滥用商事权利条款的适用依据和路径。

(一)完善出资人信义义务的司法审查标准

信义义务一般被认为是一种法定默示义务,要求行为人在特定关系中对另一方当事人尽最大的忠诚。③ 按照《元照英美法词典》的解释,信义义务指为他人利益办事时个人利益必须服从于他人利益。④ 作为对现代公司代理问题的直接回应,信义义务制度对于公司利益相关者之间的平衡至关重要。⑤ 依据传统公司法理论,股东基于自己的意愿自由行使股东权,即使行使股东权的行为损害了公司或其他股东的利益,只要该股东并未滥用权利故意损害他人利益,法律就不应对其行为做出否定性评价并要求其承担损害赔偿责任。然而,过分强调对股东行为自由的保护并不利于增进公司和股东整体利益,人们越来越倾

---

① 参见叶敏、周俊鹏《公司实际控制人的法律地位、义务与责任》,载《广东行政学院学报》2007年第6期,第50-51页。

② 参见薛波《公司法人格否认制度"入典"的正当性质疑——兼评〈民法总则〉"法人章"的立法技术》,载《法律科学(西北政法大学学报)》2018年第4期,第123页。

③ J. C. Carter, "The Fiduciary Rights Shareholders", *William & Mary Law Review*, 1988, 29: 823 - 824.

④ 参见薛波《元照英美法词典》,法律出版社2003年版,第550页。

⑤ 参见徐晓松、徐东《我国〈公司法〉中信义义务的制度缺陷》,载《天津师范大学学报(社会科学版)》2015年第1期,第51页。

向于认为股东不得任意行使股东权（尤其是表决权）。① 因而，对控制股东施加信义义务，使其在行使权利时兼顾其他股东利益、避免形成对小股东的压制，具有现实意义。

控制股东信义义务最早可溯至1919年，② 1975年Donahue v. Rodd Electrotype Co.一案确立了应该以"最大的善意和诚信"对待公司其他股东的原则。③ 据此"平等机会"标准，只要少数股东没有获得与控制股东相同的待遇，法院就会认定存在"压迫"或者"权利滥用"。但在任何情况下都平等对待股东难以实现且不合理，因而在一年后的Wilkes v. Springside Nursing Home, Inc. 一案④中，"平等机会"标准被修正，代之以"商业目的""合理预期"等权利滥用认定标准。⑤

从我国目前的司法实践出发，结合《民法典》第八十三条的规定，我们应当通过完善出资人信义义务的规定，为实质公平审查提供依据。具体而言，与传统公司法中董事的信义义务分类相同，股东之间的信义义务也应当区分为股东之间的忠实义务和勤勉义务。忠实义务规制的是自利行为，即利用公司财产（或机会）为个人谋利，或者违反公司法或公司章程规定进行有利益冲突的交易；勤勉义务则要求尽到一般理性人在履行管理职责时的谨慎和勤勉。⑥对于违反忠实义务的案件，法院一般对被告是否存在滥用控制权侵害原告利益行为的认定并无障碍，主要在于股东能否就共益权受损直接起诉。而对于违反勤勉义务的案件，法院裁判往往以尊重公司自治为由，对决策内容不予审查。

但是如前文所述，实践中也有部分判决存在对立情形。对于股东勤勉义务

---

① 参见王建文《论我国构建控制股东信义义务的依据与路径》，载《比较法研究》2020年第1期，第98页。
② 在南太平洋公司诉博格特案中，布兰代斯（Brandeis）大法官明确指出，多数股东有权控制公司，当他们控制公司时，就像公司董事高管一样，是少数股东的受托人，无论是通过直接持股还是间接持股实现控制，都需要承担信义义务。See Southern Pacific Co. v. Bogert，250 U. S. 483 (1919).
③ 马萨诸塞州最高法院将封闭公司控制股东的信义义务类比为合伙人之间的信义义务。See Donahue v. Rodd Electrotype Co. of New England, Inc., 367 Mass. 578 (1975).
④ See Wilkes v. Springside Nursing Home, Inc. & Others, 370 Mass. 842 (1976).
⑤ 马萨诸塞州最高法院认为，应承认控制股东对公司"自私的所有权"，当少数股东以受到压迫为由起诉时，法院应当仔细考察控制股东的行为是否有合法的商业目的。在In Re Kemp & Beatley, Inc. 案中，纽约上诉法院提出了"合理预期"标准，即当少数股东为控制股东所知晓的合理预期（例如"稳定的工作""按比例获得股利"）遭到了实质性挫败时，法院便可以认定存在压迫或者权利滥用。该标准已成为判断是否存在权利滥用的被各州公司法认可的司法标准。
⑥ Charles R. T. O'Kelley, Robert B. Thompson, *Corporations and other Business Associations*: *Case and Materials*, New York: Wolters Kluwer Law & Business, 2014: 281.

的判断，美国的几种判断标准都不尽完善，"平等机会"标准不利于公司自治，而"商业目的"标准和"合理预期"标准都存在缺陷。"商业目的"标准下，只有在被诉行为缺少合法商业目的或者目的与手段之间不合比例时，才可认定存在"压迫"或者"权利滥用"。"合理预期"标准下，如果公司管理模式、投资策略、股东之间的信任关系等发生重大变更，导致股东的期望落空，将构成对少数股东的"压迫"，① 其存在"权利滥用"的判断标准就变为少数股东的期待，由少数股东证明其合理预期受到实质挫伤，这是判断控制股东是否滥用权利的基础。之后应当仔细考察控制股东的被诉行为是否具有某一项合法的商业目的，当然，少数股东可以进一步主张这一商业目的本可通过其他对其损害较少的手段来达成，② 由此对控制股东是否履行信义义务、是否滥用权利进行综合考量。本书认为，在控股股东、实际控制人承担信义义务之外，出资人也应当承担信义义务。这意味着不论是公司中的股东、实际控制人还是营利法人的出资人行使权利时都应符合诚信原则，也就是将基于股东等反面规制的禁止滥用权利原则转变为正面引导规制，为司法实质公平审查提供依据。

（二）赋予出资人（包括前股东）对间接损失的起诉权

在公司的世界中，践行资本民主的原则下，大股东与小股东、多数股东与少数股东之间的利益失衡不可避免，因此法律规定了信义义务、少数股东权利，无论是大股东、控股股东还是单独股东，其权利都要受到不同程度的限制，法律给予相同的权利、相同的保护，不厚此薄彼。③ 一旦弱势股东因控股股东、实际控制人滥用控制权导致利益受损，则可依据《公司法》第二十条（现修订为新《公司法》第二十一条）提起损害股东利益责任纠纷之诉，其属于股东利益受损后的直接诉讼，源于股东自益权。而对于股东间接利益损失，实践中法院可能不予保护。但现实中存在公司损害和股东损害相互交融，无法

---

① 参见贺茜《股东滥用权利的司法规制——法院适用〈公司法〉第 20 条的实证分析》，载《山东大学学报（哲学社会科学版）》2017 年第 6 期，第 49 页。

② 参见楼秋然《〈公司法〉第 20 条中"滥用股东权利"规定的理论与实践》，载《西部法学评论》2016 年第 3 期，第 17 页。

③ 参见高永周、蒋人杰《浅析股权法律性质——以团体法为视角》，载《法学杂志》2010 年第 12 期，第 131 页。

甚至不应甄别的灰色地带。① 我们若对《公司法》第二十条规定的"损害股东利益"进行纯粹文义解释，则可能难以认定立法指向；若将重点置于"股东"，则损害"股东"利益，应限于股东的直接损失；② 若将重点置于"利益"，则股东"利益"受损不仅应当包括股东自益权受到损害，也应当涵盖共益权。③

在司法实践中，法院多将"股东利益"限缩为股东的直接利益，排除《公司法》第二十条对股东因公司利益受损所受的间接利益损害的救济。但实际上，若仅保护股东的直接利益损失，不承认间接损害的赔偿责任，对于弱势股东利益保护的实效性会大打折扣。④ 若弱势股东提起股东派生诉讼，将陷入循环救济的困境，无法受益。因此，立法应当将股东遭受的类型不明的实际损害定性为股东直接损害，促使股东通过直接诉讼寻求程序救济，以促进《民法典》第八十三条规范功能的现实发挥。其原因在于，如前文所述，若控股股东或者实际控制人过度滥用控制权损害公司利益、侵吞公司核心资产，致使公司成为空壳公司或者控制人的"傀儡"，则当弱势股东通过派生诉讼对公司利益损失进行救济时，股东自身的实际损失也难以受益。所以，股东损害被识别为股东间接损害的前提是公司理性且可持续运营；而空壳公司的法律人格虽然存续，但业务难以为继，公司治理瘫痪，无力对控制权人索赔、对弱势股东间接损害进行救济。此时，允许弱势股东直接对控制人提起诉讼，有利于降低弱势股东的维权成本。

此外，在控股股东或者实际控制人侵害公司财产以后，又以低价受让受害股东持有的股权，前股东会因此丧失提起派生诉讼的资格。由于控股股东兼有债权人和侵权责任人的双重身份，所以侵权之债因权利同归一人而消失。这对于前股东而言是不利的。因此从立法目的来看，《公司法》第二十条第二款保护的股东应被解释为侵害发生时的受损股东，而不能被限缩为在起诉时保留股东资格的股东，以此保护前股东的索赔权。⑤ 进而，应当允许少数股东、前股

---

① 参见刘俊海《论控制股东和实控人滥用公司控制权时对弱势股东的赔偿责任》，载《法学论坛》2022年第2期，第88页。
② 参见乔欣《公司纠纷的司法救济》，法律出版社2007年版，第284页。
③ 参见乔欣《公司纠纷的司法救济》，法律出版社2007年版，第319页。
④ 参见朱大明、[日] 行冈睦彦《控制股东滥用影响力的法律规制——以中日公司法的比较为视角》，载《清华法学》2019年第2期，第73页。
⑤ 参见刘俊海《论控制股东和实控人滥用公司控制权时对弱势股东的赔偿责任》，载《法学论坛》2022年第2期，第87-88页。

东对间接损失提起直接诉讼，寻求程序救济。

（三）审慎适用营利法人人格否认条款

《民法典》第六十条规定"法人以其全部财产独立承担民事责任"。出资人承担有限责任原则是营利法人制度的基石之一，而有限责任原则是商事组织法的灵魂和核心法则之一。[①] 其不仅是募集社会资金、兴办大型企业最有效的手段，还是适应所有权与经营权分离的生产方式的需要。[②] 在实践中，有的出资人滥用法人独立地位、出资人有限责任损害法人债权人的利益，《民法典》第八十三条的规定是对第六十条的法定限制，[③] 通过对禁止商事权利滥用做原则性、一般性规定，一方面确认了该制度的正当性和必要性，另一方面为最高院日后出台详尽的司法解释留出了空间。相关部门宜加强对商事权利滥用合理限制的研究、出台慎用营利法人人格否认相关的司法解释，审慎适用营利法人人格否认条款，促使法官在尊重公司法人人格的基础上，严格把握滥用商事权利边界和否认公司人格的构成要件，避免自由裁量权的滥用。法院在运用法人人格否认的司法实践中，一方面，应严格遵循《民法典》《公司法》等具体法律和司法解释的规定；另一方面，由于营利法人人格否认条款属于一般条款，2023年新《公司法》在规定纵向人格否认制度的基础上，又升华了最高院15号指导案例（徐×集团诉川×工贸公司买卖合同纠纷案）中的裁判规则，新增了横向公司法人人格否认制度，即若控股股东的甲公司产生债务，出现滥用法人人格情形，则其控制的乙、丙公司皆有可能需承担连带责任，从而防止关联公司或实际控制人恶意逃债。鉴于此，《民法典》与新《公司法》中法人人格否认制度的协调适用、差异化适用研究应得到加强。根据外资企业、公司法人、公司集团法人、非公司企业法人的不同公司类型的不同案例实践，在其审慎适用的具体化过程中积累提炼、整理滥用商事权利、营利法人人格否认适用的案例群，按一定裁判标准（人格混同、资产混同、业务混同及营利法人资产结构差异）使其类型化，严格限定适用条件，预防法官滥用自由裁量权，更能公平公正地保护债权人的权益，维持好市场秩序。

[①] 参见王文宇《公司法论》，中国政法大学出版社2004年版，第9页。
[②] 参见赵旭东《公司法上的有限责任制度及其评价》，载《比较法研究》1987年第1期，第22页。
[③] 参见梁慧星《〈民法总则〉重要条文的理解与适用》，载《四川大学学报（哲学社会科学版）》2017年第4期，第57页。

（四）完善违反禁止商事权利滥用条款的法律效力评价机制

民法上禁止权利滥用原则往往与公序良俗原则的适用绑定较多，而禁止商事权利滥用条款，往往与公共利益原则适用联结紧密，宜慎重区别对待。例如，在上海勤×实业有限公司与北京云×计算科技有限公司委托合同纠纷案中，各方约定共同开展比特币"挖矿"活动，后因出现网络故障、停电等生产事故，云×公司应及时修复并向勤×公司赔偿损失。法院认为，"挖矿"活动违背了《民法典》第九条精神，违反了国家节能减排政策，从而按照《民法典》第一百五十三条第二款认定上述当事人的委托合同因违反公序良俗而无效。[①] 而在另一件涉及虚拟货币"挖矿"的判决中，法官认为"挖矿"活动为国家政策所禁止，不符合公共利益，从而依照《合同法》第五十二条第（四）项认定相关合同无效。[②]

总之，《民法典》第八十三条作为补充型商法一般条款的禁止商事权利滥用条款大有优化空间。本书认为，可通过扩大解释将其提升为适用于所有商事主体（不限于营利法人）行使商事权利时应该遵行的一般条款，为法官处理疑难商事案件提供价值指引，还可结合其他法律的相关规定协同适用，使违反该条款的法律后果得以更完整地实施。对此，本节仅做了初步探讨。在前文提及的上市公司私有化交易主动退市的案件中，我们能否运用以及如何运用《民法典》第八十三条来填补我国《证券法》"余股强制挤出"的制度漏洞，在控股股东、余股股东、中小投资者、债权人利益，制度利益（维护市场效率），公共利益之间实现统一法秩序下的利益平衡，值得另外专门讨论。

第三节　总则编第八十六条（交易安全原则）的适用分析

安全价值在法的价值体系中一直发挥着重要作用。在法理学上，对安全做出最系统阐述的社会学法学派旗手庞德（Pound）从社会利益说出发，提出"保障一般安全（general security）中至高无上的社会利益，即和平与秩序的利

[①] 参见北京市东城区人民法院（2021）京0101民初6309号民事判决书。
[②] 参见北京市第三中级人民法院（2020）京0105民初69754号民事判决书。

益"①。霍布斯（Hobbes）亦强调了安全价值于法律而言至高无上。② 本节针对《民法典》第八十六条交易安全原则的立法创新，结合《民法典》实施前后案例整理进行探讨，以求厘清民商区分思维下交易安全原则的不同适用之道。

一、总则编第八十六条的法理构造及立法表达

（一）交易安全原则的法理基础

目前，交易安全的构造意涵具有多重理解：一是通说上常将交易安全一分为二，即静态安全与动态安全，③ 前者多指民事交易，为主体所有利益之安全，即所有权主体期望的对固有利益享有的安全，法律使用适当方法保护其免被他人侵夺，反映的是"有恒产者有恒心"的稳定预期；后者多指财产交易流转领域信赖利益保障，即主要指商事交易活动中对新增利益取得的保护，是"为顾虑到财产权之圆滑流通起见，法律对善意无过失者的利益保护"④。这是为了适应流转关系的安全需要，而保障行为主体在审视法律事实后产生了合理信任的状态下，所实施的行为不会陷入危险之境。这样获得的安全足以提供行动的动力和护盾，隐含了对行为人的激励机制。相比静态安全，动态安全的优势更大。⑤ 二是商法教科书上将其解读为商法基本原则，⑥ 通过强制主义、公示主义、外观主义等具体法则来体现，与风险防范原则构成一体两面的辩证关系。

从历史维度分析，19 世纪中叶以前的私法制度偏重于对静态安全的保护，当时调整的民事关系是基于地缘、血缘、业缘关系发生的熟人交易模式，熟人身份信任机制发挥了维系交易安全的重大作用；而到了 19 世纪末，以 1900 年《德国民法典》保护交易安全的立法（表见代理、善意取得等皆为发端标志）为契机，开始加强动态安全的立法保护，以顺应陌生人社会条件下经济法律关

---

① 转引自仝先银《商法上的外观主义》，人民法院出版社 2007 年版，第 133 页。
② 转引自［美］E. 博登海默《法理学——法律哲学与法律方法》，邓正来译，中国政法大学出版社 2017 年版，第 319 页。
③ 参见郑玉波《民商法问题研究》，中国台北三民书局 1980 年版，第 39 页。
④ 刘得宽：《民法诸问题与新展望》，中国政法大学出版社 2002 年版，第 284 页。
⑤ 参见［法］雅克·盖斯旦《法国民法总论》，陈鹏等译，法律出版社 2004 年版，第 787 页。
⑥ 参见《商法学》编写组《商法学》，高等教育出版社 2022 年版，第 20 页。

系日益错综复杂、迭代多变的发展趋势。在理论上，1906年，欧洲私法学者维斯派彻（Wellspacher，又译为维尔斯帕赫）在《对于民法上外部要件事实的信赖》一书中分析了19世纪德国民法中关于动产善意取得的正统理论"处分权限说"的不足，指出近代资本主义经济发达以后，出现了分离第三人的法律地位与第三人所不知或不可知的内部原因之间的关系，以为第三人设定的权利及法律关系的外部表现形式为标准，保护交易安全的倾向。① 由主观内心转向客观外形，由真意表示转向信赖责任，表意人/个体本位倾向于相对人或第三人/团体本位，越来越成为输入现代民商法体系的"新鲜血液"。

从法经济学视角分析，科斯定理（Coase Theorem）揭示了法律在产权初始界定方面的重要意义，静态的交易安全侧重于对静态利益结构的保护，通过财产权、责、利关系的法律界分来规定人们对其拥有的资源可为与不可为的界限。动态的交易安全则侧重于对链条式利益结构的保护。"任何交易都不过是无数交易者所组成的买卖长链中的一环。无论哪儿出现了一次障碍，整个链条都会发生振荡。因此，面对这种影响极大的障碍，法律交往的安全性也就关系到交易成败。"② 而在威廉姆斯（Williams）看来，即时性交易和企业内部交易不需要法律的介入，若长期性合同得不到国家立法保护，就会演变成机会主义战场，企业联合的资产专用性虽然可以缓解机会主义，但不能彻底予以消解，这就需要通过纵向一体化来解决（公司并购），因而关系契约治理及其纠纷的司法解决机制尤为关健，动态交易安全保护的长效机制吁求日盛。其可被视为基于效率化的产权再界定，能够产生一种制度激励效应，促使行为主体在从事商事活动的过程中投入更多的预防成本，以防发生不利后果。

从民法与商法的调整内容看，前者侧重于对静态交易安全的保护，典型如物权保护；后者侧重于对动态交易安全的保护，动态安全在现代市场经济舞台中日益成为私法重要的价值关注。在民法商法化和商法民法化的双向运动中，强调静态交易安全的传统物权法也越来越强调物权的利用、流转、担保的使用价值和交换价值；强调动态交易安全的商法以外观表象、信赖利益保护、交易效率价值导向为行动效力的判断标准，例如，在外观权利与意思表示或实质事实不符时，为保护善意第三者信赖利益，以外观形式作为判断法律后果的标准。但同时，在一些特定情形下，复归内心意思的"穿透式"审判思维又大行其道。例如，1998年《证券法》第一百一十五条基于维护交易安全的逻辑，

---

① 参见全先银《商法上的外观主义》，人民法院出版社2007年版，第35页。
② ［德］拉德布鲁赫：《法学导论》，朱林译，中国大百科全书出版社1997年版，第307页。

秉持交易结果恒定原则，规定了依法定交易规则进行交易的结果不得改变，在全国首例涉诉新三板乌龙指案件中，①二审判决认定案涉债券交易符合交易规则，不存在可撤销的情形并无不当，但因虑及 2019 年《证券法》修订前新三板的法律性质尚不明确、是否适用旧《证券法》第一百一十五条规定缺乏具文等因素，法院最终以调解结案。2019 年《证券法》修订后第一百一十七条附加了"重大过错情形下可以撤销"的规定，是突破交易结果恒定原则的例外规定，反映了"穿透式"审判思维对内心真意表示的复归。

从私法原则体系结构次序看，"法律秩序应该是由协调的并且规范的价值标准所组成的有序的规范结构"②。有学者将交易安全视为民法的终极价值，认为像公序良俗、诚实信用这样民法上的帝王原则都不外乎保护交易安全。③我国《民法典》采取民商合一立法体例，将交易安全原则写入《民法典》总则编，但与总则编规定的平等、自愿、诚信、绿色、公序良俗、禁止权利滥用等原则有所不同，交易安全原则主要适用于民商事交易活动，而非所有民事领域（如婚姻家庭与继承领域），故从属于有关营利法人制度做出规定，以指引交易双方权利、义务、风险、责任的合理分配，实乃公平、诚信原则所派生的次一级原则。

（二）交易安全原则的立法表达

我国《民法典》采用具有中国特色的民商合一立法体例，在商法规范入典方面大大超越了《民法通则》，达到了历史新高度。其标识之一就是将交易安全原则写入《民法典》，与社会责任原则融于同一条文（第八十六条），适用于营利法人的商事活动。按前述三类规范的立法加入规律和交易安全原则含义的双重构造，交易安全原则的入典属于补充型商法一般条款的有限加入。交易安全原则在《民法典》总则编中"降格适用"的主要理由，是部分民法学者认为交易安全仅适用于营利法人。但作为保障商事交易确定性、稳定性以及

---

① 2016 年 12 月 16 日，北京兴×投资管理有限责任公司以每股 430 元，超出真实意愿价格 4.3 元 100 倍，向上海合×力投资管理有限公司、深圳市恒×九州投资合伙企业合计买入 1 万股北京信×利投资股份有限公司股票（下称"信×利股票"）。兴×公司以重大误解为由主张撤销交易，因协商未果，先后在沪深两地法院提起诉讼。本案争议焦点是：第一，原告以 430 元/股的价格买入涉案 6000 股信×利股票是否构成重大误解；第二，涉案交易合同能否撤销。后经法院调解，2017 年 11 月 30 日，原被告双方达成了调解协议。

② 陈永强：《私法的自然法方法》，北京大学出版社 2016 年版，第 143 页。

③ 参见苏明诗《契约自由和契约社会化》，见郑玉波《民法债编论文集》，中国台北五南图书出版公司 1984 年版，第 165 页。

市场有效运行的调整工具，交易安全原则不仅适用于营利法人的交易活动，也适用于其他民商事主体的交易活动，具有一般条款的基本适用功能。其实现机制可通过典内具体制度（如《民法典》第一百七十二条规定的表见代理、第五百零四条规定的表见代表、第三百一十一条规定的善意取得等制度，以及缔约过失责任/合同违约责任制度）付诸实施，亦有赖于典外商事法律制度的承接与续造，即不仅体现在商法的强制主义、公示主义、公信主义、外观主义、严格责任等制度表达层面，① 还包括通过商事特别法（如《公司法》债权人保护机制、关联交易公允审查机制，以及《证券法》欺诈发行人的严格问责制度等）予以落实。鉴于此，如何在民商区分思维下运用交易安全原则进行民商事纠纷裁判，如何检验《民法典》第八十六条的适用实效，仍存在优化讨论的空间。

二、总则编第八十六条的适用分析

（一）《民法典》生效前援引"交易安全"说理论证的 17422 份判决书梳理②

1. 关于适用交易安全原则判决书的案由分布

我们由图 2-1 可知，在所收集的 17422 份判决书中，法院的说理部分出现"交易安全"字眼最多的一类案由是"合同、无因管理、不当得利纠纷"，相关判决书总数为 14220 份，占总数的 81.62%。此外，在该类案由中，合同纠纷案件数量最多，具体三级案由见表 2-4。

---

① 公示主义制度使人们能够预先了解权利状态，以避免权利冲突。公示作为交易行为人的一种义务，目的在于"使人知"。其作为一种事前的风险预警机制，旨在使交易相对人预先了解相关信息，以预判风险，做出理性判断。不同于民法领域的物权公示制度，商法上的公示主义制度在商法领域的具体表达包括：登记制度、公告制度、企业信息披露制度、交易行为的公示。商法公信主义是指赋了公示以公信力，即以外观事实认定交易行为的效力，保障善意交易主体的合理信赖。其作为一种事后的风险分配机制，可以使善意交易主体取得与真实权利相一致的外观性权利，以保护交易安全。

② 检索平台：中国裁判文书网。检索关键词：交易安全。检索范围：理由。案件类型：民事案件。文书类型：判决书。检索时间：2022 年 6 月 23 日。

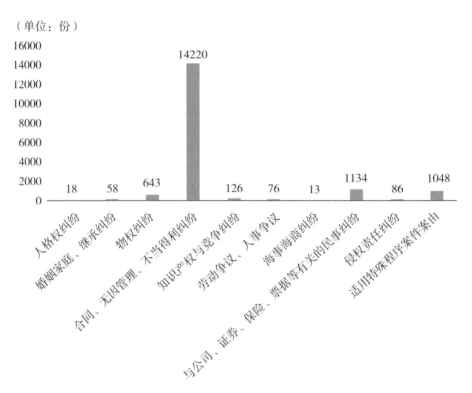

图 2-1 适用交易安全原则判决书的民事案由分布情况

表 2-4 合同纠纷三级案由判决书一览

案由	判决书数量（份）	案由	判决书数量（份）
缔约过失责任纠纷	9	银行卡纠纷	807
确认合同效力纠纷	575	租赁合同纠纷	1187
债权人代位权纠纷	14	融资租赁合同纠纷	20
债权人撤销权纠纷	73	承揽合同纠纷	126
债务转移合同纠纷	5	建设工程合同纠纷	282
债权转让合同纠纷	39	运输合同纠纷	30
债权债务概括转移合同纠纷	5	仓储服务合同纠纷	1
买卖合同纠纷	1372	农村土地承包合同纠纷	158

续表 2-4

案由	判决书数量（份）	案由	判决书数量（份）
拍卖合同纠纷	4	劳务合同纠纷	81
建设用地使用权合同纠纷	43	追偿权纠纷	66
探矿权转让合同纠纷	3	广告合同纠纷	5
采矿权转让合同纠纷	8	典当纠纷	2
房地产开发经营合同纠纷	21	服务合同纠纷	439
房屋买卖合同纠纷	3986	居间合同纠纷	126
房屋拆迁安置补偿合同纠纷	71	渔业承包合同纠纷	1
供用电合同纠纷	1	委托合同纠纷	260
供用热力合同纠纷	27	合作协议纠纷	66
供用气合同纠纷	1	委托理财合同纠纷	30
赠与合同纠纷	7	农业承包合同纠纷	16
借款合同纠纷	3074	行纪合同纠纷	20
保证合同纠纷	48	林业承包合同纠纷	18
抵押合同纠纷	20	保管合同纠纷	2
质押合同纠纷	4	种植、养殖回收合同纠纷	2
定金合同纠纷	28	展览合同纠纷	1
储蓄存款合同纠纷	597	—	—

2. 关于适用交易安全原则判决书的地域分布

由图 2-2 可以看出，在判决书说理部分有提到"交易安全"字眼的法院多位于东部等沿海地区，如江苏省、浙江省、广东省等，这些地区大多是商品交易发达、经济水平较高的地区；而商品交易不是很发达、经济水平不是很高的地区，关于适用"交易安全"的判决书则相对较少。

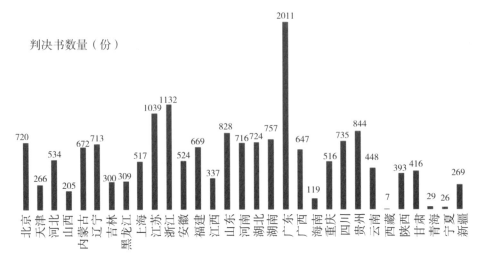

图 2-2 适用交易安全原则判决书的地域分布

3. 关于适用交易安全原则判决书的年度分布

中国裁判文书网所能查找到的最早的有"交易安全"字样的判决书是 2003 年,由图 2-3 可知,法院适用交易安全原则进行说理、裁判的案件数量是逐年上升的,且在 2014 年后呈直线上升的趋势,这和我国经济水平的提高、商品交易的发展不无关系。

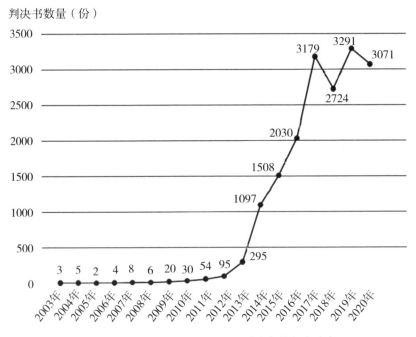

图 2-3 适用交易安全原则判决书的年度分布

4. 关于适用交易安全原则判决书的法院层级与审理程序分布

在检索得到的 17422 份判决书中，由图 2-4 可以看出，占比最大的是基层人民法院，四级法院的判决书份数分别是：最高人民法院有 55 份判决书，高级人民法院有 550 份判决书，中级人民法院有 4831 份判决书，基层人民法院有 11986 份判决书。由图 2-5 可以看出，适用一审程序的判决书有 12274 份，适用二审程序的判决书有 4752 份，适用审判监督程序的判决书有 374 份，适用特别程序的判决书有 22 份。

本书认为，这种情况主要与案件受理数量与各级法院职能有关。在案件受理数量上，全国各基层人民法院与各中级人民法院，每年所受理的案件数量远远超过各高级人民法院与最高人民法院，越往基层，所承担的案件审理负担越大，基数越大，用交易安全原则进行说理分析的机会就越大。在法院职能方面，随着法院的层级越高，其职能更加多元，并且不仅限于审判职能，还有制定司法政策、出台相关司法解释等职能，甚至有学者认为，最高人民法院就是一个政策制定法院。①

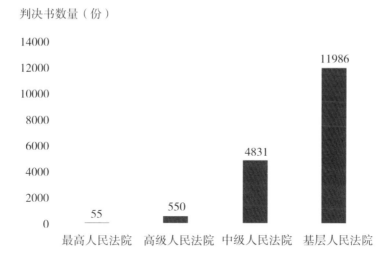

图 2-4 适用交易安全原则判决书的法院层级分布

---

① 参见张友连《公共政策与最高人民法院的角色——以关于汶川、玉树和舟曲的通知为分析对象》，载《法律科学（西北政法大学学报）》2011 年第 5 期，第 13-19 页。

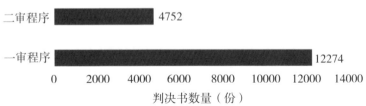

图 2-5 适用交易安全原则判决书的审理程序分布

5. 关于适用交易安全原则判决书的民商事案件分布

商事案件的特征包括两点：第一，以商主体——商人为主要调整对象。在市场经济条件下，以商法人、公司为最主要的企业形态。商主体的本质特征包括：①以营利为目的；②以营利为常态。从这个意义上来说，商事案件中的当事人与商法学上的商主体基本一致，而民事案件主要调整对象为自然人。第二，商事审判主要调整和规范商行为。而商行为以营利性和营业性为主要特征。概言之，商事案件就是商主体之间由于商行为而产生的商事法律关系。我们对所检索到的 17422 份判决书进行民事案件与商事案件的分类。凡诉讼两造中有一方为商主体，且在从事商行为时具有交易目的的案件，我们将其归为商事案件；反之，则将其归为民事案件。经过整理，我们得到民事案件判决书 9842 份，占判决书总数的 56%；商事案件判决书 7580 份，占判决书总数的 44%。（见图 2-6）

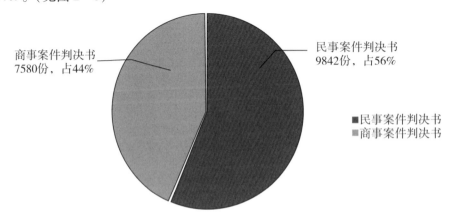

图 2-6 适用交易安全原则判决书的民商事案件分布

（二）援引交易安全原则的商事案件代表性分析

我们在7580份商事案件判决书中选取43份说理、论述较为充分的且较具代表性的进行分析，可知在说理部分主要有以下八种适用交易安全原则的情形：

第一种适用于商事合同效力的认定。在这一类判决中，法官认为，应坚持"不轻易认定无效，鼓励交易，进而维护交易安全"的理念，充分尊重当事人的合同自由权，特别是对于新类型的商事行为，如未违反强制性规定和公序良俗，则法官不应轻易认定商事行为无效。此外，商事主体之间风险、利润的分担属于商事主体的意思自治范围，并不会影响国家利益、社会公共利益，法院不应进行干预。①

第二种适用于对特定规范性质的论述，特别是在应将强制性规范区分为效力性强制性规范还是管理性强制性规范方面。效力性强制性规范是指对法律行为的效力进行评价的规范，违反该规范的行为无效；管理性强制性规范与行政管理有关，包括与主体资质或资格以及与特定的履行行为有关的法律规范，违反该类规范合同并不必然无效，但违反者需要承担行政法上的责任。对强制性规范的区分有利于减少无效商事行为的认定。②

第三种适用于违约金调整问题。违约金的约定属于当事人意思自治的范畴，应得到充分的尊重。请求对约定过高的违约金进行调整，是《合同法》赋予合同当事人的一项权利。但是，在商业活动中，商事主体被假定为合理的经济人，能凭借自己的人力、财力、物力签订合同，具有比民事主体更高的理性和更强的妥善处理商业风险的能力，因此对意思自治的尊重程度应当更高。法官在裁判过程中，对于商事法律关系中的过高违约金，应以不调整为原则，以调整为例外，即充分尊重当事人的意思自治，以保障商事交易便捷、营利。③

第四种适用于阐述表见代理制度意义方面，现代市场行为的核心是市场交

---

① 参见西藏自治区高级人民法院（2017）藏民初1号民事判决书、湖南省高级人民法院（2016）湘高法民二终字第182号民事判决书、陕西省宝鸡市中级人民法院（2014）宝中民三终字第00068号民事判决书、浙江省高级人民法院（2009）浙商终字第159号民事判决书。
② 参见四川省威远县人民法院（2018）川1024民初1260号民事判决书。
③ 参见最高人民法院（2018）最高法民再82号民事判决书。

易，商法需要建立一整套能够使现代市场交易富有成效的市场行为法律制度。①

第五种适用于论述在交易中涉及物权变更的情形。《物权法》在物权变动原则的基础上，也确立了物权的善意取得制度，通过建立善意取得制度，进而保障市场交易安全。②

第六种适用于阐述诉讼时效制度在商事案件中的补充适用的作用，其目的在于促进权利人行使权利、稳定法律秩序和维护交易安全。③

第七种是与惩罚性赔偿制度结合适用的，认为对违约一方进行处罚是维护守约方合法权益和保障交易安全的法律手段。若对违约行为不采取惩罚措施，放纵违约行为，则有违诚实信用原则。商事活动与民事活动存在区别，一般而言，民事活动注重财产的归属和所有；而在商事活动中，有形物已经不再重要，商人以营利为目的，取得有形物的本质是实现营利性的手段和工具，并非商事主体所追求的终极目标，同时，商事主体应该比民事主体具有更强的妥善处理商业风险的能力。④

第八种是与公司资本维持原则结合适用。法院认为，公司资本是公司最基本的资产，确定和维持公司一定数额的资本，对于形成公司基本的债务清偿能力，保障债权人利益和交易安全具有重要价值。⑤

综上分析，在《民法典》实施前的判决书中，交易安全原则作为商法原则之一，并不作为司法审判实践的法律依据直接适用，更多的是用于裁判说理，并结合我国当时的法律依据进行审判。

（三）《民法典》实施后的案件分析

因交易安全原则在商事活动和司法实践中具有极高的适用价值，《民法典》第八十六条正式将该原则作为一般条款入典。

自《民法典》2021年1月1日实施后，我们通过中国裁判文书网及"北大法宝"网站，以"《中华人民共和国民法典》第八十六条"作为裁判依据进行检索，截至2022年7月20日，共检索到40个司法案例，经过筛选，发现

---

① 参见四川省高级人民法院（2018）川民终326号民事判决书、新疆维吾尔自治区高级人民法院（2017）新民终126号民事判决书、内蒙古自治区呼和浩特市中级人民法院（2013）呼商终字第00097号民事判决书、山东省威海市中级人民法院（2013）威商终字第297号民事判决书。
② 参见贵州省高级人民法院（2016）黔民终145号民事判决书。
③ 参见最高人民法院（2018）最高法民终232号民事判决书。
④ 参见广州市中级人民法院（2016）粤01民终1845–1849号民事判决书。
⑤ 参见最高人民法院（2008）民二终字第79号民事判决书。

将第八十六条作为裁判依据的只有 2 个案例。在金某某与庞某某等股东损害公司债权人利益责任纠纷案①中，原告金某某向法院请求判令被告庞某某、罗某某向其支付货款及赔偿款 53493 元及相应利息。法院经审理认为，原告金某某对众×公司享有债权 53493 元及逾期付款利息损失未获清偿的事实已被生效裁判文书确认。本案中，被告庞某某、罗某某作为众×公司股东，在未书面通知已知债权人金某某且众×公司没有清偿完债务的情况下注销众×公司，其行为损害了原告金某某作为众×公司债权人的利益。被告庞某某、罗某某在对众×公司遗留债务未做处理的情况下，将众×公司解散并注销，应承担其行为对公司债权人造成的损失。法院依据《民法典》第八十六条、《公司法》第一百八十五条及相关司法解释之规定，判令被告庞某某、罗某某对 53493 元及相应利息承担连带清偿责任。

在隆阳区保×建筑工程设备租赁服务站与江西龙×建造有限公司等租赁合同纠纷案②中，原告隆阳区保×建筑设备租赁服务站请求法院判令：被告向其支付租金 669397.11 元及相应利息，并返还仍未归还的租赁物。法院经审理认为：原、被告双方于 2020 年 4 月 6 日签订的"租赁合同"和双方于 2020 年 12 月 27 日签订的"周转材料租赁合同补充协议"合法有效，受法律保护；租赁合同实际履行，原告隆阳区保×建筑设备租赁服务站已按约定完成租赁物出租交付的义务，此后双方于 2021 年 4 月 1 日进行了结算，但被告未支付按合同约定的期限和结算明细表结算的至 2021 年 4 月 30 日的租金 659941.81 元及此后至 2021 年 5 月 31 日的租金 9455.3 元（合计 669397.11 元），也未向原告返还租赁物的行为系不守诚信的违约行为；原告隆阳区保×建筑设备租赁服务站要求三被告支付租金 669397.11 元，并以租金金额为基数，按租赁合同约定的年利率 24% 支付自 2021 年 6 月 1 日起至实际支付清偿之日止的资金占用费，返还仍未归还的租赁物（即方圆钢管 8854.3 米、云海扣件 951 米、顶托 759 米、快拆架 4242.3 米、钢管接头 519 米、云石扣件 3697 米）的诉讼请求有充足的证据证实，并符合租赁合同约定和法律规定，原告的诉讼请求依法成立，法院予以支持；依据《民法典》第八十六条、第一百三十三条等规定做出判决。

在第一个案例中，法院认为两被告作为公司股东，在尚未通知公司债权人且未清偿公司债务的情况下，注销公司，该行为损害了公司债权人的利益。为

---

① 参见湖南省株洲市荷塘区人民法院（2021）湘 0202 民初 503 号民事判决书。
② 参见云南省保山市隆阳区人民法院（2021）云 0502 民初 5049 号民事判决书。

了维护交易安全，公司的股东应承担注销行为对公司债权人所造成的损失。在第二个案例中，被告李某某作为承租人，被告陈某某作为代理人以被告江西龙×建造有限公司的名义，与原告隆阳区保×建筑设备租赁服务站签订的租赁合同有被告公司的印章及被告李某某、陈某某的签名捺印。被告李某某、陈某某持有被告江西龙×建造有限公司的公司印章，并以公司的名义与原告签订"租赁合同"，原告隆阳区保×建筑设备租赁服务站有充足的理由相信该二被告的行为系经过被告公司的授权或代理公司签订"租赁合同"的表见代理行为，对被告江西龙×建造有限公司产生有效的合同权利义务法律关系，且被告李某某、陈某某在"周转材料租赁合同补充协议"第五条中约定自愿由其二人与被告江西龙×建造有限公司共同承担租金支付义务、租赁物返还义务，三被告应依照租赁合同的约定向原告隆阳区保×建筑设备租赁服务站承担租金支付、租赁物返还的义务。因此，双方的合同关系是成立并生效的，这也是基于维护交易安全的考虑。

三、总则编第八十六条的适用完善

虽然我国《民法典》将交易安全原则规定于"营利法人"的章节中，但按历史解释、系统解释、学理解释，其应被作为民商事活动一体化适用的原则对待，包括"所有权安全"（或静态交易安全）和动态交易安全。当然，随着商业化社会的到来，其更应落脚于动态交易安全。为了顺应市场发展需要，保障交易安全原则的准确适用，其可循如下路径进阶完善。

（一）完善民商区分思维下交易安全裁判规则

21世纪信息化与金融产品复杂化对秉持交易安全原则提出了更高要求。例如，在2008年华尔街金融危机中，以信用违约掉期（credit default swap, CDS）[①]为代表的金融衍生产品基于其构造的复杂性（从合约创新到金融商品的异化呈现合同、保险、投资证券多重特征）给监管定位制造了诸多障碍；[②]

[①] 信用违约掉期又称信用违约保险，即银行通过支付给第三方一定的保费将因贷款而发生的坏账风险转移给第三方。其与传统资产证券化的主要区别在于风险转移机制，即在信用违约掉期中，风险虽然转移给了第三方，但资产本身并没有转移。CDS合约可被投资银行当做投机工具，即只要CDS保险对象状况良好，就可购入卖方的CDS合约获益；如果保险对象业绩下滑，破产时可获得卖方赔偿。

[②] 参见楼建波《金融商法的逻辑——现代金融交易对商法的冲击和改造》，中国法制出版社2017年版，第42页。

又如，互联网金融的风险防控（P2P 爆雷①、股权众筹跑路事件）以及比特币、证券型通证的发行和交易实践表明区块链引发的数字证券安全性问题日益凸显。② 这都要求《民法典》交易安全原则承担更多、更重、更广的规整法域的时代使命，为法治化的营商环境提供安全保障。根据实践诉求，民事交易安全思维侧重于依据真实意思来探究民事行为效力，以表意人的内心意思作为法律行为效力的基准；而商事交易安全思维侧重于表示主义，以表意人表示于外的表示为准，以意思表示的内容来推断表意人的表示意思以及法效意思，弥补意思主义立场对于相对人的保护与交易安全存在的不足，从而保护善意相对人的信赖利益和交易预期。据此，我们需要通过司法解释来贯彻和落实，完善民商区分思维下交易安全裁判规则，对其不同场合下的适用条件做出区分规制，为疑难商事纠纷提供裁判指引。鉴于此，我们亦可斟酌制定体现民商事交易安全差别化思维的司法解释，如 2021 年 1 月 1 日最高院发布的《最高人民法院关于适用〈中华人民共和国民法典〉有关担保制度的解释》（以下简称《民法典担保制度解释》）③ 即提供了简单清晰的交易效力判断程序和标准，有助于商事主体在交易中防范风险。

（二）典外通过商事单行法设置交易安全特别保护

在互联网技术高速发展的背景下，我国《民法典》顺应现代市场经济交易频繁、活泼、迅速的发展趋势，重点保护民商事主体在互联网交易中的合法权益。在民商事立法方面，我们必须要考虑到网络交易这一十分重要的新兴领域，对相应的规则与制度加以完善：即以民商法的基本思想与制度为基础，根据产生出来的新问题，不断在民商法具体实践中贯彻交易保护原则，如拓展股权众筹交易安全原则立法、明确股权众筹平台主体责任，完善监督制度，探索互联网交易安全的保护模式；扭转长期以来只注重对动产静态权属关系的确认和静态安全的保护而忽视动态交易安全保护的滞后格局，搭建起现代民法保护交易安全的规则体系。

---

① 2022 年 4 月 20 日，上海市第一中级人民法院依法公开宣判一桩 P2P 非法集资案。参见喻莎、胡金华《非法集资超 120 亿，"金银猫"实控人被判无期！4 万人损失 17 亿》，载《华夏时报》2022 年 4 月 20 日。

② 2016 年 6 月，建立在以太坊上的区块链智能合约项目"The DAO"由于其智能合约中存在的漏洞而受到黑客攻击，给投资者造成了巨大损失，引起了全世界广泛关注。

③ 如《最高人民法院关于适用〈中华人民共和国民法典〉有关担保制度的解释》第十条对一人有限责任公司为其股东提供担保的担保责任承担做出明确规定，加强对债权人的保护力度。

（三）辩证适用商事外观主义原则及"穿透式"审判思维

商事外观主义就意思表示的解释对象采取折中主义理论，以表示主义为主，意思主义为辅。对交易中重要事项的法律效果的判断标准是，当且仅当只有存在待保护的交易行为与有维护合理信赖的必要时，才有外观主义的适用空间。

这里值得指出的是，最高院在《九民纪要》中提出的"穿透式"审判思维，即查明当事人的真实意思，探求真实法律关系。"穿透式"审判思维的法律依据在于《民法典》总则编第一百四十六条关于虚假意思表示的规定。其对交易安全原则构成实质影响，因为"实质重于形式"原则强调在当事人因欺诈、胁迫、乘人之危、错误等原因为意思表示时，应依照当事人的内心真意认定行为内容。在商事审判中，我们应审慎、妥善适用外观责任、"穿透式"思维，如加强与商事单行法（如《公司法》《证券法》）相应规则的协同适用，在典外确立权利外观一般条款，以便于明确商法思维下的适用标准。

值得指出的是，《民法典》反映了现代市场经济中交易频繁、活泼、迅速的特点，顺应了民法"由静到动"的发展趋势，扭转了长期以来注重对动产静态权属关系的确认和静态安全的保护而忽视动态交易安全保护的滞后格局，搭建起了现代民法保护交易安全的规则体系。但整个法律体系还需要对体现交易安全的冲突型商法一般条款"信赖外观"原则予以进一步完善，相关内容将在第五章详述。

小　　结

本章通过对替代型、补充型、冲突型商法一般条款分类加入《民法典》总则编的成功及不足之处的分析，并以《民法典》第八十三条禁止滥用权利原则及第八十六条交易安全原则为例证，对其适用完善做了较深入系统的论述。

针对《民法典》第八十三条，本书认为，禁止商事权利滥用条款由私法上禁止权利滥用原则派生而来，厘清了禁止商事权利滥用条款的含义及入典的立法表达的科学化，使该规范可与其他部门法协同适用。《民法典》第八十三条较《公司法》禁止滥用股东权利条款有更广阔的适用空间，对营利法人出资权益保护（包括前股东权益损失救济）更为周全，但应注意完善与其他部门法的协同适用机制，创设出资人信义义务规则，以使《民法典》第八十三条真正落地。

针对《民法典》第八十六条，在阐述交易安全的法理构造及入典的成功与不足之处的基础上，本书通过对《民法典》实施前后该条法律适用的实证分析，提出了交易安全原则的完善进路，特别指出在商事审判中基于保护交易安全的纠纷案件诉累繁重，应谨慎、辩证适用商事外观主义原则及"穿透式"审判思维，加强与商事单行法相应规则的协同适用，在典外确立商法权利外观一般条款，从而更便于明确民商事区分思维下的交易安全适用标准。

第三章 《民法典》分编中商法一般条款的法律适用（上）[*]

第一节 物权编中商法一般条款的法律适用

物权制度源于大陆法系国家"物债二分"体系，是财产界定和归属问题的基础性法律，素为传统民法之"嫡系"。受制于所有制限制、物权平等保护和物权法定原则，物权法规则中对民商事问题做出特别区分的较少。随着市场经济流转中"物尽其用"的商业价值开发越来越受重视，商事物权的元素也日渐增多，在担保物权中尤为明显。比如《民法典》在承继《物权法》"商事留置"等物权担保制度的基础上对物权制度的商事适用性做了创新（如《民法典》第四百一十六条），引入了功能主义担保观，为商事主体获得融资提供了更多担保工具，但对商事流质又有保留。基于商法一般条款的三类分类标准对《民法典》物权编立法的商法一般条款加入情况进行审视，物权编中替代型规范的数量居多。本节以与市场实践联系最为紧密并且在此次修订中变化数量最多的担保物权制度中商法一般条款的加入及适用为例进行探讨，并提出相应的适用完善之策。

一、物权编加入商法一般条款的法理基础与加入现状

（一）民商事物权的区分方法

1. 传统民法理论中的物权制度

物权是传统民法中的重要概念，可谓是财产法的基础。受限于物权法定原

---

[*] 本章的主要作者为王睿、吴劲文、林灏铭。王睿负责第一节，吴劲文、林灏铭负责第二节、第三节的资料整理与初稿写作。

则，独立于民事物权的商事物权的体系建构难度颇大，以致学界一直缺乏关于商事物权的界定。然而从实际运行的角度来看，商事主体对物权的享有和行使与民事主体之间存在巨大的差异，为促进"物尽其用"，研究商事主体享有物权、行使物权以及实现，对物权的保护具有可行性和必要性。

物权法中的规范配置可以划分为静态物权和动态物权，这种划分有利于厘清不同规范的涵摄范围。静态物权指物权的种类由法律规定，动态物权指在物权变动时如何在当事人之间进行物权权属配置。物权编专设"物权设立、变更、转让和消灭"一章为"物的归属和利用"提供了基本规范框架。实现物权归属的目的在于发挥物的效用，而首先需要满足的便是物权主体对于归属物权的收益。实现收益的途径有两条，即物权流转和物权利用。物权流转，是通过物的交换价值实现的，同样也有两种情况：①物权转让而使该物权归属主体的归属权全部消灭；②物权部分变动（如用益物权、担保物权的设立）而使该物权主体的归属物权部分地减少。物权利用，是通过物的使用价值实现的，即通过对归属物权的充分行使而产生满足物权主体需要的收益并最大化。在实现收益的两条途径中，物权流转是一种物权变更，仍然是物权归属的明确，因为多数物权设立主要是通过他人归属物权的消灭而变更过来的。因此，从传统民法的角度来看，发挥物的效用偏重于物权利用，即对于归属物权行使权利而获得收益，也可称为"行使物权"。而物的效用的发挥可以称为"动态物权"。与静态物权相区别，动态物权在时间和空间的变化中需要与周围的相关联系人保持一种配合、默契的依存关系，不存在可以孤立起来并且不需要他人权利支持的物权行使。①

传统物权法律制度的设立主要以保护财产的归属秩序为目的，即强调各项财产归属于特定的权利主体，也就是"财产归属法"。②但是其忽略了物权的利用和流转，不利于发挥物权价值的最大化，以致形成了"重静态秩序轻动态秩序""重权利界定轻权利利用和流转"的现象。而随着商品经济的兴起，特别是随着以金融交易为驱动力的市场经济的快速发展，通过物的交换和利用来发挥财产价值的需求进一步扩大，并由此对提供流转和利用规则的契约法产生重大影响。③

传统物权法虽以物的归属为其制度出发点，但至少在全封闭的典型的自然

---

① 参见康纪田《物权的经济分析》，知识产权出版社2011年版，第2-9页。
② 参见谢在全《民法物权论（上册）》，中国政法大学出版社2011年版，第2页。
③ 参见尹田《物权法理论评析与思考》，中国人民大学出版社2004年版，第305页。

经济状态被破坏之后，绝大多数财产都在"归属"与"流转"之间不停地变换其存在样态。尤其是在商品经济社会，生产和消费发生了分离。生产的目的在于交换，交换虽然只能增加商品的价值而不能产生商品本身，但它却是取得财产归属的主要方式。与此同时，当财产的利用较之财产的归属越来越居于优势地位时，当这种利用（无论是通过转让物的使用价值以获得收益，还是通过设立担保物权而利用物的交换价值以获得融资）越来越多地必须采用商品交换的方式时，物权法便不能不溢出其调整的所谓"静态归属"的边界，将其触角向财产的所谓"动态流转"蔓延，并由此对"专司"交易规则的契约法产生重大影响。为了维护市场经济的正常秩序和交易安全，物权法的一系列规则，如公示公信原则、所有权转移规则、善意取得制度等都是直接服务于交易关系的。在此背景下，"商事物权"的概念开始被提出，并逐渐被明确其特殊的调整范围。

2. 商事物权的概念界定

考察学界相关研究成果，直接使用"商事物权"概念的文献仅有曾大鹏的《商事物权与商事债权制度研究》一书以及王全弟、魏永的《侵害商事物权的责任初探》一文，整体上数量极少。相比之下，各商法教科书对作为一般商事行为的"商事物权行为"（或商法上的物权行为）有较多论述。此外，研究者虽然频繁地使用"商事留置""商事担保"等商事物权的下位概念，但很少直接使用"商事物权"这一概念，也并未厘清其概念内涵。

前述关于商事物权的两个专题研究文献，对"商事物权"概念的理解也不尽相同：曾大鹏认为，商事物权是指商事行为所涉及的物权或者商事交易领域中存在的物权；[①] 王全弟等认为，商事物权可以被界定为商事主体所享有的物权，即商人对特定的物所享有的直接支配并具有排他效力的权利。[②] 这两种关于商事物权概念的界定方式分别以商事行为和商事主体为标准，既有联系又有区别。从商法中主体与行为的关系看，以商事行为为标准对商事物权所做的界定范围较广，更能体现商事交易的动态性特征。大多数商法著作也循此逻辑将商事物权行为作为商事行为的下位概念，而其中将商事物权划分为商事自物权与商事他物权的通常分类方式，又体现了商事主体在商事物权判断中的地位。学界对商事物权与民法上物权的关系具有基本共识，即民法关于物权制度

---

① 参见曾大鹏《商事物权与商事债权制度研究》，中国法制出版社 2012 年版，第 1 页。
② 参见王全弟、魏永《侵害商事物权的责任初探》，载《上海商学院学报》2014 年第 1 期，第 19 页。

的规定是商事物权法律制度的基础，商事交易领域所涉及的物权问题一般可以适用民法中的有关规定，商事物权法律制度所关注的主要是为商事活动中涉及的物权的特殊问题提供的特殊规定。事实上，即使在民商分立的国家和地区，其商法典中也几乎没有条款是涉及物权的。[①] 因而，至少在规范配置上，完全独立于民法物权法律制度的体系化的商事物权法律制度并不存在。[②] 即使在德国等民商分立的国家，商事物权行为也必须借助民法的规定，其商法典中仅有关于商事物权的少量特殊性规定。在我国民商合一的立法体例下，商事物权与民法上物权的关系则更是如此。

因而，关于商事物权问题的研究，我们可能不宜将重心放到商事物权的概念和定义等"形而上"的位置，而是要以商法规范的思路归纳和分析《民法典》物权编中有哪些法律规范更多适用于商事活动，并由此引致民商适用上的区分性，进而评价既有制度供给对这些特殊行为的回应状况及其创新需求，以保证民法典实施语境下对于商事活动中的财产关系能够进行正确的法律适用。

（二）物权编中加入商法一般条款的总体分析

1. 物权编中加入商法一般条款的应然状态

物权法统领财产之归属及流转两个秩序，此种二元功能决定着物权法在保持其稳定性、划清产权界限的同时，亦需随着时代的进步提供自由、便捷的财产流转规则。然而，物权法的生成源于大陆法系国家"物债二分"的法律体系，在财产流转方面，物权法规范的是最基本的规则，其创新更多是通过合同法而完成的（如所有权保留买卖合同）。正因如此，有观点提出，构建产权制度基本框架和市场运行基础的物权法相对中性，一般不需要特别区分民事和商事而分别配置特殊规则。[③] 考虑到以规整财产归属、利用为己任的物权制度是民法的支柱，其规范偏重于民事领域是名正言顺的，但当中亦不乏促进物之流转的商法化安排（如善意取得、商事留置等），增强了传统民法的商事适用

---

① 《德国商法典》《法国商法典》《韩国商法典》等商法典中均未有与商事物权相关的内容，与之较为相关的法律规范仅为海商法中与船舶及附属物等有关的规范内容。
② 参见范健《商法》，高等教育出版社2000年版，第42页。
③ 参见楼建波《我国〈物权法〉的商事适用性》，载《法学杂志》2010年第1期，第69页。

性，我们有必要从商法的视角对这些规范做进一步探究。①

以三类规范分析框架的视角审视物权法中的商法规范，替代型规范（即民商事物权法律制度的共通规范，偏重于财产归属安全的制度安排，如物权法定原则、公示公信原则等）占据了主要的比例，而进一步以二阶思路进行细化，补充型商法规范（用益物权领域的商法比重日增，以及传统担保物权规则日益商化，如土地经营权、抵押物流通规则、非典型担保等）的数量则多于冲突型商法规范（主要是金融担保创新使得部分担保物权规则脱离了传统民法的逻辑基础，如流质规则）。随着现代市场经济发展和融资需要，新生物权种类的多样性和开放性对被奉为圭臬的物权法定原则提出了挑战，物权法中的商法一般条款也随之转变为以替代型规范为主，朝着"替代型规范+补充型商法规范+冲突型商法规范"并存发展的方向流变。

针对《民法典》物权编的商法一般条款加入思路而言，商事物权一般条款应"少进多出"，即按分类入典标准，应重点纳入替代型商法规范和补充型商法规范，而面对日渐增多的冲突型商事担保物权规范，原则上应典外立法（如专门制定的单行法——《韩国动产债权担保法》等②），但为解除中小企业融资之困，有必要通过概括性定义条款（如"担保权益"的界定条款）、"但书性""转介性"条款③的立法技术，加进少量冲突型商法规范，此谓"少进多出"之要义。

2. 物权编中商法一般条款加入情况的再审视：成功与不足

从《民法典》物权编的现有立法安排来看，商事物权一般条款总体秉持"少进多出"思路，做到"既不推倒重来，又不照单接收"，在继承原《物权法》的基础上进行了适当创新，主要体现在以下三方面：

（1）替代型商法一般条款适度增强了物权法规则的商事适用性。例如，《民法典》第二百零七条坚守"公-私"财产一体保护原则；对添附制度做了概括性新规定，即《民法典》第三百二十二条明确了"按物的效用以及保护

---

① 相关讨论，可参见王建文《论我国商事权利的体系化构建》，载《当代法学》2021年第4期，第93-103页；刘灿《民法典时代的商事留置权完善路径》，载《河北法学》2020年第8期，第175-187页。

② 当然，也有法典内独立成编（如2006年《法国民法典》打破了三编制，增设了担保编）、"物权编"内设分编模式、"物权编"设章模式（如《德国民法典》）可供选择。

③ 《俄罗斯民法典》通过"转介性"条款技术对其另做安排，在第三编"债法总则"第二十三章"债务履行的担保"之358条"典当物的抵押"第6款规定，"典当行在公民以其所有物抵押情况下向公民贷款的规则，由法律按照本法典另行规定"。基于此，俄罗斯颁行了《小额信贷和小额信贷机构联邦法律》将典当行作为小额信贷机构的一类加以规制。

无过错当事人的原则确定物的归属"之底线原则;《民法典》第四百零六条修改抵押物转让规则,允许抵押物自由转让以实现最大化利用;《民法典》第四百一十六条贯彻外观主义,明确了担保物权的清偿顺序,并且确定了动产登记与交付具有同等效力。

(2)补充型商法一般条款部分创新了用益物权规则和商事担保物权规则。例如,为贯彻相关政策,《民法典》第三百四十条确立了"土地经营权"的一般规定;《民法典》第三百四十六条规定了建设用地使用权的设立应当符合生态环境要求,以落实总则中的绿色发展理念;《民法典》第三百二十八条及第三百九十五条新增"海域使用权"作为一种新型用益物权,有利于企业从事海洋经济开发和生态保护;将《物权法》第二百二十三条"应收账款"的表述改为现《民法典》第四百四十条"现有的以及将有的应收账款",有效扩大了权利质押的可质押客体范围。

(3)少量冲突型商法一般条款及时适应了新型交易模式需求。例如,《民法典》第四百一十六条新设了价款抵押权(purchase-money security interest)一般规定,后续《民法典担保制度解释》第五十七条将其扩张为"价款超级优先权"。① 其属于担保制度中一般优先顺位的例外设置条款,主要为平衡浮动抵押环境下公示优先规则所致的权利失衡,② 规定了价金担保权在宽限期(即 10 天)内进行登记可获得优先于除留置权之外的其他担保权利的优先顺位,亦体现了对互联网金融时代信用消费方式的回应。又如,《民法典》第三百五十九条以"转介性"条款技术对非住宅建设用地使用权期间届满后的续期问题,规定了"依照法律规定办理",这为解决建设用地使用权续期问题提供了指引,弥补了《物权法》未规定工商业用地续期的法律漏洞。③

相较于《物权法》,《民法典》物权编在商事适用性方面已有长足发展,但若从物权编商法规范体系性、商事适用性、开放性等方面审视,物权编中商法一般条款按前述"少进多出"思路的安排仍显不足,主要体现在以下三方面:

---

① 相关讨论,可参见王利明《价金超级优先权探疑——以〈民法典〉第 416 条为中心》,载《环球法律评论》2021 年第 4 期,第 21-37 页;庄加园《动产抵押的顺位设定——以将来取得的财产为中心》,载《中国法律评论》2024 年第 1 期,第 175-192 页。

② 《民法典》第四百一十四、四百一十五条规定了"先公示者优先"("登记"或"交付")的优先顺位规则。

③ 相关讨论,可参见潘卫锋等《非住宅建设用地使用权续期若干问题思考》,载《中国土地》2024 年第 2 期,第 41-42 页。

（1）替代型商法一般条款仍滞后于商事实践。一是将物权法定原则上升为《民法典》总则编第一百一十六条，而不在物权编做重复规定，但如何回应商事交易对于新型用益物权、担保物权等的要求，值得思考。二是《民法典》未能对不同形式担保物权的法定实现程序进行通盘考虑，分别用了三个条文（即《民法典》第四百一十条、第四百三十六条、第四百五十三条）来规定，导致现行担保物权实现程序的"一般性"有所缺失，商事适用性减弱，而且未对网络拍卖等其他方式进行规定。三是在动产担保物权公示制度方面，除了登记和交付之外，对"其他方式"的规定付诸阙如。例如，日本法为了适应商业社会财产类型发展的需要，除了登记、交付和占有外，还规定了登录、标识等其他方式也能达到公示效果；而《美国统一商法典》第九编则针对投资储蓄账户、信用证权利或者电子担保债权凭证上所设的担保物权，规定了登记、占有和控制等公示方式。[①]

（2）部分补充型商法一般条款的商化设计方面有待优化。沿袭《物权法》善意取得制度原貌，该制度仍适用于不动产和动产、自物权和他物权等较广领域，但实际上民商事标的不同，善意取得适用要件大相径庭，《民法典》第三百一十一条所表述的"参照适用前两款的规定"较为含糊；[②] 而《最高人民法院关于适用〈中华人民共和国公司法〉若干问题的规定（三）》（以下简称《公司法解释三》）所确立的股权参照适用物权的善意取得规定，更加"迂回"而难以明确裁判规范，实践中可能导致利益保护不公。[③] 又如《民法典》虽然吸收了非典型担保的制度安排，但保单质押、商铺租赁权质押等在商事实践中已得到较为广泛的运用以及成型的非典型担保形式未被立法正视，弱化了交易预期，可能滋生诸多纠纷。即使《民法典》第三百八十八条第一款中的"其

---

① T. E. Plank, "A New System of Electronic Chattel Paper: Notification of Assignment", *South Carolina Law Review*, 2019, 71: 77 – 84; R. C. Picker, "Perfection Hierarchies and Nontemporal Priority Rules", *Chicago-Kent Law Review*, 1999, 74: 1157, 1159 – 1165.

② 因为"参照"是一种限制型自由裁量，法官不可随意不予适用，亦不可随意适用，且依前缀（修饰词）不同分为加强型、一般型和选择型，其效力依次降低。参见《在强制与任意之间："参照"之于司法裁判》，见天津市河北区人民法院官网：https://tjhbfy.tjcourt.gov.cn/article/detail/2016/11/id/2349036.shtml，最后访问时间：2023年12月16日。

③ 因为股权与物权的变动模式、主体差异，股权登记公示与不动产登记簿公信力亦有区别，股权善意取得应依据权利外观原理勾画各要件为妥。参见蒋大兴《为什么法定的商业秩序难以形成和维持？——尊重商法对"隐名交易"的基本立场》，载《法制与社会发展》2024年第2期，第166 – 172页；余佳楠《我国有限公司股权善意取得制度的缺陷与建构——基于权利外观原理的视角》，载《清华法学》2015年第4期，第119 – 124页。

他具有担保功能的合同"已经为非典型担保适用物权编的规定预留了适用空间,但由于该规定过于原则性,"担保功能"的定义及范畴并无定论,因此可能为实践留下不小的争议缺口。如在衍生品交易市场作为交易惯例的"转让式履约保障措施"(title-transfer credit support arrangement)是否因其对交易的增信功能,而属于前述条款中"具有担保功能的合同"即存在较大争议,这将牵涉单一协议原则、流质条款等一系列复杂的问题。①

(3)商事担保立法创新方面对冲突型商法一般条款的设置有限。担保物权制度注重维系"民事物权"的纯色和立法节制有余,但金融担保制度创新不足,落实《民法典》总则编确立的"为市场经济提供基本遵循"的精神不到位。如禁止流质的规定过于守成,② 忽视了商事违约时的惯例做法,③ 强调法律逻辑而忽略商业逻辑,有碍企业融资担保效率化机制的构建与完善;另外,《民法典》仍维系商事留置权限于"企业之间"的规定,与《民法典》总则编的"营利法人"表述不尽一致,是否适用其他商事主体(如个体工商户)亦有待明确。

总体而言,《民法典》物权编中商法一般条款的加入基本符合"少进"的标准,具体表现为:通过替代型商法一般条款对原《物权法》的规范进行改造,使之更符合商事实践的特点,具有商事适用性;通过补充型商法一般条款的加入新设条款,一定程度上满足了商事实践对于物权制度的创新需求;也通过"转介性"和"但书性"条款加入了少许冲突型商法一般条款,解决了商事实践中的特殊问题。然而对于如何实现"多出",以及"应入未入"的其他商事物权一般条款的立法安排,是《民法典》实施后亟待解决的问题。

二、物权编中商法一般条款的适用分析:以担保物权为例

从前文对于商法一般条款的分析可知,《民法典》物权编中商事适用性较

---

① 相关讨论,可参见程雁群《转让式履约保障制度在我国金融衍生品领域的立法研究》,载《金融发展研究》2022 年第 4 期,第 50 – 54 页。I. Tot,"The Risk of Re-Characterization of Title Transfer Financial Collateral Arrangements", *Inter EULaw East*: *Journal for International and European Law*, *Economics and Market Integrations*,2018,5:123,129 – 132.

② 《民法典》第四百零一条:"抵押权人在债务履行期限届满前,与抵押人约定债务人不履行到期债务时抵押财产归债权人所有的,只能依法就抵押财产优先受偿。"

③ 如质押式证券回购中基于交易连续性和对交易方的保护要求,赋予证券商在客户违约时可直接将质押债券拍卖、出售并充抵债务的权利。

强的条款大部分都集中于担保物权制度。事实上，担保物权制度素有与商事法律制度联系密切的传统，主要体现在以下三个方面：其一，担保物权制度是充分发挥物的交换价值，帮助商人获得融资的重要工具，担保物权制度在商事交易领域使用最广泛；其二，担保物权虽是物权，却具有债权的性质，① 与所有权及用益物权相比，其债权性质的存在使得担保物权具有更大的创新空间或者意定空间，即使存在物权法定主义的限制，商事主体亦得以通过契约自治实现担保物权的创新，因此担保物权是"可塑性"或"再造性"相对较强的物权类型；其三，随着金融市场的发展，如不良资产交易的活跃及债权资产证券化的兴起，担保权利本身亦作为交易的客体在市场中流通，对传统理论中担保物权不可分性、从属性等特征提出了挑战。为对《民法典》物权编中商法一般条款的适用做深入分析，本部分将以担保物权领域的商法一般条款为例做进一步分析。② 由于"商事担保"的概念在理论中正逐步得到更为广泛的承认，实践中区分民商事担保的实践基础和需求也更为明确，后文将使用"商事担保规范"的表述，以指向《民法典》物权编中担保物权部分的商法一般条款。③

（一）商事担保规范在物权编中的安排

现代市场经济的发展依赖于金融创新来提升资源的流通效率，以实现资源的有效配置。而金融创新的目的就在于以更高的效率促进资源的配置，因此对于担保这种保护交易安全、实现风险分配的制度存在更高的要求，一方面要求有效保护交易安全，另一方面又要求实现更高的效率。传统民法中的担保制度，其制度功能在于债权之保全，即保证债权人之债权能够得到实现，这就是对于交易安全的保护。但在商事交易中，更为注重的则是对效率的追求，担保制度不仅需要保障债权的实现以维护交易安全，更需要为商事交易提供一种有效促进资金流通，减少交易成本以提高效率的制度工具。

在《民法典》的编纂过程中，立法者延续了既有的担保法"人的担保-

---

① 事实上，对于担保物权的性质在物权法出台之前就存在争议。如孟勤国认为，担保权不具有物权的性质和效力，"担保权支配物的交换价值"是个伪命题。参见孟勤国、冯桂《论担保权的性质及其在民法典中的地位》，载《甘肃社会科学》2004年第5期，第131页。

② 商事担保是商事主体以营利为目的提供的担保或为商行为提供的担保，以及一般民事主体以营利为目的为商行为提供的担保。参见周林彬、王睿《民法分则物权编中商事担保规范的立法选择——基于三类规范的视角》，载《社会科学战线》2020年第3期，第204页。

③ 正如前注对于商事担保的定义指出，商事担保本身是区别于"民事担保"的商行为，其所引发的法律关系亦为商事法律关系，因此从逻辑上来说，调整商事担保法律关系的规范即本书所述之商法规范。

物的担保"二分的体系安排,并继续朝着提高担保法的制度效率、降低交易成本的方向对担保制度进行完善。根据前述商法一般条款的分类标准,担保物权制度中的商事担保规范的加入和修改情况见表3-1。①

表3-1 担保物权制度中三类规范的立法现状

替代型商事担保规范	抵押期间抵押财产的转让	第四百零六条	抵押期间抵押财产可以自由流转而无须取得抵押权人的同意,抵押财产转让后抵押权继续附着其上
	担保合同对担保财产的描述	第四百条、第四百二十七条	抵押权合同包括"抵押财产的名称、数量等情况",质押合同包括"名称、数量等情况",分别删去"质量、状况、所在地、所有权归属或者使用权归属"及"质量、状况"
	动产抵押的设立	第四百零三条	动产抵押自抵押合同生效时设立,登记产生对抗效力
	动产抵押的对抗效力	第四百零四条	以动产抵押的,不得对抗正常经营活动中已支付合理价款并取得抵押财产的买受人
	其他登记的担保物权的清偿顺序	第四百一十四条	其他可以登记的担保物权的清偿顺序参照抵押权的清偿顺序规则
	抵押权和质权竞合时的清偿顺序	第四百一十五条	按照登记、交付的时间先后确定清偿顺序
补充型商事担保规范	非典型担保合同的效力	第三百八十八条	担保合同包括抵押合同、质押合同和其他具有担保功能的合同
	权利质权客体范围	第四百四十条	将"应收账款"改为"现有的以及将有的应收账款",扩大并相对明确了其内涵与外延

---

① 需要特别说明的是,本书将动产抵押一般规则纳入替代型而非补充型商事担保规范群中,是基于动产抵押由原来的抵押权中的特殊规则发展成为一般规则而实施的,这正是前文所述商事担保规范随社会和经济生活发展在不同形态中的"跃迁"。

续表 3-1

冲突型商事担保规范	价款抵押权	第四百一十六条	动产抵押担保的主债权是抵押物的价款，标的物交付后 10 日内办理抵押登记的，该抵押权优先于其他担保物权受偿，但留置权除外
	流质条款	第四百零一条、第四百二十八条	在债务履行期限届满前，与当事人约定债务人不履行到期债务时担保财产归债权人所有的，只能依法就担保财产优先受偿

1. 替代型商事担保规范

替代型商事担保规范的修改和加入贯彻了商法对效率性、外观主义、交易安全的追求，对提升我国担保物权法律制度的便捷性、安全性及商事适用性将带来极大的促进作用，同时应商事主体之需完善了动产抵押制度，为商事担保的繁荣夯实了制度基础。这表现在：其一，抵押财产转让规则的修改对抵押人而言可满足其对抵押财产流通性的需求，① 对抵押权人而言可通过抵押权附于物上的规则保障其债权实现，② 对买受人而言可确保其获得抵押财产的所有权以保证交易安全，③ 实现了三者的利益平衡，降低了整体的交易成本。④ 其二，担保合同一般条款允许担保合同对担保财产只做概括性的描述，为集合型财产的担保奠定了基础，赋予当事人更大的自主权，体现了商法便捷性。其三，动产抵押设立和效力对抗一般条款的设立完善了动产抵押制度，扩大了动产作为

---

① 在商事担保中，商事担保人会将其生产资料用于抵押，以最大限度地增加对其财产价值的利用。然而，现行规则无疑制约了抵押财产的流转，原因是债权人和受让人需涤除现有债权或经债权人同意后方可转让所有权，前者加大了受让人的融资压力，而后者在抵押财产受价格波动影响、市场价较低的情形之下难以实现且增加了交易过程中的谈判成本。

② 抵押财产的转让不影响抵押权人对于抵押财产所享有的抵押权，且抵押权人能够证明抵押财产转让可能损害抵押权的，可以要求抵押人将转让所得的价款向抵押权人提前清偿债务或者提存，以保障债权人债权的实现。

③ 交易安全保障的提升在动产抵押中更明显，动产抵押由于其登记系统不完善，又不转移抵押物的占有，容易产生有处分权的权利外观，在原有规则下，若买受人未被认定为善意，则面临徒劳无功的情形。规则修改后，买受人对抵押财产所有权的取得是确定的，不会受到抵押状态的影响。

④ 由于对资金的需求程度以及交易的频繁程度不同，商事担保与民事担保对于抵押期间的抵押物转让规则的利益衡量存在差异，商事担保涉及三方面的利益衡量：其一是抵押人对抵押财产流通性的需求，其二是抵押权人的债权实现，其三是受让人的交易安全。对流通性要求较低的民事担保则主要关注后两者即可。

抵押财产的范围，对商事融资渠道进行扩容，促进物尽其用。① 其四，抵押权、质权以及其他担保物权的清偿顺序规则反映了商事担保对商事外观主义的追求，明确抵押权和其他登记的担保物权的清偿顺序以登记先后进行确定，并确定在担保中动产的登记和交付具有同等效力，提供了全面、清晰的清偿顺序规则，从制度经济学的角度来说可使产权界定变得明晰。

然而，上述替代型商事担保规范的修改和加入仍有不足，未能完全适应市场经济及商事交易实践：其一，抵押财产在抵押期间的流转规则存在对抵押权人保护不足之虞。原因是当抵押物的特定性不强且登记系统不完善时，如果出现抵押物转让的情况，抵押权人几乎不能追溯抵押物的流向，且抵押人未履行通知义务便转让抵押物的后果并不明确，使抵押权人的抵押权难以实现；同时抵押权人对于抵押物转让的价款并不当然享有优先权，仅当其能够证明抵押权的实现可能受到影响时，方可要求提前清偿债务或者提存。放开抵押财产自由流通的意义在于消除抵押权人通过抵押权形成"垄断"效应，然而既然取消了这种对债权人的保护模式，应当通过其他方式予以补强。② 其二，在动产担保物权公示制度方面，除了登记、交付占有之外对"其他方式"规定付诸阙如，且随着互联网新技术（如区块链技术）在未来的广泛应用，③ 上述公示方式将捉襟见肘，难以适应现代技术的发展。④

2. 补充型商事担保规范

补充型商事担保规范涉及的变动较少，但在一定程度上回应了市场发展和商事实践创新的迫切需求，其变动体现在权利质押客体中有关应收账款的规定从《物权法》的"应收账款"到《民法典》草案⑤的"取得应收账款、不动

---

① 作为动产抵押效力的一般条款而未限于动产浮动抵押体现了立法者在进一步扩大动产抵押适用的范围方面，与《物权法》的规定相比，仅在适用范围方面存在变化，在规则具体内容上并无变化。

② 抵押权的创设是通过财产权对权利人提供保护来实现的，但是财产权的另一个维度也可以看作一种"垄断"，因为它可以限制所有权的流通，赋予财产权人实质垄断的地位。财产权人拥有其他权利所无法对抗的权利，拥有极强的谈判筹码，是一种过强的保护。E. A. Posner, E. G. Weyl, *Radical Markets: Uprooting Capitalism and Democracy for a Just Society*, Princeton: Princeton University Press, 2018: 30 - 39.

③ C. W. Mooney Jr., "Fintech and Secured Transactions Systems of the Future", *Law & Contemporary Problems*, 2018, 81: 1.

④ 如日本法为了适应商业社会财产类型发展需要除了登记、交付和占有外，还规定了登录、标识等其他方式也能达到公示效果，而《美国统一商法典》第九编则针对投资储蓄账户、信用证权利或者电子担保债权凭证之上所设担保物权，规定了登记、占有和控制等公示方式。

⑤ 本文简写之"《民法典》草案"如无特别注明，均指 2018 年 8 月 27 日十三届全国人大常委会第五次会议审议的《民法典各分编（草案）》。

产收益的权利"及最终获通过的《民法典》的"现有的以及将有的应收账款",在一定程度上明确并扩大了可质押的与应收账款相关的债权的范围。然而这种规定过于原则性,可操作性不强,原因是不动产收益与应收账款是两种不同性质的权益,应收账款并不能涵盖不动产收益,在权利质权客体未采取开放性规范的情况下,实践中已经较多出现的保单质押、商铺租赁权质押等相关未来收益权利的质押是否能通过此条规定获得解释,仍然存在疑问。当然最为根本的,在权利质权的客体范围上,《民法典》物权编的兜底条款未留下开放空间,难以契合实践中涌现的权利质押模式特别是金融产品、保险产品质押等的创新,亦与开放性的可抵押的财产范围之规定不统一。①

当然,对于商事担保而言,补充型商事担保规范中最重要的修改在于《民法典》第三百八十八条将"其他具有担保功能的合同"纳入担保合同的兜底性条款的规定。其所带来的体系意义有以下两个方面:其一是在坚持大陆法系形式主义的立法体例,对担保的形式进行限定的同时,通过"其他具有担保功能的合同"的兜底性规定融入了以《美国统一商法典》为代表的功能主义立法技术,为《民法典》之外的商事担保预留制度"接口";② 其二是为"物权法定"规范射程内的商事担保规范提供了更强的商事适用性,能在最大程度上尊重当事人的意思自治和合同自由,允许当事人根据自己意愿订立各类担保合同,从而不会因为法律未明确规定担保类型而影响合同效力,也不会因违反物权法定原则而否定这些新类型担保合同的担保能力。③

对于这种立法安排,我们应当予以肯定,基于立法者的有限理性和不完全信息的现实,立法永远无法与市场需求保持完全一致,特别是不断创新的商事交易会对担保模式、担保的设立和实现等运行规则产生新的要求,因而有必要保留一个开放的担保体系,为商事担保规范的法律适用预留路径,让商事主体可以根据交易的特点以及手头的可变现资源设计最合适的担保措施。然而无法回避的问题在于,这种规范过于原则性,特别是对于"担保功能"的概念与内涵皆缺乏明确的认定,对于商事主体自行设计的担保交易模式与现行担保规

---

① 类似观点,如"权利质权客体范围中封闭式兜底条款的规定与金融实践的发展需要相脱节,严重阻碍了权利质权类型的发展"。参见刘保玉《民法典物权编(草案)担保物权部分的修改建议》,载《法学杂志》2019年第3期,第20-21页。

② 参见王晨《关于〈中华人民共和国民法典(草案)〉的说明——2020年5月22日在第十三届全国人民代表大会第三次会议上》,载《中国人大》2020年第12期,第13-20页。

③ 参见王利明《担保制度的现代化——对〈民法典〉第388条第1款的评析》,载《法学家》2021年第1期,第32-33页。

范的冲突亦未留下明确的法律适用规则，这些都只能留待《民法典》实施后通过法律解释进行明确。

3. 冲突型商事担保规范

冲突型商事担保规范体现在为适应新型交易模式需求，新设动产价款抵押权一般规定，属于担保制度中一般优先顺位的例外设置条款，主要为平衡浮动抵押环境下"登记优先"规则所致的权利失衡，规定了价金担保权在宽限期内进行登记可获得优先于除留置权之外的其他担保权利的优先顺位，亦体现了对互联网金融时代信用消费方式的回应。[1] 然而通过冲突型商事担保规范保障金融担保制度创新不足，如禁止流质的思路过于保守，虽然相较于《物权法》已经承认了流质条款的合同效力，但对其法律效果仍限定在"就担保财产优先受偿"，对于金融交易中担保财产价值波动极大，违约风险容易导致连锁反应的特点缺乏有效关注，有碍企业融资担保效率化机制的构建与完善。此外，前述关于商事留置权的适用范围与《民法典》总则编中关于商事主体范围的界定存在偏离，有待进一步明确。

总体而言，《民法典》物权编中对于商事担保规范体系的完善提升了担保制度的制度效率和商事适用性，但无论从体例结构还是规范文本的选择和内容的表达上看，其主体仍然继承了原《物权法》，除部分条文有所删减或表达方式存在一定变化外，基本上没有实质性的调整。[2] 以商事担保规范类型化的标准审视物权编加入和修改的商法规范，本次涉及变动的规则主要集中于替代型商事担保规范，补充型和冲突型商事担保规范出现的变动较少。其中的主要原因是，基于"完善动产抵押和权利质押规则"的动产担保体系完善的立法考量，反映出我国担保物权立法与世界主流趋势相接轨，更加注重动产担保在商

---

[1] 价金担保权对于以赊销方式销售产品的出卖方，或为购置特定财产提供贷款的债权人，或依据担保信贷条款提供特定资产的债权人而言是重要的保障措施。与浮动抵押相同，价金抵押权的抵押人以及抵押权人皆为商事主体。结合我国担保物权的相关规则，价金担保权更多适用于浮动抵押中抵押人将其现有及未来之生产设备、原材料、半成品、产品进行抵押而后出售的情形。在这种情况下，浮动抵押权人天然享有登记在先的地位，如果不赋予后手的价款抵押权人以"超级优先权"，则其无论如何都不可能优先于浮动抵押权人优先受偿。在"超级优先权"的保障下，价款抵押权人得以放心地为抵押人实现融资需求。

[2] 参见邹海林《论民法典各分编（草案）"担保物权"的制度完善——以民法典各分编（草案）第一编物权为分析对象》，载《比较法研究》2019年第2期，第28页。

业融资中的重要作用，有利于法治化营商环境的提升。① 然而，补充型和冲突型商事担保规范这两类最能凸显商事担保关系特殊性的商法一般条款的加入不足是不折不扣的遗憾。如补充型商法规范虽然为非典型担保合同适用担保物权的规则提供了制度"接口"，但"具有担保功能"的识别标准明显过于抽象和原则性，导致了在外观上难以被识别是否构成担保的非典型担保的法律适用模糊问题；再如冲突型商事担保规范对于流质条款的规定方式虽较原有的规定方式有较大的进步，但仍未结合商事交易的特殊性对商事担保做区别对待。这些不足，都有待《民法典》时代通过法律适用来完成"法律续造"，这既是一般条款通过适用明确其内涵外延的"应有之义"，也是完成《民法典》的市场经济基本法使命的需要。本书试以商事担保中流质条款的适用为例，探讨商法一般条款在民法典实施语境下如何通过法律适用完成"法律续造"。

（二）物权编中商事担保规范的适用：以流质条款为例

广义上的流质条款，是指抵押人或质押人，与抵押权人或质押权人于债务履行期限届满前特约，若债务人不履约清偿，则由债权人享有抵押物或质押物的所有权。② 商事流质仅发生于商事担保活动中，其与民事流质相区分的正当性根植于商事担保与民事担保的差异，同时也具有其独立性的合理依据和现实需求。据此，我们将商事流质定义为商事担保中设定的流质条款，约定于债务履行期限届满前若担保人违约，则让与担保不动产、动产、财产性权利的处分权或所有权。

1. 商事实践对流质具有客观需求

在传统民法法理上，禁止流质规则符合情理，体现了公平、等价有偿原则，③ 但商事交易却需要流质机制来实现高效的违约责任清算，营业自由、交易便捷等商法基本原则均支持流质条款在商事交易中的使用，在一般条款上采取严苛的禁止流质主义，会诱生担保实践失序和法律规避的问题。在既有制度

---

① 在商事担保中，动产已经取代不动产，成了名副其实的"担保之王"。除了专门从事房地产业务的企业外，大部分商事主体为了降低成本，提高资金的流通性和使用率，正向轻资产的方向发展，生产、经营的场所大多使用租赁的方式，手中持有的不动产十分有限，其生产设备、原料、产品、专利、债权等动产及权利是亟待挖掘效用的资产。

② 参见周林彬、官欣荣《我国商法总则理论与实践的再思考：法律适用的视角》，法律出版社2015年版，第353页。相较于抵押，质押中担保权人直接占有担保物，更常使用流质的约定，因此，本书以"流质"概念统称流抵和流质。

③ 参见梁慧星、陈华彬《物权法》，法律出版社2016年版，第277－278页。

安排下无法获取交易机会和利益的情形会引致制度变迁，① 不经济的合法行为会被排挤出社会实践，而经济的非法行为则会对制度产生冲击。② 当下我国在《民法典》担保物权制度上秉持"一刀切"的禁止流质规则，而少数的金融交易领域的特别条款，仅能以低位阶的行政法规、部门规章和自治规范的形式，通过架空一般条款的手段来争取"合法"空间。商法一般条款非但没有实现补全体系缺漏的功能，反而影响了立法、行政和司法实践的层级分明、体系完整的要求。商事实践为了规避担保合同的禁止流质规则，往往借由股权转让合同、买卖合同等形式，赋予流质条款合法外衣。

为缓解现实中非上市公司股权转让建制匮乏③和非上市公司股权质押融资需要之间的紧张矛盾，合同流质约定在商事实践中常被运用，但一旦落入典型担保物权的范畴，法官都认为事先约定非上市公司股权处分方式和处分价格属无效。④ 而归属于非典型担保物权的非上市公司股权质押，则出现了商事实践与司法实践的混乱，这一情况见诸对赌协议。在放宽对赌协议法律效力认定的大背景下，⑤ 对赌协议类型中的股份回购型对赌协议，系对于未达到完成事先协定的目标的约定，如被投资方财务业绩没有达到指标要求，被投资方一方需要溢价回购投资方此时所持有的股权，⑥ 此类商事实践具有借贷关系搭配担保关系且许可流质规范的性质。⑦ 在某案中曾出现法院刺破现金补偿型对赌协议表象认定债务担保实质的情况，虽最高院再审对这一解释路径进行了推翻，⑧ 但留下了"担保"与"对赌协议"之间联系的思考，同时亦未解决关于股份

---

① 参见林毅夫《关于制度变迁的经济学理论：诱致性变迁与强制性变迁》，见［美］罗纳德·H. 科斯等《财产权利与制度变迁：产权学派与新制度学派译文集》，刘守英等译，格致出版社、上海三联书店、上海人民出版社2014年版，第269页。

② 参见董淳锷《公司法改革的路径检讨和展望：制度变迁的视角》，载《中外法学》2011年第4期，第824－826页。

③ 参见蒋立成等《证券公司开展非上市公司股权质押融资可行性研究》，载《中国证券》2015年第11期，第793－796页。

④ 参见最高人民法院（2015）民二终字第384号民事判决书。

⑤ 参见最高人民法院（2016）最高法民再128号民事判决书、（2014）民二终字第111号民事判决书、（2012）民提字第11号民事判决书。

⑥ 参见孙艳军《对赌协议的价值判断与我国多层次资本市场的发展》，载《上海金融》2011年第9期，第42页。

⑦ 参见李岩《对赌协议法律属性之探讨》，载《金融法苑》2009年第1期，第138－143页。相关讨论，还可参见王东光《对赌协议的效力及司法裁判路径》，载《现代法学》2023年第3期，第124－137页；赵旭东《第三种投资：对赌协议的立法回应与制度创新》，载《东方法学》2022年第4期，第90－103页。

⑧ 参见最高人民法院（2012）民提字第11号民事判决书。

回购型对赌协议性质的认定疑惑。在另一案例中,最高院认定被投资方以公司整体名义为股份回购提供担保的行为原则有效,① 法官发现了股份回购型对赌协议中存在着债权债务关系和担保关系,但对于股份回购模式本身是否涉及担保、是否违反禁止流质规则则未予置评。本书认为,担保物权不能仅在法定担保物权类型内进行探寻,一个交易模式是否具备敦促偿债的功能②和物上优先权的本质③才是识别标准,否则在学理上和司法实践中被普遍肯认效力的非典型担保就是脱法行为。虽然投资方注资被投资方难称发生债权债务关系,但股份回购型对赌协议中被投资方实际负担着购买股权的债务,而被投资方可以约定为这一债务提供担保,同时投资方取得的股权具有所有权担保的功能和本质。因此,我们可推论股份回购型对赌协议是在债务清偿期限届满未履行合约时,债权人取得系列交易下的投资股权且有权实现担保标的物和继续追偿剩余债务的协议,这种复杂的对赌协议完全可以施加给债务人以流质和一般担保物权实现的双重偿债压力。虽然学界和司法实务界都尚未论述肯认股份回购型对赌协议是否可与非典型担保相辨别,但至少可以说明,商事实践可以借用对赌协议"包装"股权流质条款,且司法上也存在通过援引禁止流质规则来否定某些对赌协议的模糊地带。

买卖型担保也是制度的一大缺口。这一交易实践常以合同买卖为表象,但实为实现融资,有学者称其为"名为买卖,实为借贷"④,还有学者称其为"以商品房买卖(合同)为借款合同设定的担保"⑤ 或"买卖型担保"。⑥ 作为一种非典型担保方式,债务人通过买卖等方式将标的物转让给债权人,其实质目的是担保债务的履行而非买卖交易。即使法官可以揭开买卖合同的面纱,却

---

① 参见最高人民法院(2016)最高法民再128号民事判决书。
② 参见王乐兵《金融创新中的隐性担保——兼论金融危机的私法根源》,载《法学评论》2016年第5期,第50页。
③ 参见崔建远《"担保"辨——基于担保泛化弊端严重的思考》,载《政治与法律》2015年第12期,第110页;宋宗宇《优先权制度在我国的现实与理想》,载《现代法学》2007年第1期,第69页。
④ 车辉、万璐:《对名为买卖实为借贷担保债权实现法律问题的思考》,载《中国审判》2015年第16期,第54-55页。
⑤ 黄芬:《以商品房买卖(合同)设定的担保的法律属性与效力——兼评最高人民法院公报案例"朱某与山西某房地产开发公司商品房买卖合同纠纷案"》,载《河北法学》2015年第10期,第102页。
⑥ 参见孙维飞《定义、定性与法律适用——买卖型担保案型的法律适用问题研究》,载《华东政法大学学报》2021年第6期,第166-167页;徐晓惠《后〈民法典〉时代买卖型担保的规制路径——以裁判立场的考察为基础》,载《重庆社会科学》2020年第10期,第111页;庄加园《"买卖型担保"与流押条款的效力——〈民间借贷规定〉第24条的解读》,载《清华法学》2016年第3期,第72-73页。

对于其中的流质规范看法不一：在一些案例中，法官对买卖型担保中的流质规范效力予以了肯定评价；① 在另一些案例中，最高院认为买卖型担保实为融资担保的流质条款，但认为仅在约定内容显失公平的前提下当事人才可申请撤销；② 而也有法院认定，此交易安排因违反禁止流质规则而无效。③

在不良资产处置问题上，以物抵债是民事债权救济的经常手段。以物抵债与流质规范的区别，在于前者具有公力救济性、处分限制性以及抵偿合意发生于债务期限届满后的特征，而后者具有私力救济性、处分自由性以及抵偿合意发生于债务期限届满前的特征。不良资产涉及的担保标的物常属于缺乏市场公允价格的财产，由于缺乏可比价格，此时公权力机关强加交易公平与否的事后评价则难圆其说，也存在司法执行障碍，法律整体运行的经济效益成为唯一可选择的公平判断标准。④ 即便具备市场公允价格，合理设计流质规范的优势也在于提高担保物权实现效率。作为商事担保标的物的相关不良资产在处置时，司法机关也倾向于绕开禁止流质规则，肯定债务清偿期限届满前约定的债务人不履行到期债务时的"以物抵债"行为，而将处分权交予债权人，只需"以物抵债"行为经过折价、拍卖或变卖等正当程序即可。⑤ 适度解禁商事流质，可在确保程序正义的前提下提升不良资产处置的效率，降低因不良资产处置受阻而拉长债务违约链条、诱生系统性风险的概率。

通过以上分析，我们不难看出流质条款在商事交易中有较大的制度需求，而由于此前立法上对于流质的禁止，实际交易中出现了不少法律规避行为。"屡禁不止"的商事流质不仅会导致商事交易的交易安全、交易效率等价值受损，对法律的安定秩序也会产生不利影响。事实上，商事流质不仅是商法规范如何入典的规范选择的小问题，还是一个直接体现市场制度需求的商法基本制度安排的大问题，其在商法理论上具有更为深远的影响，包括贯彻担保物权的

---

① 参见最高人民法院（2015）民提字第55号民事判决书、（2011）民提字第344号民事判决书，福建省高级人民法院（2015）闽民申字第1688号民事裁定书。
② 参见最高人民法院（2008）民申字第222号民事裁定书。
③ 参见最高人民法院（2013）民提字第135号民事判决书。
④ 参见［美］理查德·波斯纳《法律的经济分析》，蒋兆康译，法律出版社2012年版，第15－17页。
⑤ 参见陆青《以房抵债协议的法理分析——〈最高人民法院公报〉载"朱俊芳案"评释》，载《法学研究》2015年第3期，第67－68页；李玉林《代物清偿的性质及效力研究》，见最高人民法院民事审判第二庭《商事审判指导（总第39辑）》，人民法院出版社2014年版。另参见最高人民法院（2016）最高法民申2145号民事裁定书、（2014）民申字第2139号民事判决书，广东省高级人民法院（2016）粤民申421号民事判决书。

商化理念、包容金融惯例、指导金融创新、回应营商环境的制度健全等。《民法典》通过第四百零一条及第四百二十八条已经相对放松了对流质约定的法律限制，并未强调流质约定的法律效力，而是明确了债权人"只能"就抵押财产或质押财产优先受偿，即要求债权人根据《民法典》第四百一十条或第四百三十八条的规定，对抵押财产或质押财产进行协议折价、拍卖或变卖后，以所得价款抵偿债务，但仍然限制了这种权利实现方式的适用，呈现出"商化不足"的状况，在民法典实施的语境下，有必要进一步对该商法一般条款进行完善。

2. 法经济学视角下商事流质的分类适用分析

物权法的经济分析需要探究物权法所确立的财产权益配置与经济主体的交易效率之间的关联性。① 商事担保范畴下的商事流质，其担保标的物可区分为具备公允市场价值②与缺乏市场价值③两种情形，可以根据两者的不同情形来构建《民法典》时代商事流质条款的适用规则。

（1）担保标的物具备公允市场价值情形下的分析。对于担保标的物具备公允市场价值的情形，核心在于效率。商法倚重效率，因此商法规范之设定大都简便敏捷而富有弹性，允许牺牲个案公平以换取市场整体的效率和利益。④ 基于效率考量商事流质，担保权人若不能及时受偿，易致担保制度不能发挥其应有功能，债务人出于自身利益的考虑可能转移、挥霍财产，进而降低担保债权的清偿程度，⑤ 损及担保权人正当利益，而不效率的直接后果即不公平。从另一个角度考虑，具备公允市场价值即意味着市场交易相对自由。自由市场受变化多端的供给需求关系影响，公允市场价值显现的时效性、变动性特征，无法与过程烦琐、成本高而效率低的传统担保财产实现程序相适应，顽固坚持交易双方折价、人民法院拍卖与变卖的担保物权实现方式将徒增社会成本、减少交易机会。此外，具备市场公允价值之假设前提，是交易双方自我抉择、自我担责应被充分尊重，民商法作为调整平等民商事主体之间关系的法律，法律父

---

① 参见周林彬、李胜兰《法律经济分析与我国物权法创新》，载《河北法学》2001年第5期，第11-12页。

② 具备公允市场价值的担保标的物包括房地产、商品、股票、债券、买断式回购金融资产、开放式基金份额、仓单、存款单等。

③ 缺乏市场价值的担保标的物包括非上市公司股权、应收账款、浮动动产（生产设备、原材料、半成品、产品等）、票据等。

④ 参见冯果、卞翔平《论私法的二元结构与商法的相对独立》，见王保树《中国商法年刊（2001创刊号）》，上海人民出版社2001年版，第119-134页。

⑤ 参见高圣平《抵押权实现途径之研究——兼评〈中华人民共和国物权法（草案）〉第220条》，载《浙江社会科学》2005年第2期，第67页。

爱主义不应擅自倾向保护单方交易主体，公平原则不应通过"颁布禁令"这一前置门槛来实现，而应通过"司法审查"这一后置救济来实现。

商事流质有利于提高商事担保的运行效率，其可以简化担保物权的实现程序，进而实现担保物价值之最大化。时间价值作为商事活动的关键考量，其重要性超出传统民法的关注范围。在当下担保物权实现的时间成本、经济成本极高①的背景下，折价或变卖的重新协商将增加事后交易成本。② 若担保交易双方选择约定流质条款，且法律对流质的效力予以认可，便可简化担保交易双方二次谈判或司法清算流程，降低担保制度运作成本。从更长远来看，在担保财产具备公允市场价值的特定情形下，许可商事流质有助于构建商事担保的效率违约机制，③当事人在交易成本较低且市场进出自由的前提下，可衡量违约以让渡担保财产所有权的预期损益与清偿债务的资金流出之间是否存在盈余。商事流质通过降低融资担保交易成本，将物权法、担保法从单纯惩恶扬善的市民社会法律工具转变为理性配置商业风险的市场经济法律手段。

（2）担保标的物缺乏市场价值情形下的分析。对于担保标的物缺乏市场价值的情形，核心在于避免"劣币驱逐良币"现象。此时商事流质中的所有权控制相较于处分权控制更为重要，也更具有制度正当性。由于市场交易各方所拥有的信息数量和质量存在差异，出现了信息不对称现象。商业领域，尤其是金融交易领域，信息不对称现象最为严重。获取信息必然需要成本，在担保交易中提供担保财产的担保人占有信息数量多、成本低，而提供贷款的担保权人搜寻信息数量少、成本高，信息不对称情况难以彻底消除，只能在信息不对称的假设下进行相关的制度设计及权利配置。

在担保财产清算价值信息不对称的假设下，如禁止商事流质，可以适用阿克洛夫（Akerlof）的逆向选择模型。④ 假设融资借贷市场中优质担保财产与劣

---

① 参见中国人民银行研究局等《中国动产担保物权与信贷市场发展》，中信出版社 2006 年版，第 56 页。

② 事后交易成本是指签订契约后，为解决契约本身所存在的问题，从改变条款到退出契约所花费的费用。O. E. Williamson, *The Economic Institutions of Capitalism*, New York: Free Press, 1985: 20-22.

③ C. Kahn, G. Hueberman, Default, "Foreclosure, and Strategic Renegotiation", *Law & Contemporary Problems*, 1989, 52: 49-61. 关于效率违约是否应为我国民商事法律体系所承认，以及效率违约所引发的"反道德性"问题的相关论述，可参见孙良国、赵梓晴《效率违约理论的价值冲突》，载《东北师大学报（哲学社会科学版）》2019 年第 5 期，第 79-89 页；唐清利《效率违约：从生活规则到精神理念的嬗变》，载《法商研究》2008 年第 2 期，第 125-134 页。

④ G. A. Akerlof, "The Market for 'Lemons': Quality Uncertainty and the Market Mechanism", *The Quarterly Journal of Economics*, 1970, 84: 488.

质担保财产并存,在仅有借入方知道自己的担保财产是优质还是劣质而贷出方无法分辨时,借入方鼓吹自己的担保财产是"优质担保财产"是最好的策略。但贷出方知道融资借贷市场中所有担保财产的期望价值远低于优质担保财产的价值,[1] 仅会审慎选择贷出所有担保财产的期望价值。一些拥有优质担保财产的借入方宁愿留下担保财产自用,因此,拥有优质担保财产的借入方会逐渐退出融资借贷市场,最后导致出现"劣币驱逐良币"现象。即在融资借贷市场上,只存在较小部分愿意提供劣质担保财产的借入方和接受它的贷出方,市场规模远不及中小企业资金融通需求进而增大相关企业的借贷成本,使之转投缺乏规制的高利贷,而劣质担保财产和以劣质财产作担保贷款的泛滥不利于控制金融的系统性风险。

在担保财产清算价值信息不对称的假设下,若允许商事流质,可以适用斯蒂格利茨(Stiglitz)的信号甄别模型。[2] 基于简化博弈分析,任何情况下借入方鼓吹自己的担保财产是"优质担保财产"都不劣于诚实声称自己的担保财产是优质还是劣质的策略,此时拥有劣质担保财产的借入方接受商事流质条款都不劣于其仅接受传统担保财产实现方式(即交易双方折价、法院拍卖与变卖)的策略,而拥有优质担保财产的借入方只愿意约定传统担保财产实现方式以避免超额损失。因此,对于任意给定的违约率,以及对于拥有劣质担保财产的借入方而言,"声称为优质担保财产"且"约定商事流质"是其纳什均衡选择;而对于拥有优质担保财产的借入方而言,"声称为优质担保财产"且"约定传统担保财产实现方式"也是其纳什均衡选择,二者有着明显区分的理性选择结果。这样看来,即使存在信息不对称的情况,贷出方仍能通过观察交易双方约定的担保财产实现方式来有效分辨不同质量的担保财产,会发生信号甄别进而解决"劣币驱逐良币"现象。在融资借贷市场上,愿意提供优质担保财产的借入方和接受它的贷出方相匹配,愿意提供劣质担保财产的借入方和接受它的贷出方相联系,符合市场的资源配置之功用,有利于扩大融资借贷市场规模,提升金融商业活力,拓宽中小企业利用各种质量等级担保财产获取不同资本成本贷款的制度渠道。

简而言之,在禁止流质规则普遍适用于融资借贷市场时,提供担保标的物的借入方都会夸大财产价值、隐瞒财产缺陷,以获取更高额贷款。在许可商事

---

[1] R. J. Barro, "The Loan Market, Collateral, and Rates of Interest", *Journal of Money, Credit and Banking*, 1976, 8: 439, 442-445.

[2] 参见王健《信息经济学》,中国农业出版社2008年版,第11页。

流质的法律环境下，拥有劣质担保标的物的借入方会选择约定商事流质条款，一是实现增信以获取高额贷款，二是与鼓吹财产价值相配合尝试取得更高额贷款；而拥有优质担保标的物的借入方只可能选择传统担保实现方式。基于二者迥异但理性的选择，贷出方可以分辨出担保标的物的真实价值，通过匹配贷款金额和风控措施，实现最大化满足企业融资需求并最小化自身风险的目的。

三、物权编中商法一般条款的适用完善：以商事非典型担保规范为例

《民法典》实施后，商法一般条款在物权编中的立法配置已成定论，通过修改立法或者特别立法的方式实现商法一般条款的完善由于立法成本的高昂将难以实现，而通过法律适用进行完善，特别是解决补充型商法一般条款中的非典型担保规范的法律适用和冲突型商法一般条款中流质规范在《民法典》物权编中加入不足的问题，是更为可行且有效率的途径。

（一）通过司法适用完成替代型规范的民商区分

民商一体适用的替代型规范在《民法典》中的加入已经较为充足，但仍可以在司法适用方面进行民商区分，以实现对民事关系和商事关系的不同对待，并通过增强商事适用性来满足商事交易的特殊需求。此种思路契合商事实践中普遍存在的非典型担保设计，商事非典型担保一般具有非法定性、独立性、复合性、便捷性的特征，与现行担保法律规范存在一定程度的不兼容，[①]因而通过规范适用的巧妙调试来协调民事担保和商事非典型担保的分野具有实践意义。

《民法典》第三百八十八条关于担保合同与基础合同的效力关系以及担保合同无效后的责任承担问题，更适合通过法律适用来明确民商区别。如当商事担保人为商事主体时，对其提供的担保是否应当强调商事外观主义和商事效率原则而认可担保权人在主合同无效导致担保合同无效时仍享有担保物权？对于担保合同无效的责任承担问题，是否应当要求商事担保中的担保人承担更重的责任？从司法实践来看，司法部门仍然恪守担保合同的从属性，认为在主合同无效的情形下，担保合同亦无效，担保物权自始未被设立，这种司法立场源于

---

① 参见王睿《金融创新中的非典型担保类型化探讨》，载《政治与法律》2023年第1期，第161页。

《民法典》对担保合同的从属性有相较于《中华人民共和国担保法》（以下简称《担保法》）更为严格的规定，即《民法典》的规定是"主债权债务合同无效的，担保合同无效，但是法律另有规定的除外"，而《担保法》的规定是"担保合同另有约定的，按照约定"。因此在《民法典》编纂期间，有学者提出物上担保交易存在独立性的制度需求，相关规定中应当加入"但书规定"（如"当事人另有约定"）。[①] 本书不赞同此观点，如加入了此"但书规定"，则担保物权的从属性必然会从一般变为例外，因为可以预见，作为强势方的借款人必然会要求担保人在担保合同中加入"另有约定"条款，从长远来看这种规定无疑是不利的。

以独立保证为例，独立保证的司法处理经历了"全部禁止—涉外独立保函有效—内外独立保函统一有效"的变化历程，可见其对于《担保法》第五条的适用仍然只是限缩于"独立保函"这种特定的要式担保行为，而"独立保证"也从草案的有名合同中被删去，这表明立法者明确担保合同的从属性为原则，其独立性仅在法律另有规定时方可成立。针对担保合同无效的责任承担问题，从坚持商事外观主义和商事效率原则来看，对于基础合同无效导致担保合同无效的情形，司法机关可以且应当要求担保人承担连带赔偿责任。即债权人可以主张担保人在担保物价值的范围内对其损失承担连带清偿责任，但债权人不能就担保物主张优先受偿。对于担保人和债务人在担保合同无效后的承担比例问题，《民法典担保制度解释》第十七条规定依担保人是否存在过错进行不同的责任划分，在商事担保中这只能作为担保人和债务人之间的责任划分依据，但担保人对债权人承担的仍是以其担保物价值为限的连带赔偿责任。

同时，区分原则是解决商事主体设计的交易安排与物权法规则之间矛盾的重要工具，以维护当事人所意图建构的私法秩序。《民法典》第二百零九条明确了区分原则：不动产物权的设立、变更、转让和消灭，经依法登记，发生效力；未经登记，不发生效力，但是法律另有规定的除外。然而该条规定在"不动产登记"一节，似乎不能适用于动产。但从体系解释而言，动产物权的变动同样适用区分原则，如动产质押合同的效力与质押权的设立之间的关系。事实上，最高院在起草相关司法解释草案征求意见稿时，曾打算对非典型物权担保适用区分原则，即原则上承认合同的效力，但是不承认物权效力，即担保人有债权请求权，但没有优先受偿权。对于这种过于保守的"一刀切"做法，本书并不认同，理由如下：

---

① 参见高圣平《论担保物权一般规定的修改》，载《现代法学》2017年第6期，第24页。

首先，仅承认担保合同的效力对债权人的保护来说是不全面的。其次，在担保人和债务人为同一人时，担保合同的效力对债权人来说并无意义。应当在无法通过物权法定原则的缓和适用承认其担保物权的有效性的情形下，例外性适用区分原则来为债权人提供保护。因此，对于商事担保中的非典型担保类型，其法律适用思路先是通过物权法定原则的缓和适用尽量认定债权人享有合法的担保物权，在无其他善意第三人的情况下，应当认定债权人对合同约定的担保物具有优先受偿权；在物权法定原则缓和适用也无法解决问题的情况下，则通过区分原则来承认担保合同的效力，但同时应当认定担保人对债权人承担以其担保物价值或担保金额为限的连带责任。

此外，我们还应当通过法律适用来进一步明确替代型商事担保规范中主观性强的要件，如《民法典》第四百零三条及第四百零四条对于动产抵押权人与第三人获得抵押物所有权的效力对抗规则，也应当通过法律适用来确定商事交易中的"善意"和"正常经营活动中已经支付合理价款"的内涵和外延，在商事担保的审判中对主观性要件设立客观化裁判标准。这种思路在《民法典担保制度解释》中已经得到了贯彻，如该解释第五十四条针对动产抵押合同订立后未办理抵押登记的抵押权效力问题，列举了商事实践中常见的交易场景，为未登记的抵押权在商事实践中的效力比较提供更具体的裁判指引；而第五十六条则为"正常经营活动"的认定标准提供了贴合交易实践的客观标准。

立法和司法的详略得当、错落有致的配合既能保障商法一般条款以更为灵活的姿态应对市场实践发展的变化，也能为司法适用提供方向的指引，正是商法一般条款的意义所在。

（二）通过物权法定原则的缓和来完善补充型规范的适用

物权法定原则是《民法典》物权编中商法一般条款发挥商事适用性的最主要障碍。以非典型担保为例，《民法典》第三百八十八条虽然为商事交易中广泛存在的非典型担保的效力确认和担保法律适用提供了兜底性规范，扩展了商事非典型担保在《民法典》时代的适用空间，但仍会受到物权法定原则的制约，导致在实践层面难以保障法律适用的稳定性。

商事非典型担保可能在诸多层面上与物权法定原则产生冲突：首先，商事非典型担保可能通过合同设计试图"去担保化"，进而与物权种类法定原则产生冲突；其次，商事非典型担保可能适用具有差异化和适应性的设立与公示方法，与物权设立和公示法定原则产生冲突；最后，商事非典型担保可能在内容和效力上进行符合具体交易的安排,与物权内容法定原则产生冲突。① 此类冲突在司法实践中具体化为商事非典型担保效力被否定的风险、效力被重新定性的风险,并可能引发异于交易方预期的责任安排,对商事交易产生不利影响。

  物权法定原则的确立是民法长期发展的结果,然而,根据物权法定原则对成文法担保制度进行过于僵化和局限的法律适用,不一定对当事人有利,反而可能会对该补充型商法规范在填补规则缺失方面的功能发挥产生不利影响。在司法实践中,法官可能会基于非典型担保不属于法定物权种类,从而否定该担保的法律效力,但这并不意味着担保人可以完全免除责任、担保权人失去保障。法官可能会根据《民法典担保制度解释》第十七条的缔约过失责任规则,结合担保合同缔约双方的担保交易动机和具体流程,对各方的审慎程度和过错与否做出事后判断,进而对过错担保人课以部分或全部的补充赔偿责任;也有案例认为,当事人约定的非典型担保内容无效,但认可担保人以担保物的价值向担保权人提供担保的意思表示,从而要求担保权人只得以法定担保物权实现方式对担保物进行"招拍挂"。② 无论采取何种处理方式,司法干预都"破坏"了当事人之间的原有预期,使得担保权人设计的信用风险保障措施(部分)失效,风险程度骤然上升。

  为了适应现代经济社会发展,尤其是金融创新的需要,物权自由主义和物权法定缓和相应被提出。③ 其中,物权自由主义主张放弃物权法定原则,允许当事人依意思自治创设物权;而持物权法定原则缓和立场的学者则主张,物权制度应当在整体肯定物权法定原则的基础上,有限度地加以缓和,在符合一定形式和实质标准的情况下,对某些"新型物权"的效力予以认可;国外亦有学者主张物权类型的过多或过少均非适宜方案,应借助经济分析来确定物权制度的"最适宜"类型数量。④ 物权自由主义与目前《民法典》的规定相悖,而将现有立法和司法经验完全"推倒重来"也不符合完善我国物权法律制度体系的实际。考虑到物权法定原则确有其正当性和必要性,因而可能的解决方

---

① 相关讨论,可参见王睿《金融创新中的非典型担保类型化探讨》,载《政治与法律》2023年第1期,第161-171页。
② 参见最高人民法院(2019)最高法民申5927号民事裁定书。
③ 相关讨论,可参见夏沁《论私法自治中物上之债对物权法定适用的缓和》,载《清华法学》2021年第6期,第131-147页;杨立新《物权法定缓和的绝处逢生与继续完善——〈民法典〉规定"其他具有担保功能的合同"概念价值》,载《上海政法学院学报(法治论丛)》2021年第1期,第45-53页。
④ T. W. Merrill, H. E. Smith, "Optimal Standardization in the Law of Property: The Numerus Clausus Principle", *Yale Law Journal*, 2000, 110: 1.

案是在物权法定原则与私法自治精神之间保持恰当的平衡。

国内学者通过对域外立法和历史上的物权法定原则进行的专门研究，相对充分地呈现了物权法定原则在比较法上的发展脉络及其现状。对于大陆法系的物权法定原则，有学者对罗马法中的使用权、居住权等非典型的物权形态进行了考察，认为罗马法学家对非法定物权形态的解释是现代物权法定的起源。① 随着罗马法中役权分离于所有权而具有他物权属性，物权法定原则由此确立，同时物之支配利益的多样性与物权法定主义之间的矛盾也随之产生。② 由此可见，传统的物权法定原则在罗马法时期就已存在，大陆法系对此一脉相承，《德国民法典》虽然没有对"物权法定"做出清晰阐释，但其表达的思想以及物权与债权的相对应性同样贯彻了物权法定原则。《法国民法典》也未直接对物权法定原则做出表述。相比之下，《日本民法典》等立法例则直接表述了物权法定原则。③ 但近几十年来，大陆法系国家和地区的最新判例和学说都体现了物权法定主义缓和的发展动向，法院判例逐渐突破了法律对物权种类的封闭式列举，这些经验对我国担保物权制度如何为习惯物权的司法承认预留制度空间，建立以物权公示制度为基础的法定物权与习惯物权并存的物权体系，具有一定的借鉴意义。④

另有学者对物权法定原则在英美法系中的表现进行了研究，如有研究认为，英美法系各国法官在司法实践中基于保护交易安全和保障财产可转让性两个理由，固守物权法定原则。物权法定原则在英美法系的存在说明该原则具有超越外在概念体系的实质合理性。但在登记制度完善后，英美法系的物权法定原则也呈现出"松动"的趋势。⑤ 由此可见，无论是大陆法系还是英美法系，物权法定原则自产生以来就与物的利益的多样性等问题之间存在矛盾。现代大陆法系和英美法系国家的物权制度大多体现出物权法定的特征，但同时面对新的物权种类也呈现出趋于缓和的倾向。

---

① 相关讨论，可参见肖俊《罗马法中非典型物权形态的解释方法研究：以使用权、居住权的形成史为中心的考察》，载《求是学刊》2012年第1期，第90-91页。

② 参见张翔《论支配利益的多样性与物权法定主义之协调——以罗马法役权制度为角度》，载《河北法学》2006年第2期，第76页。

③ 参见刘凯湘《物权法原则的重新审视》，载《中外法学》2005年第4期，第392页。

④ 参见郝晓越、杨瑞贺《习惯物权的大陆法系经验与中国立法方向》，载《山东大学学报（哲学社会科学版）》2017年第2期，第35-41页。

⑤ 参见黄泷一《英美法系的物权法定原则》，载《比较法研究》2017年第2期，第99-101页。也有学者判断英国法上的物权种类和物权内容都体现了物权法定原则。参见刘兵红《英国法上物权法定原则之考察》，载《河北法学》2013年第11期，第138页。

非典型担保系当事人在商事实践中通过合同建构的增信措施，其肇始于法定担保种类对现行商事实践的不适应，因而与物权法定原则存在天然冲突。虽然《民法典》在合同编肯认了非典型担保的法律地位和法律效力，但并非需要借由物权法定原则的缓和而实现非典型物权的效力认可和保障，在实践层面上存在一根本性问题，即非法定的担保物权由于缺乏法律明文规定的公示制度与其对接，难以实现对非特定第三人的有效公示，从而使担保权人的优先清偿权无法获得物权的绝对对抗效力。① 非典型担保由于缺乏公开、固定、可预期的公示方法，其作为"隐形担保"可能对市场产生一定冲击和不利影响，也更容易导致担保人的其他债权人质疑担保人所设非典型担保的目的，进而引发多方利益冲突。

　　对此，利用法律本身的公示效力和习惯的公示公信效力，可能成为非典型担保间接解决这一问题的重要方式。物权法定原则的"法"可理解为包括法律、行政法规，还能包含更为广义的"法"——习惯法，② 这要求法院运用法律解释，对于已经获得商业社会的普遍认识且其约束力被广泛认可的非典型担保措施，适用《民法典》第十条给予其习惯法的规范地位。③ 例如，在物权法定原则下，《民法典》对那些相对普遍存在，同时并不破坏担保制度体系性的非典型物权虽然没有明确规定，但也做出了一定制度安排，即留下《民法典》第三百八十八条"其他具有担保功能的合同"作为链接性的制度"接口"；通过《民法典担保制度解释》第五十五条规定的第三方监管构造下的动态质押制度和动态质押监管人责任，实际上是以"控制"作为动态质押的权利公示方法，其实现方法在于通过当事人自身性质（如银行账户质押中的开户行）或者通过与第三方达成协议来控制担保人对其担保财产的直接处分，强调的是对于高流动性的担保财产的监督管理。"控制"的方法使得供应链金融中常用

---

① 参见尹田《物权法定原则批判之思考》，载《法学杂志》2004 年第 6 期，第 9 页。
② 如我国台湾地区"民法有关规定"在 2009 年修正时，即纳入习惯法作为物权创设的方式。参见张永健《再访物权法定与自由之争议》，载《交大法学》2014 年第 2 期，第 121 页。
③ 参见申卫星《物权法定与意思自治：解读我国〈物权法〉的两把钥匙》，载《法制与社会发展》2013 年第 5 期，第 136 - 137 页。对于习惯担保物权和物权法定原则之间的关系，也有学者认为《民法总则》第十条规定了习惯作为民法渊源，与第一百一十九条规定的物权法定原则仍然存在一定程度的冲突，需要通过承认物权法定缓和原则来加以协调。参见杨立新《民法分则物权编应当规定物权法定缓和原则》，载《清华法学》2017 年第 2 期，第 24 - 27 页。但有学者认为，习惯不得违反法律规定，所以不能通过习惯创设新物权。参见孟强《民法总则中习惯法源的概念厘清与适用原则》，载《广东社会科学》2018 年第 1 期，第 244 页。

的动态质押得以获得物权效力。① 而让与担保虽然未直接被确定为一种担保物权，但《民法典担保制度解释》也通过对其担保交易基本构成和担保权利实现程序等的间接规定确认了其物权效力。

综上，尽管物权法定原则在维护物权体系的稳定性、保护交易安全方面具有不可替代的重要意义，但这把"双刃剑"在另一层面导致物权体系过于封闭，对于市场实践中出现的新物权类型无法及时反应，因此应当予以适当的缓和，并结合作为"窗口"的补充型商法一般条款为商事财产的关系提供更为灵活的规范。

（三）通过多元化立法来实现补充型和冲突型规范的供给

受到大陆法系通过成文法构建法律体系的体例的影响，理论界及实务界对于商法体系的构建都秉持围绕立法实践和立法进程的"立法中心主义"立场，这虽为商法体系的构建和充实做出了重要贡献，② 却因为缺乏对市场实际问题和需求的关注而显得空洞，也因为立法中心主义的封闭性而导致原本应当紧贴市场实践、回应市场需求的商法体系失去必要的灵活性。所以，对于商法体系的构建应当由立法中心主义模式迈向充分考虑商事制度特性和形成机制的模式，并强调体系的开放性和动态性的法律多元主义。商事法律体系构建，既要重视制定法在商事法法源体系中的地位，也应关注司法判例、商事习惯、学说理论对于商事法体系形成的作用，③ 从而能够因应市场变迁而及时调整规范构成，为商事主体的创新提供充足的制度供给。

我国奉行民商合一的立法体例，《民法典》既是以民事法律关系为基础的市民生活基本法，也是以商事法律关系为主的市场经济基本法，但这对于商法规范的加入却并非理想模式，形成了"商事立法剩余"，应针对不同类型的商法规范以多元化、体系化且符合市场经济规范的商法体系来形成"剩余商事立法"。④

---

① 参见王睿《金融创新中的非典型担保类型化探讨》，载《政治与法律》2023 年第 1 期，第 171 页。
② 参见陈甦《体系前研究到体系后研究的范式转型》，载《法学研究》2011 年第 5 期，第 4 页。
③ 参见夏小雄《从"立法中心主义"到"法律多元主义"——论中国商事法的法源建构逻辑》，载《北方法学》2014 年第 6 期，第 89－91 页。
④ 在本书的语境中，就是在《民法典》时代通过多元化的立法安排来实现对商事立法的完善，从而为市场创新提供贴合实践，符合商业逻辑和市场运行规律的制度供给。参见周林彬《商法入典标准与民法典的立法选择——以三类规范如何配置为视角》，载《现代法学》2019 年第 6 期，第 73 页。

契合金融商事交易快捷性、安全性的特征，商事非典型担保呈现出财产处分（处置）便捷性的特点，通常约定担保权人有权在债务人届期未履行债务时，直接获得担保物所有权或自行变价进行清偿，其因在传统担保规则下属于流质条款而为现行法律秩序所否定，这给商事交易带来了较大的不稳定风险，破坏了交易双方的信赖和预期。为缓解流质条款和现行担保制度的紧张关系，未来可以进行典外立法，通过商事基本法律（如《商法通则》）或其他商事单行法为其提供法律层面的依据，使其作为《民法典》之外的"法律另有规定"而不是"强行入典"，以免导致法典体系性与稳定性的损害。具体来说，我们可以在《商法通则》或商事单行法中参考"商事通则立法建议稿"第八十六条的规定，① 表述为"商人之间设定的抵押、质押，可以约定债务人不履行债务，抵押物、质物归抵押权人、质权人所有"。但由于立法的成本较高，且具有滞后性，在此之前不妨通过习惯、司法解释、行业规范等其他形式的规范对其效力进行肯定，同时提供更为清晰的法律适用规则。

以适用流质作为权利实现方式的股票质押为例，沪深两市存在融资融券、约定购回式证券交易、证券公司股票质押式回购，以及质押式报价回购交易，这些方式均会约定债权人具有强行平仓的权利。但引导股票质押业务发展的规范文件中没有国家法律，也没有行政法规。证券交易所等相关主体开展相关业务只能依据深圳证券交易所和中国证券登记结算有限责任公司制定的《股票质押式回购交易及登记结算业务办法（2018 年修订）》②、中国证券业协会制定的《证券公司参与股票质押式回购交易风险管理指引》③ 等规定。如果说由中国证券监督管理委员会批准的《股票质押式回购交易及登记结算业务办法（2018 年修订）》是类似行政规章的商法的正式渊源，只经过协会理事会表决通过便实施的《证券公司参与股票质押式回购交易风险管理指引》则是行业规范，是商法的非正式渊源、多元化渊源，两者的配合共同实现了强行平仓在缺乏上位法规范的情况下仍得以有序运行。金融商事实践中的强行平仓规则在金融监管部门的监督下已经有序运行了多年，促进了证券市场的繁荣和金融风险的释放，④ 这也佐证了通过多元化立法实现补充型和冲突型商法规范供给的

---

① 参见《商事通则》调研组《〈中华人民共和国商事通则〉建议稿》，见王保树《商事法论集（总第 20 卷）》，法律出版社 2012 年版，第 11 页。
② 参见《股票质押式回购交易及登记结算业务办法（2018 年修订）》（深证会〔2018〕27 号）。
③ 参见《证券公司参与股票质押式回购交易风险管理指引》（中证协发〔2018〕13 号）。
④ 参见王睿《金融创新中的非典型担保类型化探讨》，载《政治与法律》2023 年第 1 期，第 173 页。

重要意义，系"合经济性"与"合法性"互学互鉴、相互平衡所生之结果。

因此，对于补充型和冲突型商法一般条款加入不足或"商化不足"的问题，我们可以通过由行业协会制定行业规范的形式来提供规范和行为指引，以引导商事非典型担保创新的有序进行，并实时对行业中已经广泛适用形成惯例的商法规范进行整理和评述，从而为司法裁判提供参考。

第二节　合同编中商法一般条款的法律适用

合同是当事人自主自由做出一致意思表示的产物，合同法律制度则是对这一自由的规范和实现。有别于民事合同法律制度以维护当事人的意思表示真实和社会的公平正义为基本遵循，商事合同法律制度中上述价值的实现存在诸多限制，主要表现为促进交易效率的默认安排和规范商事秩序的强制干预。由于《联合国国际货物销售合同公约》和《国际商事合同通则》对我国《合同法》的制定和后续《民法典》合同编的编纂产生了系统性影响，《民法典》合同编在规范层面的民商合一程度相对较高，这为我国社会主义市场经济的高速发展夯实了法治根基。另外，这种立法技术层面的历史传承令"民商不分"或"以商代民"成了《民法典》合同编在法律适用过程中急需重点关注并解决的问题。本节以商法一般条款的三类规范配置为视角，就商事合同一般条款加入《民法典》合同编及实施完善问题展开讨论。

一、合同编加入商法一般条款的法理基础与加入现状

合同，又被称作契约。在罗马法中，合同指的是得到法律承认的债的协议；在大陆法系国家，合同通常被认为是一种法律行为或者是当事人之间达成的合意；在英美法系国家，合同或被认为是一种允诺，或被认为是一种协议，或被认为是通过谈判而建立的一种法定债务。合同脱胎于日常的民商事活动，是令民商事法律关系得以成立和实现的重要载体和形式，是现代经济和社会生活中无处不在、不可或缺的组成部分，因此各国的民商事法律制度均针对合同的成立、生效、履行、终止和救济等做出了详细规定。

商法是脱胎于民法的私法特别法。如此结论的产生，有两个方面的原因：第一，民事行为和民事法律制度为商事行为和商事法律制度的产生及确立提供了基础与参照。市场经济不断向前发展，使得高度专业化的商事行为被从一般

的民事行为中分离出来并加以识别，进而产生了区别于传统民法的商事法律制度和商法学科，这意味着商法往往是在民法的基础上，根据商事实践的特点和需要进一步修改、扩充和发展得来的产物，民事法律制度的内容往往能在商事法律制度中觅得踪迹。① 第二，商事法律制度的勃兴反过来影响并补充了民事法律制度的内容。传统民事法律制度大多是对一般情况的普适规定，而商事法律制度要求对个别情况予以特殊对待。商法领域的主体制度、代理制度、法律行为制度等理论和实践的不断丰富，同时催生出了深受商事领域通行的缔约自由、意思自治等精神影响的各项民法基本原则，使得民法和商法又在一定程度上互相"靠拢"。②

社会实践日新月异的发展，令民法与商法在诸多方面产生了差异，使得重新审视民事合同和商事合同之间的关系成为必要。相比于传统民法，商法无论在精神内核还是规则设计上，都更加重视对意思自治、交易外观、信赖利益的保护与实现；在价值取向上，相比侧重于保护交易静态安全的传统民法，商法更倾向于在维护交易动态安全的基础上，尽可能优先保障交易的效率。长期的实践表明，仅凭传统民事法律制度的法律工具和监管干预并不足以有效回应商事领域多元复杂的价值取向和策略选择。③ 商法对商事主体所施加的注意义务，在程度上远比民法对民事主体所施加的注意义务严苛。④ 例如，《最高人民法院关于适用〈中华人民共和国民法典〉合同编通则若干问题的解释》（以下简称《民法典合同编通则解释》）第二十条的规定便是这一差异的经典例证：在法人的法定代表人超越法律、行政法规规定的权限订立合同的情况下，相对人应当对该法定代表人的授权情况和权源依据予以审查；如未尽到合理审查义务，则合同对该法人不发生效力。无论是从实务领域总结出的经验来看，还是从理论研究和立法活动中观察到的现象或趋势入手，即便《民法典》合同编由于继受自《合同法》而未对民事合同和商事合同做出明确区分，也必须承认民事合同和商事合同在诸多方面存在着极其明显的客观差异，应该恰当地区分适用。⑤

---

① 参见施天涛《民法典能够实现民商合一吗?》，载《中国法律评论》2015 年第 4 期，第 25 页。
② 参见张谷《商法，这只寄居蟹——兼论商法的独立性及其特点》，见高鸿钧《清华法治论衡（第 6 辑）》，清华大学出版社 2005 年版，第 1 - 51 页。
③ M. A. Seligman, "Moral Diversity and Efficient Breach", *Michigan Law Review*, 2019, 117: 885.
④ 参见张良《民法典编纂背景下我国〈合同法〉分则之完善——以民事合同与商事合同的区分为视角》，载《法学杂志》2016 年第 9 期，第 27 页。
⑤ 参见崔建远《民事合同与商事合同之辨》，载《政法论坛》2022 年第 1 期，第 56 页。

（一）民商事合同的区分方法

1. 商事合同的概念界定

国内现行法并未对民事合同与商事合同的定义做出明确区分，在此，我们主要通过考察国际通行的商事交易规则和学界通说来总结归纳。

《海牙国际商事合同法律选择原则》和《联合国国际货物销售合同公约》都是国际商事交易中普遍遵守的一般规则。在适用二者以判断案涉交易是否构成商事合同时，裁判者需要考虑的要件包括两个方面：第一，当事人应当具有商人的身份，即当事人为商事主体；① 第二，案涉交易应当具有商业性质，且不属于消费者合同，即交易具有商业性。② 《国际商事合同通则》也以这两方面为适用的前提条件。③ 由此可见，在识别商事合同时，主流做法是以合同主体是否具备商事主体资格、合同内容是否具备商事行为性质作为前置条件。

围绕商事合同的定义，国内学者提出过众多观点。有学者提出，"商事合同，即发生在生产经营领域内，服务于生产经营目的的交易行为。商事合同的各方当事人同属商事主体"④，而"所谓民事合同，即发生在生活消费领域内，服务于生活消费目的的交易行为以及发生在雇佣劳动领域内，以提供劳务为内容的交易行为"。⑤ 也有学者认为，"所谓的商事合同，系指缔约双方皆为老练的经济人（sophisticated economic actors）的合同，即学说上所谓的双方商事合同"⑥。

观察上述观点，我们认为，区分民事合同与商事合同，应当始终以交易主体和交易内容的差异为中心做出界定。民事合同是指发生在民事主体之间，以设立、变更、终止民事权利义务为目的的协议，主要包括物权合同、债权合同和身份合同；商事合同是指发生在商事主体之间，或发生在商事主体与非商事主体之间，以商事交易为目的而设立、变更、终止商事权利义务的协议。

---

① See Principles on Choice of Law in International Commercial Contracts § 1.12 (2015).
② See United Nations Convention on Contracts for the International Sale of Goods § 2 (a) (1980).
③ 参见赵一瑾《商事合同解除权的特殊限制》，载《国家检察官学院学报》2016年第2期，第152页。
④ 王轶：《民法原理与民法学方法》，法律出版社2009年版，第253–254页。
⑤ 王轶：《民法原理与民法学方法》，法律出版社2009年版，第253–254页。
⑥ 王文宇：《合同解释三部曲——比较法观点》，载《中国法律评论》2016年第1期，第81页。

2. 商事合同区别于民事合同的特征

相对于反映"理性、自主负责与有判断能力的法律社会成员的主导形象"[①] 的传统民法，商法更凸显的是实用主义。[②] 在合同这一具体领域，即便民事合同和商事合同之间存在许多共通的基本要素，如遵循平等自愿、诚实信用、公序良俗等原则，但其各自在特征方面也有着明显的差异，具体表现为以下五个方面：

第一，商事合同的当事人具有商人身份，且范畴更为宽广。民事合同与商事合同的主要区别在于交易主体不同，这也是识别两种合同的重要因素。合同主体的差异性不仅是民商事合同的主要区别，也是根本区别，正是基于商事合同主体的商人性，商事合同才具备其他特殊性质。一方面，《民法典》仅将自然人、法人和非法人组织确立为法定的民事主体，而将法人的分支机构、职能部门等众多实际独立或半独立地行使等同于法人的部分甚至全部权能的主体排除在外；另一方面，《民法典》事实上认可的商事主体却显得异常丰富，涵盖了众多为民事主体制度所排斥的情形。在部分情形下，人们甚至将许多传统观念上不认为具有商事主体地位的主体，也作为具有相对独立的缔约能力的法律主体，而且这种做法也得到了相关判决和学说的默认与支持。[③]

第二，商事合同的目的具有营利性。区分商事合同与民事合同的落脚点在于确认案涉合同所追求的目的，这也是在绝大多数情况下都可以适用的区分民商事合同的方法。民事合同主要是以生活消费为目的而发生的合同关系，调整范围涵盖平等主体之间的人身关系和财产关系，往往为无偿合同；商事合同恰巧相反，其是以生产经营并营利为目的而发生的合同关系，一般仅调整财产关系而不调整身份关系，多数是有偿合同，或者对合同当事人具有间接的经济价值。合同当事人缔结民事合同的主要目的是获得商品或服务的使用价值，这些合同时常显现出较为强烈的人身（依附）属性，更多地关注债务的实际履行，因此民事合同往往求"稳"；但是，合同当事人缔结商事合同的目的是促进商事交易的发生，为了追求利润、取得收益，目的是获得商品或服务的交换价值，商事合同具有较强的财产属性，更多地关注损失的足额救济，因此商事合同往往求"利"。

---

① ［德］弗朗茨·维亚克尔：《近代私法史（下）》，陈爱娥、黄建辉译，上海三联书店 2006 年版，第 462 页。

② 参见叶林《商法理念和商事审判》，载《法律适用》2007 年第 9 期，第 19 – 20 页。

③ 参见崔建远《民事合同与商事合同之辨》，载《政法论坛》2022 年第 1 期，第 56 – 57 页。

第三，商事合同的立法价值取向不仅重视维护交易安全，而且强调保护盈利、保障交易效率，这也直接影响了合同的订立、效力认定的规范和解释等方面。在商事合同的订立过程中，出于对商事交易效率的追求和对商事习惯的遵从，缄默往往经由法律的明确规定而被推定为承诺。普遍地被优先适用的外观主义作为商法基本原则，始终贯串于商法总则及分则之中，当事人的意思表示真实并不是那么重要，这实际上使商事合同的当事人比民事合同的当事人承担了更多的风险和责任。在商事合同的履行过程中，由于商事合同的合同当事人掌握了更多的交易背景知识和经验，具有更强的议约缔约能力，比较有能力保护自己，故意思自治的内涵与外延较之民事合同均更加宽泛，体现为营业自由，是"更彻底的私法自治"。在对商事合同进行解释时，一般应当优先参照交易习惯，促成合同的成立，并做出有利于令合同得到实际履行的解释，同时应尽量避免轻易宣告合同无效。这么做的原因在于，民事合同一般只涉及双方当事人，无论是权利义务关系还是法律构造，都较为单调；相比之下，由于商事行为具有高度组织化、规模化、专业化的特点，商事交易相应地也表现出兼具交易结构纷繁复杂、法律关系错综多元、广泛牵涉公共利益的特征，[①] 商事合同时常由多个关联紧密、涉及多方当事人乃至案外特定或不特定第三人利益的系列合同共同联结而成，[②] 这些特殊之处都要求裁判者在对商事合同关系的内容进行价值评判时，为了确保利益分配的客观公允而采纳更为多元化的标准，以从整体上进行把握。[③]

第四，商事合同的形式具有更为充分的自由性与任意性。商事合同是具有商人身份的当事人基于其从事的营业性经营行为而订立的合同。由于商人追求更为充分的意思自治，以及对长期性、反复性、专业性以及营利要求的便捷性等有更高的需求，这使得商事合同的形式需要具有一定程度的灵活性。这种灵活性集中体现在民事合同一般属于实践性合同而商事合同一般属于诺成性合同、商事合同对合同形式的要求更为宽松等方面。此外，合同的相对性原理在民事合同领域贯彻得较为彻底，同时，民事合同要求"名实相符"，否则便可能构成重大误解；而在商事合同领域，由于商事交易本身追求交易的动态安全和效率优化，同时也需要考量商事交易的营利性趋向，这使得商事主体天然地

[①] 参见施天涛《商事法律行为初论》，载《法律科学》2021年第1期，第108页。
[②] 关于合同的体系解释与交易的整体解释，可参见崔建远《先签合同与后续合同的关系及其解释》，载《法学研究》2018年第4期，第69–82页。
[③] 参见杨峰《商法思维的逻辑结构与司法适用》，载《中国法学》2020年第6期，第181页。

倾向于隐藏其真实意思。① 因此，普遍推行商事外观主义成了一种共识，最终导致在商事合同法律制度中需要对合同相对性原理采取更加宽松的理解，② 而部分"名实不符"的商事合同也依然能够受到法律的认可和保护。③

第五，商事合同对参与交易的商事主体一方要求更高。商事主体在商业活动中，应当尽到一个专业人士而不是一个普通的理性人在类似情况下所应尽到的注意义务。这种考量源于商事行为的外部性问题：商法是调整市场经济的法律规范，市场经济在带来高效率的同时也可能导致风险的过度弥散，而现代市场经济又是一个经济"链条"，若某一环节出现问题，便将波及整个市场。因此，商法只能要求商事主体在商业活动中负担比一般民事主体更高的注意义务，以防止风险的过度扩散，保证市场经济的正常运行。同时，商事主体从事商事行为是以营利为目的的。根据风险与收益相匹配的原理，商事主体理应比一般民事主体负担更高程度的注意义务，才能实现权利义务的平衡。④ 民事合同的当事人一般都是地位平等的自然人，而商事合同的当事人既可能只有一方为商事主体，又可能各方都是商事主体。由于非商事主体相比于商事主体在多方面均处于劣势，所以商事合同法律制度在设计时，普遍倾向于为与商事主体订立合同的非商事主体一方提供"倾斜"保护。如在保险合同中，涉及股票、债券、期货交易的合同中，以及储蓄合同中，商事主体一方优势明显，往往以格式合同的方式对双方的权利义务加以规定。基于此，为了保护弱势方的利益，法律一般会针对格式合同做出有利于弱势方的规定。此外，为了实现对商事交易效率的追求，商事合同的解除权、撤销权的行使一般会受到限制。这有别于民事合同领域的法律适用情形：在缔结和履行民事合同的过程中存在欺诈、胁迫、显失公平等情形时，合同当事人可以依据《民法典》的有关规定，主张行使撤销权并获得支持。而在商事合同领域，"商法是商人法与法，而商人与银行家被推定为商务方面是有能力、有经验的。关于能力、意思表示瑕疵、对'意思表示自由'的保护，等等，都退到了次要位置。证券法与商业票据法以及国际商贸关系中更是如此"⑤。

---

① 参见李春《商事责任研究》，中国法制出版社 2013 年版，第 271 页。
② 参见叶林《商法理念与商事审判》，载《法律适用》2007 年第 9 期，第 18—19 页。
③ 参见崔建远《民事合同与商事合同之辨》，载《政法论坛》2022 年第 1 期，第 72 页。
④ 参见吕来明《商法研究》，中国政法大学出版社 2016 年版，第 205 页。
⑤ ［法］伊夫·居荣：《法国商法（第 1 卷）》，罗结珍、赵海峰译，法律出版社 2004 年版，第 8 页。

3. 商事合同制度的立法表达

大陆法系的法典体系主要包含了民商合一和民商分立两种立法模式。民商合一的立法体例一般以瑞士为例。瑞士对民事法律制度和商事法律制度实施统一集中立法，商法的绝大多数内容都被收录在作为《瑞士民法典》其中一编的《瑞士债法典》中，而没有设立专门的"瑞士商法典"。① 关于债的一般原则和具体规定，以通用的民商事法律规范为主，而以商事主体或商事行为的特殊规范为辅。这些规范在某些方面特别强调了商人的特殊性，而在另一些方面则通过保护普通人利益或设置有利于债务人的规定，维护传统非商事交易中的公平正义。同时，法官在司法审判中也会考虑个案的特殊性，进行综合判断，避免将商事合同交易规则强加于非商事交易之上，加重普通人的交易负担。另外，《瑞士民法典》特别注重商业习惯，《瑞士债法典》中的商法规范普遍通过明示或默示的方式，确立了特别商业习惯优先适用的原则，这实际上赋予了行业规范和商事交易习惯以实然层面的法律约束力。②

民商分立的立法体例一般以德国为例。德国对民事法律制度和商事法律制度分别立法，同时设有《德国民法典》和《德国商法典》，虽然两者都规定有买卖合同制度，但是其内容因充分考虑了民商事交易的差异而有所区分。考虑到在商事买卖合同中，商事主体的经验和能力高于一般民事主体，《德国商法典》区分了商事买卖合同和民事买卖合同中买受人的检查义务和瑕疵通知义务，要求商事买卖合同中的买受人履行更高的注意义务，对商事主体的要求更为严格，从而更好地保障交易安全、维护交易秩序。

在英美法国家，商事合同的特殊规则内含于在长期的司法实践活动中总结出来的诸多判例。以英国法上与商事合同这一概念关系最为密切的两部成文法典《英国1979年货物买卖法》和《英国1977年不公平合同条款法》为例，这两部法典中虽然都没有就商事合同做出明确的定义，但是对于"消费者合同"和"非消费者合同"做出了明确区分。时至今日，英美法国家的通说普遍认同商事合同是"双方当事人为了经营而签订的合同"。而在美国法上，《美国统一商法典》第二编则旗帜鲜明地将有形且可移动货物的买卖合同界定为商事合同，此类合同在《美国统一商法典》第二编另有规定的情况下将不

---

① 参见殷安军《瑞士法上民商合一立法模式的形成——兼评"单一法典"的理念》，载《中外法学》2014年第6期，第1463页。
② 参见史广龙《民商合一立法方法在瑞士民法典中的实现》，载《法律方法》2014年第2期，第357-363页。

适用普通法中的合同法规则，其他类型的合同（虽未明确界定为民事合同）则原则上适用普通法中的合同法规则。

我国现行的合同制度在立法上没有明确表示出商事合同与民事合同的区别，既没有区分民事主体和商事主体，又没有区分民事行为和商事行为，对商事交易习惯和行业自治规范的特殊性也缺乏尊重。完全混淆民事合同和商事合同，意味着对民事主体和商事主体的能力差异视而不见、对民事交易和商事交易的诉求差异漠不关心，这不但容易造成权责分配有失公平，还可能引起商事主体疏于注意和防范风险而导致不良后果，最终损害商事交易的效率、稳定与安全。①

（二）合同编中加入商法一般条款的总体分析

合同法虽是各国民法典的必备组成，但由于其本质是市场经济的核心交易规则，以实现经济效益为导向，② 且大多数商事行为也需要借助合同载体才能开展，因此在法理上只为合同法留下了一条设计出路——同时容纳民法一般条款和商法一般条款。我国《合同法》终结了计划经济向市场经济转型时期的《中华人民共和国经济合同法》《中华人民共和国涉外经济合同法》《中华人民共和国技术合同法》"三法鼎立"的格局，反映出了鲜明的重商主义色彩。③

在商法一般条款理论框架下，虽然我国《合同法》的民商合一思路贯彻得较为彻底，但"商化过度"、民商规范区分不明的弊端仍是《民法典》合同编有待解决的问题。随着民商规范的双向运动，④ 二者的共通规范（替代型商法一般条款）不断累积，⑤ 而且当下民事主体都或多或少从事一些传统的商事行为，如货物买卖、融资担保等，部分民商规范之间模糊化、一体化适用的需求显著，已无区别适用的必要性和可行性。而因立法未予更新，大量商事合同类型和交易规则或处于立法空白，或有赖司法解释，其中趋于稳定成型者应以

---

① 参见樊涛《中国商法渊源的识别与适用》，法律出版社 2015 年版，第 265 页。
② 参见崔建远《合同法学》，法律出版社 2015 年版，第 3–5 页。
③ 参见朱广新《民法典之典型合同类型扩增的体系性思考》，载《交大法学》2017 年第 1 期，第 106 页。
④ 参见赵万一《论民法的商法化与商法的民法化——兼谈我国民法典编纂的基本理念和思路》，载《法学论坛》2005 年第 4 期，第 32 页。
⑤ B. Kozolchyk,"The Commercialization of Civil Law and the Civilization of Commercial Law", *Louisiana Law Review*, 1979, 40: 3.

补充型商法一般条款形式入典。此外，随着合同自治限制理论的发展，[①] 部分具有管控性、技术性或行业性特征的商事合同交易规则脱离了《民法典》合同编通则的统摄范围，应被划入冲突型商法一般条款而克制加入，以免动摇《民法典》之体系逻辑。

在最终编纂完成的《民法典》合同编中，鲜见构成要件为一般商事主体或某一具体类型商事主体的调整商事合同关系的法律规范，即基于主观主义贴"商法标识"的显名商法规范几乎不存在于《民法典》合同编的商事合同法律制度中。相比之下，针对某一具体类型的商事行为、基于客观主义贴"商法标识"的显名商法规范在《民法典》合同编的商事合同法律制度中更为常见，例如，《民法典》合同编包含了融资租赁、保理、建设工程、运输、技术、仓储、行纪、中介合同等典型商事合同类型。这一现象与《民法典》合同编所承继的《合同法》制定时的关键性参考文件《联合国国际货物销售合同公约》和《国际商事合同通则》本质上都是商事合同法不无关系。[②]

但基于民事合同法律制度和商事合同法律制度在《民法典》内融洽共存的立法安排，我们需要将相关的商法一般条款按照替代型、补充型和冲突型的分类有序加入《民法典》，既不能"以商代民"，也不能"有民无商"。本书作者在《民法典分编草案（室内稿）》起草后，依据已有的基础理论研究成果，针对《民法典》合同编，结合三类规范分析框架撰文，提出了将商法一般条款加入其中的一系列修改建议，并在后续各次审议稿的征求意见阶段，对立法进程进行追踪研究。最终获通过的《民法典》合同编在文本上较草案发生的部分改动，更符合商法一般条款的加入逻辑。剩余的未被《民法典》合同编所采纳的商法一般条款加入建议，反映了"商事立法剩余"和《民法典》在立法技术上未实现彻底民商合一的缺憾，这些条款未来必将成为在《民法典》实施过程中需要在法律适用上做出一定程度的民商区分的重点关注条款。以下将结合《民法典》草案和最终获通过的《民法典》合同编文本，比较分析《民法典》合同编中商法一般条款加入的得失。

从《民法典》草案来看，在贴近市场脉搏、因循民商合一路径依赖与民

[①] 参见于涓《论意思自治原则在我国合同制度中的运用问题》，载《湖北社会科学》2012年第3期，第164页。这一发展趋势甚至可以被称为世界潮流。参见韩德培、韩铁《美国资本主义经济发展中的契约自由与合同法》，载《武汉大学学报（社会科学版）》2003年第6期，第733-736页。

[②] 参见韩世远《〈国际商事合同通则〉与中国合同法的发展》，载《环球法律评论》2015年第6期，第69-70页；王利明《〈联合国国际货物销售合同公约〉与我国合同法的制定和完善》，载《环球法律评论》2013年第5期，第119-131页。

商事行为规范渐趋统一的潮流下，内容有较多革新，主要有以下三方面：

一是草案中替代型商法规范加入亮点突出，力求使民商规则简明和统一。例如，格式合同规范虽本为商人追求交易便捷之缔造产物，但目前已在市民社会生活中广为使用，因而无民商割裂的必要，草案第二百八十八条第二款规定，若提供格式条款的当事人未履行提示及说明义务，法律后果即为"对方可以主张该条款不成为合同的组成部分"，更多彰显了消费者权益保护法理中的民法公平色彩，该规定已沿用至《民法典》合同编第四百九十六条第二款。又如，提取了民事合伙与商事合伙[①]"公因式"的合伙合同被置入了草案第二十七章，充实了《民法总则》在继受过程中未加关注的自然人、法人和非法人组织之间合伙的商事组织形式，同时也为民事合伙提供了一般条款，相关规定已沿用至《民法典》合同编第二十七章。

二是草案中充实了补充型商法规范，促进了民商事合同体系的整合。例如，草案第二百八十三条明确了经济往来"签订确认书"及网络化交易中提交电子订单等合同成立规则，回应了电子商务发展的现实需求，该规定已被沿用至《民法典》合同编第四百九十一条。又如，草案第三百七十五条改进了《合同法》第一百一十四条的违约金增减规则，摒弃了《最高人民法院关于适用〈中华人民共和国合同法〉若干问题的解释（二）》（以下简称《合同法解释二》）第二十九条中法院或者仲裁机构根据当事人请求应当增减过低或过高违约金的命令性规范，改为授权性规范，为裁判者选择秉持民事公平正义思维介入还是尊重商事意思自治留足了自由裁量空间，该规定已沿用至《民法典》合同编第五百八十五条。

三是草案增加了部分冲突型商法规范，凸显了商法规范管制性、行业性发展倾向。例如，添设了保理合同类型，其虽与其他典型合同类型从规范保护目的至具体规则方面均存在着差异，但因实践需要，故择其相对重要且稳定的部分加入，相关规定已沿用至《民法典》合同编第十六章。

1. 替代型商法一般条款的设计"商化不足"

首先，《民法典》草案在第二百八十七条将商业活动中仅用于咨询和协商的意向书认定为预约合同，实则意向书本身未表示双方当事人就其权利义务安

---

① 参见江平、龙卫球《合伙的多种形式和合伙立法》，载《中国法学》1996年第3期，第44－47页。

排达成合意，这一立法设计也有悖国际商业惯例。① 一方面，这一操作将施加给当事人以履约义务和可能违约后的责任，而本意是增加发出意向书一方的期望成本，这将降低当事人通过意向书尽可能全面地协商确定合同众多待商权内容的需求，最终将增加交易双方发生纠纷的可能和后续纠纷解决的难度。② 另一方面，这只会激励当事人在形式上规避这类文件的称呼用辞，立法意义不大。因此，对于意向书，我们宜通过"但书性"条款构建"除非明确约定具有法律约束力，否则不构成预约合同"的默认规则，实现预约合同制度的民商通用，以最大化其促进交易之功用。《民法典》合同编第四百九十五条删去了意向书构成预约合同的规定，体现了对国际商业惯例的充分尊重，有效降低了当事人的交易成本。《民法典合同编通则解释》第六条第二款更是明确了意向书或备忘录在"未约定在将来一定期限内订立合同"的情况下，不构成预约合同，并进一步延伸规定即便意向书或备忘录约定了未来订立合同，但本身不具备合同成立的必备要素的，也不构成预约合同，实际上完成了前述"但书性"条款的"补位"。

其次，对于草案中格式条款的民商规则界分模糊的问题，相关规则对于商事合同的排除适用考虑不周。例如，一些不与公序良俗相抵触、符合商业惯例的格式条款不宜一律排除，③ 应尊重行业惯例与交易特性，类似"特价机票不得退改"条款等具备商业合理性的约定，民商法无须僵化地代消费者权益保护法做"愚而弱"的主体假设而侵及商业秩序，宜对其订入规则及无效规定做出例外考量，所以不妨增补"但书性"条款"依交易习惯另有规定的除外"。但《民法典》合同编中未采纳该建议，仍保持了草案中的立法表述。对此有学者认为，交易习惯可以作为评价格式条款合理性的依据，由此可以避免该条款被确认为无效，④ 这一解释方法能够部分减少前述"但书性"条款缺失

---

① 关于意向书（letter of intent）在英美法系的性质认定，参见 G. Klass, "Intent to Contract", *Virginia Law Review*, 2009, 95: 1437。

② R. J. Gilson, et al., "Text and Context: Contract Interpretation as Contract Design", *Cornell Law Review*, 2014, 100: 23–29.

③ 有学者认为，对于格式商业性合同，或者只用民商法的一般缔约理论，或者基于商业惯例等适用直接订入合同。参见崔律沅《合同法学》，法律出版社 2014 年版，第 43–44 页。另有学者主张要区分消费者保护和商事交易两个角度，辩证地看待格式合同规则的利与弊，并基于此做出立法安排。参见张谷《民商合一体制对民法典合同编的要求》，见李昊、明辉《北航法律评论（2016 年第 1 辑）》，法律出版社 2017 年版，第 83–86 页。

④ 参见王利明《略论交易习惯的功能和适用——以〈合同编司法解释〉第 2 条为中心》，载《南大法学》2024 年第 2 期，第 3 页。

之弊病。

再次,现代商事交易大都依赖系列合同。① 例如,银团贷款系列合同,表面上分立的多份合同都服务于同一个交易目的,在交易结构上更是环环相扣,草案未对系列合同的违约、解除和解释等做出特殊立法安排。系列合同中任一合同因理解偏差或效力瑕疵而被司法否认其效力以致中断任一环节都将会影响交易链条上众多利益相关者的交易安全,因此《民法典》合同编针对系列合同应明确其整体解释规则。② 推此及彼,在违约、解除等方面都应通过规则条款明确"系列合同整体应被视为单个合同"的要求。但《民法典》合同编中未采纳该建议。而《民法典合同编通则解释》第十四条第三款规定了在系列合同均为真实意思表示产物的前提下,按照事实查明的合同订立顺序和实际履行情况,认定各份合同为新旧合同,由此确认最终变更后的合同内容,这实际上也反映了前述的"化整为一"要求。

最后,草案的一些替代型商法规范的表达减损了法典的简洁性。如草案第二百六十一条规定当事人可参照示范文本而订立合同,但示范文本属于节省当事人个别磋商成本的产物,无论法定与否,当事人本应有权选择是否进行参照,以法律形式倡导并无太大意义,而且参照与否更是当事人的私人自治范围,法律不必插手,因此可将"可以参考示范文本"等烦琐之语删去。但《民法典》合同编中未采纳该建议,仍保持了草案中的立法表述。

2. 补充型商法一般条款的设计有失精细

第一,就肇端于商事交易的情势变更规则,《民法典》草案的设计不够精细,未能对合同变更、解除权的行使程序进行细致设计。情势变更条款在商事领域的格式合同中大量存在,其实质是在因不可归因于一方当事人的事由造成重大价值损失、缔约目的落空时,将外部风险合理合法地转移给另一方当事人。③ 司法机关对于情势变更规则的排除适用问题拥有相对丰富的裁判经验可资总结,立法可通过列举加兜底条款技术,增设排除适用情势变更规则的具体情形,以便于司法适用,此外可参考《国际商事合同通则》第6.2.3条完善前置性协商规则。但《民法典》合同编中未采纳该建议,仍保持了草案中的

---

① 也有学者称这类合同为"合同联立"。参见陆青《合同联立问题研究》,载《政治与法律》2014年第5期,第94页。

② 参见崔建远《先签合同与后续合同的关系及其解释》,载《法学研究》2018年第4期,第77页。

③ A. A. Schwartz, "A Standard Clause Analysis of the Frustration Doctrine and the Material Adverse Change Clause", *UCLA Law Review*, 2010, 57: 789, 793.

立法表述。而《民法典合同编通则解释》第三十二条第一款明确将"涉及市场属性活跃、长期以来价格波动较大的大宗商品以及股票、期货等风险投资型金融产品"的商事合同排除出情势变更规则的适用范围；第二款细化了当事人行使合同变更、解除权的法律效果；第三款将合同基础条件发生重大变化后"当事人重新协商的情况"纳入法律后果判断的具体因素，对前述的商化需要进行了回应。

第二，草案对重大误解规则的设计亦显粗糙，没有考量重大误解的撤销需在商事合同领域受到限制。① 针对重大误解规则，我们应区分民事合同与商事合同的不同规范目的，明确并限缩商事合同中商事主体一方重大误解撤销权的适用范围，默认排除商事主体一方的重大误解撤销权，仅在另一方对被误解事实存在过错时才可撤销，使之符合风险与收益相匹配的原理。《民法典》合同编中对该建议未予采纳，但《民法典总则编解释》第十九条第二款对《民法典》合同编的重大误解规则增加了"根据交易习惯等认定行为人无权请求撤销的除外"这一例外情形。

第三，草案删去了《合同法》第五十一条的无权处分合同原则无效规则，转而"默认"《最高人民法院关于审理买卖合同纠纷案件适用法律问题的解释》（2012 年版，以下简称《买卖合同解释》）第三条的无权处分合同有效规则，尝试终结学术界和实务界的纷争。然而，对这一问题的讨论宜脱离出采纳德国模式（无权处分合同有效）还是选择法国模式（无权处分合同相对无效）的路径依赖分歧，而回归丹宁（Denning）勋爵理解无权处分问题所用的"保护财产权人权利"和"保护商业交易"的二元法理本质。现代商业货物交易以高速流转性和标的非特定性为普遍特征，若认定无权处分合同有效，则有利于鼓励更具效率的货物流通交易，并有助于令无权处分的受让人在有效合同的框架内仍能要求无权处分人强制履行交付相同性质、种类的货物，以保障交易的可预期性。但与此同时，英美法系认为重大交易合同，例如不动产买卖合同，如果标的是不可交易的（包括但不限于出让方不拥有财产权），则买受方可直接解除合同，亦可事先约定自动解除合同，因为此情形下无权处分的商事特征将弱于其民事特征。所以，立法即便认为无权处分有效，也应将这一规则

---

① 有学者认为，我国重大误解规则在立法继受过程中，对其构成要件和解释方法都有所忽略，导致法官大都仅凭对"误解"一词的字面理解来断案。参见王天凡《民法"重大误解"继受之反思——兼以台湾"民法"第88条第1款为例》，载《华东政法大学学报》2017年第2期，第102—104页。

限缩适用于商事合同领域，而对于民事合同领域不动产买卖中的无权处分，应当赋予守约方无条件解除合同的权利。但《民法典》合同编中未采纳该建议，仍保持了草案中的立法表述。《民法典合同编通则解释》第十九条第一款则补充规定了因未取得真正权利人事后同意或者让与人事后未取得处分权而导致合同不能履行的，受让人有权主张解除合同，其表述的"合同不能履行"应当如前建议所述，区分解释商事合同与民事合同的构成标准。

第四，对于具备交易长期性的商事合同类型，诸如建设施工合同、商事委托合同，其当事人的任意解除权往往应受到更多限制，① 需要做出特别规定，而立法却未予关注，② 因此《民法典》合同编宜规定具备交易长期性的商事合同解除一般条款："营利法人所订立合同，依诚信原则或交易习惯对合同解除做出限制的从其限定；因解除合同给对方造成损失的，应当赔偿损失。"《民法典》合同编第五百六十三条第二款相较于草案，非但没有考虑部分商事合同的特殊性而做出特别规定，反而对于履行内容为持续性债务的不定期合同，将草案中规定的"当事人行使任意解除权之前，需要在合理期限内通知对方"的程序要求删除，并在《民法典》合同编中改设为义务性条款，使得未在合理期限之前通知对方时，可能仅能产生违约的法律效果或影响当事人过错的认定，而非否定任意解除权的行使效力。这一规定实际上扩大了具备交易长期性的商事合同的各方当事人所面临的交易风险，不足以有效维护交易安全。

第五，草案二审稿以后的规定将保证方式没有约定或约定不明的推定改为按一般保证承担保证责任，貌似符合民法之法律父爱主义，实则对商事保证制度的构建有懈怠之嫌。因此草案二审稿第六百八十六条需要改良，回归草案一审稿第四百七十六条的民商"分流"思路，规定保证方式没有约定或约定不明的，原则上应当推定保证人按照连带保证承担保证责任，但该推定规则不适用于自然人之间达成的保证合同；自然人之间达成的保证合同中保证方式没有约定或约定不明的，推定保证人按照一般保证承担保证责任。但《民法典》合同编中未采纳该建议，仍保持了草案二审稿以后的立法表述。

---

① 以委托合同为例，目前我国立法中并未对委托合同任意解除权有例外规定。有学者主张，委托合同当事人的任意解除权规则应区分民商关系。参见谢鸿飞《民法典合同编总则的立法技术与制度安排》，载《河南社会科学》2017年第6期，第30页；吕巧珍《委托合同中任意解除权的限制》，载《法学》2006年第9期，第79－80页。

② 像《意大利民法典》第1616条及第1623条规定的租约解除权、生产经营中变更合同或解除合同情形，即授权行业规范、惯例、行业规则做出例外规定。参见《意大利民法典》，费安玲等译，中国政法大学出版社2004年版，第390－391页。

第六,草案第四百七十条规定借款合同未约定利息条款时借款人即无利息请求权,没有正视在商业活动中利息是借款人对价的交易本质,其与民事情谊行为截然不同,因此无论对于未约定或未明确约定利息条款的借款合同,都应参照《最高人民法院关于审理民间借贷案件适用法律若干问题的规定》(2020年第二次修正)第二十四条第二款根据商事借款合同有偿而民事借款合同(如自然人之间的借款合同)无偿原理设计的区分自然人之间借款约定不明推定无息,除此以外即推定有息的规则,分别推定借款人是否应付利息。但《民法典》合同编中未采纳该建议,仍保持了草案中的立法表述。

3. 冲突型商法一般条款的设计脱离实践

首先,对于市民生活和商事实践中的常见合同类型,《民法典》草案未明确统一的入典思路。学界对有名合同入典标准提出了不同看法,如重要且必要性标准、典型性标准、新型合同标准、商事合同标准等,但究竟哪些(商事)合同类型应有名化、有名合同类型应扩容到哪种程度,标准仍较为模糊。[①] 本书认为,对冲突型商法规范的入典选择应运用二阶思路,区别对待,例如大量的金融衍生交易合同、网络金融合同等更重视风险防范和公法管制的商事合同类型,与其他有名合同类型的共性少,且本身具有一定的独立规则体系,可效仿保险合同在《保险法》、旅游合同在《中华人民共和国旅游法》之安排,留待商事单行法处理。而《民法典》合同编较草案未新增其他典型合同类型。

其次,草案第四百七十二条仍将保证合同的从属性奉为圭臬,置《最高人民法院关于审理独立保函纠纷案件若干问题的规定》(以下简称《独立保函解释》)所认可、商事实践中所常见的独立保函(证)于不顾。为满足市场交易需求,应在该条的基础上,增加一款对由商事主体出具的独立保函(证)的特殊规定,使具有独立性的商事保证(合同)的合法性在民商事基本法层面能够得到正式确认。但《民法典》合同编未采纳该建议,仍保持了草案中的立法表述。对此,《民法典担保制度解释》第二条第二款规定,因金融机构开立的独立保函发生的纠纷,适用《独立保函解释》,这就以司法解释形式实现了对商事保证(合同)独立性例外规则的设置。

---

① 参见李建伟《我国民法典合同法编分则的重大立法问题研究》,载《政治与法律》2017年第7期,第22-24页。

二、合同编中商法一般条款的适用分析：以违约金约定为例

（一）违约金调减的法理构造及立法表达

在《民法典》编纂以前，我国《合同法》第一百一十四条第二款规定了普遍适用于任何合同纠纷情形下的违约金调整规则，《民法典》合同编第五百八十五条第二款也基本延续了《合同法》的规范内容。

《合同法》违约金调减规则的设计目的，在于保持守约方所获违约金与其所遭受损失额大体一致，以反映等价原则和合同正义。① 达到"过分高于造成的损失"法定基准后，守约方即享有违约金调减请求权，法院应当予以合理调减。② 早期司法解释更是坚持30%的"红线"，如《商品房买卖合同解释》第十六条的规定。而《民法典》则将违约金调整权，由守约方的权利（请求权）改为法院或仲裁机构的酌定权力（裁定权），③ 即从"应当"改为"可以"。

此番调整主要是由于司法实践中出现了约定违约金比例超过30%，但被认定不必调减的案例，《民法典》则吸收了司法解释和司法政策性文件中赋予法官的自由裁量空间和考量因素，通过法定权力的形式进行固定，回应了学界的呼声。例如，为了适应实践中的不同情况，不至于僵化执行调减，法院或仲裁机构会通过灵活配置举证责任，对《合同法解释二》第二十九条第一款中的"合同的履行情况、当事人的过错程度以及预期利益等综合因素"（最高院《关于当前形势下审理民商事合同纠纷案件若干问题的指导意见》第7条则更全面地列举了"合同履行程度、当事人的过错、预期利益、当事人缔约地位强弱、是否适用格式合同或条款等多项因素"）、第二十九条第二款中的"一般"字眼等加以解释，结合公平原则和诚实信用原则来决定是否调减违约金以及具体调减幅度，确认了违约金的双重属性（即补偿性和惩罚性）。有学者通过实证统计，确认了司法实践的整体趋势是裁判者会综合考虑包括实际损失

---

① 参见崔建远《合同法学》，法律出版社2015年版，第293页。
② 对于如何把握"过分高于所造成的的损失"，早期司法实践中有按4倍银行同期同类贷款利率来计算的，也有以合同未履行部分总值为上限的，还有直接以30%为比例标准等进行计算的。参见姚明斌《〈合同法〉第114条（约定违约金）评注》，载《法学家》2017年第5期，第169页。
③ 参见黄薇《中华人民共和国民法典合同编释义》，法律出版社2020年版，第290页。

在内的多种因素。①

对于违约金调减规则如何民商区分适用的问题，有观点认为《民法典》所规定的"违约金过高不必调减"，可基于民商差异而拆分为"违约金过高必调减"的民法一般条款和"违约金过高必不调减"的商法一般条款，这往往参考的是德国立法例。《德国民法典》第 343 条规定的表述与我国《民法典》的相类似，以违约金"过高"为适用条件，经债务人申请，法院可以判决调减；而《德国商法典》第 348 条规定："一个商人在自己的商事营利事业的经营中所允诺的违约金，不得依《德国民法典》第 343 条的规定减少。"德国法在违约金调减问题上，民法一般条款与商法一般条款的界限清晰，我们加以借鉴或许并无不妥，商事主体的专业性和成熟性、商事交易的自由取向以及商事行为的责任加重等法理依据都可支持这一规则的民商区分适用方法。②

然而，符合商事主体标准或商事行为标准，即可豁免过高违约金调减的简单化规则适用方法，并非我国解释商事违约金调减规范的最佳途径。观察他国，英美法系和大陆法系在违约金调减规则上存在较大区别。这是因为合同在英美法系中主要被视为允诺，因对方违反允诺的合同救济需遵循"不能获得比依约履行取得更好地位"的原则，③ 因此违约责任是对允诺的实现，除非当事人在合同中事先"同意在发生违约时可以进行报复"④。但在大陆法系中，合同是合意，而合同责任是对违约的规制，因此允许守约请求超过实际损失的违约责任。⑤ 据此，由违约而生的惩罚性违约金不可强制履行是英美法系的要求，而大陆法系则有限制地允许约定惩罚性违约金，⑥ 两大法系即便有所谓

---

① 该实证统计也发现，实际损失因素对违约金调减与否起着显著影响，而其他因素只有相对较小的影响。参见屈茂辉《违约金酌减预测研究》，载《中国社会科学》2020 年第 5 期，第 124 页。

② 参见姚明斌《〈民法典〉违约金规范的体系性发展》，载《比较法研究》2021 年第 1 期，第 90 – 104 页。

③ E. Allan Farnsworth, *Contracts*, New York: Aspen Law & Business, 1999: 760.

④ N. B. Oman, "Consent to Retaliation: A Civil Recourse Theory of Contractual Liability", *Iowa Law Review*, 2011, 96: 529.

⑤ U. Mattei, "The Comparative Law and Economics of Penalty Clauses in Contracts", *The American Journal of Comparative Law*, 1995, 43: 427 – 428.

⑥ I. M. García, "Enforcement of Penalty Clauses in Civil and Common Law: A Puzzle to be Solved by the Contracting Parties", *European Journal of Legal Studies*, 2012, 5: 98. 此处的"惩罚性违约金"指的是约定超出实际损失数额的违约金部分，参见 A. Schwartz, R. E. Scott, "The Common Law of Contract and the Default Rule Project", *Virginia Law Review*, 2016, 102: 1523。

的"共识",也是倾向于严格处理过高的违约金,① 而其深层原因在于,合同法制度和理论对当事人利益平衡的假设本身就是不完备的。②

此外,直接移植《德国商法典》的规定而认为民法一般条款应"紧",商法一般条款应"松",是对德国法的片面理解。《德国商法典》免除的仅是《德国民法典》第343条的约束,在德国法背景下,商事违约金还可能因《德国民法典》第138条的公序良俗原则、第242条的诚实信用原则、第307条的一般交易条件相关规则、第313条的交易基础丧失规则,以及第315条的公平修正规则而被调整甚至被确认为无效,③ 因此德国法官在商事违约金调减问题上,相比于民事违约金的"过高"标准,援引的是自由裁量空间更大且适用门槛更高的民法一般条款。

而我国《民法典》在适用过程中即便"容忍"惩罚性违约金的某些正当性基础,也是有限度或附条件的,若对违约金调减规则做"非黑即白"的隐名商法规范解释,就等同于强迫法官向公平、诚实信用等民法原则"逃逸"。在目前绝大部分法官都认可违约金约定过高必须调整(甚至有研究显示,当双方当事人都为法人或其他组织时,较之一方为自然人、更较之双方为自然人时,过高违约金会受到法院更大程度的调减)的情况下,④ 这一解释无法从司法实践中自然地总结得出,甚至可能有违社会生活中的一般直觉。加之法院在确定司法干预的程度时,需要审慎考量不同个案中违约金条款显失公平的程度而会带来相当的不确定性,⑤ 强硬推行则容易导致商事纠纷中民法一般条款的

---

① 英美法系国家的成文法如《美国统一商法典》,大陆法系国家采民商分立立法体例的如《法国民法典》《法国商法典》,采民商合一立法体例的如《瑞士债法典》,都未对商事主体之间或开展商事行为时允许约定过高违约金,或者对过高的违约金约定不可强制履行、应当被调整做出明确规定。参见罗昆《我国违约金司法酌减的限制与排除》,载《法律科学(西北政法大学学报)》2016年第2期,第115-126页。而且,目前也有个别国家开始承认法院有对过高违约金的酌定调减权,如《日本民法典》在2017年债法修订中,于第420条第1款删去了旧法上"法院不得调减预定损害赔偿额"的表述,以及下文将述的英国法相关规定。

② S. Winsberg, "Contract's Covert Meddlers", *Notre Dame Law Review*, 2022, 97: 1265, 1270.

③ Vgl. Volker Rieble, Staudinger Kommentar zum BGB, § 343, Rn. 40, 47; Peter Gottwald, Münchener Kommentar zum BGB, § 343, Rn. 1, 4. 另参见[德]C. W. 卡纳里斯《德国商法》,杨继译,法律出版社2006年版,第590-591页。

④ 有学者统计出有97.7%的司法案件都调减了过高的违约金。参见屈茂辉《违约金酌减预测研究》,载《中国社会科学》2020年第5期,第123页。也有学者统计出这一比例的结果为72.5%。参见罗昆《我国违约金司法酌减的限制与排除》,载《法律科学(西北政法大学学报)》2016年第2期,第116页。

⑤ O. Ben-Shahar, "Fixing Unfair Contracts", *Stanford Law Review*, 2011, 63: 904-905.

滥用，难以保障裁判标准的统一性和可预期性。

（二）违约金调减规则民商区分适用的案例分析

在《民法典》生效并适用于解决违约金调整纠纷以前，法院一般直接参考《合同法解释二》第二十九条的规定而进行综合考量。由于司法解释规定违约金计算比例原则上不超过30%的上限，因此在司法实践中，双方当事人争议焦点一般集中于实际损失（违约金计算基数）的确定问题。

虽然一般情况下司法机关不会论及商事违约金调减的特殊性，但在守约方未充分举证证明自身所遭受实际损失的数额或程度、违约方也未充分举证证明合同约定的违约金过分高于守约方实际损失的情况下，法官对实际损失的认定，很大程度上反映了法官对双方当事人的交易行为是否具有盈利性质的认识。

此时法官脱离证据规则而基于自由裁量权确定守约方的实际损失，是对守约方因经营活动受影响而损失可预期的商业利益的一种先决判断，充分反映其在秉持商事审判理念下对商事交易秩序和对商事主体意思自治的尊重。在商事买卖交易的违约金调减纠纷中，例如，在四川好××实业股份有限公司与德××（广州）香料有限公司等买卖合同纠纷案中，法官将《最高人民法院关于审理民间借贷案件适用法律若干问题的规定》（2015年版，以下简称《民间借贷旧规》）第二十八条规定中借贷年利率24%的上限，适用于对未付货款这一违约行为的违约金计算，由此支持按照未付货款的年利率24%计算的违约金属于不"过分高于造成的损失"，相当于法院认定守约方因未能按时收取货款而遭受的实际损失为资金占用损失。① 类似的，最高院也有案例将借贷年利率24%的上限适用于对未退预付款这一违约行为的违约金计算。② 即便有案例认为《民间借贷旧规》的规定不能直接适用于对未还款项的违约行为的违约金计算，但法官仍可结合案情，认定守约方的实际损失为利息损失，由此按所欠款项和中国人民银行同期同类贷款基准利率确定违约金的上限。③ 这些适用路径也类似地出现在股权转让纠纷中，对于在何种情况下股权转让合同约定的违约金不"过分高于守约方的损失"，在陈某某与黄某的股权转让纠纷案中，法官参照适用《买卖合同解释》第二十四条第四款的规定，认定守约方

---

① 参见最高人民法院（2019）最高法民再307号民事判决书。
② 参见最高人民法院（2019）最高法民终960号民事判决书。
③ 参见最高人民法院（2013）民提字第145号民事判决书。

的实际损失为利息损失,并按中国人民银行同期同类贷款基准利率确定违约金上限。① 在类似的案件中,法官名义上参照适用了《合同法解释二》第二十九条,但由于法官最终仍然选择了以年利率 24% 为违约金计算的上限,其实际暗含了对《民间借贷旧规》第二十八条的适用,即认定守约方实际损失为资金占用损失。② 而在商铺租赁合同违约纠纷中,法官在守约的出租方未充分举证证明承租方违约撤离场地所造成的具体损失的情况下,径直认定"对于租赁合同来讲,承租方违约而给出租方造成的损失主要是二次招商运营的费用以及空租期的租金损失",并以此计算违约金上限,体现了法官对守约方损失的可预期商业利益的认可。③

同时,最高院也有个别案例在违约方提出了调减违约金的请求后,法官认为商事违约金的调减需要进行特殊处理。例如,有法官认为"本案双方当事人均系合法存续的商事主体,对违约金的约定应是建立在合理预判预期收益及违约后果的基础之上,在无特别法定事由情形下,一般不应进行调整"④;在另一案中,法官则结合了案件的"商事交易性质",最终没有支持当事人调减过高违约金的主张。⑤

此外,在深圳宝×置地有限公司与深圳市布×投资股份有限公司合同纠纷案中,法官在认定商事违约金的上限时,甚至将法律适用重心转移至可预见的可得利益损失问题上,而非《合同法解释二》第二十九条规定的以实际损失为基础,从而认定违约金和损失赔偿总额不超过守约方直接损失与可预见的可得利益损失之和的,即便违约金明显超出守约方直接损失,超出的部分仍应予支持,⑥ 这充分反映出司法机关对合同当事人就交易秩序达成的事前安排的尊重。

在《民法典》生效并适用于解决违约金调整纠纷以后,虽然《合同法解释二》已失效,⑦ 但许多司法机关仍将违约金"过分高于守约方的损失"的标

---

① 参见最高人民法院(2019)最高法民终 985 号民事判决书。
② 参见最高人民法院(2019)最高法民终 261 号民事判决书。
③ 参见最高人民法院(2015)民一终字第 340 号民事判决书。
④ 参见最高人民法院(2019)最高法民申 1196 号民事裁定书。
⑤ 参见最高人民法院(2016)最高法民申 1050 号民事裁定书。
⑥ 参见最高人民法院(2018)最高法民终 124 号民事判决书。
⑦ 参见《最高人民法院关于废止部分司法解释及相关规范性文件的决定》(法释〔2020〕16 号)。

准认定为实际损失的 30%。① 最高院发布的《全国法院贯彻实施民法典工作会议纪要》第 11 条、《民法典合同编通则解释》第六十五条第二款也沿用了实际损失的 30% 作为违约金"过分高于造成的损失"的判断基准，实际损失的类型认定反而成了法律适用的关键。在此基础上，对于商事买卖交易的逾期付款违约金调减问题，虽然《买卖合同解释》为配套《民法典》做出了相应修改，但逾期付款违约金调减规则基本沿用原规定。② 因此在双方当事人都无法证明或证伪守约方遭受了实际损失的情况下，有法官结合案情认定守约方实际损失为资金占用损失，从而以银行同期同类贷款利率计算损失，并上浮 30% 确定违约金数额。③ 这一法律适用方式在一定程度上也延续了此前法院对于以金钱为给付内容的商事交易活动，认为守约方所遭受的损失是资金被占用而发生的利息损失的基本认识。但对于其他类型的商事合同，最高院在《九民纪要》第 50 条规定对守约方实际损失原则上为资金占用损失或资金借贷利息损失的认识进行了调整，不允许法院简单认定守约方实际损失为利息损失。因此对于其他类型商事合同的守约方所遭受之损失和违约金上限的计算，法官仍然需要参考《全国法院贯彻实施民法典工作会议纪要》第 11 条的规定，根据公平原则和诚信原则，综合各种因素判断，原则上不能直接对其他类型商事合同的守约方实际损失的类型做出推定或预设。由此可见，最高院的司法解释或司法政策性文件并未对其他类型商事合同的守约方实际损失的类型认定问题给予具体指导，当前司法实践对这一问题也未达成共识，因此法官将有相对较大的空间行使自由裁量权。

再者，在双方当事人都无法证明守约方实际损失的情况下，有法院认为，在违约金调减与否的综合考量因素中，也要判断违约方是否为商事主体，因为"在合同中约定了违约金的计算方式系双方真实意思表示，对于双方的权利义务已经充分考虑，对于约定违约金亦应能预判到相应的法律风险"，从而更倾向于不调整相对较高的违约金；④ 另有法院基于守约方的商事主体身份，认为"在现实经济活动中，商事主体为持续经营必然需要经营资金，在逾期付款的情况下，对商事主体造成的实际损失一般表现为利息损失及融资成本。按照经

---

① 参见新疆维吾尔自治区高级人民法院（2022）新民申 1333 号民事裁定书、湖北省高级人民法院（2021）鄂民终 1107 号民事判决书。
② 参见《最高人民法院关于修改〈最高人民法院关于在民事审判工作中适用《中华人民共和国工会法》若干问题的解释〉等二十七件民事类司法解释的决定》。
③ 参见辽宁省高级人民法院（2021）辽民申 8622 号民事裁定书。
④ 参见江苏省连云港市中级人民法院（2022）苏 07 民终 255 号民事判决书。

济活动实践，资金融资或占用的成本常常要远远高于全国银行间同业拆借中心公布的贷款市场报价利率，故该利率并非计算损失的唯一标准，亦非在各种情形下最合理的标准"，由此确定守约方实际损失的类型，并限缩了法院干预双方当事人约定违约金的力度。①

三、合同编中商法一般条款的适用完善：以商事违约金调减规范为例

（一）商事违约金调减规范适用的完善思路

立法者在《民法典》违约金调减规则的设计上，既有延续法院酌定权之意，同时也注意到了商事违约金约定之特殊性。②《民法典合同编通则解释》第六十五条第一款更前所未有地明示裁判者需要将"合同主体、交易类型"纳入是否调减违约金以及具体调减幅度的考虑范畴。基于此，如何更有效地识别与规范商事违约金调减规范这一隐名商法规范，使司法审查不至于侵犯商事合同自由，需要注意下列两个要点：

一是商事违约金的构成要件应包括双方都具有商事主体身份。目前司法上尚不存在关于商事违约金问题的普遍认识，因此按照"先有商事主体规范，后有商事行为规范"的一般规律，③ 相对不成熟的商法一般条款宜以商事主体为识别标准来确定法律关系的商事性质，以避免"误伤"非商事主体的利益。而对于商事主体的身份要件是仅需单方具备还是要求双方都有的问题，前者所涉及的 B2C（企业对消费者）合同反而更应保护消费者在缔约地位更高的商事主体面前的经济利益。④ 因此，将商事违约金调减规范的解释与适用局限于B2B（企业对企业）合同⑤更符合该隐名商法规范的目的。合同双方当事人都为商事主体时约定的违约金条款需要被特殊考虑，是源于对其专业判断能力和

---

① 参见吉林省长春市中级人民法院（2022）吉01民终57号民事判决书。
② 参见黄薇《中华人民共和国民法典合同编释义》，法律出版社2020年版，第291-292页。
③ 参见周林彬、官欣荣《我国商法总则理论与实践的再思考——法律适用的角度》，法律出版社2015年版，第98-103页。
④ 相关立法例如《英国2015年消费者权利法》第6条中对于消费者合同中约定过高违约金的，违约金条款对消费者一方无法律约束力（no binding），较一般合同中惩罚性违约金不可强制履行（unenforceable），在法律上给予了更严厉的否定评价。
⑤ 有学者将B2C和B2B都归入商事合同，此处是对其观点的部分借鉴。参见王文宇《从商法特色论民法典编纂——兼论台湾地区民商合一法制》，载《清华法学》2015年第6期，第67页。

风险承担能力的法律预设,类似于实际损失要件在所有违约金调减案件中都必须加以考虑,双方都具有商事主体的身份要件则是适用商事违约金调减规范的必要前提,但符合要件本身不直接产生推定或直接豁免调整的法律效果。

二是商事违约金过高时可豁免调整的关键因素应为商业合理性。当下支持惩罚性违约金(部分)可获得法律正面评价的原理,一般是将其功能归于预先确定损失额以节约事后再协商成本、施加压力以敦促合同履行、作为履约担保等,① 然而这些正当性基础本身不可清晰地划出民商界限,司法解释和司法政策性文件所示的各种酌定因素可同时适用于民商事法律关系。但缺乏独立的商事酌定因素,就不可称有隐名商法规范的存在。

英国法的新近发展或可以给我们一些提示:在很长一段时间内,英国法对于可预见实际损失(genuine pre-estimate of damage)以外的惩罚性违约金始终秉持绝对禁止的态度,认定其不可强制履行。② 然而在 2015 年英国最高法院联合裁判的案件中,该普通法规则被大幅改写。③ 该案中法庭明确了司法应禁止的是过高、过分或不合理,以至于不能被视为与正当利益相称的惩罚性违约金,④ 而所参照之标准,霍奇(Hodge)法官总结为守约方的商业利益(commercial interests)或合同履行利益。⑤ 这既是突破,也延续了以往法院通过判断商业合理性(commercial justification)而对惩罚性违约金认定标准有所缓和的态度,而该案中法官也确实在进行商业合理性分析。⑥ 商业合理性因素是由法官来评价双方当事人事前约定的违约金条款是否有其商业考虑,在效果上是对商事主体开展高于自身能力(包括实际经营能力和风险控制能力)的交易这一过度冒险行为的抑制,因为在受同一惩罚性违约金条款约束的情况下,纯粹冒险(即不具有商业合理性)只会带来期望的额外损失,不会获得

---

① 参见姚明斌《〈合同法〉第 114 条(约定违约金)评注》,载《法学家》2017 年第 5 期,第 156-157 页。

② See Dunlop Pneumatic Tyre Co. Ltd v. New Garage and Motor Co. Ltd (1915) AC 79. See also Guenter H. Treitel, *The Law of Contract*, London: Sweet & Maxwell, 1995: 899.

③ See Cavendish Square Holding BV v. Talal El Makdessi; ParkingEye Ltd v. Beavis [2015] UKSC 67, [2016] 1 AC 1172 [3].

④ Id. at [32], [152], [155], [291], [293].

⑤ Id. at [151], [248], [249], [254], [255], [293].

⑥ 例如,曼斯(Mance)法官认为,马克德西(Makdessi)违反协议的限制性规定时,卡文迪许(Cavendish)有权切断马克德西与自身的联系,以避免其继续损害公司利益。同时,因双方忠诚合作所代表的商誉价值消失,股权转让价格应当按照扣除商誉价值进行计算。参见张力、赵自轩《英国罚金判断新标准在我国违约金调减中的运用》,载《河北法学》2017 年第 9 期,第 27-28 页。

损失外的过高违约金收益。该案律师在呈交法庭的意见书中，就曾主张直接废除商事案件中惩罚性违约金不可强制履行的现有规则，然而法庭没有采纳这一观点，主要原因在于禁止惩罚性违约金规则在普通法中已甄稳固，法官无法简单废除。① 这点也与我国司法现状高度相似。

综上，结合《民法典合同编通则解释》第六十五条第一款规定，对于《民法典》合同编第五百八十五条第二款中的商事违约金调减规范适用，应当首先界定纠纷双方是否为商事主体，符合者在众多酌定因素之外再考虑是否有商业合理性因素，进而决定是否调减过高的违约金。

（二）商事合同一般条款适用完善的基本逻辑

《民法典》受到了潘德克吞式编纂体例的深刻影响，这一技术既是对《民法总则》经验的延续，以形成对《民法典》各分编有"统领性作用"的总则编，更创新性地在《民法典》各分编的一般规定以及具体规则的规范群中都加以运用，② 以适应民商合一的立法体例要求。但铺张适用"提取公因式"的立法技术，使得许多商法一般条款将需要借助相对应民法一般条款的法律文本进入《民法典》，在此种情况下，商法一般条款通常需去除"商法标识"以适应民法一般条款，致使《民法典》（尤其是合同编）中存在较多缺乏"商法标识"的商法一般条款——隐名商法规范，这也是《民法典》合同编中商法一般条款识别和适用的主要对象和困难来源。

《民法典》合同编对商法一般条款的配置，部分是利用"有偿"及"自然人之间除外"等"商法标识"，相对妥善地区分了部分民法一般条款和商法一般条款，即显名商法规范。然而，更多的一般条款是缺乏"商法标识"的隐名商法规范，这些条款在法条解释时非常容易导致民商区分不清而混淆适用，使之既不能适应普通人的生活需要，也无法实现对商事交易的有效规范。③ 这些隐名商法规范在《民法典》编纂前，可能存在于民事单行法中，通过商事审判中的法律解释（无论是以具有普遍约束力的司法解释形式，还是以个案中的法官解释形式）分解出"民法"形式下的商法一般条款实质；也可能以

---

① J. Morgan, "Penalty Clause Doctrine: Unlovable but Untouchable", *The Cambridge Law Journal*, 2016, 75: 11, 13; J. O'Sullivan, "Lost on Penalties", *The Cambridge Law Journal*, 2014, 73: 480, 482 – 483.

② 参见张鸣起《民法典分编的编纂》，载《中国法学》2020 年第 3 期，第 13 页。

③ 参见李建伟《〈民法总则〉民商合一中国模式之检讨》，载《中国法学》2019 年第 3 期，第 295 – 302 页。

商事单行法的形式存在，对一般性地调整该商事合同关系的民法一般条款予以补充，或优先其适用。

从比较法来看，民商分立立法体例国家如德国、法国、日本，其显名商法规范几乎都集中于商法典，或以商法典为一般法而适用。这也使得在其民法典中，再难找到显名商法规范，仅存个别隐名商法规范。例如，为了保护商事主体非财产权等的经营利益，《德国民法典》第 823 条第 1 款中的"其他权利"被法官扩张解释，实现了对营业活动的保护。[1]

而作为民商合一立法体例的代表，《瑞士民法典》中以显名商法规范为主流。这是因为在"瑞士人皆为商人"的立法理念指引下，原先设计的商法规范迁入了瑞士债法，之后随着瑞士债法向民法典的整体转移，[2] 促成了大量显名商法规范加入民法典，如《瑞士债法典》[3] 第三编至第六编中的公司与合作社、商事登记、商号、商业账簿、有价证券等内容。但《瑞士民法典》也存在不少隐名商法规范。例如，《瑞士债法典》第 201 条仅一般性地规定了买卖合同中买受人应当在收到货物后尽快检查，并在发现瑕疵时及时通知对方。根据该条款，看似商事主体和非商事主体均被要求高效地实施对货物瑕疵的检查和通知，民商不加区分，但瑞士法院在司法实践中通过结合个案情形、尊重交易习惯、区分商事主体和非商事主体的时间要求和技能要求等，识别出其中的隐名商法规范。[4]

因此，对于《民法典》合同编的理解和适用不应止步于显名商法规范。通则部分是"提取公因式"的成果，鲜见仅用于商事合同的法律规范，也没有民事合同的专属条款，因此商法一般条款几乎只得隐名地存在；在分则部分，买卖、赠与、借款、租赁、承揽、委托、居间合同等本身"可民可商"，而这些有名合同类型中的显名商法规范数量占比甚微，找到其中隐名商法规范的紧迫程度因此更多几分，否则"民法商用"或"商法民用"很可能致使合同当事人的利益受损，也扭曲了原本秩序井然的市民生活与市场经济。

---

[1] 参见 [德] 迪特尔·梅迪库斯《德国民法总论》，邵建东译，法律出版社 2013 年版，第 63 - 64 页。

[2] 参见殷安军《瑞士法上民商合一立法模式的形成》，载《中外法学》2014 年第 6 期，第 1462 - 1482 页。

[3] 《瑞士民法典》共四编，分别是人法、亲属法、继承法以及物权法编。根据 1911 年 3 月 30 日瑞士联邦会议的决议，"瑞士债法"被视为《瑞士民法典》第五编，但具有相对独立性，有自己独立的条文编号，又被称为《瑞士债法典》。

[4] 参见史广龙《民商合一立法方法在瑞士民法典中的实现》，载《法律方法》2014 年第 2 期，第 359 - 360 页。

而实现《民法典》合同编中的隐名商法规范的识别和适用主要依靠法解释工具,即"站在法官的立场,在现行法的框架内通过对现行法律进行逻辑推论,针对现实生活中发生的法律问题、法律纠纷等推导出最为妥善、最有说服力的结论"①。我国民商法学过往倾向于选择立法工具以求发展,但《民法典》编纂完成后,更应重视的是对法解释工具的应用。

至于更为关键的隐名商法规范的识别标准,即如何确定在特定历史阶段、特定案情等客观条件下《民法典》中某一法律规则"平平无奇"表述中的隐名商法规范,对此有还原论和发展论两种标准:还原论是原旨主义(或称克制主义)的表现,即回到立法者所认识的规则和语境中进行法律解释;发展论是能动主义的表现,即为了解决司法者现实面临的问题而进行法律解释。这种二分逻辑在很大程度上源于美国宪法(当然还有其他制定法和普通法)之法院"立法"的赞与驳争论。②若视宪法为公法之根本法,《民法典》作为私法之基本法,继之适用还原论和发展论也算法理恰当。在《民法典》合同编中隐名商法规范的识别问题上,还原论一般需回溯立法资料和历史背景等,立法机关如全国人大及其常委会、立法起草单位、立法草案审查机关,以及国家领导人指示和人民群众意见都可作为探寻立法者真意的基础,以辨析相关法律规则设计中是否希望反映商法规范的内容;发展论则是需要秉持《民法典》合同编是"开放型"、不能阻碍经济和社会生活的变化和发展的认识,在商事审判中通过对成文规则加以文义之外的商法理念的调整改造,让文本含义成为"尾声"的同时,也让法律适用与时俱进。

第三节 侵权责任编中商法一般条款的法律适用

"商事侵权"是内涵丰富的法学概念,其在英美法系国家和地区尤为常见,但在大陆法系国家和地区的商法研究中并未受到重视,相关成文法鲜见包含"商事侵权"概念的一般条款,也无"商事侵权"概念统摄下的商法规范群。或受参考材料不足的影响,在《侵权责任法》的制定和后续《民法典》

---

① [日] 铃木贤:《中国的立法论与日本的解释论——为什么日本民法典可以沿用百多年之久》,渠涛译,见渠涛《中日民商法研究(第2卷)》,法律出版社2004年版,第538页。
② 参见 [美] 克里斯托弗·沃尔夫《司法能动主义——自由的保障还是安全的威胁》,黄金荣译,中国政法大学出版社2004年版,第33页。

侵权责任编的编纂中,未对商事侵权一般条款或商事侵权法理予以足够关注,因此"以民代商"将是《民法典》侵权责任编在法律适用过程中的现实状态和应重点关注并解决的问题。但考虑到商事侵权法律制度的大部分内容确实与民事侵权法律制度存在较大的区别,甚至彼此存在冲突,相关的商事侵权一般条款和商事侵权特殊规则也可按照所规范的商业活动或领域,构成相对独立的商法规范群,因此商事侵权一般条款的典外安排路径也不容忽视。本节以商法一般条款的三类规范配置为视角,就商事侵权一般条款加入《民法典》侵权责任编及实施完善问题展开讨论。

一、侵权责任编加入商法一般条款的法理基础与加入现状

受罗马法影响,大陆法系的传统民法研究一般将侵权法视为债法的一部分,长期忽视商事侵权与民事侵权在内涵定义、构成要件等方面客观存在的诸多差异和特殊性,这种历史习惯所产生的影响,在大陆法系国家或地区的民商事立法活动,包括在我国《民法典》侵权责任编的规范设计中,体现得淋漓尽致。《民法典》侵权责任编的立法思路拘泥于传统的民事侵权制度,对商事侵权法律制度的认识和考量不足。① 具体而论,我国《民法典》没有区分民事侵权和商事侵权,仅对一些常见的、与商业活动有一定关联的特殊侵权类型做了特别安排,但其第一千一百七十八条沿袭《侵权责任法》第五条的规定,相对开放式地在作为侵权一般法的《民法典》侵权责任编和其他规范侵权行为的特别法之间,搭建了法理沟通和引致适用的桥梁,为我国侵权法未来的发展和自我革新留下了余地。为了更好地丰富和发展国内的研究及实践,服务于社会主义市场经济的改革与建设,我国急需在《民法典》侵权责任编一般规定的基础上,构建完善合适的商事侵权法律制度。② 然而从最高院制定并公开的《最高人民法院关于适用〈中华人民共和国民法典〉侵权责任编的解释(一)(征求意见稿)》(以下简称《民法典侵权责任编解释一(稿)》)内容来看,商事侵权一般条款仍然未获得应有的重视。

---

① 参见许中缘、黄娉慧《民商合一视角下侵权责任法编商事立法研究》,载《法治研究》2018年第3期,第36-37页。
② 参见宋晓明、高燕竹《商事侵权法律规制若干问题研究》,载《人民法院报》2011年3月2日,第7版。

(一) 民商事侵权的区分方法

1. 商事侵权的概念界定

当前学界对民事侵权和商事侵权的定义与界分尚无统一观点。有关商事侵权的定义，根据界定标准的不同，大致可分为以下四类学说：

第一，商事主体侵权说。持此观点的学者认为，民事侵权和商事侵权的核心差异在于侵权主体的身份不同。"商事侵权责任主体的特殊性表现在两个方面：一是商事侵权的主体是具有商事主体资格的侵权行为人；二是商事侵权责任主体一般具有法人资格，并以企业组织的形式存在。"①

第二，损害经营利益说。持此观点的学者认为，民事侵权和商事侵权的区别在于损害法益的不同。"商事侵权是指在商业领域中，以故意或过失的违法行为妨害他人正常经营活动，造成经营者经营利益损害的商业侵权行为。"②

第三，商事主体侵权和损害经营利益合并说。持此观点的学者认为，区分民事侵权和商事侵权不应只考量侵权主体或受损的法益，而应结合二者综合判断。"所谓商事侵权行为，应当是指商事主体在经营活动中，侵害其他商事主体的人身和财产并造成损害，依法应当承担责任的行为。"③

第四，侵害消费者权益说。持此观点的学者认为，区分民事侵权和商事侵权的关键在于侵权行为是否损害了消费者权益，而商事侵权是商业公司因其产品对消费者造成的侵害。④

国内多数学者倾向于赞同侵权主体的身份差异是区分民事侵权和商事侵权的关键，同时普遍地认为裁判者也应考量侵权人过错的性质与受害人受损利益的性质。有学者总结道："所谓'商事侵权行为'，是指在商事活动中行为人违反法定的或交易习惯上的注意义务侵害他人权利和法益的行为。所谓'商事侵权责任'，是指行为人实施商事侵权行为所应承担的民事责任。"⑤

考察英美法的一般认识，"商事侵权请求权"（commercial tort claim）行使

---

① 刘道远：《商事侵权责任对侵权责任法的挑战及其对策》，载《法商研究》2010年第1期，第75页。
② 杨立新：《侵权责任法应当规定商事侵权》，载《法制日报》2009年3月18日。
③ 成星等：《商事侵权行为概念研究》，载《成都理工大学学报（社科版）》2005年第4期，第91页。
④ 参见李富成、陈志红《商业侵权救济的困境与出路》，载《法律与生活》2005年第4期，第45页。
⑤ 刘言浩《中国商事侵权责任法的构建》，载《上海商学院学报》2013年第1期，第74页。

的基础包含两种情况：一种情况是请求主体为组织；另一种情况是请求主体为自然人，但需要该请求权是产生于请求主体的商业活动中或源于其专业活动，并且请求权内容不含因人身伤害或者死亡致使的损害后果。①《美国统一商法典》第 9-102 条第（13）款也规定了相同的定义。换言之，英美法同样强调商事侵权区别于民事侵权的最大特征，在于侵权主体的商事主体资格和侵权行为的商业性质。值得注意的是，随着互联网经济活动的不断发展，传统上被认为行为不具有商业性质的非商事主体，如今也可能零星地从事具有商业性质的活动，这些行为理应也被纳入商事侵权法律制度的规制范围。

综上，本书认为，商事侵权行为指的是商事主体在从事营利性商业活动的过程中，基于故意或过失的主观过错而实施的、违反法定义务或商事交易习惯的、损害他人利益的行为。

2. 商事侵权区别于民事侵权的特征

第一，原则上，商事侵权的行为人应当是商事主体。商事侵权之所以最终区别于民事侵权，根本在于其行为具有商业性，因而商事侵权主体必然具有商人性，即主体应当是商事主体。但现代社会中部分非商事主体也可能偶发地从事商业盈利活动，这些活动也应受商事侵权法律制度的规制。

第二，商事侵权行为发生在商业活动中，该行为具有营业性或盈利性。商事主体之所以从事专门化的商业活动，皆是为了赚取利润，这一目的直接推动商业活动从民事活动中分离出来，形成复杂细致的操作规则和惯例。因此，商事侵权行为必须具备营业性或盈利性。为了更好地在不适当的利益或权益侵害中，保护当事人在商业活动中的合法权利与正当利益，客观上要求商事侵权法律制度对双方当事人均予以适当的规制，促使其妥当履行注意义务。

第三，商事侵权行为违反的是法定义务或依商事交易习惯而产生的应负义务，侵害的是他人的权利或利益，此处商事侵权法律制度对行为人的预见能力和注意义务的要求高于民事侵权法律制度的一般标准。主观上的故意或过失是产生侵权责任并予以归责的基础，倘若商业活动的行为人未遵循某种基于商事交易中被普遍认可的习惯或惯例，而履行应尽的注意义务要求，那么就应当被认定为具有过失。② 商业活动本身具有高度的专业性，所波及的公众范围往往较大、损害后果更为严重，商事主体有更充分的信息、资金、知识和能力避免损害发生，或者降低损害后果的严重性。同时，商事领域高度重视实现交易安

---

① See "commercial tort claim", *Black's Law Dictionary*, St. Paul, MN: West, 2009: 306.
② 参见刘建民、刘言浩《商事侵权责任法》，复旦大学出版社 2012 年版，第 2-3 页。

全与交易效率、风险与收益之间的平衡,因此赋予商事主体更高的注意义务本身也符合商业逻辑与价值追求。事实上,由于有限责任是商事主体开展商事经营活动的重要基石,并不需要过分担忧此举会造成风险与责任的分配失衡。①

第四,商事侵权行为对因果关系的认定更加复杂,损害后果的实际发生与否也并非判断商事侵权责任的构成要件。商事交易重视保护交易效率与交易参与人对交易的合理信赖,使得商事侵权法律制度乃至商事法律制度相比于民法制度,更重视追求实现法律的效率价值、发挥法律的预防功能,这体现在诸多方面:首先,商事侵权法律制度强调连带责任的广泛适用,归责原则由单一过错原则转向多元归责原则体系,②在判断行为与结果之间的关系时,不仅局限于考察交易的外观,有时还会"刺破"形式外观以探求交易实质,实现矫正正义;其次,商事侵权法律制度不仅保护实际利益所受的损害,也对信赖利益受损的情形提供救济,例如当侵权人违反信义义务时,交易相对人即便没有因此直接受到实际损害,也可以据此主张侵权损害赔偿或请求侵权行为禁令;最后,商事侵权行为的救济路径也是多元的,即可诉诸相异的请求权规范,包括侵权一般法、商事单行法、非商事法律规范等。商事交易的第一价值取向是交易效率,使得"妥协让步"的精神遍布商事交易的每个角落,而针对商事交易中发生的商事侵权行为而开展的商事侵权纠纷解决方法亦然。

第五,商事侵权的制度设计和适用更多体现社会政策性。随着现代经济和社会生活的发展,商事交易和商事侵权越来越多地牵涉不特定公众的公共利益,使得各国的立法和司法活动均必须对相关纠纷的社会政策性因素予以考量,甚至有使商事法律制度逐步成为"第三法域"的趋势。具体到商事侵权领域,行为客体、认定标准、归责原则等构成要件均出现了许多新变化,总体上呈现出多元化、客观化、复杂化的特点。③ 社会的发展促使侵权法的理论需要做出调整,以适应新的社会规范、技术进步和损害形式,④ 而这些内容需要

---

① R. J. Rhee, "The Tort Foundation of Duty of Care and Business Judgment", *Notre Dame Law Review*, 2013, 88: 1139 – 1140.

② 参见刘道远《商事侵权责任对侵权责任法的挑战及其对策》,载《法商研究》2010年第1期,第79页。

③ 参见刘道远《商事侵权责任对侵权责任法的挑战及其对策》,载《法商研究》2010年第1期,第77 – 81页。

④ M. L. Rustad, "Twenty-First-Century Tort Theories: The Internalist/Externalist Debate", *Indiana Law Journal*, 2013, 88: 419, 429.

被反映在商事侵权法律制度中。①

3. 商事侵权制度的立法表达

虽然"商事侵权"作为抽象的法学概念或法律概念，其外延可以被界定，也确有部分特别规定可以被归入商事侵权法律制度或商事侵权法学的范畴，但由于商事侵权行为和商事侵权责任等商事侵权法律制度的内涵非常丰富，商事侵权法律制度内部的各个商法规范群之间一般不存在共通的规范价值或规范手段，而更加以实用主义为导向，因此无论是大陆法系国家或地区，还是英美法系国家或地区，无论立法体例采民商合一还是民商分立，都无法在成文法上建立一般化、"大一统"的商事侵权法律制度。

例如，《德国商法典》《法国商法典》《日本商法典》等大陆法系国家在成熟的商事基本法中也无"商事侵权"概念的出现，更遑论"商事侵权"概念统摄下的商法规范群。《以色列商事侵权法》是少有的将商事侵权一般条款在成文法上做统一安排的立法例，该法的主要内容是对不当竞争（分为虚假陈述、不当侵扰窃取）和窃取商业秘密两大类商事侵权行为及其救济机制做出规定，其中不同的商事侵权行为规则在结构和内容上较为独立，而商事侵权责任和救济规则主要为商事侵权一般条款以及统一适用于商事侵权情形的特殊规则。此外，《以色列商事侵权法》第13条还规定了民事侵权法律制度（即《以色列民事过错条例》）与其在法律适用上的关系。相比之下，我国成文法中并不存在"商事侵权"概念，甚至在司法实践中法官也未对商事侵权的基本内容形成广泛的认识。

一般而言，商事侵权涵盖商业诽谤、妨害经营、盗用商业信息、侵害合同债权、违反竞业禁止等行为种类。在我国，当前针对公司、证券、票据等商事领域以及商事主体之间的商事侵权行为，其规定主要散见于商事单行法或其他领域的单行法中，例如有关竞争对手之间的商誉诋毁、盗用商业秘密、损害对方信用等商事侵权行为，一般由《反不正当竞争法》进行规范。又如有关竞业禁止的商事侵权行为，一般通过《公司法》《合伙企业法》等进行规制。由此可见，在特别法层面设置具体的商事侵权行为和商事侵权责任相关规则是当前我国的立法模式选择。

---

① 有关传统侵权法理论和制度需要适应社会和经济生活发展变化的例子，参见 R. Gerlach, "Out of the Rough: How the PGA Tour Can Be Held Accountable for Fan Safety", *University of Iuinois Law Review*, 2021: 229.

(二) 侵权责任编中加入商法一般条款的总体分析

在商法一般条款理论框架下,当前在我国的商事侵权领域,侵犯消费者权益、破坏生态环境、产品食品药品质量安全事件、不正当利用个人信息侵犯隐私权和财产权等案例呈现增长趋势,企业成为侵权活动中愈发常见的主体。商事侵权具有影响广泛性和后果严重性的特点以及倡导更高的注意义务标准、严格责任和惩罚性赔偿的主要特征,其规则因此也与传统民事侵权规则"渐行渐远"。① 从一阶判断标准分析,在侵权责任构成四要件理论已深刻影响了《侵权责任法》并完整延续至《民法典》侵权责任编之背景下,部分商事侵权规则为达到不良商业秩序之整顿目标,对传统四要件理论有所突破,并足以形成独立的构成要件框架。运用二阶判断标准,基于成熟性和体系性的考虑,《民法典》对补充型商法规范(如产品责任、损害生态环境责任)"以取为上",而对冲突型商法规范(如证券侵权责任、垄断、不正当竞争)"不合则舍"。

但基于民事侵权法律制度和商事侵权法律制度在《民法典》内融洽共存的立法安排,我们需要将相关的商法一般条款按照替代型、补充型和冲突型的分类有序加入《民法典》,既不能"以商代民",也不能"有民无商"。本书作者在《民法典分编草案(室内稿)》起草后,依据已有的基础理论研究成果,针对《民法典》侵权责任编,结合三类规范分析框架撰文,提出了将商法一般条款加入其中的一系列修改建议,并在后续各次审议稿的征求意见阶段,对立法进程进行追踪研究。最终获通过的《民法典》侵权责任编在文本上较草案基本没有发生改动,故那些未被《民法典》侵权责任编所采纳的商法一般条款的加入建议,对《民法典》相关规定适用完善仍有参考价值。这既反映了"商事立法剩余"和《民法典》在立法技术上未实现彻底民商合一的缺憾,也将成为未来《民法典》实施过程中需在法律适用上做出一定程度的民商区分的重点关注条款。以下将结合《民法典》草案和最终获通过的《民法典》侵权责任编文本,比较分析《民法典》侵权责任编中商法一般条款加入的得失。

《侵权责任法》具有糅合民事侵权和商事侵权的鲜明立法特色,而草案更体现了侵权法民商合一立法技术的精进和完善,主要表现在以下三个方面:

---

① 参见刘道远《商事侵权责任对侵权责任法的挑战及其对策》,载《法商研究》2010年第1期,第78页。

一是在替代型商法规范上，例如《民法典》草案第九百四十三条、第九百四十六条分别替代了《侵权责任法》第二条受保护权利客体、第十五条侵权行为所致不同责任类型的列举式规定，有利于借由司法能动对新兴商事权利或利益做出动态调整，该规定已沿用至《民法典》侵权责任编第一千一百六十四条、第一千一百六十七条。

二是在补充型商法规范的设计上，例如，针对网络侵权，草案第九百七十条至第九百七十二条以网络服务提供者这一网络商事主体为识别标准，将规制以虚拟互联网空间为载体的相关侵权行为的规则融入了《民法典》，该规定已沿用至《民法典》侵权责任编第一千一百九十四条至第一千一百九十七条。又如，在生态环境侵权方面，草案第一千零四条明确了生态损害侵权为严格责任，并新增了第一千零一十条生态环境修复的特殊责任承担形式，旨在对大规模生态环境侵权之最常见责任主体——企业予以更严苛的规制，这些规定已分别沿用至《民法典》侵权责任编第一千二百二十九条及第一千二百三十四条。再如，草案规定了知识产权、生态环境和产品责任三方面的惩罚性加重赔偿情形，以补充型商法规范发挥商法的公法管制效果，① 这些规定已被分别沿用至《民法典》侵权责任编第一千一百八十五条、第一千二百三十二条、第一千二百零七条。

三是在冲突型商法规范方面，如草案第九百五十五条规定了"本法和其他法律对不承担责任或者减轻责任的情形另有规定的，依照其规定"，为商事侵权的减责免责制度留了"接口"，该规定已沿用至《民法典》侵权责任编第一千一百七十八条。

1. 替代型商法一般条款的设计过度保守

首先，《民法典》草案未能厘定侵权法的不同保护客体而对应设置不同的保护模式。② 对于不断发展的商事侵权手段，立法应面向未来，回应商事主体之间、商事主体与非商事主体之间交易交往所产生的新型利益保护诉求，区分权利、利益并予以区别保护，但《民法典》侵权责任编对此未予以关注。

其次，草案第四百九十六条仍保留了不应置于侵权责任编的绝对权请求权，又将应置于侵权责任编的恢复名誉、赔礼道歉规则"误放"在人格权编，

---

① 参见姜燕《商法强制性规范中的自由与强制——以历史和类型的双重角度》，载《社会科学战线》2016年第8期，第228-229页；张强《商法强制性规范的历史流变》，载《烟台大学学报（哲学社会科学版）》2011年第1期，第40-42页。

② 参见于飞《侵权法中权利与利益的区分方法》，载《法学研究》2011年第4期，第104-106页。

导致总则编、侵权责任编与人格权编之间关系不协调，内容上有重复。立法应明文彰显本权请求权与基于本权而生之损害赔偿请求权在构成要件上的差异，进一步清理侵权责任编中绝对权请求权的内容，并将恢复名誉、赔礼道歉的救济方式规则从人格权编安排至侵权责任编。基于恢复名誉与赔礼道歉之不可强制执行性，① 人格权编设计的替代承担方式值得赞同，侵权责任编应当仿照吸收。相较于草案，《民法典》侵权责任编删去了草案第四百九十六条涉及绝对权请求权的规定，而将相关内容直接编入了人格权编。这一做法有助于精简立法、避免重复，划清本权请求权与基于本权而生之损害赔偿请求权的界线，协调侵权责任编与人格权编之间的关系。但是，《民法典》仍沿袭了草案的观点，将本应置于侵权责任编的恢复名誉、赔礼道歉的救济方式规则继续安排在人格权编，既未区分民商事不同主客体之间不同的利益保护诉求，亦未厘清本权请求权与基于本权而生之损害赔偿请求权在构成要件上的差异之于《民法典》的体系功能。

2. 补充型商法一般条款的设计"商化不足"

首先，《民法典》草案规定惩罚性赔偿责任的适用情形过于局限，② 与《民法典》总则编列惩罚性赔偿规则为一般条款之体系设计不符。在惩罚性赔偿制度发达的美国，"惩罚"与"遏制未来的违法行为"才是此制度的价值所在，③ 草案将其适用限缩于特定领域不利于实现其立法目标。为指导法官实施自由裁量权，可在主体营业性/盈利性和加重责任之间搭建逻辑关联，将惩罚性赔偿制度的法理基础，回归至对过度自我逐利的商事主体对社会整体利益负外部性的内部化矫正。④ 因此，或沿用《民法典》总则编的"营利法人"概念，或另行设计具备营业要件或营利要件的一般商事主体概念为其"商法标

---

① 参见葛云松《民法上的赔礼道歉责任及其强制执行》，载《法学研究》2011年第2期，第121－122页。

② 有学者认为，仿照美国法和欧洲大陆法系国家的法律实践，对实际损害数额不确定的侵权行为可科以惩罚性赔偿责任，而对于实际损害数额不确定的惩罚性赔偿在适用时需严格限制，以法律明文规定为适用前提。参见张新宝《侵权责任编起草的主要问题探讨》，载《中国法律评论》2019年第1期，第141－142页。

③ 参见李友根《惩罚性赔偿制度的中国模式研究》，载《法制与社会发展》2015年第6期，第113－114页。

④ 参见［美］奥利弗·E. 威廉姆森《资本主义经济制度：论企业签约与市场签约》，段毅才、王伟译，商务印书馆2011年版，第455－456页。

识"，① 从而增设"营利法人（或一般商事主体）故意侵权的，酌情加重责任或依法律规定承担惩罚性赔偿责任"。但《民法典》侵权责任编对此观点未予采纳。

其次，草案对网络侵权回应不够，且对于网络平台侵权责任构成要件的一般条款、网络预约机动车交通事故的赔偿责任规则未予明晰。我们可以个别商事主体作为识别标准，在网络商事侵权等领域，设置举证责任倒置规则，让占据优势的侵权人，如网络金融企业，承担证明未予侵害或已尽合理保护之责，以扫清因信息不对称、受害人数字化知识匮乏、电子举证困难等带来的维权障碍。而在网络商事侵权责任的主体认定上，可对网络平台做进一步细分，网络媒介平台侵权可适用的避风港原则，无法对诸如网络交易平台、网络借贷平台、网络交友平台以及其他网络服务平台的侵权统一适用，为此可规定"网络交易平台、网络融资平台、网络借贷平台及其他运用网络设施的经营者在其经营服务活动中未尽到安全保障或诚信服务义务，造成他人损害的，应当承担民事责任"。此外，对于网约车在运营过程中侵害他人权益，网约车平台的责任承担应以连带责任为原则，除非在网约车驾驶员故意或重大过失致人损害的情形下才可适当减免责任，以实现网约车平台权责相匹配。但《民法典》侵权责任编对此观点未予采纳，仍保持了草案中的立法表述。而《中华人民共和国个人信息保护法》第六十九条第一款规定了个人信息处理者对自身是否存在过错的举证责任倒置规则，《最高人民法院关于审理侵害信息网络传播权民事纠纷案件适用法律若干问题的规定》第六条也规定了网络服务提供者对自身是否存在过错的特殊举证责任规则，相应地回应了《民法典》侵权责任编中网络商事侵权领域举证责任倒置规则的缺失问题；《最高人民法院关于审理利用信息网络侵害人身权益民事纠纷案件适用法律若干问题的规定》第四条将"网络服务的类型和性质"纳入判断网络服务提供者所采取的必要措施是否及时的考量因素、第六条第一款第（二）项将"网络服务提供者应当具备的管理信息的能力，以及所提供服务的性质、方式及其引发侵权的可能性大小"纳入判断网络服务提供者是否知道或者应当知道侵权行为发生的考量因素，这些规定可以为不同类型网络平台对避风港原则的差异化适用提供解释依据。

再次，在草案对交通事故侵权的规定中，第九百八十四条被设计为一个统

---

① 营业要件可借鉴《德国商法典》上所用的"商事营利事业"要件之定义，参见［德］C. W. 卡纳里斯《德国商法》，杨继译，法律出版社2006年版，第36页。

一过错归责的替代型商法规范不尽科学，忽视了融资租赁公司、汽车租赁公司基于更高的风险承担和管理能力下可适用连带责任的情形。《民法典》侵权责任编对此未予调整，仍保持了草案中的立法表述。

最后，草案对生态环境侵权的归责原则一味适用无过错责任归责原则有失偏颇。生态环境侵权相关的"国家规定"涉及法律、行政法规、部门规章以及其他国家指标、标准，体系庞杂、涵盖广阔且"多头立法"特征明显，"一刀切"式以"国家规定"直接链接民商事基本法的最严苛惩罚，难称恰当。立法应当为司法适用之法律渊源和行政遵守之管制依据分别铺设法治轨道，因此草案后续可将商事行为作为识别标准，参考《欧盟环境责任指令》将环境侵害责任的归责原则区分为无过错责任归责原则与过错责任归责原则两类，前者仅限于附件3中明文列举的破坏自然资源的情形，① 《民法典》侵权责任编有必要先对生态环境侵权的具体行为类型做出区分，再进行分层归责。但《民法典》侵权责任编未采纳该建议，仍保持了草案中的立法表述。而《最高人民法院关于审理生态环境侵权责任纠纷案件适用法律若干问题的解释》第一条、第四条第一款特别强调了生态环境侵权造成他人人身、财产损害的，才适用无过错责任归责原则；至于对生态环境本身的损害的归责原则，则根据《最高人民法院关于审理环境民事公益诉讼案件适用法律若干问题的解释》《最高人民法院、最高人民检察院关于检察公益诉讼案件适用法律若干问题的解释》《最高人民法院关于审理生态环境损害赔偿案件的若干规定（试行）》等相关司法解释进行认定，② 这也为未来最高院通过司法解释或司法政策性文件精细化规定生态环境侵权的归责原则留下了制度"接口"。

3. 冲突型商法一般条款的适用方法模糊

对于仅存在于商事活动中的，无论是发生于商事主体之间的平等交易还是发生于商事主体与消费者之间有违平等的交易所导致的侵权效果，即便《民法典》侵权责任编能尽其所能实现民商合一，绝大多数类型的商事侵权规则也由于其侵权责任构成要件、损害赔偿范围和计算方法等而明显具有特殊性，可自成体系；同时相较于《民法典》的稳定性要求，这些规则更需要随着科技创新、商事实践发展和顶层设计改革而与时俱进，因此将商事侵权领域的冲

---

① 参见唐飞、李玲《欧盟环境责任制度的立法建构及借鉴意义》，载《环境保护》2013年第8期，第70页。
② 参见杨临萍等《〈关于审理生态环境侵权责任纠纷案件适用法律若干问题的解释〉的理解与适用》，载《人民司法》2023年第31期，第40页。

突型商法规范留待特别法处理，可能更为适宜。此类立法方案可见于《反不正当竞争法》、《反垄断法》、《中华人民共和国食品安全法》（以下简称《食品安全法》）、《中华人民共和国消费者权益保护法》（以下简称《消费者权益保护法》）等容纳的大量商事侵权一般条款的立法例。该方案留待解决的问题，则是"虽属特别法但为旧法"的冲突型商法规范在法律适用时，如何与"虽属一般法但为新法"的《民法典》侵权责任编相应民法一般条款实现协调解释。对此，《最高人民法院关于适用〈中华人民共和国民法典〉时间效力的若干规定》提供了一些解决方案指导，但仍需法官结合具体案情和具体规定予以适用，自由裁量空间较大。

二、侵权责任编中商法一般条款的适用分析：以安全保障义务为例

（一）安全保障义务的法理构造及立法表达

商事侵权法律制度在司法实践中，典型的表现是于商事案件中广泛适用的安全保障义务规则。"任何人无论其为危险的制造者还是危险状态的维持者，都有义务采取一切必要的和适当的措施保护他人和他人的绝对权利，这一点已经在法院的长期审判实践中得到确认。"[①] 一般认为，安全保障义务指的是基于诚实信用原则和公平原则，主要由经营者向消费者承担的、以保障消费者人身和财产安全为核心内容的一种法定义务。

我国的安全保障义务规则主要借鉴自德国法。[②] 安全保障义务的法理根基，随着现代社会的商事实践发展变得远超以往，使得交易各方乃至交易所涉及的全体利益相关者相互依赖，或称商事交易具有了外部性。这种变化所带来的最直接影响，便是交易风险的外部化。商事主体是直接促成交易、制造和扩散风险、获取利益的核心主体，自然应适当地注意和保障利益相关者的安全。也就是说，安全保障义务实质上是由开启商事交易并扩散风险的商事主体对其他利益相关者所承担的，以积极采取适当措施避免发生危险的注意义务为主要

---

① ［德］克雷斯蒂安·冯·巴尔：《欧洲比较侵权行为法（上卷）》，张新宝译，法律出版社2004年版，第145页。

② 参见洪伟等《安全保障义务论》，光明日报出版社2010年版，第3页。

内容的危险防免义务。① 上述理念在实践中发展完善，经学者整理归纳，最终形成了旨在诠释安全保障义务的源起和内容的加重责任理论②、获益风险理论③、危险控制理论④、节约成本理论⑤、社会责任理论⑥等学说。

在德国法上，从对财产负有安全注意义务逐步扩大到对人身负有安全注意义务，经历了一个长期的历史发展过程，最终这一制度被发展和解释为"任何人无论其为危险的制造者，还是危险状态的维持者，他都负有采取一切必要的和适当的措施以保护他人合法权利的义务，其保护的利益包括人身、财产权益，甚至是纯粹经济利益"⑦。法国法通过判例创设了"安全义务"和"保安债务"的概念，要求合同当事人对保护合同相对人的人身和财产安全负有义务，⑧ 并将其适用范围从合同法领域逐步推广到侵权法领域。⑨ 日本法上的安全保障义务被称作"安全关照义务"，通说将该义务确定为基于某种法律关系进入特殊社会性接触关系的当事人之间的、以保障人身安全为主要内容的合同附随义务，是当事人一方或双方向相对人承担的诚信原则意义上的义务。⑩ 英美法系国家的侵权法认为，违反注意义务是行为人承担过失侵权责任的前提，而承担安全保障相关的注意义务的前提，则是义务人和相对人之间必须存在某种特殊关系，⑪ 或是义务人开启了某种危险。⑫

我国最初于 2003 年在《最高人民法院关于审理人身损害赔偿案件适用法

---

① 参见刘召成《安全保障义务的扩展适用与违法性判断标准的发展》，载《法学》2014 年第 5 期，第 72 页。
② 参见王建文《论商法理念的内涵及其适用价值》，载《南京大学学报（哲学·人文科学·社会科学）》2009 年第 1 期，第 58－60 页。
③ 参见［德］克雷斯蒂安·冯·巴尔《欧洲比较侵权行为法（下卷）》，焦美华译，法律出版社 2004 年版，第 257 页。
④ 参见王思源《论网络运营者的安全保障义务》，载《当代法学》2017 年第 1 期，第 28 页。
⑤ 参见张新宝、唐青林《经营者对服务场所的安全保障义务》，载《法学研究》2003 年第 3 期，第 81 页。
⑥ 参见赵莉《论企业社会责任原则对商法的扩展》，载《法学杂志》2013 年第 9 期，第 54－55 页。
⑦ 洪伟等：《安全保障义务论》，光明日报出版社 2010 年版，第 15 页。
⑧ 参见全国人大常委会法制工作委员会民法室《〈中华人民共和国侵权责任法〉条文说明、立法理由及相关规定》，北京大学出版社 2010 年版，第 158 页。
⑨ 参见刘士国《安全关照义务论》，载《法学研究》1999 年第 5 期，第 56 页。
⑩ 参见［日］宫本健藏《日本的安全照顾义务论的形成与展开》，金春龙译，清华大学出版社 2004 年版，第 262 页。
⑪ 参见洪伟等《安全保障义务论》，光明日报出版社 2010 年版，第 20－22 页。
⑫ 参见胡雪梅《英国侵权法》，中国政法大学出版社 2008 年版，第 55－56 页。

律若干问题的解释》（2003 年版，以下简称《人身损害赔偿解释》）第六条规定了公共场所经营者的人身安全保障义务，并于 2009 年颁布的《侵权责任法》和 2013 年修正的《消费者权益保护法》中将经营者的安全保障义务扩大到涵盖被侵权人的人身与财产安全，并区分了不同类型的经营者，进行了细化规定，初步奠定了国内法上的安全保障义务规则。《民法典》侵权责任编调整了以往的部分列举式规定，提升了立法的周延性与司法的能动性。此外，《民法典》侵权责任编回应了网络活动治理的政策导向与经济发展的需要，将网络服务提供者的安全保障义务写入立法，并明确了以该商事主体为识别标准。

（二）安全保障义务规则民商区分适用的案例分析

在《民法典》生效并适用于解决安全保障义务纠纷以前，安全保障义务规则最早出现在《人身损害赔偿解释》第六条，该规定显名设置了"从事……经营活动……的自然人、法人、其他组织"这一商法标识，反映了最高院对商事主体注意义务的加重要求。虽然《侵权责任法》第三十七条在吸收这一司法解释规定时，特意删去了这一"商法标识"，而以"公共场所"的情景或场合作为法律适用的构成要件，但在司法实践中，法官仍然会在释法说理过程中，将"经营场所的经营者或管理者"作为安全保障义务规则适用的主体构成要件，并且将安全保障义务与消费者权益保障相联系，[①] 认为经营场所的经营者或管理者应当承担安全保障义务。

例如，在赵某某与上海也××酒店有限公司、上海市静×实业有限公司生命权、健康权、身体权纠纷案中，法官指出被告"作为提供住宿服务的企业，应在合理限度内确保入住酒店的消费者的人身安全，避免因管理、服务瑕疵而引发人身伤害"[②]；在皇家加××RCL 游轮有限公司与赵某某等海上人身损害责任纠纷案中，法官也认定盈利性活动场所的管理者的安全保障义务以一般消费者的服务需求为标准。[③] 由此可见，"经营场所的经营者或管理者" 始终被包含在安全保障义务规则的主体构成要件中，经营活动的盈利性要求商事主体相应地适应消费者的需求并满足其期待，从而负担向消费者提供安全消费场所

[①] 虽然《消费者权益保护法》第十八条第二款规定了"宾馆、商场、餐馆、银行、机场、车站、港口、影剧院等经营场所的经营者，应当对消费者尽到安全保障义务"，但法官一般不会在安全保障义务责任纠纷中直接援引或在释法说理中提及《消费者权益保护法》的有关规定，而是仅援引适用《侵权责任法》第三十七条的规定。

[②] 参见上海市闸北区人民法院（2012）民提字第 1 号民事判决书。

[③] 参见上海市高级人民法院（2019）沪民终 225 号民事判决书。

的义务，这也构成了商事安全保障义务规范的重要法理基础。而在高某某与南京地×集团有限公司的健康权纠纷案中，法官弱化了安全保障义务人"是否开展商事行为"这一问题对安全保障义务规则法律的适用指导作用，而将这一规则的适用重心放在安全保障义务人"是否构成商事主体"这一问题上，认为经营场所的经营者或管理者对免费使用服务的人群仍应承担安全保障义务，① 侧面认可了安全保障义务作为经营场所的经营者或管理者的一般性义务，是基于商事主体从事经营活动所具有的普遍意义上的盈利性而课之以更高的注意义务，而不是基于经营场所的经营者或管理者可以从特定交易相对人或消费者取得利润（或存在取得利润的可能，例如对于潜在消费者）从而在某一交易上根据风险与收益相匹配的原理令商事主体相应承担更高的注意义务。

同时，司法实践中也有民商区分适用安全保障义务规则的案例，例如，在最高院指导案例第140号中，法官认为被告村民委员会作为案涉景区的管理人，"虽负有保障游客免遭损害的安全保障义务，但安全保障义务内容的确定应限于景区管理人的管理和控制能力的合理范围之内"，案涉"景区属于开放式景区，未向村民或游客提供采摘杨梅的活动，杨梅树本身并无安全隐患"，若要求案涉"村民委员会对景区内的所有树木加以围蔽、设置警示标志或采取其他防护措施，显然超过善良管理人的注意标准"，② 相对降低了非经营场所的管理者或组织者的安全保障义务标准。而在个别案例中，案情中的商事因素有被法官用于安全保障义务规则适用时的说理，例如，在伊宁市伟×商务酒店与朱某某违反安全保障义务责任纠纷案中，法官提到被告"酒店作为酒店经营者，从事经营活动，从中谋取利益，应对出入宾客行走的台阶、通道尽到合理范围内的安全注意义务"，并要求被告酒店对经营和管理范围内的隐蔽性危险负有一定的告知和提醒义务，③ 强调了安全保障义务人从事行为的营业性或盈利性与其承担的安全保障义务的联系。

此外，在界定经营场所的经营者或管理者所需履行的注意义务标准时，在奎屯金×服务有限公司与赵某违反安全保障义务责任纠纷案中，法官对于被告酒店是否"履行应尽的消费者安全保障义务存在过错"和是否"在合理限度内确保在酒店消费的消费者的人身安全"的问题上，认为应当"结合酒店行

---

① 参见江苏省南京市玄武区人民法院（2012）玄民初字第1817号民事判决书。
② 参见广东省广州市中级人民法院（2019）粤01民再273号民事判决书。
③ 参见新疆维吾尔自治区高级人民法院伊犁哈萨克自治州分院（2017）新40民终543号民事判决书。

业惯例"进行认定;① 在马某、田某某等与杨某某、马某某等生命权、健康权、身体权纠纷案中,法官同样认为经营场所的经营者或管理者的安全保障义务标准和履行情况需要借助行业标准和行业惯例进行判断。②

《民法典》第一千一百九十八条在基本延续《侵权责任法》第三十七条规定的基础上,在原来的"公共场所"情景之外补充了"经营场所",同时安全保障义务主体也在原来的"管理人或群众性活动的组织者"之上增设了"经营者",回归了《人身损害赔偿解释》第六条的规范构造,也在立法上重新确认了司法实践中已经普遍认可的商事安全保障义务规范。由此可见,《民法典》第一千一百九十八条相较于《侵权责任法》第三十七条,在保留对于管理者和群众性活动组织者安全保障义务的同时,更强调行为营业性或盈利性这一商事行为特征所对应要求商事主体负担安全保障义务的法理。在《民法典》生效并适用于解决安全保障义务责任纠纷以后,商事安全保障义务规范由此获得了成文法依据。对于安全保障义务的保护范围,部分法官强调了《民法典》中的安全保障义务是指经营场所的经营者或管理者对进入该场所的任何人都需承担的一般性义务,保护范围超出了《消费者权益保护法》中保护对象需为消费者的限制。例如,有法官认为被告"超市对于进入该超市内的消费者、潜在消费者及实际进入该超市的任何人,均应营造好安全的消费环境"③,从而将安全保障义务解释为经营场地的实际使用人基于行为的营业性或盈利性特征而相应负担的更高的注意义务。

对于安全保障义务规则的民商区分适用,与之前的司法实践观点相类似,部分法官认为案情中的商事因素有助于要求当事人承担更高安全保障义务的释法说理,例如有法官将"是否向交易相对人实际收取了费用"作为经营场所的经营者或管理者的认定标准,而非按经营场所登记或合同约定的经营主体来认定其经营者或管理者身份,认为被告"虽否认事发鱼塘非其承包经营,但其在现场向李某某(原告)收取了钓鱼费用,则需承担相应的义务,即使该鱼塘确实属他人承包经营,也不能免除刘某某(被告)对李某某(原告)的安全保障义务"④。另有法官认为被告"酒店作为经营者,应尽力为消费者营

---

① 参见新疆维吾尔自治区高级人民法院伊犁哈萨克自治州分院(2017)新40民终1938号民事判决书。
② 参见新疆维吾尔自治区高级人民法院伊犁哈萨克自治州分院(2018)新40民终1452号民事判决书。
③ 参见湖南省衡阳市中级人民法院(2022)湘04民终294号民事判决书。
④ 参见湖南省岳阳市中级人民法院(2022)湘06民终1334号民事判决书。

造一个良好、安全的消费环境,确保其经营场所的建筑物及其配套服务设施的安全性,有效保护消费者的人身与财产安全",即便被告酒店已主张并证明"其在台阶上贴有注意台阶的警示标识以及活动开始前有手语舞提示,证明其尽到了合理限度内的安全保障义务",但法官基于被告酒店在"事发时没有工作人员在梯台两侧维持现场秩序",从而要求被告酒店仍需承担一定责任。① 这一裁判观点相较于最高院指导案例第 140 号裁判要旨中明确的"公共场所经营管理者的安全保障义务,应限于合理限度范围内,与其管理和控制能力相适应"规则,明显提高了商事安全保障义务的履行标准。

此外,对于经营场所的经营者或管理者所需履行注意义务标准的确定,在禄丰县碧城镇云×温泉酒店与王某某等的生命权纠纷案中,法官认为被告"酒店在提供温泉洗浴的过程中,尽到了同行业通行的安全保障义务,其在本案中不存在过错,不应当承担赔偿责任"②,强调了行业惯例对认定商事安全保障义务履行标准时的参考意义,也是商事安全保障义务规范适用的显著特征。

三、侵权责任编中商法一般条款的适用完善:以商事安全保障义务规范为例

(一) 商事安全保障义务规范适用的完善思路

《民法典》调整了既往立法的部分列举式规定,一方面有助于提高立法的周延性,为相关主体提供更加坚实全面的保护;另一方面在一定程度上注意到了商事侵权行为的特殊性,为法官区分民事侵权和商事侵权留下了一定自由裁量空间。准确理解和适用《民法典》第一千一百九十八条规定的安全保障义务规则,需要注意以下三个方面的要点:

一是基于《民法典》第一千一百九十八条解释并适用商事安全保障义务规范的,应以行为人具备商事主体身份和从事商事行为、该行为具有商业性质为前提。

商事安全保障义务理论上来源于商事主体因其行为营业性或盈利性而相应需负担的更高注意义务,这一义务甚至可以被扩张解释至经营活动的附属业务

---

① 参见吉林省通化市中级人民法院(2022)吉 05 民终 385 号民事判决书。
② 参见云南省楚雄彝族自治州中级人民法院(2021)云 23 民终 1373 号民事判决书。

领域。例如，对于经营者提供免费的存包服务等表面上"免费"，实际为经营者的一种宣传手段或者经营服务的一部分，仍可认定经营者获得了对价或利益，从而需相应承担安全保障义务。① 也有学者主张商事主体的行为获益越丰厚，所负有的安全保障义务强度越大。② 因此，义务主体具备商事主体身份、所从事的商业活动属于商事行为、行为所得的利益具有商业性质，是适用商事安全保障义务规范的必要条件；对于仅部分符合上述条件，或是基于法律的明确规定而负有安全保障义务的情形，原则上属于民事侵权，此时应适用的是民事安全保障义务规范。

二是商事安全保障义务的归责原则应为过错推定原则，即在不严重损害商事交易效率的前提下，商事安全保障义务人负有更高程度的注意义务。

归责原则贯串于侵权法律制度的方方面面，统帅并引领着侵权法律规范的立法活动和司法实践，既是确定行为人是否应承担侵权责任的依据和标准，又是侵权法律制度研究和应用围绕的永恒中心。③ 本书认为，由商事主体基于客观标准证明自己无过错的归责原则设计，更具有可操作空间，这既不会过度加重其法定责任，也有利于督促义务主体采取适当措施，预防损害的发生，妥善、审慎地尽到谨慎义务，最终维护良好的商业环境与消费环境。④ 这也是商事实践中的通行做法。

虽然有少部分学者从保护弱势消费者群体的角度出发，主张安全保障义务应适用无过错责任，但是这种观点面临着来自两方面的质疑：第一，民商法是私法，重视保护基于形式平等、外观主义和意思自治的效率，甚于强调实质公平而带有浓烈公法色彩的《消费者权益保护法》，将安全保障义务一概适用无过错责任，这将导致商事主体的风险防范成本无限累加，损害商事交易的效率；第二，仅凭机械的立法确定严格责任的"倾斜"保护，改变不了利益相关者相对于商事主体在事实上的弱势地位，其本身并不足以保证安全保障义务的履行，还可能损害市场经济的整体健康。观察域外经验，即便是在以产品责任体系严格完备而著称的欧盟，广泛适用无过错责任的尝试最终也以失败告终，这充分说明安全保障义务适用无过错责任缺乏现实基础。

---

① 参见李律伟、李亚超《经营者场所安全保障义务的理论重塑——兼论〈民法典〉第1198条的商法教义学解释》，载《上海政法学院学报（法治论丛）》2021年第2期，第5页。
② 参见刘恩志《经营者风险预防义务的证成与边界：以AED配置义务为重点》，载《中外法学》2024年第2期，第549页。
③ 参见王利明《侵权行为法归责原则研究》，中国政法大学出版社2004年版，第3页。
④ 参见洪伟等《安全保障义务论》，光明日报出版社2010年版，第47页。

原则上，违反安全保障义务产生之责任的构成认定仍应遵循《民法典》侵权责任编的一般规定，以过错责任为核心构筑归责原则。一项良好的法律制度，应当兼顾社会利益的平衡与对商事活动的有效激励，一方面需要填补被侵权人所受的实际损害，充分保护其合法权益；另一方面也应通过损害赔偿制度，在维持义务主体履行其法定义务的积极性的同时，在其与保护商事交易的积极性不因此严重受挫之间，妥善求取平衡，以免令商事主体失去经营的积极性。经营者是风险的"开启者"，其享受了超额的利润，也具有较高的风险承受能力，因此法律对其课以更高的注意义务即商事安全保障义务，要求经营者对其自身的某些不作为行为也应当承担侵权责任，这已经是对商事主体赋予加重责任的体现。在此基础之上，若再要求经营者承担无过错责任，显然过于苛刻，会使其承担过重的法律责任，不利于激发商事主体持续开展经营活动的积极性，而高额的赔偿也可能对商事主体的持续经营能力产生不良影响。如果经营者在无过错的情况下也要承担损害赔偿责任，则可能大大超过其对经济赔偿的承受能力限度。此外，违反安全保障义务主要是不作为侵权，经营者并未积极实施侵权行为，特别是在第三人侵权的情况下，此时的经营者往往也是利益的"受害者"。在这种情况下，如果还要求经营者承担损害赔偿责任，其责任负担无疑显著过重。如此，经营者不仅要投入大量成本以保障其经营场所的安全，还要时刻处于应对大量侵权赔偿诉讼的恐慌之中。商事交易讲求便捷与安全，如果让经营者承担无过错责任，很可能使其因顾虑难以预见的潜在高度不安全因素的存在而不敢进行交易，这与安全保障义务本身维护交易安全的功能不符，同时也与现代商法提倡的鼓励交易的精神不符，不利于立法目的的实现。① 但是，考虑到经营者往往处于相对强势的地位，要求被侵权人举证证明经营者存在过错时常极为困难，且过错责任也不利于有效地激励商事主体维持最佳的注意水平，② 因此，基于立法的明文规定，将举证责任倒置、实行过错推定责任，更有利于平衡多方利益。

三是商事安全保障义务的归责应当适用客观过错标准。在认定商事主体是否存在过错时，存在适用主观过错说还是客观过错说的分歧：前者认为，过错特指侵权人在实施侵权行为时的心理状态；后者认为，只要行为人的事实行为违反某种行为标准，行为人就有过错。一般认为，过错包括了故意和过失，指

---

① 参见杨啸天《经营者场所安全责任的合理边界》，载《法律科学》2004年第3期，第125页。
② 参见夏沁《民商合一视角下商事侵权责任的法经济学分析路径》，载《湖北社会科学》2018年第8期，第147-149页。

的是行为人决定其行为的心理状态。主观过错说强调过错是支配违法行为的一种心理因素，它是构成侵权责任的主观要件，而过错与侵权行为之间是既密切关联又相互区别的两个构成要件。在市场经济的发展进程中，工业化、市场化和垄断化过程所形成的具有经济实力的企业的损害与日俱增，甚至超过了传统的民事损害，使得造成一般民事主体权利或权益受损的主体发生了较大变化。经济实力强大的企业的大量涌现，也使市场主体地位的平等性发生了巨大变化。此外，由于商事主体在其经营领域范围内具备专业性，由弱小的被侵权人来证明相对强大的行为人存在主观过错变得愈加困难。① 为维持市场化的机制、保护一般民事主体的权益，需要让行为人而非被侵权人承受更多的风险。在现代社会中，商事交易的规模和节奏空前扩大和提速，拘泥于传统民事侵权法理、探求行为人的主观过错，既不现实，也没有效率。换言之，为了更好地维护商事交易的安全和效率，兼顾保障不特定公众的利益，以客观标准认定过错和责任是必然的发展趋势。② 综上，判断商事安全保障义务人是否违反安全保障义务，裁判者应当适用客观过错归责原则，即通过将商事主体是否违反相关的法律法规、是否达到同类主体所应当达到的通常注意程度（即行业标准或行业惯例），以及是否达到善良管理人的标准等较为定型化的客观标准，来判断其是否具有过错。

（二）商事侵权一般条款适用完善的基本逻辑

《民法典》侵权责任编承袭了《侵权责任法》绝大多数规范的设计理念和条文内容，使得《侵权责任法》时期即存在的我国侵权法立法民商不分、商化不足的弊病沿袭了下来。造成这种现象的原因有以下三个方面：

其一，我国的侵权法立法兼具大陆法系和英美法系侵权法的特点，在形式上延续了大陆法系法典化的潘德克吞式编纂体例，在内容上却采纳了诸多英美侵权法的内容。但是，传统大陆法系国家的侵权法律制度普遍建立在民商分立的基础上，而英美法的商事侵权法律制度的内容和结构，也与我国的现行法有较大区别，这就意味着机械地借鉴域外的侵权法例，不足以实现本土侵权法的民商合一。③

---

① 参见刘道远《商事侵权责任对侵权责任法的挑战及其对策》，载《法商研究》2010 年第 1 期，第 79 页。
② 参见李春《商事责任研究》，中国法制出版社 2013 年版，第 136—139 页。
③ 参见许中缘、黄娉慧《民商合一视角下侵权责任法编商事立法研究》，载《法治研究》2018 年第 3 期，第 31 页。

其二，长期以来，我国的民商事立法深受大陆法系经典理论的影响，侵权法被视作传统民法的"自留地"与"后花园"，天然地忽视甚至排斥引入商事思维并区分民商事法律规范内容，造成了我国商事侵权法律制度的立法长期缺位。

其三，随着我国社会和经济生活的发展，特别是商事实践处在高速变革期，立法具有滞后性的"先天不足"所带来的负面影响颇为显著，导致立法机关在制定《侵权责任法》乃至《民法典》侵权责任编时都有较多留白，将规制一些特殊侵权类型的任务交给了商事特别法。[1]

比较域外法经验，作为《瑞士民法典》立法根基的"瑞士人皆为商人"的理念与我国的基本国情和历史习惯相去甚远，不宜简单照搬，但《瑞士民法典》特别是《瑞士债法典》主要以显名商法规范的形式纳入了大量商法一般条款，特别是有关商事主体、商事权利、商事义务的规定，进而构筑起商事侵权法律制度，这一立法例值得借鉴。类似的情况也可以在民商分立国家或地区的立法例中找到痕迹：法国、德国、日本作为其典型，其各自的商法典中都有一些区别于民事侵权法律制度、针对商事侵权行为的特别规定，其核心内容主要都涵盖了商事主体和商事行为认定标准、更高的注意义务标准与严格责任、惩罚性赔偿的普遍使用等方面。[2] 英美法系在学理上没有非常系统的商事侵权理论，时常将商事侵权视为区别于民事侵权的"高级侵权"并予以类型化，重视的是在经济侵权的框架下对商业活动的行业习惯和内在规律的维护。英美法在界定商事侵权时，更重视个案中的实质而非学理上的形式，这一点从《布莱克法律词典》的相关解释中亦可窥见一二。[3]

统观前述情况，不难看出，无论哪一种法系，尊重商事侵权行为的诸多特殊性、对民事侵权和商事侵权予以明确区分均是大势所趋，严格的民商合一无法满足商事侵权制度立法和实践的现实需求。[4] 基于此，准确地适用《民法典》侵权责任编的商法一般条款，理应遵循以下三个原则：

第一，坚持商事主体制度的独立性和必要性。民商合一不是"以民代

---

[1] 参见周友军《〈民法典〉侵权责任编的守成与创新》，载《当代法学》2021年第1期，第17页。

[2] 参见许中缘、黄娉慧《民商合一视角下侵权责任法编商事立法研究》，载《法治研究》2018年第3期，第31-37页。

[3] H. Carty, "The Economic Torts and English Law: An Uncertain Future", *Kentucky Law Journal*, 2007, 95: 845.

[4] 参见赵万一《民商合一体制之困境思考》，载《法学杂志》2020年第10期，第44页。

商"，而是尊重民商区别，合理安排民商规范在《民法典》这一民商事基本法和众多商事特别法中的有序共存。①

第二，正视商事行为和商事利益的特殊性。商事行为和商事利益在构成要件、判断逻辑、价值取向等方面均有别于传统的民事行为和民事权利，具体表现为对当事人商事主体身份的必然要求、行为必须具备营业性或盈利性、高度依赖外观主义和尊重交易习惯、不涉及情感因素和人身关系等，仅凭传统的民事侵权法律制度的一般规定，既无益于保障堪称商事交易"生命线"的交易安全与交易效率，也难以在严格的法定主义与裁量的功利主义间求取最佳平衡。围绕权利的内容（即受保护客体的范围），传统民法为了方便法律的具体适用和维持权利的稳定性，往往采用列举绝对权利的方式进行规定，但受制于立法的有限供给性，这种做法显然跟不上日新月异的商事实践发展，因而采取抽象概括、有限细化的方法规定商事利益，更有助于保持法律的开放性，进而容纳各种新兴权利和利益。《美国侵权法第二次重述》就对侵权行为采取了开放式认定的模式，以发挥对商事领域中任何明显不适当行为的兜底性规范作用。②《民法典》侵权责任编摒弃了既往的列举式规定，转向以确定保护范围为主的抽象概括式规定，具有一定进步性。

第三，重视商事侵权法律制度的风险预防功能而非损害填补功能。传统的民事侵权法律制度将填补损害作为其基本功能和价值取向，这种理论有其两面性：一方面，这意味着受害人对自己所遭受的全部实际损失主张赔偿是完全符合情理的；另一方面，这种保守的观点完全否定了惩罚性赔偿存在的合理性与正当性。③ 商事行为区别于民事行为的重要特征之一，在于商事行为兼具高风险和高收益，同时重视保障交易安全前提下交易效率的最大化实现，而惩罚性赔偿制度所指向的核心问题恰恰是发生频率低、严重程度高、可事前预见或有效预测的重大风险及其异常结果，④ 因此，商事侵权法律制度相较于在损害发生后才予以救济并以实际所受损害为限的填补损害功能，更强调和渴求通过规定一般以安全保障义务、严格责任、惩罚性赔偿为基础的在损害发生前便防患

---

① 参见周林彬、吴劲文《我国商主体概念复兴与制度重构——基于多国商法典的比较分析》，载《安徽师范大学学报（人文社会科学版）》2019 年第 6 期，第 93 页。

② M. P. Gergen, "Gerhart and Private Law's Melody of Reasonableness", *Case Western Reserve Law Review*, 2021, 72: 355, 367.

③ 参见周友军《侵权责任法专题讲座》，人民法院出版社 2011 年版，第 9 页。

④ R. J. Rhee, "A Financial Economic Theory of Punitive Damages", *Michigan Law Review*, 2012, 111: 33.

于未然的风险预防功能。商事侵权法律制度在设计和适用的过程中,不仅需要供给事中和事后的商事侵权救济规则,以增强对风险的可预见性并丰富相应的防范手段,同时也需要有条件地通过在事后环节适用加重责任、在事前环节前置责任救济或行为禁令等方式,[①] 来防止那些潜在的、能直接导致实际损害发生的侵权行为的出现,实现法律的矫正正义。

小　　结

本章通过替代型、补充型、冲突型商法一般条款加入《民法典》物权编、合同编与侵权责任编的得失分析,以《民法典》物权编中商事非典型担保规范、合同编中商事违约金调减规范、侵权责任编中商事安全保障义务规范为例证,对其立法完善和法律适用做了较为深入的系统论述。从《民法典》物权编来看,商事非典型担保与传统民事担保存在成立条件、公示方式、效力等方面的较大差异,应通过司法适用来完成替代型规范的民商区分、缓和物权法定原则以完善补充型商法规范的适用,并通过多元化立法来实现补充型和冲突型商法规范的供给。从《民法典》合同编来看,商事合同一般条款存在着"商化不足"和"商化过度"的两重困境,应通过对显名商法规范和隐名商法规范的立法协调与妥适入典选择来实现对商事合同一般条款的完善。从《民法典》侵权责任编来看,民法规范对商事侵权问题的一体适用使后者的特性被忽视,应通过商事主体、商事行为等基本法律概念的构建来形成与商事实践相适应的"商事侵权"概念,并以此为基点建构商事侵权规范体系。

[①] A. Nezar, "Reconciling Punitive Damages with Tort Law's Normative Framework", *Yale Law Journal*, 2011, 121: 678.

第四章 《民法典》分编中商法一般条款的法律适用（下）*

第一节 人格权编中商法一般条款的法律适用

人格权编中商法一般条款的区分加入及适用主要涉及商事人格权制度。本节在对商事权利体系下商事人格权的法理构造基础上，因循人格权的民法体系，分析其以替代型和补充型商法一般条款配置为主的入典情形及适用例证。本节的分析内容主要是对"商事人格权是什么"这个重要问题的回答。换言之，本节主要讨论了如何区分人格权与财产权，以及如何区分民事人格权与商事人格权的问题。这实质上又涉及典外商事权利体系的拓展构建问题。

一、人格权编加入商法一般条款的法理基础与加入现状

（一）民商事人格权的区分方法

商事人格权[①]是商事权利的一个子集。而商事权利，则是相对于民事权利的概念。以民事权利涵盖商事权利，或者给予商事权利区别于民事权利的地

---

* 本章的主要作者为黄志成、丛珊、何子君、冯玉音、李梓源。黄志成、何子君负责第一节，丛珊、冯玉音、李梓源负责第二节的资料整理与初稿写作。徐启晔、叶婕颖协助了本章的资料整理与初稿写作工作。

① 商事人格权是指自然人和商事主体，以及其他民事主体为维护其具有商业价值的人格利益而享有的新型人格权利。参见程合红《商事人格权论：人格权的经济利益内涵及其实现与保护》，中国人民大学出版社2002年版，第46-48页。也有学者提出了狭义说，专指"经法律确认而以商事人格利益为客体的商主体之商事法律人格所必备的基本权利"。本书赞同广义说。该定义相当于民法学者所提及的"财产性人格权"。参见黎桦《民法典编纂中的财产性人格权研究》，载《政治与法律》2017年第8期，第12-19页。

位,是民商合一与分立之争在权利问题上的体现。我国商法学界的通说认为,基于商事法律关系的特殊性,应当承认商事权利的独特性。商事权利的独特性意味着,商事权利应当是主体基于商事法律关系而特有的权利。主体作为民事主体在民事法律关系中所享有的民事权利不属于商事权利。例如,商自然人作为民法上自然人而享有的生命权、健康权与身体权不应且不能被纳入商事权利范畴。但其作为商事主体而基于商事法律关系所特有的权利,则应被归入商事权利之中。这种商事权利可以基于主观身份(如商事主体的商誉权和企业之间的商事留置权),也可以基于客观商事行为(如证券法等商事单行法上的证券投资权利)。

在承认了商事权利是作为商事主体基于商事法律关系所特有的权利而非作为民事主体所有的民事权利之后,下一阶段的任务应当是将商事权利体系化。如何将商事权利体系化?一个非常自然的想法是参照已经十分成熟的民事权利体系,对应地构造出商事权利体系。例如,王建文教授提出"与民事权利可分为财产权与人身权的分类方法和逻辑相同,商事权利亦可分为商事财产权和商事人身权"①。在民法上,人身权包括身份权与人格权。所谓身份权,在民法上特称关于婚姻家庭之身份,故又称亲属权;而非一般性的身份,如著作权人,并非身份权指涉的对象。因此,商事主体不可能依据其身份拥有关于婚姻家庭的身份权。

通过对民事权利体系的模仿,王建文教授将商事权利"划分为商主体基于其商主体的身份或资格所依法享有的商事财产权(如股权和其他投资性权利)和商事人格权(如法人、非法人组织享有名称权、名誉权、荣誉权等权利)"②。

对于此种划分,本书提出三点商榷意见:第一,商事财产权与商事人格权并不能涵盖全部的商事权利,如社员权。商事组织法是商法的重要内容。各类商事组织与其成员之关系都需要通过社员权来处理。但社员权既非财产权,亦非人格权。因此,如此建立的商事权利体系并不周延。另外两点意见则关乎本节提及的商事人格权。第二,王建文教授将商事人格权的内涵设定为"商主体基于其商主体的身份或资格所依法享有的商事人格权"。商事权利必然应当是基于商事法律关系所特有的权利,否则民事权利与商事权利两者无法区分。然而,其认为商事人格权的外延为"法人、非法人组织享有名称权、名誉权、

---

① 王建文:《论我国商事权利的体系化构建》,载《当代法学》2021年第4期,第98页。
② 王建文:《论我国商事权利的体系化构建》,载《当代法学》2021年第4期,第98页。

荣誉权等权利"。关于权利主体的强调，似乎在暗示法人、非法人组织所享有名称权、名誉权、荣誉权为商事权利，而自然人所享有的姓名权、名誉权和荣誉权则为民事权利。性质相同的权利，显然不能仅因其分别为自然人和商事组织所享有，就被分列为民事权利和商事权利。可以肯定的是，自然人所有的姓名权、名誉权和荣誉权为民事权利。而对于法人与非法人组织所有的名称权、名誉权和荣誉权，包括其中商事组织所有的名称权、名誉权和荣誉权，其性质亦属于民事权利，因为商事组织并非凭借商事法律关系而是依民事法律关系享有这些权利的。唯一的例外是姓名权中人格要素由商业利用的部分，属于商事权利。总之，除去人格要素商业化的部分，姓名权（名称权）、名誉权和荣誉权，无论其为自然人所有，还是为法人、非法人组织所有，均属于民事权利。第三，所谓商事权利，应当是主体基于商事法律关系所特有的权利。因而，主体基于民事法律关系所有的权利并非商事权利。例如，商自然人作为民事主体所拥有的身份权并非商事权利；而商法人在民事法律关系中所享有的名誉权与荣誉权，也并非商事权利，而是民事权利。

此外，关于商事人格权的问题是，模仿民法区分思路建立商事财产权与商事人格权二分的商事权利体系的划分依据何在？为此，我们应首先回到民法，检视民法传统上财产权与人格权的划分依据。进一步来看，商事财产权与商事人格权的划分依据还需要回答两个问题：其一，商事财产权与商事人格权的关系；其二，商事人格权与民事人格权的关系。

1. 民法上财产权与人格权的划分依据

在民商法中，财产权与人格权的划分依据有二，也即两者的性质差异体现于支配性与财产性。财产权的财产性强而伦理性、精神性弱，与之相反，人格权的伦理性、精神性强，而财产性弱。判断是否具有财产性，就是指判断此权利能否产生经济上的价值，还是只具有精神、伦理上的价值。财产价值的衡量标准是金钱。财产上的损害则可以用金钱来补偿。对于财产性与精神性在衡量标准上的不同，一个极端的例子是对精神损害赔偿的否认。苏联民法理论认为，被侵权人的精神损害不应主张金钱赔偿的观点，否则将流向"一切均具有价"这一资本主义哲学观。财产性与精神性价值的区分，还体现在对两类价值的可计算性问题上。一般而言，借助于市场的无形之手，财产的金钱价值及其变化是易于计算乃至量化的。而伦理或精神上的价值是难以计算的，或者说是无价的。正因如此，即使承认精神损害赔偿，财产损害赔偿的基本原则（如损失填补原则）仍然不适用于精神价值的计算。因为对于精神价值而言，其无法计算的特性，决定了赔偿过高或赔偿不足的判断无法被做出。

财产性的发展存在两个发展趋势,其一是对人格权之财产性由不承认至承认,其二是由只承认名人的人格权之财产性至承认普通人的人格权之财产性。显然,由于名人的人格标识相较于普通人的人格标识更具有财产价值,名人的商事人格权的财产性首先得到了承认,之后才过渡至承认普通人的人格权在未经许可而投入商业使用时,也可以获得财产损失的补偿。类似于知识产权,新型财产权总是需要得到经典财产权理论的检验。但商事人格权,尤其是普通人的人格标识却似乎难以得到经典财产权的证成。例如,洛克(Locke)的财产权理论认为,人之所以可以获得某项财产权,是基于其对财产的某种形式的投入,例如努力、时间、金钱和技能。对于名人而言,尚且可以说其投入时间与精力而使其人格标识在大众之中获得了知名度,产生了经济价值,进而使其拥有了财产权。类似的,对于商标、商誉、商事信用权等商人在经营中获得的商事人格权,也可以用通过投入而获得财产权进行解释。但对于普通人而言,其肖像、声音等人格标识是与生俱来的,也未如同名人一般经过一定努力才获得知名度,似乎较难通过洛克式财产权理论来证成。

相较于易于理解的财产性,支配性的强弱作为人格权与财产权的另一性质区分需要更多解释。支配性说明此权利在多大程度上与主体身份相联系。人格权的支配性弱而财产权的支配性强。如果一项权利的支配性弱,则意味着此权利与主体有必然的联系,为权利人所固有:权利不可转让且不可继承,同时也不可抛弃,始于出生,终于死亡。如果一项权利的支配性强,则意味着此权利与主体身份的联系弱,非权利人所固有,可以为权利人所转让,权利人对此权利可以行使占有、使用、收益、处分这些积极的权能。

整个民法权利体系很大程度上都建基于支配性上。萨维尼(Savigny)以降的传统民法知识是"主体-客体"二分式的,其论述的起点在于主体意志如何发挥作用于其所能支配的客体。所谓可以为主体意志所作用的客体,主要指主体以外的财产。

财产作为易于被支配的客体,使得民法的构造在总体上更偏向于财产权法。而基于对人与对物的划分,德国的民法传统将财产法发展出了物债二分的体系。① 与之相对,主体的人格部分,包括内在于主体自身的主体资格与主体的身体及其组成部分,因主体自身无法被自己支配,所以并不被重视。在这种经典理论的视野下,由于找不到人格权所指向的客体,故人格权并不存在。相

---

① 参见刘亚东《人格权法与民法知识谱系的分与立》,载《法大研究生》2018年第1期,第119页。

反，若承认人格权，则意味着人可以支配其自身，这将导致诸如对自杀权等"权利"的承认。

正因如此，发展人格权理论首先需要解决的问题是何为人格权的客体。19世纪末，新的理论摆脱了萨维尼的束缚，强调尽管主体无法支配其自身的主体资格，人格权仍可以人格利益为客体建立起来。换言之，以人格利益为支配对象而建构出人格权。①

人格权承认了主体对人格利益的支配使得人格权成为可能。但显然，主体对人格利益的支配强度远弱于其对财产的支配。因此，在人格权被承认后，财产权与人格权之间的界限仍是非常清晰的。不同于财产权，人格权的支配性是最低限度的，其仅仅具有消极防御侵害的权能。换言之，世人对人格权均负有不作为之义务。但除此以外，主体并不能如对财产一般，对人格利益行使占有、使用、收益、处分这类积极的权能。尤其是对自然人而言，其人格权不可转让且不可继承，同时也不可抛弃，其始于出生，终于死亡。正是基于此种区分，民法权利体系依财产权与人格权的区隔建立了起来。

对于某一客体，其支配性与财产性由技术与价值判断所共同决定。总体来看，支配性是由技术决定的，这种技术既包括法技术又包括科学技术。前者如法人的人格和法人的人格权，都需要组织法的拟制技术承认组织具有区别于组织成员的独立性。而科学技术则集中体现于对肖像、声音等人格标识的商事化利用。显然，如果科学技术不发展至可以将肖像与声音进行固定、复制与传播的程度，则对肖像与声音进行专门保护的意义是有限的。

与之不同，财产性强弱由立法者的价值判断所决定。财产性与支配性的关系在于，任何财产必须具有一定的可支配性，尤其是可转让性。但一个高支配性的物，却并不必然能够成为财产：两者的判断是分离的。即使某技术赋予了某客体一定的支配性，立法者也可以基于其价值判断否认其财产价值。例如，我国《民法典》第一千零六条及第一千零七条就否认了器官买卖的合法性。《刑法》也设置了组织出卖人体器官罪。与此相对，对主体无偿捐献器官的权利，《民法典》是予以承认的。显然，无偿捐献器官的前提是医学技术的发达使得器官与个人的分离不是纯粹对主体的伤害，而有可能帮助他人重获健康；与此同时，基于伦理上的价值判断，立法者认为无偿捐献器官符合社会良好风气，而有偿的器官买卖则属于对社会道德的败坏。尽管器官买卖和无偿捐赠本

---

① 参见王利明《人格权的属性：从消极防御到积极利用》，载《中外法学》2018年第4期，第847页。

质上都建基于医学技术所赋予的支配性,但价值判断的差异使立法者否定器官买卖而肯认无偿捐献的价值。

不难发现,在传统民法的视角之下,财产性与支配性是两两配对的。这反映为两类组合:财产性强伴随着支配性强,而伦理性强则与支配性弱相联系。第一类组合是典型的财产权,无论是物或债,都只有财产价值可以为主体所任意支配。第二类组合则反映为人格权,传统人格权只有伦理价值,且支配性弱,仅有消极防御侵害的作用,而不能处分、继承与转让。

2. 人格权的支配性与财产性

人格权的支配性与财产性并不总是以"财产性强且支配性强,伦理性弱且支配性弱"的方式两两配对的。为了打破这种传统民法两两配对的固定思路,展现支配性的强弱与财产性的强弱可以形成的四种而非两种组合,本书创设的人格权支配性与财产性的列联表见表4-1:

表4-1 人格权支配性与财产性的列联表

程度	财产性强	财产性弱
支配性强	传统民法上的财产	如自愿捐献器官,自愿参加医学实验,人格物,等等
支配性弱	人格要素的商业化	传统民事人格权

本书观察到传统民事人格权在朝两个方向发生变化,其一是部分人格权的财产性增强,其二是部分人格权的支配性增强。正是这两点,尤其是后者,使得本书主张人格权应当独立成编。然而,这两个方向的变化却被混淆。部分人格权财产性的强化被用作人格权支配性强化的例证。如前文所述,人格权财产性的增强,必定伴随着一定程度的可支配性的提升:任何物必须至少具有可转让性,才有可能产生经济价值,因为经济价值正是在交换中产生的。然而,可支配性的提升,却并不必然意味着财产性的增强,恰恰相反,是其伦理性、精神性价值增强的体现。

人格权支配性的提升主要体现为两方面:其一是人格权的积极主张,例如,前述的无偿器官捐献,以及自愿参与为研制新药、医疗器械或者发展新的预防和治疗方法而实施的临床实验。其二是对人格物的承认。所谓人格物,即具有人格利益的物,只有特定物才能成为人格物。我国《民法典》第一千一百八十三条第二款所规定的"因故意或者重大过失侵害自然人具有人身意义的特定物造成严重精神损害的,被侵权人有权请求精神损害赔偿",便是对人格物理论的承认。人格物之所以提升了人格利益的可支配性,在于其反映了人格利益可以脱离于主体,而依附于物,即所谓人格的物化或物的人格化。

我们需要意识到,无论是对人格权的积极主张,还是对人格物之承认,虽然都体现出人格利益支配性的增强,但这种支配性的增强服务于保护伦理性而非实现财产性。这种对精神性价值的承认,有可能导致精神价值与财产价值间的权利冲突。例如,在钱某某私人书信拍卖案中,原告杨某某系钱某某的夫人,两人育有一女钱某。三人与被告李某某有书信来往,书信为李某某所收藏。李某某将这些书信交给另一被告中×××国际拍卖有限公司拍卖。[1] 这些书信作为人格物,既包含杨某某隐私权的人格利益,又作为李某某之所有物而有所有权的财产利益。在此,由于人格利益与财产利益同时存在,但又为不同的权利主体所有,人格利益与财产利益发生了利益冲突。而这种利益冲突之所以可能发生,是基于对人格权支配性的承认:即人格利益可以脱离于人身,而依附于物。

总之,无论是人格物还是人格权的积极主张,都意味着人格利益支配性的提升:人格利益在一定程度上可以分离于主体,并存在可以积极行使的利益,而不仅具有消极防御侵害的功能。

但是人格权支配性的提升,并不与人格权财产化有必然联系。支配性提升和人格权财产化是人格权发展的两个方向,各自独立。民法将人格权划分为三类:第一类是人身完整之权,又称物质性人格权,主要指生命、身体、健康;第二类是人格标识之权,又称标表性人格权,主要指姓名、肖像、声音;第三类是人格尊严之权,又称精神性人格权,主要指名誉、隐私、信用、荣誉等。[2]

显然,尽管物质性人格权、标表性人格权与精神性人格权的支配性都在一定程度上提升了,但其中唯有标表性人格权的财产性产生了财产化的趋势,例如,对姓名、肖像等人格标识的商品化利用。因而,本书强调人格标识的财产化,并不能够与人格权的支配性提升相混同。正如前述的支配性与财产性的列联表所示,尽管传统民法的财产权与传统民法的人格权呈现出"财产性强且支配性强,伦理性弱且支配性弱"的固定搭配,但固定搭配以外的组合仍是可能的。例如,财产性强而支配性弱的组合,显示出了人格要素商品化的特征。人格要素可以被转让使用,以获取经济价值,无疑显示出了传统民事人格

---

[1] 参见北京市第二中级人民法院(2013)二中保字第9727号民事裁定书。
[2] 参见马俊驹《人格和人格权理论讲稿》,法律出版社2009年版,第251-293页。

权所不具有的财产价值。另外，人格要素仍是作为主体的部分，而不具有人对诸如一个苹果、一块手表这样的物的高度支配性。又如，支配性强而财产性弱的组合，体现为人格权的积极主张和人格物的承认。在此，借助本节创设的人格权支配性与财产性的列联表，人格权两个不同的发展取向被非常清楚地说明了，而各种人格权法的新现象也可以得到统一的认识。

3. 商事人格权、民事人格权、财产权与支配性/财产性光谱

在人格要素商品化的问题上，基于人格要素本质上属于财产权利，一些学说主张摆脱"人格权说"或"双重属性说"，径行认定人格权商品化为"财产权"属性。本书认为，对于人格要素的商品化利用，或者更一般的，对于商事人格权的性质，相较于非此即彼的"财产权说"或"人格权说"或含糊不清的"双重属性"说，以一个支配性和财产性的光谱认识财产权、民事人格权与商事人格权是更为科学的。支配性/财产性光谱可以回答前文留下的两个问题：其一，商事财产权与商事人格权的关系。其二，商事人格权与民事人格权的关系。也正是在回答了这两个问题的基础上，我们才能有效地建构出商事权利体系。

首先，人格权与财产权的本质区分应当在于其所要实现的目的。因而，权利所要实现的是财产价值还是精神价值，应当是两类权利的根本区分。本书认为，所谓商事人格权应当以财产价值为根本归属，否则难以谓之为"商"。因而，商事人格权的本质是财产权，是一种特殊的财产权。在这个意义上，商事人格权并非一个最佳称谓。但基于习惯，并为了与民事人格权相对应，本书仍将使用商事人格权的概念。只是需要再次提醒读者，商事人格权是财产权。

以财产性或者是否为财产权为特征，我们可以很容易地区分民事人格权与商事人格权。对于传统民法所讨论的三类人格权而言，物质性人格权与精神性人格权不具有财产价值而仅仅包含精神价值，不属于商事人格权而只属于民事人格权。对于标表性人格权而言，也只有在姓名、肖像和声音等人格要素被利用时具有财产价值，可以归属于商事人格权。

与此同时，商事主体基于商事经营所获得的商号权、商誉权与商事信用权，与人格要素的商品化一样，都追求财产价值的实现，也应归入商事人格权之中。例如，商誉构成企业整体价值的重要组成部分，企业价值随其商誉价值变动而变动。在侵权法的损害赔偿中，商誉价值损害是赔偿金额确定需要参考的要素。在竞争法领域，商誉也是不正当竞争是否存在、是否造成经济效益的损失等法律判断的重要依据。此外，商誉权还具有可转让性，能直接产生财产价值，虽然其转让只限于在营业转让中随营业财产一并转让。这都显示出商誉

的财产价值。总之，商事人格权本质上归属于财产权，而区别于以精神价值和人格价值为追求的传统民事人格权。如前所述，尽管人格权在支配性上发生了变化，但这些变化并不意味着其财产性的变化，而是意味着人格利益能更好地实现。因而，基于财产性，我们可以区分民事人格权与商事人格权。

其次，当称商事人格权为特殊财产权时，我们还需要指出其特殊之处，使其区别于传统财产权。尽管商事人格权与财产权都以财产性为取向，但主体对人格利益的支配性弱于主体对物与债权的支配。对于标表性人格要素的商品化和商事经营所获得的商号权、商誉权与商事信用权利，其支配性也无法与传统财产权相比较。以商誉权为例，商誉权虽然具备可转让性，但其转让性受到限制：商誉权不得单独转让，而只能在营业转让中随营业财产整体转让。营业转让作为一种特殊的商事活动，是指营业转让人将其以营利为目的而存在的具有机能性和独立性的财产整体和经营地位转让给受让人，据此可以实现转变经营主体的效果。在此情况下，商誉的一并转让反映出商誉与从事相关经营的主体的依附性，体现了商誉权作为商事人格权的较弱支配性。

如图4-1所示，本书将以连续的财产性光谱和支配性光谱来认识民事人格权、商事人格权与财产权。在财产性光谱上，传统物债之财产权拥有绝对的财产性，商事人格权具有较强的财产性，而民事人格权仅仅具有精神性而无财产性。例如，《民法典》第九百九十三条规定："民事主体可以将自己的姓名、名称、肖像等许可他人使用，但是依照法律规定或者根据其性质不得许可的除外。"其中，立法者允许姓名、名称、肖像等人格要素的许可使用，但又规定人格权依其性质不可许可者，不得许可。所谓性质，就是前文所说的关于财产性的立法判断。人格的商品化利用，不仅需要在技术上是可能的，更需要通过立法者伦理上的价值判断来承认其财产化价值。而在支配性光谱上，主体对物具有绝对的支配力，对商事人格权的支配性次之，对民事人格权的支配性最弱。其排列顺序与财产性光谱的排列顺序一致。相较于财产性与支配性的列联表，光谱虽然不能说明其组合关系，但能更好地说明其强度关系。

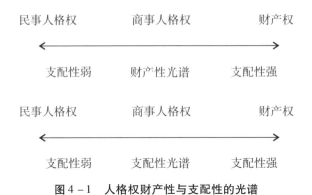

图 4-1 人格权财产性与支配性的光谱

通过财产性与支配性的光谱，我们可以看到商事权利体系如何区别于民事权利体系。在民事权利体系中，财产权与人格权的划分存在两个依据，分别是支配性与财产性。而在商事权利体系之中，人格权与财产权二分的主要依据在于支配性：商事人格权与商事财产权均属于财产，仅仅存在一定程度上的差异。

4. 商事人格权制度的立法表达

在讨论了商法权利体系，进而明确商事人格权不同于民事人格权，具有一定的支配性与财产性而贴近于财产权之后，本书将引入三型四类规范对商事人格权进行进一步讨论。

面对同一事实，如何选用三型四类规范的组合，比较法上常给出不同答案，反映出不同立法者对民商关系的判断差异。再以留置权为例，对于商事留置权，我国《民法典》选择了"替代型规范＋补充型商法规范（企业之间留置不受同一法律关系要件限制）"的设计方案。在此，补充型商法规范仅仅对"同一法律关系"这一要件进行变更。与之相较，我国台湾地区"民法有关规定"同样采取了"替代型规范＋补充型商法规范"的模式，但其补充型商法规范的变更程度更低——其"民法有关规定"第九百二十九条规定："商人间因营业关系而占有之动产，与其因营业关系所生之债权，视为有前条所定之牵连关系。"在此，补充型商法规范甚至没有直接排除民事留置权中的牵连关系要件，而是以法律拟制技术来最小化补充型商法规范对民事留置权的变通程度。与之相较，《民法典》直接豁免了企业之间的商事留置对牵连关系的要求，变通程度较大。因而，补充型商法规范基于适用对象和调整程度，显示出不同的民商区分度。

除了"替代型规范＋补充型商法规范"的构造方式，在留置权上，德国还在商法典中另起炉灶，以冲突型商法规范创设商事留置权的立法例。显然，冲突型商法规范较"替代型规范＋补充型商法规范"意味着更高的民商区分度。例如，《德国商法典》中认定商事留置权属于物权，而《德国民法典》中则认定民事留置权偏向于抗辩权，具有债权而非物权的性质。

因此，对于同一事实，立法者可以在三型四类规范中选取不同的规范进行设计。对于商事人格权，一种设计方法是以冲突型规范对商事人格权进行规范，也即对民事人格权以冲突型民法规范加以规定，而对商事人格权以冲突型商法规范加以规定。这种"冲突型民法规范＋冲突型商法规范"的立法例以美国为代表。美国法中分别以隐私权与公开权来保护民事人格权与商事人格权。在美国法中，隐私权保护个人的独处和私生活安宁，不得转让与继承。与之不同，公开权对商事人格权的保护则重在财产价值，公开权的权利主体一方面可以禁止他人商业性利用而侵犯自己的商事人格权，并使他人赔偿自己的经济损失，也可以积极行使而创造经济价值。不同于隐私权所保护的民事人格权所有的不可转让与继承的性质，公开权所规范的商事人格权也可以由他人继承，从而继续得到法律保护。

如前所述，民事人格权的典型特征是具有人格尊严的伦理性价值，而不具有作为客体的可支配性。商事人格权则重在财产价值，而在一定程度上具有可支配性。基于此两点性质差异，美国法分别规定了作为冲突型民法规范的隐私权和作为冲突型商法规范的公开权。与此不同，德国法中并未分设冲突型民法规范与冲突型商法规范，而采取了"替代型规范＋补充型商法规范"的思路对商事人格权加以规范。在德国法中，"一般人格权"属于原则性条款，其意在覆盖已创设的具体人格权所不能覆盖者，以免对人格权的保护存在法律漏洞。作为填补漏洞的原则性条款，一般人格权条款首先意在填补民事人格权的漏洞，并不被认为具有保护财产价值的功能。例如，分别规定于《德国民法典》第12条和《德国艺术著作权法》第22条的姓名权和肖像权，属于民事人格权，而不具有财产价值。这些姓名权和肖像权的规范，起到了替代型规范的作用，对姓名和肖像的人格要素进行规定。以此为基础，一般人格权条款肯认了肖像权和姓名权的财产利益，在替代型规范对人格要素的定型的基础上，以补充型商法规范承认了权利主体可以对肖像权和姓名权进行商业利用。

不过，需要注意的是，在商事人格权上，"替代型规范＋冲突型商法规范"的使用区别于他处的"替代型规范＋冲突型商法规范"立法技术的使用。对于一般的"替代型规范＋冲突型商法规范"而言，商法规范与民法规范所规范的内容是对称的，也即规范的对象为同一类关系，不仅仅因民事和商事而区分。例如，我国《民法典》第十九章以"替代型规范＋补充型商法规范"规范了商事留置权，在此，"企业之间留置不受同一法律关系要件限制"属于补充型商法规范。与此相对称，在民事留置权上，非企业之间的留置则受到同一法律关系要件限制。而除此规范以外，均属于替代型规范，不做民商区分。

但在商事人格权中，替代型规范起到了确立了民事人格权与商事人格权客体的作用。姓名和肖像等人格符号，不仅作为民事人格权的客体而承载伦理性利益，还由于其具有一定的可支配性而作为商事人格权的客体发挥着财产价值。在此，"替代型规范＋冲突型商法规范"并不意味着存在一对相对称的民事法律关系与商事法律关系。换言之，这不同于"企业之间留置不受同一法律关系要件限制"这一补充型商法规范：存在商事留置权与民事留置权这一对称且归属于同一类关系的权利。

商事人格权与民事人格权的相同之处仅仅在于客体，商事人格权与民事人格权本身并不能被归属为对称的同一类关系的权利。对于物质性人格权与精神性人格权而言，这两类人格权的人格要素不存在商业利用的可能，从而自然没有可以"共享"替代型规范的可能。而对于标表性人格权，则如前所述，替代型规范的作用仅仅在于规定相通的客体。

这种不对称的关系同样反映在"冲突型民法规范＋冲突型商法规范"的使用上，例如，德国法中民事留置权和商事留置权被分别规范于民法典和商法典中，但规范对象是对称的，本质上都属于留置权。与之不同，美国法中分别为冲突型民法规范和冲突型商法规范所规定的隐私权与公开权，并非对称的、本质相通的权利。隐私权和公开权分别属于关乎人格尊严、起消极防御作用的人格权以及关乎经济财产、可以被积极利用的财产权。

总而言之，在商事人格权所采取的"替代型规范＋补充型商法规范"中，受替代型规范规制者非常有限，仅仅昭示着民事人格权与商事人格权存在相同的客体。商事人格权，如人格权的商品化利用，更多依赖于财产法（如合同法）进行规范，而与民事人格权的相同之处较少。

商事人格权这种非对称的本质与民事人格权并不相通的状况，使其体例安排存在值得讨论之处。显然，对于与某一民事权利相对称的商事权利而言，其体例安排的一般原则是民商关系相通程度越高，则替代型规范使用越多，更接受民商合一的体例安排。例如，在民商分立的德国，其2004年更新的《德国民法典》第1259条规定，对于商事质权，也即出质人为经营者且质物有交易所价格或市场价格的，当事人在出质时即可约定，债权到期时质物归质权人所有或可通过变卖折现。对于分设了民法典和商法典的德国而言，在流质制度中，其并未完全顺应民商分立的体例安排，在民法典和商法典中分设冲突型民法规范与冲突型商法规范。相反，其在民法典中采取了"替代型规范＋补充型商法规范"的模式。这反映出在质权制度中，德国立法者的判断是大部分法律规范无须做民商区分，而只需要在民法典中设立替代型规范，唯独在流质问题上，有必要进行一定程度的民商区分，故引入补充型商法规范以开放商事流质的空间。因此，商事流质首先可以被安排在民法典之中；其次宜被设计为民法典的补充性商法规范，依附于民事质权制度。

但对于商事人格权而言，其并不属于对称型的民商关系，民商相通程度实质上并不高，替代型规范的意义相对有限。两者的相通之处，或者说替代型规范的"用武之地"仅仅在于为商事人格权和民事人格权设置同一的客体。此种非与民事法律关系对称的商事法律关系，在体例安排上存在多种可能：其一，基于民事人格权与商事人格权规范客体的重合安排有限的替代型规范，而将商事人格权安置于民法典并依附于民事人格权。这也是我国《民法典》现有的体系安排。其二，基于商事人格权的可支配性与财产性，将商事人格权以专门的冲突型商法规范来安排，也即美国隐私权与公开权二分的思路。其三，在理论上，还可以将商事人格权归于民法典，但基于其财产属性，将其归入与财产权相关的编章而非由人格权编吸收。

（二）人格权编中加入商法一般条款的总体分析

1. 替代型商法一般条款

如前文所述，替代型规范的使用主要体现于人格要素的商品化利用和与民事人格权所共享的对人格要素的规定。换言之，这是一类特殊的非对称，非同属一类关系的"替代型规范＋冲突型商法规范"的使用。

在此，替代型规范使用的目的是明确何为姓名、名称、肖像等人格要素。尽管这些人格要素作为商事人格权的客体，因被允许转让而拥有财产性和一定的支配性。但这些人格要素同时是民事人格权的客体，这些人格客体之上仍然不具备财产性，只具有在社会交往中获得尊重的精神利益。作为民事人格权本身的姓名权、名称权、肖像权等仍然不具备财产性与支配性，不允许以许可使用的方式获得财产价值。总之，民事人格权与商事人格权共享了对作为权利客体的人格要素的规定。这构成了一种特殊的替代型规范。

不过，人格要素的商品化利用还需要参照《民法典》合同编的规定。依据《民法典》第四百六十七条的规定，对人格要素的转让使用，没有规定的，可以适用《民法典》合同编通则的一般规定并参照适用有名合同类型或者其他法律最相类似合同类型的规定。

从《民法典》人格权编的商法一般条款的加入视角做进一步分析，就替代型商法一般条款的立法运用方面来说，一是《民法典》第九百九十三条对人格权益（姓名、名称、肖像等）许可他人使用（商业利用）做了间接性规定；二是该法第九百九十八条规定了认定侵害人格权的民事责任的比例性原则，"行为人和受害人的职业、影响范围"等物质性强于精神性的因素都被纳入了法官裁判的考量范畴；[1] 三是该法第九百九十九条、第一千零二十四条、第一千零二十五条、第一千零二十六条规定了行为人对部分人格利益的合理使用、合理审查原则；四是该法第一千零三十四条、第一千零三十五条对个人信息这种在互联网时代愈发受到重视的人格权益的收集、使用、维护、保护进行了规定。

2. 补充型商法一般条款

以替代型规范对同时作为民事人格权与商事人格权的人格要素进行规定为基础，对人格要素的许可使用作为补充型商法规范，《民法典》对其如何进行商业化利用做了立法回应。其中，《民法典》第一千零二十一条及第一千零二十二条对肖像许可使用合同做出了规定。在此基础上，《民法典》第一千零二十三条第一款规定了对姓名等的许可使用可以参照适用肖像许可使用合同。这是因为立法者视肖像许可合同为典型的人格要素的许可使用方式。

如前文所述，人格要素的商业化利用同时满足了技术判断与立法者的伦理价值判断。对于哪些人格要素可以被商业化利用，立法者同时做出了正面规定与反面规定。正面规定明确了可以被商业化利用的人格要素种类。反面规定则是立法者指出的不存在依照法律规定许可或者根据其性质不得许可的情形，例如，生命、身体、健康、名誉、荣誉、隐私等人格要素不得许可他人使用。而在正面规定与反面规定以外，《民法典》第九百九十三条在姓名、名称和肖像这三类人格要素之后加了"等"这个立法用语，此种开放性规定表明立法者为技术发展或其伦理判断的发展留出了可能的余地。

此外，除了规定哪些人格要素可以被商品化利用以外，《民法典》还对人格要素如何商业化利用进行了规定。《民法典》第一千零二十一条和第一千零二十二条规定当许可使用合同中就肖像权、姓名权的使用条款理解有争议的，应当做出有利于肖像权人、姓名权人的解释，即便该条款属于格式条款而由肖

---

[1] 参见石佳友《守成与创新的务实结合：〈中华人民共和国民法人格权编（草案）〉评析》，载《比较法研究》2018年第2期，第16页。

像权人、姓名权人所拟定，且依据《民法典》第四百九十八条的规定应当排除。这反映出商事人格权与财产权在财产性光谱上的差异，其财产性虽强于民事人格权但仍弱于财产权。同时，对肖像权的许可使用，人格权主体享有较大程度的解除权，可以排除合同中对使用期限的约定，这同样体现了商事人格权在财产性光谱中的位置。

从《民法典》人格权编商法一般条款的加入视角做进一步分析，就补充型商法一般条款的加入方面来说，一是《民法典》人格权编第三章"姓名权和名称权"在对自然人的姓名权及其各项权能（决定、使用、变更或者许可他人使用）的使用不违背公序良俗的基础上，对非自然人的名称权及其各项权能（决定、使用、变更或者许可他人使用）做了极大丰富，增加了法人、非法人组织的名称权的转让规定（即《民法典》第一千零一十三条），并对网名、字号、简称等进行同等保护（即《民法典》第一千零一十七条）；二是该法第一千零二十一条、第一千零二十二条、第一千零二十三条分别规定了肖像许可使用合同应当做出有利于肖像权人的解释，基于正当理由的合同解除权，以及对其他人格权的许可使用参照适用肖像权许可使用的有关规定。

3. 冲突型商法一般条款

对于商事主体在商事经营中形成的商号权、商誉权和商事信用权等商事人格权，由于其价值形成于商事经营而其财产性强于人格要素的商品化利用。在法律设计上，不依赖于《民法典》替代型规范对人格要素客体的统一规定，因而属于冲突型商法规范，适宜在《民法典》以外的《商法通则》或商事特别法中做出规定。

对于《民法典》人格权编冲突型商法规范的认定，我们可以分别以相关权利的主体和客体作为判断标准。以商誉权为例：第一，从权利主体来看，狭义的民事主体不具有商誉亦不享有商誉权，仅商事主体享有商誉权；第二，从权利客体来看，商誉权保护的商誉仅在经营活动中存在并具有价值，当脱离商事世界回归至狭义的民事范畴时，保护商誉权毫无意义。综上，商誉权规范不仅区分了民商事法律关系，而且区分程度极高，其仅调整商事法律关系，因此是冲突型商法规范。

从《民法典》人格权编商法一般条款的加入视角做进一步分析，就冲突型商法一般条款的预设安排方面来说，一是《民法典》第九百九十三条后半段规定"依照法律规定或者根据其性质不得许可的除外"，运用了"转介性"条款技术，为冲突型商事人格权益转让继承制度的"放行"开了"绿灯"；二是《民法典》第九百九十六条规定了违约精神损害赔偿，突破了合同违约责任的可预见规则。

二、人格权编中商法一般条款的适用分析：以商誉权保护为例

前文述及，一般条款实际上更强调一般规定中的"普遍性"，即规范在多大程度上同时调整民事法律关系与商事法律关系。或者说，某一私法规范是否兼具民事属性与商事属性。以在民商关系中的普遍性强弱为标尺，我们不难"探测"到冲突型民法规范、替代型规范、补充型商法规范与冲突型商法规范这三型四类规范。其中，替代型规范同时调整民事法律关系与商事法律关系，符合普遍性之特征。在实践中，如果本应设置补充型商法规范甚至冲突型商法规范而未予以设置时，裁判者就不得不将原本的冲突型民法规范以法律解释的方式"扩张"为替代型规范。

以对商誉权的保护为例，我国《民法典》并未对商誉权保护做出规定。《民法典》第一千零二十四条规定仅保护了自然人、法人和非法人组织的名誉权。而明确对"商誉"做出规定的，是《反不正当竞争法》第十一条，该条规定经营者不得编造、传播虚假信息或者误导性信息，损害竞争对手的商业信誉、商品声誉。显然，《反不正当竞争法》对商誉的保护仅限于竞争对手对商誉造成损害的情形，或者说，该法对商誉的保护，并不否定其他部门的法律对商誉保护的必要。

商誉首先区分于名誉。名誉侧重于社会性、伦理性的评价，而商誉则侧重于商业性评价，以经济能力、履约能力和产品服务品质为中心。例如，谣传某工厂意外失火并因火灾而停产的行为并不构成对其名誉权的侵害。这是因为意外失火是中性的意外，不会导致此工厂道德评价的降低。然而，对于其合作者、消费者而言，工厂停产显然会对其能否及时履约产生影响，人们对其履约能力进而对其商誉的评价则将降低。①

《民法典》立法参与人员指出，对于法人、非法人组织而言，名誉权关乎其社会信誉，这是其通过长时间的活动逐步形成的，特别是企业法人、非法人组织的名誉，反映了社会对它在生产经营等方面表现的总体评价，往往会对其

---

① 参见魏振瀛《民法》，北京大学出版社、高等教育出版社2000年版，第659页。

生产经营和经济效益产生重大的影响。①

商誉权的保护在信息传播权力下放至个体的今天尤其重要。而个体在现代社会最重要的身份之一，便是消费者。消费者在购买和使用商品后，借助自媒体发布其对产品之评价，非常有可能产生一定的影响，导致社会对企业的商誉评价降低。然而，由于《民法典》并未对商誉权做出规范，法院只得扩张解释名誉权规范，视其为同时保护民法上名誉与商法上商誉的替代型规范，对商誉权进行保护。

在徐州福×随车起重机有限公司与赵某名誉权纠纷案中，被告以消费者的身份，在公开的媒体平台上对原告的产品质量、售后服务等方面直接给予了过激的负面性评价和认定，在一定范围内对原告的商誉造成了负面影响，导致原告遭受大量客户退货等经济损失。法院依据《民法典》第一千零二十四条判定被告的行为侵犯了原告的名誉权，应当为原告恢复名誉、消除影响。② 在北京当×科技有限公司与沈某某网络侵权责任纠纷案中，法院直接指明"法人名誉权是指社会对法人的商业信誉、商品声誉、产品质量、服务态度等方面的综合社会评价，其中，商誉是法人名誉权中的核心利益。是否构成法人名誉权侵权的核心在于是否降低了公众对受害法人的社会评价，主要是对商誉的评价"③。在这些案件中，法官视《民法典》第一千零二十四条为替代型规范，而借名誉权之名，行保护商誉权之实。

然而，以扩张解释名誉权的方式来保护商誉权并不足以实现商誉权益的充分救济。作为民事人格权的名誉权，部分名誉权的救济方式如赔礼道歉并不能适用于作为财产权的商事人格权。在区分作为财产利益的商誉和作为人格利益的名誉后，单纯对商誉的侵犯应当以赔偿财产损失为主，因而，诸如赔礼道歉之类的对精神利益的弥补方式不应被适用。正如赔礼道歉在商号侵权、商标侵权中也不应该适用，原因正在于商誉权在与名誉权相区分后，其价值与商号、商标一样，仅有财产价值。与之不同的是，消除影响以恢复社会公众对权利人的商誉评价则有适用之空间。

同时，以扩张解释名誉权的方式保护商誉权还将导致商誉权损失计算缺乏明确标准，从而导致侵权人侵权成本极低，权利人商誉无法得到有效保障。显

---

① 参见黄薇《中华人民共和国民法典人格权编解读》，中国法制出版社2020年版，第160-161页。
② 参见四川省沐川县人民法院（2022）川1129民初161号民事判决书。
③ 参见北京互联网法院（2021）京0491民初20097号民事判决书。

然，商誉侵权的认定、商誉的经济价值计算，均区别于名誉权进行处理，而属于冲突型商法规范。

在小×科技有限公司与凌某某网络侵权纠纷案中，小×公司主张自媒体作者凌某某在抖音、微信公众号等平台发布的文章及视频，损害了小×公司及其创始人及法定代表人的名誉权，并申请行为保全。法院认为，被告针对小×公司和该公司法定代表人职务行为的涉贬损性言辞直接影响了该公司，存在较高的侵害名誉权的可能性，将影响该公司从事正常的企业经营活动，如不采取措施可能对其造成难以弥补的损害。因此，法院裁定被告立即删除被诉侵权文章及视频。[①]

和前案一样，虽然该案重点是财产性的商誉，即企业的经营是否受影响，但在商誉权未由《民法典》做出立法规定时，法院只能依赖于名誉权对企业商誉进行保护。

还值得注意的是，法院特别指出，针对企业创始人的网络侵权言论，在侵权行为针对与企业关系紧密且有较强影响力的创始人或法定代表人的职务行为时，这些言论仍可能侵犯企业名誉权。该分析表明，商誉权和名誉权并不如一些理论所预设的那样泾渭分明，分别为法人和自然人所享有。且不论商自然人享有的商誉权或法人所享有的名誉权，[②] 作为自然人的股东或高管，其社会评价天然就可能联系于公司的社会评价。基于独立财产和有限责任等制度，公司法理论强调公司资产与股东资产是高度分割的。然而，对于商誉这类"软性"资产，公司与其股东或高管却是难以分割的。[③] 在企业家形象越来越重要的今天，如何规范贬低企业家评价而损害企业商誉的行为将是重要课题。

总之，以上对《民法典》第一千零二十四条的分析说明，在三型四类规范的应然状态未能充分实现时，裁判者常常需要将原本的冲突型民法规范解释为替代型规范，以填补法律漏洞。例如，在商誉权未获得冲突型商法规范保护时，裁判者只能借名誉权来保护，但这未能实现对商誉权的充分保护。本书认为，作为冲突型商法规范，其在民商关系上的普遍性较弱，不宜强行以扩张解释为名誉权的方式来保护。更为恰当的方式是，依据《民法典》第一千零二十四条纯粹民法规范的角色，专门对伦理性、社会性评价施以保护，并在

---

① 参见北京互联网法院（2021）京0491民初51722号民事判决书。

② M. M. Blair, E. Pollman, "The Derivative Nature of Corporate Constitutional Rights", *William & Mary Law Review*, 2015, 56: 1673–1697.

③ M. Pargendler, "Veil Peeking: The Corporation as a Nexus for Regulation", *University of Pennsylvania Law Review*, 2021, 169: 717–781.

《商法通则》中设置冲突型商法规范,从而有效保障商誉权。

三、人格权编中商法一般条款的适用完善

针对《民法典》人格权编的商法一般条款的加入思路而言,商事人格权一般条款的规范选择是"舍中有取"。即在人格权单独成编的条文设计中,与传统人格权冲突性明显、商事主体所享有的商事人格权一般条款应予"舍弃",将其置于典外、另行立法安排为宜;而为了民商合一体例下人格权传统与现代立法的协调要求,除了规定人格权责任赔偿范围、责任承担形式的替代型商事人格权一般条款之外,应有条件地对自然人人格权的财产权利属性(积极利用性及可转让性、可继承性)予以确认,适当加入商自然人的补充型商事人格权一般条款。其理由在于以下三个方面:

首先,自然人与商事主体的商事人格权的内容和发展差异日趋显著,异质部分大于共同部分,民商事主体很难构建起同时涵盖民事主体与商事主体的商事人格权一般条款。前者主要涉及标表性人格权和部分精神性人格权,[①] 后者衍生品类多样,如法人(公司)和非法人(合伙企业)的企业形象权、商号权、商誉权、商业信用权等。

其次,可商业化利用的权利类型和价值评价方法不同。自然人享有的精神性人格利益(如名誉权)不可被商业化,但营利法人的商誉权则具有很强的财产权性质,即便自然人与商事主体都拥有名称、形象等标表性人格权,并能够对其进行商业化利用,但二者的评价场域不同,价值评估方法及结果显然也有区别:前者更多的处于社会评价场域,价值弹性大、量化难度高;[②] 后者则处于市场评价场域,商业价值可以货币化计量。

最后,与传统人格权立法密切关联度不同。自然人的商事人格权(名称、形象等标表性人格权)与生命、健康、身体和伦理生活权利类型不同,但不能脱离血肉之躯存在。因而"基于人格标识使用权与主体的天然关系,可将

---

① 自然人人格权内容主要包括:一是生命、身体健康等物质性人格权,二是姓名、肖像、形象、声音等标表性人格权,三是人格尊严、名誉等精神性人格权。参见温世扬《论"标表性人格权"》,载《政治与法律》2014 年第 4 期,第 64-65 页。

② 在乔丹商标案中,法院判决认可了迈克尔·乔丹对中文"乔丹"享有姓名权,对拼音 QIAODAN、qiaodan 则不享有姓名权,但对利用"乔丹"自然人姓名的商业侵权赔偿未予置词。参见最高人民法院(2016)最高法行再 15、20、25、26、27、28、29、30、31、32 号行政判决书。

其归入人格权的规范体系中加以保护，但以财产权为其请求权基础"①。此类自然人的商事人格权规范补充性强，可少量直接入典。② 而商事主体的商事人格权确立、利用、评估、救济机制与传统人格权价值背离甚远，冲突性较为明显，故留给商事基本法规定为宜。

针对上述问题，为实现对人格权全面保护的同时促进人格权商业化利用的目标，我们可以从下文所列举的方面进一步完善。

替代型规范的完善，主要体现于人格要素的商品化利用和与民事人格权所共享的对人格要素的规定。对于商事人格权而言，替代型规范的意义相对有限，也较为完善。我们可通过替代型一般条款将信用权、个人信息权确认为具体人格权，以实现与其他权利的有效区分，促进民事主体在信息时代对个人信用、个人信息的维护和利用。

补充型商法一般条款的设计，其重点在于，在替代型规范作为一般性制度已经存在时，是否有必要对商事人格权做出额外规定。以《民法典》第一千零二十一条和第一千零二十二条为代表的人格权商业利用条款为例，这些条款之所以是补充性的，在于这些条款总体上依赖于一般性的合同制度。另外，这些条款又对于合同解释、合同继续性等问题做出了特别规定，以凸显人格权的特殊性。从本节理论出发，如果直截了当地承认人格要素的财产性，或者说承认商事人格权独立于民事人格权的角度，则这些补充型商法一般条款是没有必要的。

《民法典》第一千零二十二条第一款规定"当事人对肖像许可使用期限没有约定或者约定不明确的，任何一方当事人可以随时解除肖像许可使用合同，但是应当在合理期限之前通知对方"，然而，这一款所表达的内容已经为《民法典》合同编的"不定期合同可以随时解除"规定所覆盖。也即这一补充型商事人格权一般条款并未对人格要素的财产性使用给出特别规定。而《民法典》第一千零二十二条第二款规定："当事人对肖像许可使用期限有明确约定，肖像权人有正当理由的，可以解除肖像许可使用合同，但是应当在合理期限之前通知对方。因解除合同造成对方损失的，除不可归责于肖像权人的事由外，应当赔偿损失。"在《民法典》合同编已经对合同解除事由进行规定之

---

① 房绍坤、曹相见：《标表型人格权的构造与人格权商品化批判》，载《中国社会科学》2018年第7期，第162页。

② 言其"少量"是因为还有些主体如运动员"形象化权"因其专业性宜在《中华人民共和国体育法》中另行规定。

后,第一千零二十二条第二款似乎意在赋予肖像权人在合同编以外的解除特权。然而,立法条文却又未能说明什么情况构成正当理由,而能赋予肖像权人额外的合同解除特权。从根本上而言,该补充型商事人格权一般条款的设计更多的是未能承认商事人格权区别于民事人格权的财产性,而未能实现"在商言商"。

实际上,需要进行肖像权商业利用的,也多是具有公共知名度的少数名人。这些名人大多能够聘请法律专家为其处理合同,因而不是很有法律特殊保护的必要。相反,通过补充型商法一般条款赋予肖像权人额外的解除特权,反而将合同相对人置于极其不安的境地,减损了其投资动机。这不利于商事人格权的充分发展。总之,这类补充型商法一般条款或者并未真正起到补充规定的作用,或者额外规定反而不利于商事人格权的财产性运用。

在我国商事基本法或商事特别法出台并明确规定商号权、商誉权、商事信用权、商业秘密等狭义商事人格权之前,司法实践应通过扩张解释,借助《民法典》已确认的民事人格权达到保护商事人格权的目的,比如借助名誉权达到保护商事信用权的目的。

例如,《民法典》第一千零一十三条规定了法人、非法人组织享有名称权,该条应做广义理解,扩张适用于其他商事主体的名称。首先,其可结合《民法典》总则编第一百一十条第二款关于法人、非法人组织(个体工商户、合伙企业)享有名称权、名誉权、荣誉权等权利的规定,以及《民法典》第五十四条关于"个体工商户可以起字号"的规定。其次,基于个体工商户、个人合伙等商事主体甚至其他社会团体的名称应受法律保护的现实需求,可见《民法典》第一千零一十三条将名称权主体限定于法人、非法人组织并不妥当。出于体系化考量,我们应对该条款进行目的性扩张解释,即名称权的保护对象应包括法人名称、非法人组织名称和具有识别意义的其他商事主体或社会团体名称。由于《民法典》或多或少地对名称权的保护划定了"红线",既赋予了权利人决定、使用、变更、转让或者许可他人使用名称的权利,也明令禁止了他人以干涉、盗用、假冒等方式侵害名称权,且侵权责任编亦对名称权侵权损害赔偿提供了基础依据,因此,在关于商号权的具体商法规范尚未面世的情形下,将名称权扩张适用至所有商事主体之上,并借用名称权来保护商号权亦未尝不可。

又如,对于人格形象的商业利用,我国现行法律暂无明确的保护依据。与人格形象相近的人格权益有肖像、声音等,但后者无法替代前者,原因在于形象是通过身体整体、特有动作或角色表演等形成的公众对某人的识别符号,如动作形象、表演形象等，而并不仅仅依靠静态的面孔（肖像）或单一的嗓音（声音）来呈现。更重要的是，形象权的主体并不仅仅是自然人，还包括法人和其他组织。虽然形象权无法被肖像权、声音权所包容、概括，但在《民法典》的理解与适用中，后者的扩张适用可以在一定程度上达到保护前者的目的。具体而言，《民法典》第一千零一十八条第二款规定："肖像是通过影像、雕塑、绘画等方式在一定载体上反映的特定自然人可以被识别的外部形象。"根据这样的定义，我们可以对肖像进行广义解释，不仅以自然人的面部形象为主体的再现形象是肖像，那些不以面部形象为主体的自然人的其他部位的外部形象的再现也可以被认定为肖像，必要条件是"被识别"。因此，可以得出一个结论，即《民法典》人格权编规定的肖像权中的"肖像"，其实是一个广义的概念。也就是说，狭义的肖像是以面部形象为主体的，广义的肖像则囊括自然人所有的外部特征，后者包括了形象，鉴于《民法典》的肖像权保护的是广义的肖像，故《民法典》第一千零一十八条关于肖像权的规定可以保护自然人的形象。不过，由于《民法典》人格权编的肖像权主体被限定为自然人，因此，法人、非法人组织的形象则有待未来立法予以保护。

在冲突型商法一般条款的设计上，由于营利法人、非法人组织等商事主体与自然人享有的商事人格权之内容发展、价值评估、救济标准殊大于同，所以宜通过冲突型商法规范路径予以完善。

考虑到冲突型商法规范与《民法典》的兼容性低，的确不宜广泛入典，而商誉权、商号权、商业形象权等的立法又不足，所以最好留下制度"接口"，规定"本编未规定的其他人格权，依照其他法律另行规定"。但理论与实践对于商事人格权的全面保护呼声高涨，也不容忽视。除了在司法实践中借助民事人格权来实现商事人格权保护，商事基本法（如《商法通则》）宜尽早纳入立法规划，且应当对商事人格权进行详细规定。

"将商事人格权纳入商法通则体例，不仅是商事权利体系化建设所需，而且丰富并弥补了民法典人格权编的不足。《商法通则》（草案），详细建构了商事人格权体系，如《商法通则》（草案）第2章'商事主体'，第18条与第10章'一般商事权利'，共同规定了商号权、商誉权、商事信用权、商业秘密权等具体商事人格权类型；第4章规范了'商业名称与字号'；第5章规范了'商业信用'。包括商事信用信息采集、整理、保存、加工、服务等活动的原则；信用信息的征集和商事信用评价；信用评价机制的建立；商事信用信息的交易；对失信行为人的惩戒、商事主体失信信息和失信评价的披露时限、信用回复、失信商事主体的异议权、守信激励等。"①

以商誉权为例,未来出台《商法通则》应在相关规范中明确以下三点:第一,受保护的商誉的内涵与外延,商誉是指商品生产者或经营者在其生产、流通和与此有直接联系的经济行为中逐渐形成的,反映社会对其生产、产品、销售、服务等多方面的综合评价。商誉权则是商誉主体依法对其创造的商誉享有专有权和享有商誉不受侵害的权利。② 第二,以开放式列举的方式规定侵害商誉权行为的表现形式,包括但不限于编造、传播虚假信息或误导性信息,冒用商标,反向假冒商标,商标淡化,等等。第三,确立认定商誉损害赔偿的标准,以便对商誉权形成更全面的、更有效的保护。

又如,商事信用权是商事主体为维护其商业信用,就其履约能力的综合社会评价所享有的商事人格权,体现为对外履约能力,包括但不限于履行义务、清偿债务、对外担保、对外融资等综合评价。③ "商事信用是商法的灵魂,借此搭建商法'大厦',构建商法的规范性体系,是新时期商事立法的必由之路。"④ 因此,在《商法通则》及商事特别法中构建商事信用权制度体系,应当涵盖如下内容:商事信用取得规范、商事信用信息公示规范、商事信用征信规范、商事信用评价规范以及商事信用的守信激励和失信惩戒规范等。⑤

第二节 婚姻家庭编与继承编中商法一般条款的法律适用

家庭是社会最基本的细胞,家庭稳定则是社会稳定的基础,家庭治理水平的提升也是国家治理现代化的重要体现。⑥ 作为《民法典》中最具普适性的内容之一,婚姻家庭编与继承编的规则设计关系着千家万户。从《民法典》草案到最终获通过的《民法典》,立法虽然做出了一定的突破与创新,但落实到具体的适用情境中,仍可窥见许多不足。例如,"共债共签"规则固化了原本

---

① 傅穹、张建东:《商事人格权的法律位置》,载《社会科学战线》2019年第12期,第177页。
② 参见梁上上《论商誉和商誉权》,载《法学研究》1993年第5期,第41页。
③ 参见傅穹、张建东《商事人格权的法律位置》,载《社会科学战线》2019年第12期,第175页。
④ 赵磊:《商事信用:商法的内在逻辑与体系化根本》,载《中国法学》2018年第5期,第180页。
⑤ 参见赵旭东《商事信用的界定与制度构成》,载《浙江工商大学学报》2019年第5期,第10页。
⑥ 参见王利明《民法总则将有力推进国家治理现代化》,载《光明日报》2017年4月17日,第4版。

具有灵活性和自发性的商业习惯，家事代理权与表见代理适用关系不明确，"夫妻共有股权"要件与商法规范相冲突，连带责任的偏好导致商化过度，等等。如何通过完善民商规则的合理配置，让三型四类规范在家事领域的法律适用中"各司其职，各得其所"，并在维护传统家庭伦理精神内核的同时，兼顾现代社会经济发展的需求，是本节内容讨论的核心议题。

一、婚姻家庭编与继承编加入商法一般条款的法理基础与加入现状

（一）婚姻家庭与继承法律关系所涉民商规范的区分方法

德国法学家温德沙伊德（Windscheid）认为："所有的私法，要做的事情，有两个目标：一是财产关系，二是家庭关系。因此，私法的主要划分是财产法与家庭法的划分。"[①] 梁慧星教授也认为："民法调整民事生活关系，或者说民法是调整民事生活关系的基本法。……民事生活可分为两个领域，一个是经济生活，另一个是家庭生活。如果讲关系，一个是经济生活关系，另一个是家庭生活关系。"[②]《民法典》婚姻家庭编与继承编调整因婚姻家庭与继承而产生的民事法律关系，这里的"民事法律关系"的范畴不仅包括夫妻之间、家庭成员之间的家庭人身关系，还包括家庭财产关系。

传统的家庭人身关系，因结婚、出生、收养等法律事实而发生，因离婚、死亡、解除收养关系等法律事实而消灭，存在于具有特定亲属身份的主体之间；传统的家庭财产关系则以主体之间存在的家庭人身关系为前提，不体现直接的经济目的，不是出于功利目的的创设和存在，而是凸显亲属共同生活和家庭职能的要求，其带有公法意味和社会保障、制度福利的色彩，将保护弱者和利他价值取向直接纳入权利义务关系的设计考量，不同于其他财产关系。

民商法中的一般财产关系以等价有偿、公平自愿为原则，反映了市场经济条件下民事主体之间商品交换的需要，体现的是一种等价有偿的经济关系。而传统的家庭财产权利义务关系则具有非对价性，反映了家庭的经济职能和亲属共同生活的需求，以服务于家庭共同生活、实现养老育幼的家庭职能为目的，

---

① 转引自徐国栋《民法典草案的基本结构——以民法的调整对象理论为中心》，载《法学研究》2000年第1期，第37-55页。

② 梁慧星：《为中国民法典而斗争》，法律出版社2022年版，第34页。

具有强烈的伦理性。家庭财产关系的特殊属性要求家庭成员之间要具备互助精神与无私奉献精神,体现在家庭财产关系领域就是夫妻财产以"共财"为特点和夫妻肩负养老育幼的社会功能。例如,夫妻之间的共同财产制度并不考虑等价有偿的公平原则,无论共同财产的积累由哪一方完成,无论贡献大小,只要双方具有配偶关系,即可视为夫妻共同财产。又如,父母对子女所支出的抚养费与子女对父母所支出的赡养费,在数额上不具有对价性,这是由亲子关系的伦理性及其双方共同生活的特点所决定的。

传统的婚姻法原则上只需调整夫妻内部,即夫妻之间的财产关系,多数人认为它没有调整夫妻外部财产关系的必要,[1] 夫妻与第三人之间的财产关系应当由民法和商法进行调整。然而,随着市场经济的发展和家庭财富的增加,在婚姻关系存续期间,夫妻一方或双方用夫妻共同财产进行投资或出资的行为已经非常普遍,原本因为婚姻关系而形成的家庭共同体与市场之间的互动愈发频繁,除了包括夫妻在内的家庭成员作为个体所形成的内部家庭财产关系以外,家庭共同体与外部还产生财产法意义上的"第三人"交易结构。外部财产关系领域与内部家庭身份、家庭财产关系领域的价值理念区别明显,致使众多冲突围绕家庭财产关系集中爆发,而法院徘徊于适用外部财产法原理和内部身份法原理之间。[2]

例如,适用内部身份法原理的法院认为,婚姻家庭的团体性特点决定了婚姻法不可能完全以个人为本位,而必须考虑夫妻共同体、家庭共同体的伦理情感利益,与商法突出经济利益有所不同。在调整夫妻财产关系领域,商法应当保持谦抑性,对婚姻法的适用空间和规制功能予以尊重,尤其是夫妻之间关于具体财产制度的约定不宜由商法过度调整,而应当由婚姻法规则来评价。[3] 又如,适用外部财产法原理的法院在认定股权与夫妻共同财产之间的关系时认为,股权作为一项特殊的财产权,除具有财产权益内容外,还具有与股东个人的社会属性及其特质、品格密不可分的人格权、身份权等内容。如无特别约定,对自然人股东而言,股权仍属于商法规范内的私权范畴,其各项具体权能应由股东本人独立行使,不受他人干涉。在股权流转方面,我国《公司法》

---

[1] 参见贺剑《论婚姻法回归民法的基本思路:以法定夫妻财产制为重点》,载《中外法学》2014年第6期,第1500－1521页。

[2] 参见冯源《〈民法典〉视域下亲属身份行为与财产行为的冲突与整合》,载《云南师范大学学报》2020年第11期,第64－74页。

[3] 参见北京市第三中级人民法院(2014)三中民终字第09467号民事判决书。

确认的合法转让主体也是股东本人，而不是其所在的家庭。①

基于此，仅调整夫妻家庭内部关系的冲突型民法规范已然不能适应现代商业发展的需求，除调整婚姻家庭内部财产关系外，婚姻家庭立法还需与民法和商法中的财产关系相互协调。民法和商法中的财产法调整的是任意平等主体之间的财产关系，无须考虑夫妻关系的特殊性。婚姻家庭立法则不能罔顾财产法规则的"普适性"，而应当围绕"保护婚姻秩序"与"保护交易安全"这两种价值的博弈进一步展开讨论，通过商法一般条款等商法规范去调整、协调夫妻家庭内部与外部第三人之间的特殊财产关系。《民法典》婚姻家庭编与继承编中有关于家庭财产的商法一般条款的加入，恰恰反映出在上述两种价值交织下，商法规范与民法规范的冲突与融合。如何通过民商合一、典内典外的立法技术，让这些规范配置合理、有效适用，是本节将要探讨的核心与重点。

（二）婚姻家庭编与继承编中加入商法一般条款的总体分析

在《民法典》编纂前，作为民法体系中重要的组成部分，婚姻家庭与继承立法在价值取向上更侧重于对婚姻家庭关系主体的人身权益、财产权益进行平等保护，以建立平等、和睦、文明的婚姻家庭关系。② 其中大多数规范均属于冲突型民法规范，民事色彩浓厚，不适用于调整商事法律关系。如《中华人民共和国婚姻法》（以下简称《婚姻法》）第二条规定的"实行婚姻自由、一夫一妻、男女平等的婚姻制度。保护妇女、儿童和老人的合法权益。实行计划生育"，即属于典型的冲突型民法规范。虽然在原《婚姻法》及相关司法解释中，也有部分涉及夫妻财产制度的内容，其中不乏关于夫妻共同生产、经营、投资等商事行为的商法一般条款，但由于其立法初衷着力于保护婚姻家庭秩序，所以在规范的设计和适用上难免呈现"商化不足"或"商化过度"的现象。

例如，《最高人民法院关于适用〈中华人民共和国婚姻法〉若干问题的解释（三）》（以下简称《婚姻法解释三》）对夫妻共同财产中投资收益的分类，由于缺少上位法的明确规定，其在司法适用时的可操作性受到了不利影响。这使原本属于商事行为的夫妻投资问题，仅能通过司法解释对商法一般条款的填补、补充而得到部分解决。而关于夫妻共同债务认定的一般条款，则经历了从

---

① 参见最高人民法院（2014）民二终字第48号民事判决书。
② 参见夏吟兰《论婚姻家庭法在民法典体系中的相对独立性》，载《法学论坛》2014年第7期，第5-14页。

"用途论"到"推定论"再到"共债共签"规则的三次变革。如《婚姻法》第四十一条确立的"用途论"规定"离婚时,原为夫妻共同生活所负的债务,应当共同偿还"。该条概括了共同债务的本质特性,即"用于共同生活"。但由于规范表述上的高度抽象,在实践中,法院只能对"用于共同生活"采取限缩解释,并把举证责任加诸债权人,于是催生了一系列夫妻恶意串通假借离婚来逃债的情形,导致债权人的债权"落空",无形中阻碍了交易的发展。

如果说《婚姻法》第四十一条的"商化不足"牺牲了债权人的利益,那么《最高人民法院关于适用〈中华人民共和国婚姻法〉若干问题的解释(二)》(以下简称《婚姻法解释二》)第二十四条的"商化过度",则走向了牺牲配偶利益的另一个极端。该条确立了"推定论",即以婚姻关系的存续期间作为夫妻共同债务认定的时间范围,规定:债权人就婚姻关系存续期间夫妻一方以个人名义所负债务主张权利的,应当按夫妻共同债务处理,除非夫妻一方能证明债权人与债务人明确约定为个人债务,或者夫妻实行分别财产制且债权人明知的。由于实践中"除外"情形非常罕见,该条事实上导致了"只要债务发生于婚姻关系存续期间,一律被认定为夫妻共同债务"的结果。这对于那些对债务确不知情的配偶一方可谓是无妄之灾,也造成了现实中夫妻举债一方与债权人恶意串通损害配偶利益的情形频繁发生。实践证明,无论是"用途论"还是"推定论"都过于极端,以至于在债权人的利益保护和非举债方配偶的利益保护上往往顾此失彼,难以两全。

2018年,最高院颁布施行了《最高人民法院关于审理涉及夫妻债务纠纷案件适用法律有关问题的解释》(以下简称《夫妻债务解释》),将"共债共签"规则作为夫妻债务认定的基本规则之一。以"共同意思表示"代替了原有的"夫妻关系存续",以夫妻共同签字、事后追认以及其他可被债权人证明的夫妻共同意思表示作为夫妻共同债务的认定依据,将意思自治原则、合同相对性、夫妻人格独立,以及夫妻间的知情权、同意权和决定权等作为夫妻共同债务的认定基础,对于平衡保护债权人、举债方与配偶方的利益,规范市场交易秩序和维护家庭生活稳定具有重要意义。

此次编纂的《民法典》中加入婚姻家庭编与继承编的商法一般条款,除了对上述立法实践中的经验教训进行了吸纳和总结外,还在制度设计上做出了一定的推进与创新,主要有以下四个方面:一是《民法典》第一千零六十条增设了家事代理规则这一替代型商法一般条款,旨在方便经济交往和家庭生活,保护夫妻家庭和相对人的合法权益,维护社会交易安全。① 二是《民法典》第一千零六十二条完善了关于夫妻共同财产的立法,在财产范围的列举上,较《婚姻法》补充了劳务报酬、投资收益等兜底款项,将股权、期权等财产类型纳入了夫妻共同财产的范畴,呼应了商业社会财产多元化的现况。三是《民法典》第一千零六十四条吸收了《夫妻债务解释》的认定方法,改变了原先《婚姻法》第四十一条及《婚姻法解释二》第二十四条确立的"用途论"和"推定论",明确了夫妻共同债务认定的新标准,即共债共签、共同生活、共同生产经营,体现了民法商法化的特点,不可不谓是一大进步。四是《民法典》第一千一百三十三条关于遗产继承中自然人的财产处分,除保留原有的遗嘱、遗赠规则外,还嵌入了"遗嘱信托"的法律设计,为高净值家庭的财富传承提供了更有针对性的制度选择。

以上商法一般条款的加入,虽为解决我国婚姻家庭财产问题提供了更为明确的法律指引,但落实到具体的司法实践中,却依然存在着一定的适用困境。究其原因,主要是因为在民商合一的立法体例下,部分商法一般条款仍存在着典内设计不足、典外衔接不当的问题,具体表现为以下三个方面。

1. 替代型商法一般条款的设计边界模糊

《民法典》第一千零六十条规定,"夫妻一方因家庭日常生活需要而实施的民事法律行为,对夫妻双方发生效力,但是夫妻一方与相对人另有约定的除外。夫妻之间对一方可以实施的民事法律行为范围的限制,不得对抗善意相对人"。本条是在民商合一的立法体例下以隐名方式在《民法典》中加入的保护商事交易安全和交易公平的条款,其与民法存在强"公因式"关系,既调整民事法律关系,也统辖商事法律关系,属于替代型商法一般条款。

该条在适用过程中存在的突出问题在于:一是立法对"家庭日常生活需要"的范围界定并不明确,如果用于家庭日常的消费、赡养父母子女等方面的消费符合家庭日常生活需要的定义,那么借贷、对外担保乃至于近年来常被诟病的网络打赏行为是否属于家事代理权规则的适用情形?二是立法并没有为"家庭日常生活需要"设立明确的举证责任,在司法实践中,法院采取固化思维进行判案,以具体的金额作为"家庭日常生活需要"的标准是否合理?三是立法并未明确日常家事代理制度之外能否适用表见代理制度,两者之间应当如何区分与衔接?在以上问题尚未厘清的前提下,对该一般条款的适用极易"商化过度",导致夫妻一方对另一方的金融借贷、挥霍消费等行为所产生的

---

① 参见黄薇《中华人民共和国民法典婚姻家庭编释义》,法律出版社2020年版,第67页。

大额债务无辜承担连带责任，或者夫妻一方被另一方与第三人的恶意串通行为侵害合法权益。因此，立法有必要对该类夫妻商事行为的法律适用"真空"进一步加以填充。

2. 补充型商法一般条款的设计"商化过度"

《民法典》第一千零六十四条规定，"夫妻一方在婚姻关系存续期间以个人名义为家庭日常生活需要所负的债务，属于夫妻共同债务。夫妻一方在婚姻关系存续期间以个人名义超出家庭日常生活需要所负的债务，不属于夫妻共同债务；但是，债权人能够证明该债务用于夫妻共同生活、共同生产经营或者基于夫妻双方共同意思表示的除外"。其中的"共同生产经营"标准是《民法典》对夫妻共同债务新设的认定标准，属于补充型商法一般条款。这一标准的设立正是夫妻共同债务规则商化的重要标志。

但在立法层面，将"夫妻共同生产经营"作为客观构成要件来认定共同债务，可能会因为形式固化而导致缺失商法的灵活性。且"夫妻共同生产经营"这一独立要件还可能与婚姻家庭立法"保护婚姻"的价值理念存在一定的不兼容性，导致一般条款的"商化过度"问题，形成"一旦结婚就人格降等"的错误导向，从而破坏婚姻家庭关系的和谐。此外，《民法典》第一千零八十九条仅规定了"共债共偿"规则，仍有很多问题悬而未决。例如，夫妻共同债务是否为连带债务？夫妻共同债务与夫妻一方个人债务的清偿在责任财产上是否有清偿顺序？夫妻一方个人债务与夫妻共同债务并存时应如何清偿？这些问题事关当事人的切身利益，但理论和实务多有分歧，亟待厘清。[①] 此外，现行条款亦未明确债务认定后的债务清偿顺位和内部补偿规则，使得连带责任被盲目扩张到经营之债，有违商事组织的运行规则。

在司法层面，上述规定的内容空洞需要法官解释填补，在实践中仍存在着对"举债合意"认定标准的同案不一、异案无别，对"共同生产经营"的认定滥用推论等问题。因此，我们有必要在民商区分的法律适用视角下反思《民法典》对夫妻共同债务的规定，通过对该一般条款的完善，实现民商规则适用的平衡。

此外，《民法典》第一千一百三十三条还增设了遗嘱信托制度，但该条并未从立法上明确遗嘱信托在《民法典》与《中华人民共和国信托法》（以下简称《信托法》）上的适用关系。若按照"特别法优先于一般法"的法律适用原则，势必会得出"遗嘱信托"于受托人承诺时生效的错误结论。然而，从法

---

① 参见叶名怡《夫妻债务的清偿顺序》，载《法学研究》2023年第4期，第74-92页。

律性质上来看,由于遗嘱信托是单方法律行为,不需要受托人的承诺,其生效时间的界定更应当遵循《民法典》继承编关于遗嘱的规定。同时,由于遗嘱信托是死因行为,随时可以撤回,因此在委托人死亡之前,遗嘱信托不应具备破产隔离功能,盲目适用《信托法》的相关规定,只会造成民事信托的"商化过度",背离民事信托与商事信托的区分意义,为司法实践中的争议解决带来困扰,影响其制度价值的实现。

3. 冲突型商法一般条款的设计"商化不足"

《民法典》第一千零六十二条规定,"夫妻在婚姻关系存续期间所得的下列财产,为夫妻的共同财产,……夫妻对共同财产,有平等的处理权"。按照该规定,若股权为夫妻共同财产,那么股权公示方未经非公示方同意转让给第三人,便有可能构成无权处分。而根据《公司法》规定,股权转让仅需要符合相关的转让规范,满足商事外观登记要件即可,无须股权公示方的配偶同意。可见,《民法典》第一千零六十二条作为冲突型规范,与典外的商事单行法并未做好衔接。该法律适用冲突的出现,恰恰反映了夫妻的共同财产制度相关商法一般条款的"商化不足"。

究其原因,主要是因为从《民法典》的整体立法体系来看,夫妻对其共同财产的权利属性并不明确。《民法典》第二百九十七条虽规定了"不动产或动产可以由两个以上组织、个人共有",但并未包括"股权"这一特殊的财产类型。《最高人民法院关于适用〈中华人民共和国民法典〉婚姻家庭编的解释(一)》(以下简称《民法典婚姻家庭编解释一》)虽有夫妻股权离婚分割之规定,但其采用的是"出资额"之表述,而非"股权"或"共有股权",股权能否共有、共有范围如何之争议依旧存在。那么,夫妻对"股权"共同所有之权利性质又应如何界定?尽管"在一个只有夫妻二人的法律世界里,债权和物权的区分是没有意义的"[①],但在现实世界中,夫妻财产共有之性质会直接影响其权利变动的模式,波及夫妻与第三人的外部关系,造成家庭财产保护与交易安全之间的价值冲突,《民法典》及相关司法解释虽对涉及婚姻家庭的部分商事行为做出了规定,但其关于夫妻"股权"共同所有之权利性质、权利范围、权利效力等核心问题仍未得到解决,"商化不足"问题依旧存在,因此有必要加以澄清。

---

① 贺剑:《论婚姻法回归民法的基本思路——以法定夫妻财产制为重点》,载《中外法学》2014年第6期,第1500-1521页。

二、婚姻家庭编与继承编中商法一般条款的适用分析：以涉家事股权转让与继承为例

（一）婚姻家庭编与继承编中涉家事股权转让与继承一般条款的识别及适用分析

承上所述，若按《民法典》第一千零六十二条之规定，夫妻在婚姻关系存续期间获得的股权应为共有，且由夫妻平等处理。但鉴于《公司法》第三十二条中规定了"记载于股东名册的股东，可以依股东名册主张行使股东权利"，并与第七十一条的股东转让股权条款相呼应，导致该一般条款与前述商事单行法在法律适用上产生了冲突。该一般条款所调整的具体商事法律关系和民事法律关系存在价值取向上的差别，《民法典》婚姻家庭编中对夫妻共有财产的规定属于亲属财产法的部分，其为尊重家务劳动价值以及平等保护夫妻在婚姻家庭中的财产权益提供了制度遵循，[①] 也体现了夫妻平等、维护婚姻共同利益的价值导向。而《公司法》的规定则体现了商事立法对交易效率与安全的价值追求，在对于股东认定与转让的规定中采用了商事外观主义。这两者之间的价值应如何平衡，立法并没有给出明确的答案。即便《公司法解释三》第二十五条针对股份代持与"一股二卖"这两种特定纠纷中股权的无权处分与善意取得做出了规定，能为夫妻共有股权的处分提供一定的参考依据，但司法解释仍旧缺少与《民法典》婚姻家庭编与继承编的夫妻共同财产制度的逻辑衔接。《民法典婚姻家庭编解释一》第七十三条虽对离婚案件中的股权分割问题做出了规定，但因其文本上采用的是"出资额"而非"股权"之表述，股权的性质如何，股权及其财产、人身权益能否共有、能否被分割的争议仍旧存在。同时，其采用的是类似《公司法》规定的股权外部转让的程序性规定，似乎该司法解释指向股权不能共有，但这种理解并未得到承认，相关问题仍旧存在。股权能否共有、共有股权应如何公示和行权、股权善意取得的构成要件有哪些等问题，都有必要在民商区分的法律适用方法下做进一步的探索。

同样，《民法典》第一千一百三十三条规定了"自然人可以依照本法规定立遗嘱处分个人财产，并可以指定遗嘱执行人。……自然人可以依法设立遗嘱

---

① 参见姜大伟《夫妻单方处分名下股权效力认定的利益衡量及其规范路径》，载《北方法学》2021年第5期，第16-26页。

信托",《公司法》第七十五条也规定了"自然人股东死亡后,其合法继承人可以继承股东资格",上述条款虽确认了股权的可继承性,但均未论及股权继承中法律适用的冲突问题。例如,继承人存在多人时,股权作为遗产在完成分割之前,全体继承人对这部分的财产形成了共有关系,对于这部分的共有股权应当如何行使相应权利?同时,在股权遗嘱信托中,信托受托人能否代表继承人行使股东权利?这些问题在《民法典》和《公司法》中都无法找到答案。继承法的一大重要目标是将被继承人的财产进行转移并在各继承人之间进行分割,以有效保护家庭继承中各继承人的合法权益。遗嘱信托、遗产管理人制度的重要目标是保护、管理遗产,保障继承人及被继承人、债权人的利益。[①] 但在公司的具体运营中,由于公司具有一定的人合性特点,股权通常是各权利的集合束,包括收益性权能和管理性权能,兼顾财产与人身属性。[②] 股权变动往往能对公司运营的决策、人员安排产生重大影响。因此,股权继承如何能够兼顾继承法与公司法之间的价值取向,在维护继承人相关利益的同时维护公司正常的经营管理秩序,立法机关和司法机关有必要做出解答。

(二)涉家事股权转让与继承疑难问题的实证分析及解决对策

1. 实证分析

为了研究涉家事股权转让与继承的疑难问题,本书作者对裁判文书网上3330份夫妻股权转让的判决书及1729份股权继承的判决书进行整理,有如下发现(见图4-2、图4-3):[③]

[①] 参见杨立新《我国继承制度的完善与规则适用》,载《中国法学》2020年第4期,第88－108页。

[②] 参见梅夏英《民法上"所有权"概念的两个隐喻及其解读——兼论当代财产权法律关系的构建》,载《中国人民大学学报》2002年第1期,第93－100页。

[③] 本书作者通过中国裁判文书网,分别以"夫妻共同财产、股权转让"和"股权继承"为检索关键词,筛选了案件类型为"民事案件"和文书类型为"判决书"的相关裁判案例。本次裁判案例的检索时间截至2024年4月12日。

图 4-2 夫妻股权转让判决书年度分布

图 4-3 股权继承判决书年度分布

近年来,我国法院审理的夫妻股权转让、股权继承等涉家事股权纠纷呈逐年增多的趋势,这与我国经济发展增速、民营商事主体数量迅速攀升的时代背景有着密不可分的联系。数据显示,相关案件数量在 2020 年达到最高点,尽管此后几年案件总体数量呈现出下降的趋势,但无论如何,出于不容忽视的案件总量以及维护市场效率与公平目的的考量,如何分析并解决此类案件中的法律适用问题,已具有相当的必要性和紧迫性。

2. 涉家事股权转让判决书的分析

通过对上述裁判文书的内容展开进一步分析可知,当前涉家事股权转让纠纷中最突出的争议焦点是夫妻一方在未经配偶同意的情况下转让股权的行为是否有效的问题。对此,不同法院在说理和裁判结果上均存在差异,其裁判思路及法律适用的分歧主要表现在以下三个方面:

首先,法院会对股权能否共有进行判断。在对股权能否作为夫妻共同财产实现共有这一问题上,司法实践中存有不同的观点。绝大多数法院认为股权不能作为夫妻共同财产实现共有,其采取的是商事审判思维。部分法院认为《婚姻法》及相关司法解释只规定了收益属于夫妻共同共有,而未涵盖其可分享收益的权利基础或身份,即夫妻共有的财产仅包括股权投资实现的收益而不包括股权本身。且根据《公司法》的相关规定,股权的所有人仅限于登记方,因此,未登记的配偶方不是法定的股权共有人。[①] 类似的,也有法院基于股权本身的性质,认为股权是股东基于其在公司中的身份和地位而享有的权利,包括资产收益、参与重大决策和选择管理者等权利,兼具财产权和人身权属性,股权的各项具体权能应由股东本人行使,从而否定了夫妻共有。[②] 持有上述"股权不能共有"观点的法院往往会在判决书上写明股权的"财产性权益""出资额"或"转让价款"等属于夫妻共同财产,并说明股权的转让方为股权登记方。此类裁判思路彰显了商事色彩,其从维护有限责任公司的人合性与稳定性出发,充分保护了公司的运营与第三人的合法权益,但将夫妻股权共有范围界定得过于狭窄,在配偶利益的保护方面有所缺憾。另一部分法院则认为股权可以作为共同财产由夫妻共有,原因是立法明确规定对夫妻的平等处分权应予以平等保护,并在离婚时应予合理分割。[③] 亦有法院在判决书中未写明股权是否属于夫妻共同财产,但认为对于自然人股东而言,股权仍属于商法规范内的私权范畴,应优先适用《公司法》的相关规定,其各项具体权能应由工商

[①] 参见北京市高级人民法院(2021)京民终158号民事判决书、辽宁省高级人民法院(2017)辽民终1170号民事判决书。

[②] 参见山东省济南市中级人民法院(2022)鲁01民终1186号民事判决书。

[③] 参见浙江省高级人民法院(2023)浙民终51号民事判决书、江苏省南京市中级人民法院(2020)苏01民终8287号民事判决书。

登记的股东本人独立行使，即只有股权登记方具有股权转让的能力。① 这实际上是从另一个角度认定股权不能作为夫妻财产实现共有，在此基础上，只有登记方享有处分权。

当然，也有部分法院采取民事审判思维。如有法院指出，夫妻双方有平等的处理权，登记方对股权的转让行为会对家庭整体财产造成较大影响，超出了日常生活的范畴，不享有代理配偶处分的权限，应与配偶就转让的事项平等协商达成共同意思，并指出夫妻对共同财产的共有为共同共有。据此，法院依据《民法典》第三百零一条的规定，认为只有在全体共同共有人同意的前提下才能对共同共有的财产做出处分，单方对外擅自转让股权的行为，侵犯了配偶对夫妻财产的平等处分权，应属无权处分。② 此种思路优先保护家庭内部夫妻的平等财产性权利，却在一定程度上忽视了股权所具有的特有人身权属性，也未能对配偶的股东资格、公司运营等问题做出回应。值得注意的是，无论是否认可股权属于共同财产，法院大都承认以股份为基础的财产性权利（即出售股权获得的对价、投资取得的利益等）属于夫妻共同财产，应当予以平等保护。

其次，法院会对股权转让合同的效力进行判断。这是因为股权转让行为的有效性在大多数情形下需要以具备有效的转让协议为前提，有效的转让协议是使转让人承担给付义务的负担行为。倘若认定股权转让合同因违反法律强制性规范而无效，那么根据《民法典》第一百五十七条"民事法律行为无效、被撤销或者确定不发生效力后，行为人因该行为取得的财产，应当予以返还"的规定，就可能无法产生股权变动之效力。

但值得注意的是，根据《民法典》第五百九十七条第一款的规定，无权处分并不影响合同的效力，即法院对股权能否共有、单方转让是否构成无权转让的判断原则上并不影响合同本身的效力。合同的有效认定仅需要确认合同主体适格，其意思表示自由且真实，以及协议内容不违反强制性规范等。最高院制定并公开的《最高人民法院关于适用〈中华人民共和国民法典〉婚姻家庭编的解释（二）（征求意见稿）》［以下简称《民法典婚姻家庭编解释二（稿）》］第八条涉及的夫妻一方转让登记在自己名下的有限责任公司股权的效力规定，也是延续了《民法典》中有关合同效力的规定，也为司法实践中相

---

① 参见甘肃省高级人民法院（2023）甘民再 70 号民事判决书、广东省广州市中级人民法院（2021）粤 01 民终 7982 号民事判决书。
② 参见最高人民法院（2017）民申 2350 号民事裁定书、山东省高级人民法院（2016）鲁民终 2343 号民事判决书。

关夫妻股权转让的合同效力问题提供了裁判指引。① 其中，最为常见的合同无效情形便是恶意串通。例如，有法院确认案涉股权转让协议因恶意串通损害第三方合法权益而无效，进而认为无论单方是否有权转让案涉股权皆不影响协议无效，无效合同自始没有法律约束力，依该合同所取得的财产，应当予以返还。② 同理，若股权登记方以恶意串通或以过低的价格转让股权等方式损害配偶合法权益的，亦应直接认定转让无效。③

最后，法院会对股权转让行为的效力进行判断。法院在对股权能否作为夫妻共有财产进行界定，并确定了股权转让合同的效力后，再来解决登记方未经配偶同意单方转让股权的效力问题。若法院认为股权不能由夫妻共有，则无论非登记配偶方知情、同意与否，均不影响登记方向外转让股权的行为效力，其自然不属于共同共有人擅自处分共有财产的情形，而只要股权转让行为符合相关法律规定即有效。④ 若法院认为股权可以作为夫妻共有财产，那么登记方在未经非登记配偶方同意的情况下单方转让股权的行为即属于无权处分，对于该行为的效力认定可根据合同法相关规定进行处理，即使存在共有人擅自处分共有财产的情形，只要不存在恶意串通（如以极低价格转让股权而损害配偶方的合法权益），或不存在其他导致合同无效的情形，仍应认定合同有效，并依据《民法典》善意取得制度来判断受让人能否取得股权。

综上所述，尽管法院对具体规范的适用观点存在差异，但对此类纠纷进行审理的思路大都按照以上三个步骤进行。以张某某与天津鑫××工贸有限公司、天津开发区兰×××投资管理有限公司确认合同无效纠纷案为例，该案审理法院首先对股权能否作为夫妻共同财产实现共有这一问题进行了分析，认为股权是结合财产权，系集身份、财产与管理等权利于一体的综合性民事权利，基于股权所享有的夫妻共有财产权利体现在股权所对应的财产性收益上，就本案而言应为转让股权所取得的对价，而股权的合法转让主体是股东本人，并非其所在的家庭。这实际上是持有股权本身无法共有，只有股权的财产性权益可

---

① 《最高人民法院关于适用〈中华人民共和国民法典〉婚姻家庭编的解释（二）（征求意见稿）》第八条规定："夫妻一方转让登记在自己名下的有限责任公司股权，另一方以未经其同意侵犯夫妻共同财产权为由请求确认转让合同无效的，人民法院不予支持，但有证据证明转让人与受让人恶意串通损害另一方合法权益的除外。"
② 参见上海市第二中级人民法院（2020）沪02民终8837号民事判决书。
③ 参见最高人民法院（2018）最高法民终851号民事判决书、广东省广州市中级人民法院（2023）粤01民终34488号民事判决书。
④ 参见辽宁省高级人民法院（2017）辽民终1170号民事判决书。

实现共有的观点。进而在分析该案中是否存在使股权转让合同无效的情形时，法院经调查发现，股权登记方以恶意串通的虚假交易方式损害了配偶方的合法权益，遂直接认定合同无效，支持将股权恢复登记至原登记人名下。而在股权流转方面，法院认为应首先适用《公司法》相关规定，即股权的合法转让主体是股东本人，而不是其所在的家庭，法律亦未规定股东转让股权需要经配偶同意。① 可见，实践中大多数法院都会先适用合同法律制度的相关规定对股权转让协议效力进行认定。其中对于合同法律制度中合同效力的相关规定因属于替代型规范，统一调整民商事法律关系，所以无论是民事合同还是商事合同，只要违反了相应的强制性规范均属无效。

而登记方单方转让股权问题还涉及《公司法》与婚姻家庭法律制度的法律适用冲突问题，对于《民法典》第一千零六十二条冲突型规范，法院更多的是采用了优先适用特别法规定的方法。例如，有法院认为，在审理股东与外部第三人关系的公司纠纷案件时，应当坚持商事外观主义原则，从而在维护公司内部约定效力的同时，优先保护外部善意第三人因信赖公示体现出的权利外观而做出行为的效力，② 这实际上是在涉家事股权转让这一商事纠纷中优先适用商法原则。也有法院直接在判决书中写明股权转让的行为是商事行为，《公司法》未赋予股东配偶对股权转让的同意或否决权，判断其合法性的依据应该优先适用《公司法》的有关规定。③ 这进一步证实了该冲突型规范的"商化不足"，无法解决实际中的商事问题，对于商事问题仍需从商事特别法中寻求解决方案。

至于在股权继承中，遗产管理人、受托人或继承人能否将股权登记于其名下而行使股东的公司管理性权利这一问题，最高院认为，在现行遗产管理人制度以及遗嘱信托制度不完善的情况下，将股权登记于受托人名下并不违反法律规定，而且更有利于遗嘱的执行以及遗产的收集和管理，也最终有利于全体遗嘱受益人；并认为不能将股权分割分别登记于受益人名下，因为这么做不仅没有法律依据、不符合遗嘱，也有违遗产管理和信托制度，在实践中难以执

---

① 参见最高人民法院（2018）最高法民终851号民事判决书、天津市高级人民法院（2016）津民初89号民事判决书。

② 参见最高人民法院（2021）最高法民申7141号民事裁定书、广西壮族自治区桂林市中级人民法院（2022）桂03民终3294号民事判决书。

③ 参见江苏省高级人民法院（2020）苏民申10253号民事裁定书、山西省太原市人民法院（2019）晋01民终7066号民事判决书。

行。① 在具体的案件中，裁判法院往往会权衡继承人与公司运营的权益，运用民法原则和商法原则，考量遗产管理和股权管理的需要，从而做出判决。

3. 解决对策

要解决上述司法实践中的适用难题，本书认为，应当首先从股权的性质入手，对股权的性质进行界定。当前针对股权的权利属性，学界存在着所有权说、债权说、社员权说、独立民事权利说等观点。② 但我国的司法实践对股权能否共有这一问题始终没有定论，从《公司法》到相关司法解释也未对股权共有这一问题做出明确的规定，股权能否被视为一种以财产为核心的特殊物权存在争议。从《民法典》的立法体系来看，夫妻对共有财产的权利属性并不明确——《民法典》第二百九十七条虽规定了"不动产或者动产可以由两个以上组织、个人共有"，但并未包括"股权"这一特殊的财产类型。且《民法典》相关司法解释中有关股权转让的相关条款虽对股权转让相关问题如何裁判做出了规定，但都对股权的性质这一核心问题"避而不谈"，未能回答股权为何物、能否共有的问题。针对这一问题，本书认为可以通过立法完善的方式做出回应，如考虑在未来的《商法通则》中增加"股权的性质""股权共有"相关的商法一般条款。而共有股权如何公示和行权这些商事法律问题，则应当在《公司法》有关股东权利行使的条款中进一步明确。

此外，我们还可以参考股权权属与股东资格分离的思路，将股权划分出人身性与财产性两个方面，以此实现对各方利益的最优保护。③ 在此逻辑下，股权的财产性部分是可以共有的，这实际上也维护了婚姻家庭法的立法价值取向，平等保护了夫妻在婚姻家庭中的财产权益，维护了继承人的利益。而股权的人身性部分无法共有，即只有登记在股东名册上的一方才具有股东资格，行使对公司的管理、决策权。这也在一定程度上解决了"夫妻股权"单方转让这一法律规范冲突的问题，一方面认可了股权可以共有，另一方面限定了由股东名册上登记的一方行使对公司的管理性权利。同时，法律还可以建立夫妻股权分层共有的模式，即使夫妻共同出资的股权受限于公司制度仅能登记在一方名下，但股权的财产性权益仍在夫妻之间成立特别共有。夫妻外部的公司及其他股东的意思表示并不影响夫妻财产权的归属。但股权具有人身属性，其与纯

---

① 参见最高人民法院（2020）最高法民再 111 号民事判决书。
② 参见孙晓洁《公司法原论》，中国检察出版社 2011 年版，第 213－215 页。
③ 参见周游《股权利益分离视角下夫妻股权共有与继承问题省思》，载《法学》2021 年第 1 期，第 167－178 页。

粹的财产性权利具有重大差别,夫妻股权中股东资格即人身性权利的归属则应以公司的认可为基础,因而夫妻不能仅凭共同出资而共同享有共有股东资格。① 通过建立夫妻股权的分层次特别共有规范体系,将股权权属与股东资格分属于不同主体,能有效实现配偶合法权益、公司人合性、市场交易安全与善意相对人合理信赖等多方利益的平衡,更好地回应商事实践需求。

  无权处分股权这一问题则可以参照善意取得的有关规定进行处理。股权的性质在《民法典》及《公司法》中未明确规定,且根据规定,夫妻共同出资的股权无法登记为共有,股权的财产性权利与人身性权利分离,登记股东未经其配偶同意转让股权的行为有可能构成无权处分。善意相对人基于对权利外观的合理信赖推定登记股东独立享有完整股权,形成股权交易关系而获得相应股权,符合善意取得制度的基础。善意取得制度能有效平衡婚姻家庭的内部财产性权利平等保护与外部善意第三人利益保护的冲突,具有实践需求、价值判断和社会功能上的必要性。而对于善意取得的受让人应当予以区分,在股权受让人与股权转让方存在特殊关系时（如股东内部转让股权时),应适当提高其善意认定标准。但是在股权对外转让时,对第三人善意的要求则应当降低,即除非股权处分方的配偶可以举证证明第三人知情或者因具有重大过失而不知,否则应当视为善意。这样,在适应商事交易的便捷与效率要求的同时也保护了夫妻共同财产。② 在夫妻股权转让问题的司法适用层面,我们应当首先对股权转让协议的效力进行认定,若认定股权转让协议有效则产生债权效力,使转让人承担给付义务,但并不直接产生物权效力。股权处分行为的效力应以处分人具有相应处分权为基础,若认定股权为夫妻共同财产,其中一方在未经配偶同意的情况下向第三方转让股权的应认定为无权处分,该行为一般认定为无效。但以第三人善意取得为例外,我们可参照《民法典》第三百一十一条之规定,通过司法解释对股权善意取得的构成设定三个要件,即"受让人主观善意""支付合理对价""股东名册已经变更登记"。③ 受让人需要具有外部公示的工商登记作为股权善意取得的权利外观,并且具有善意的客观行为、履行严格的注意义务（例如,向处分人了解过股权的权属情况、征求过配偶方关于处分

---

  ① 参见王湘淳《论夫妻股权的渐进式分层共有》,载《清华法学》2023年第1期,第187-207页。
  ② 参见冉克平、侯曼曼《〈民法典〉视域下夫妻共有股权的单方处分与强制执行》,载《北方法学》2020年第5期,第58-69页。
  ③ 参见姜大伟《夫妻单方处分名下股权效力认定的利益衡量以及其规范路径》,载《北方法学》2021年第5期,第16-26页。

行为的意见等），合理对价的确认可以以第三方估值机构对股权做出评估得到的公允价值为基础。

关于股权继承的问题，我们可以延续上述思路，允许股权的财产性部分在分配前由多位继承人共有。但是其与夫妻共有股权的区别在于，若在继承中被继承人已死亡，则其相应的人身权利（如对公司的管理性权利等）无法实现，而这部分人身权在很大程度上会影响到股权的收益，进而影响财产性权利。对于人身权利如何实现这一问题，实际上仍然存在相应的法律空白，虽然《民法典》对遗嘱信托、遗产管理人做出了规定，形成补充型商法一般条款，《公司法》中却无相关规定与《民法典》进行衔接，导致虽然存在商法一般条款，但在司法实践中依然存在"无法可依"的"商化不足"问题。这部分内容商事色彩浓厚且属于公司法所特有的问题，不适宜在《民法典》或《商法通则》中进行规定，不过可以通过在《公司法》相关司法解释中添加有关遗嘱信托受托人、遗产管理人、共同继承人如何行使股东管理性权利的规定来进行典外安排，以实现商事单行法与《民法典》的有效衔接。

三、婚姻家庭编与继承编中商法一般条款的适用完善

（一）对替代型商法一般条款的扩充与改进

关于《民法典》第一千零六十条家事代理规则这一替代型规范的改进建议，本书认为应当围绕"保护婚姻秩序"与"保护交易安全"这两种价值，进一步通过"典内求同、典外存异"的方式去调整、协调夫妻家庭特殊财产关系，即在《民法典》婚姻家庭编的条文设计中，进一步明确以下四个方面的适用问题：

一是对于"家庭日常生活需要"范围的界定，既要保障夫妻双方均有权在日常家庭事务的范围内自主做决定，又要对夫妻一方超越日常家事代理权的行为予以限制。我国家庭消费观念因所处地域、职业、收入的不同而差异明显，对于家庭日常生活需要的范围不可一概而论、统一标准，应通过商法一般条款对"家庭日常生活需要"进行较抽象的原则性规定，再通过司法解释以列举方式对不属于家庭日常生活需要的商事行为做出除外性规定，比如投资理

财行为、处置不动产行为、大额度分期付款及挥霍消费行为等。①

二是对于"家庭日常生活需要"与"交易相对人信赖利益保护"的利益如何平衡问题,为了适应民商合一立法体例下保护婚姻秩序与保护交易安全的协调要求,除了在典内强调"家庭日常生活需要"这一构成要件外,可以有条件地对家事代理权的商事权利属性通过"但书性"或"转介性"条款予以确认,对与商法规范所追求的交易安全、经济效益价值冲突明显,以及与商事主体所享有的信赖利益保护等关联较大的规范内容予以典外另行立法、解释,如制定金融借贷领域的家事代理规范等。

三是对于"家庭日常生活需要"的举证责任分配问题,在比较法上因各国立法对于家事代理权的滥用,而都规定要保护善意第三人的利益,但对善意第三人的举证责任却少有提及。由于认定家事代理权的法律后果是直接由夫妻双方共同承担由单方行为引发的后果,例如,尤其在涉及债务数额较大时,只要求夫妻不知情的一方承担举证责任,所以极易造成权利的滥用并引发家庭矛盾。在分配举证责任时,我们应考虑到第三人在市场交易中也应正确评估交易风险、尽到一定程度的注意义务,并分配给其一定程度的调查义务,从而避免家事代理规则"商化过度"对婚姻秩序造成不利影响。这既保护了夫妻中不知情方的个人权益,又维护了交易中善意第三人的权益与市场交易秩序的稳定性与确定性。

四是对于家事代理制度与表见代理制度如何衔接的问题,夫妻一方超越家事代理权限、另一方不予追认的行为,如果符合表见代理的构成要件,则应适用表见代理的相关规定,这主要是为保护善意第三人的利益,也是由家事代理权中夫妻主体身份的特殊性所决定的。②

(二) 对补充型商法一般条款的创新与提升

针对《民法典》第一千零六十四条与夫妻共同债务相关的补充型商法一般条款的改善路径,本书认为,应当根据风险控制能力和获益可能性,通过对不同情形中的共同债务认定、责任承担方式和举证责任的整体配置来实现。具

---

① 《最高人民法院关于适用〈中华人民共和国民法典〉婚姻家庭编的解释(二)(征求意见稿)》第五条规定:"夫妻一方未经另一方同意,明显超出家庭一般消费水平打赏,严重损害夫妻共同财产利益,另一方以对方存在挥霍夫妻共同财产为由,请求在婚姻关系存续期间分割共同财产的,或者在离婚分割夫妻共同财产时对打赏一方少分或者不分的,人民法院应依法予以支持。"

② 参见江滢《日常家事代理权的构成要件及立法探讨》,载《法学杂志》2011年第7期,第110-113页。

体而言，我们可以将夫妻类比为商事团体，从而适用"意志－财产"双重分离的思路，以商事组织法为依据，引入有限责任形态：若夫妻举债方与非举债方在意志和财产上完全分离，则构成独立主体，其债务为"狭义个人债务"；若夫妻非举债方与举债方意志分离，且其部分财产能够与举债方分离，则其能够就该部分财产享受债务豁免，即债务为"夫妻有限债务"；若夫妻双方的意志或财产任意一者不能实现分离，则债务为"夫妻连带债务"。

此外，在经营性债务的认定上，"共同生产经营"是《民法典》第一千零六十四条第二款中夫妻个人债务的例外情形。该规定的适用目前依然存在标准混淆的问题：一方面，"共同生产经营"与商事特别法中的组织形式存在脱节，在实践中，夫妻可以以非商事主体的组织形式进行生产经营；另一方面，有学者提出"共同生产经营"是个伪命题，并不具有逻辑上的独立性，其形为"共同生产经营"要件而实为"共同生活"规则，且在实践中的认定常被"举债合意"规则所化解。① 正是生活与经营之债在认定上的不加区分或实质混同，导致了债务清偿上的概念混淆，夫妻经营性债务的边界过广，而在市场经济条件下需要遵循的风险与收益相匹配的原理被忽视，有违商事交易的一般规则。

因此，"共同生产经营"要件有必要按照前述标准进行区分适用：首先，在意志层面，以"是否参与管理"作为实务中的区分标准。② 在非公司场景下，举债方经营个人独资企业、合伙企业、个体工商户，或虽无法律实体但进行了投资经营，只要非举债方"实际参与了合作的过程"，就可以认定存在"共同生产经营"；③ 在公司场景下，只有在夫妻双方分别担任案涉公司的董事长、监事长、执行董事、总经理、经理、监事等职务或为公司实际控制人的情况下，才可认定存在"共同生产经营"，④ 将责任承担形态认定为夫妻连带责任形式。其次，在财产层面，若夫妻一方未参与管理，则还需要考察"财产是否分离"，经营财产是否与共同财产、非举债方个人财产相混同，再予以定

---

① 参见陈凌云《夫妻共同债务认定规则中的伪命题：共同生产经营》，载《当代法学》2020年第2期，第23-32页。
② 参见叶名怡《"共债共签"原则应写入〈民法典〉》，载《东方法学》2019年第1期，第94-103页；冉克平《论夫妻共同债务的类型与清偿——兼析法释〔2018〕2号》，载《法学》2018年第6期，第67-97页。
③ 参见北京市高级人民法院（2018）京民申4853号民事裁定书。
④ 参见最高人民法院（2018）最高法民申3235号民事裁定书、（2018）最高法民申6055号民事裁定书、（2018）最高法民申5410号民事裁定书，浙江省高级人民法院（2018）浙民申4117号民事判决书，河北省高级人民法院（2018）冀民申6444号民事裁定书。

夺。总之，该类型的夫妻债务若用于夫妻均参与管理的事业，则债务为"夫妻连带债务"；否则，债务定性应等同于上述"个人经营负债"，分别产生"夫妻有限债务"和"狭义个人债务"。

综上，从立法和司法完善的角度，对于与夫妻共同债务相关的商法一般条款，我们可以从以下两个方面进行创新与优化：第一，从现有条款中的"共同债务"和"个人债务"的二分法，向"狭义个人债务""夫妻有限债务""夫妻连带债务"的三分法进行转变，从而最终解决界分不明、"商化过度"的问题。第二，其他具体的商法规范可以作为商事基本法、商事单行法以及司法解释的任务内容，在未来予以明确。

对于《民法典》第一千一百三十三条通过补充型商法一般条款设置的遗嘱信托制度，在典内立法的完善方面，本书认为，涉及遗嘱部分的遗嘱信托环节应当强化其民事特征，如在遗嘱信托的设立、成立和生效方面，应当更注重体现民法的意思自治原则。① 具体而言，主要有以下三个方面：

首先，可以考虑将信托制度规定在《民法典》总则编的"民事权利"部分，确定信托财产权利受法律保护，以形成对信托财产权保护的"宣示"。② 一方面，信托财产权作为一种特殊的民事权利，在性质上属于财产权，将其纳入总则编可以体现《民法典》的逻辑体系。另一方面，这种立法模式有利于理顺《民法典》与《信托法》的关系，便于社会公众理解和接受信托制度，强化对信托财产权的保护。这样既符合《民法典》的体系逻辑，又便于处理与特别法的关系。

其次，应当在《民法典》继承编及《信托法》的相关司法解释中认可遗嘱以单方行为设立信托，无须受托人承诺的规则。传统信托理论认为，信托的设立需要委托人和受托人的意思表示一致。但遗嘱信托具有其特殊性，遗嘱人在订立遗嘱时，受托人往往尚不存在。因此，有必要在《民法典》继承编和《信托法》中明确规定，允许遗嘱以单方民事法律行为设立信托，无须具备受托人承诺，从而更加符合遗嘱信托的实质和运作需要。这也与国际立法例基本一致。

最后，可以有条件地认可口头遗嘱设立信托的效力。口头遗嘱在继承法领

---

① 参见褚雪霏、徐腾飞《试论我国遗嘱信托制度之构建》，载《河北法学》2015 年第 8 期，第 173-180 页。
② 参见徐卫《信托融入民法典的逻辑理据与体例选择》，载《交大法学》2019 年第 2 期，第 47-65 页。

域具有一定地位，如果完全否定口头遗嘱设立信托的效力，难免有失偏颇。法律应当在严格限定条件的前提下，例如，以遗嘱人病危、濒死等紧急情况为限，赋予其设立信托的效力。这既尊重了遗嘱人的真实意愿，又与遗嘱信托的目的相契合。除此之外，本书还建议在典外通过完善金融监管法规及相关领域的司法解释，进一步区分民事信托与商事信托在法律适用上的差异，理顺《民法典》与《信托法》的适用顺序。从信托法理论来看，民事信托和商事信托的分类标准与合同信托和遗嘱信托的分类标准并不相同，遗嘱信托与民事信托没有必然联系。但是，此次《民法典》对遗嘱信托的规定却体现出民事信托的特征。在我国，绝大多数遗嘱信托属于民事信托的范畴，这与多方面因素有关：在经济上，遗嘱信托事务多与委托人身份、家庭事务相关，信托财产规模也难以达到商事信托的标准，因此多由委托人信任之人而非商事主体来担任受托人。遗嘱信托作为家族信托形式之一，在受托人范围、信托目的等方面更接近民事信托。其信用基础主要源于委托人与受托人的特定身份关系，而非受托人的商事主体资格。

基于上述分析，在《民法典》继承编框架下的遗嘱信托，应在法律适用方面，根据"新法优先于旧法""特别法优先于一般法""强行法优先于任意法"的法律适用原则：第一，当不涉及《信托法》的一般规定时，适用《民法典》及相关司法解释；第二，当遗嘱信托条款在《信托法》中存在空白或与《信托法》中的任意性规范相冲突时，适用遗嘱信托条款和《民法典》的规定；第三，当遗嘱信托条款与《信托法》中的强制性规范相矛盾时，适用《信托法》中的强制性规范。

当今社会，个人和家庭财富的积累与传承日益受到重视。与遗嘱相比，遗嘱信托更能满足财产所有人对遗产的灵活处分和长期管理需求，在家庭财富永续传承方面具有独特优势。通过上述立法和司法完善，厘清遗嘱信托的民事属性，优化相关制度供给，可以充分激发遗嘱信托的制度潜能，更好地服务于新时代的财富管理实践。《民法典》将遗嘱信托作为补充型商法一般条款予以确认，既体现了遗嘱信托主要适用《民法典》继承编的立法旨意，又为其制度完善留下了空间。通过体系化的制度安排，在《民法典》框架下强化遗嘱信托的民事法律属性，有助于发挥该制度在现代社会财产继承和财富传承中的积极作用。同时，我们也应关注到，随着经济的发展，大型的家族企业迅速兴起，以遗嘱信托为形式之一的家族信托，也具有向商事信托发展的趋势。因此，立法有必要在确认遗嘱信托民事属性的基础上，为其专业化、商业化运作预留空间，以便更好地服务于日益多元的财富传承需求。

(三) 对冲突型商法一般条款的补充与完善

针对《民法典》第一千零六十二条与夫妻财产共有制相关的冲突型商法一般条款的完善，我们可以参考前述例证中司法裁判的思路，即对于无法解决具体商事问题的"商化不足"的冲突型商法一般条款，可以通过增加"但书性"或"转介性"条款来缓解其与商事单行法之间存在的适用冲突。例如，涉家事股权转让这一问题，可在"夫妻对共同财产，有平等的处理权"后加上"其他法律另有规定的，依照该规定处理"之类的语句，通过准用性表述来援引商事特别法的有关规定。除此之外，我们也可以在《公司法》等商事单行法还未对共有股权等基础性问题做出规定前，通过司法解释等典外安排的方式对涉家事股权转让这一特殊的问题进行单独规定。《民法典婚姻家庭编解释二（稿）》第八条虽对单方转让夫妻股权的合同效力做出了规定，为未来的司法裁判提供了解决方案的选择，但仍缺少对转让行为效力解释。而且，仅按照《民法典》及相关司法解释，本身也能得到《民法典婚姻家庭编解释二（稿）》第八条的合同效力结论，因而其并未能全面解决现实中夫妻股权转让的核心问题，仍需进一步通过出台相关司法解释来肯定单方转让夫妻共同股权行为的效力，但要以向非登记方依法补偿股权转让价值为前提，从而避免各法院因具体法律适用的分歧而产生争议性判决。

股权的具体性质认定、共同股权性质等基础性问题，因其商事色彩浓厚，相关规范内容属于典型的冲突型商法一般条款，与民法的"公因式"关系较弱，且立法价值与民法，尤其是婚姻家庭法存有较大差别，所以若在《民法典》中予以规范，会导致整个《民法典》体系过于庞大且混乱，反而容易造成民商适用的不兼容。例如，股权的性质离不开财产性权利的基础，其固然有着物权、人身权利等民事属性的"影子"，但其也有着诸如对公司的管理性权利的商事属性，且这部分的商事属性与民法，尤其是婚姻家庭法的价值取向有着巨大差别，显然不宜于《民法典》及相关司法解释中。因此，对于股权性质以及股权能否共有等属于商事基本法的一般规定内容，我们可以考虑未来在《商法通则》中做进一步规范。例如，在未来《商法通则》中明确股权是包含财产性和人身性利益的独立权利类型，并增加"股权共有"的商法一般条款，承认股权可由数人共有，以解决现有的股权性质不清、《民法典》及相关司法解释中"商化不足"，从而无法实现单方转让夫妻股权的问题。

其他例如共有股权如何公示和行权这些具体的商事法律问题，则应当在《公司法》中有关股东权利行使的条款中做进一步细化，并完善股东名册和工商登记的制度细节。这部分内容可为《民法典》中的"但书性"或"转介性"条款提供具体的援引方法，使民商规则之间建立起更为有效的衔接。另外，对于无权处分、善意取得股权的问题，我们可以通过司法解释、司法适用等典外安排来进一步加以明确。

综上所述，本节针对《民法典》婚姻家庭编与继承编中商法一般条款的法律适用问题，从民商规范关系及立法技术的微观角度，结合司法实践的需要，在法律适用的优先次序上，提出了冲突型优先于补充型、补充型优先于替代型的商法一般条款的法律适用原则；并在立法完善层面提出了利用原则性条款（如对《民法典》第一千零六十条替代型商法一般条款中"家庭日常生活需要"的抽象规定）、规则性条款（如将《民法典》第一千零六十四条补充型商法一般条款中的"夫妻债务"区分为"狭义个人债务""夫妻有限债务"和"夫妻连带债务"三种类型），以及"但书性"条款（如在《民法典》第一千零六十二条冲突型商法一般条款中增加"其他法律另有规定的，依照该规定处理"的表述）的技术，将商法规范恰当地加入《民法典》婚姻家庭编与继承编，将其他"商事立法剩余"留给商事基本法、商事单行法及司法解释另行安排，由此实现商法一般条款加入《民法典》的"进退适度""配置合理"的目标，从而保证我国的婚姻家庭与继承法律制度兼具保障性与效率性，能发挥更理想的行为规范效果。

小　　结

本章通过替代型、补充型、冲突型商法一般条款加入《民法典》人格权编、婚姻家庭编与继承编的得失分析，以《民法典》人格权编中商誉权一般条款、婚姻家庭编与继承编中涉家事股权转让与继承的一般条款为例证，对其立法完善和法律适用做了较为深入的系统论述。从《民法典》人格权编来看，支配性与财产性的强弱是区分民事人格权与商事人格权的基点。为实现对民事人格权的充分保护，同时促进人格权商业化利用的目标，我们应将民商事主体"共享"的人格权利以替代型规范入典，而将商誉权、商号权等冲突型商法一般条款在典外商事单行法中单独确立。从《民法典》婚姻家庭编与继承编来看，仅调整夫妻家庭内部关系的冲突型民法规范已然不能适应现代商业发展的需求，《民法典》中替代型商法一般条款的边界模糊、补充型商法一般条款的"商化过度"、冲突型商法一般条款的"商化不足"成了阻碍规范价值实现的核心障碍。对此，我们应围绕"保护婚姻秩序"与"保护交易安全"这两种价值，进一步通过"典内求同、典外存异"的方式补充和完善三类规范，以实现对家庭财产关系的有效调整，维护家庭安宁与商事秩序。

第五章 《民法典》外商法一般条款的法律适用[*]

【案例 5-1】某发展公司诉某银行案外人执行异议案[①]

2018 年 9 月 20 日，上海金融法院受理（2018）沪 74 民初 730 号某银行诉某资本公司其他合同纠纷案，依法保全了登记于某资本公司名下的某投资合伙企业 10 亿元有限合伙份额。法院于 2020 年 7 月 31 日，判令某资本公司向某银行支付投资本金及相应收益。2021 年 6 月 23 日，某银行向法院提出强制执行申请，某发展公司就某资本公司名下的某投资合伙企业份额提出执行异议，后被法院驳回，某发展公司遂提起本案执行异议之诉。上述有限合伙份额源自 2016 年 6 月某资本公司作为有限合伙人参与发起设立的某投资合伙企业，某资本公司实缴出资 10 亿元。2017 年 12 月 21 日，某资本公司与某发展公司签订"转让协议"，某发展公司于协议签署当日即向某资本公司支付了 10 亿元份额转让价款。

上海金融法院受理本案执行异议之诉后认为，关联公司之间转让有限合伙份额，未经登记不得对抗善意第三人。关联公司之间有限合伙份额转让未及时办理工商变更登记，该有限合伙份额仍然登记在出让人名下，出让人的债权人因信赖登记权利外观申请保全并强制执行该有限合伙份额的，未登记的受让人无权主张排除强制执行。法院于 2022 年 11 月 29 日做出（2022）沪 74 民初 728 号民事判决，驳回原告某发展公司的诉讼请求。宣判后，某发展公司不服，提出上诉。上海市高级人民法院于 2023 年 5 月 8 日做出（2023）沪民终 49 号民事判决，驳回上诉，维持原判。

【评析】对于某发展公司就案涉有限合伙份额所享有权利的效力判断，应区分内、外部关系分析：首先，就合伙内部关系而言，某发展公司已经取得相应合伙份额。某发展公司从某资本公司处受让的有限合伙份额来源于合伙协

---

[*] 本章的主要作者为官欣荣、吴劲文、林灏铭，其中吴劲文、林灏铭负责第三节的资料整理与初稿写作。

[①] 参见上海市高级人民法院二审（2023）沪民终 49 号民事判决书。

议，权利性质系债权性权利，不当然具有普遍对世效力，在针对某银行的外部诉讼中无权确认财产份额归其"所有"。其次，案涉有限合伙份额的关联企业之间的特殊交易若不通过公示制度将关联企业之间的财产移转过程彰显于外，将产生损害出让人之债权人的道德风险。是否足以排除有限合伙份额出让人的债权人的强制执行，需要根据执行标的物上所涉不同权利的类型、性质、效力以及权利背后的价值进行综合甄别和比较：第一，某发展公司对有限合伙份额所拥有的权利系债权性权利，且未经公示，也不涉及生存权等需要特殊保护的法益，权利性质并不优先于某银行的执行债权。第二，商事外观主义原则的信赖利益保护范围主要针对的是交易相对人，但现行法律并未绝对排除其在执行领域的适用。依照《民法总则》第六十五条和第一百零八条的规定，工商登记具有公信效力，企业内部存在的运行体制与其在登记机关公示的内容不相符时，对善意相对人不发生效力。而且若对查封冻结的信赖利益不予保护，则对申请执行人显然有失公允。第三，案涉有限合伙份额的转让系关联交易，未能及时办理工商变更登记的风险由关联交易方而非善意第三人来承担，更为公平合理。本案中某发展公司在长达近一年的时间内未完成有限合伙份额的变更登记，风险应自行承担。综上，法院依法驳回诉讼请求。①

按前述民商关系的三类规范划分标准，替代型商法一般条款宜尽量入典、补充型商法一般条款宜适量加入、冲突型商法一般条款宜不予入典，而《民法典》出台后的"剩余商事立法"是指在《民法典》外进行的立法安排。从法理上分析，民法与商法同归私法，但属于不同"品类"的法律部门。日本学者尾崎安央指出，"立法形式相对而言并不重要，更应该关注背后的法理，商民规制对象的区别"②。为此，本章主要基于冲突型商法一般条款的视角来展开典外商法一般条款的适用完善讨论，在比较分析境外立法发展趋势的基础上，将我国典外商法一般条款立法及法律适用问题回归到商法内核逻辑上展开。下面将分四节逐一进行分析。

---

① 本评析部分引自上海市高级人民法院发布的"2023年度全市法院100个精品案例、100篇优秀裁判文书、100个示范庭审"之参考性案例169号。
② [日]尾崎安央：《谈日本商法总则适用中的问题点》，中国政法大学名家论坛，2017年10月23日于北京。

第一节　典外商法一般条款的法律适用

商法入典的完成使民商立法分合的边界定型化、明晰化，同时，产生了"商事立法剩余"。① 这里的"剩余"是指相较于《民法典》和商事单行法而言，还有哪些商法规范还未入典。而"剩余商事立法"是针对未开展的商事立法工作，对"商事立法剩余"进行拾遗补阙，以期完善商法规范体系。"一部法典，无论如何均需依赖其本国的学理，它往往也需要依赖其他国家的法典。"② 通过比较法考察国外商事立法得失经验，不仅有利于把握不同国家的民商法立法谱系，亦有利于本国商法制度现代化改革参考和方案备选。

一、"双向运动"潮流下商法一般条款的发展动向

应该指出，无论是大陆法系国家还是英美法系国家，无论是民商合一国家还是民商分立国家，是否通过商事基本法律完善商事立法，均是各国市场经济立法完善进程中所面临的一个共性问题。对于采取法典化模式进行商事立法而言，一般以总则为载体，其内容布局以及总则与分则之间的关系协调机制，涉及一部商法典的整体容量和对规范原理的取舍，历来是商法典建制所需，③ 也是商法自立于法律部门之林的重要体现和实现体系化的重要标志。商事法律规范（包括一般条款）究竟是以隐名方式加入民法典，④ 还是显名规定于独立的

---

① 参见周林彬《商法入典标准与民法典的立法选择——以三类商法规范如何配置为视角》，载《现代法学》2019 年第 6 期，第 55 – 76 页。
② ［意］罗道尔夫·萨科：《比较法导论》，费安玲等译，商务印书馆 2014 年版，第 178 页。
③ 参见聂卫锋《〈法国商法典〉总则述评——历史与当下》，载《比较法研究》2012 年第 3 期，第 127 – 137 页。
④ 如《瑞士民法典》的债法部分在整体上是作为第五编单独编序的独立立法形式，商事登记、商号与商业账簿及有价证券分别规定在《瑞士债法典》的第三分编至第五分编中。新《俄罗斯联邦民法典》采民商合一模式，其分别于 1994 年通过民法典第一部分（总则）、1996 年通过第二部分（涉及义务法律）、2001 年通过第三部分（继承法）、2006 年通过第四部分（涉及知识产权），在调整对象、主体、行为制度中融入了许多具备内在独立性的商法规范，可以构成一个以企业法为核心的特别法之微观体系，即在法典中原则性地设定私法人的一般规则（如设立、章程、清算、解散等），以私法人概念的包容性（享受和不享受有限责任优待的均包含其中），对各种形态的企业组织形式展示了其开放性。

商法典总则，① 取决于私法单一或者二元法典的体例抉择以及对一般条款立法技术的具体运用。

　　进入 21 世纪以来，多变而复杂的市场催生出民商合一与商法典复兴的民商法规范双向运动趋势。一方面，立法例和具体规则上出现了"民商统一"（unification）立法改革，如 2011 年 10 月 1 日颁行的新《罗马尼亚民法典》，取代了民法典和商法典的并行模式，新《罗马尼亚民法典》不仅吸收了商法规范，而且还重新定义了商法交易者或专业人士的概念，引入了商业性质的典型合同并做出了不同的立法规制；日本 2017 年修订民法时进行了民商规范趋同式"改革"，将商法上的短期化的消灭时效、法定利率规定调成与民法规定一致，而且日本公司法律体系的法典化加剧了《日本商法典》的"空壳化"。但其债法现代化改革中，与国际贸易规则接轨的情势变更一般条款几经立法动议仍未被正式引入。另一方面，商法典复兴运动不仅在拥有商法典的老牌发达市场经济国家通过"再法典化"得以实现，而且在新兴市场国家也通过采用民商分立立法体例、独立编纂商法典的方式得以实现。前者如法国商法在商事单行法脱离法典"去法典化"之后，进行了"再法典化"。2000 年后重新编纂的《法国商法典》并非简单的法律汇编，而是对当前商法领域的重大问题诸如"营业资产""独立商人的同名商店""动产任意拍卖""集体程序""会

---

① 前者针对后者，商法总则规定是在民法典基本规定的基础上做出的，内容集中体现了经营性、营利性的商事交易要求。如在法国 1807 年颁行商法典中，商事总则规定在第一卷，依次是商人、会计、公司、商业注册、商品交易所、证券经纪人和居间商、质押和行纪商、商行为的证据、汇票和本票、时效。在德国 1897 年公布、1900 年生效的商法典中，第一编总则内容包括商业户籍，包括商人、商业登记、商业名称、商事簿记、商事代理权以及商事经纪人等内容。其中商事簿记独立为第三篇。在日本，商法典编纂深受德国影响，1894 年颁布的商法典采取折中主义立法例，分总则、公司、商行为和海商四编共计 851 条，包括：法例（商法的适用）、商人、商业登记、商号、商业账簿、商业使用人、代理商等。在西班牙 1885 年商法典中，第一卷为商人及总则，包括商人及商行为、商业登记、会计制度、商事合同总则、营业地、中介人及其义务等规定。在韩国 1962 年颁布的商法典中，第一编总则包括通则、商人、商业使用人、商业账簿、商业登记、营业转让共 45 个条款。在越南，1997 年通过并于 1998 年实施的《商法典》第一章总则规定了商法适用的对象、范围、商人及国家管理商业活动的机构、商业协会等。《澳门商法典》于 1999 年颁行，《澳门商法典》以商业企业为中心分四卷——"经营商业企业之一般规则""合营企业之经营及企业经营之合作""企业外部活动""债权证券"。第一卷"经营商业企业之一般规则"相当于商法典总则制度规定，第一编为"商业企业主、商业企业及商行为"，第二编为"商业名称"，第三编为"商业记帐"，第四编为"登记"，第五编为"帐目之提交"，第六编为"经营企业之代理"，第七编为"因经营企业而承担之责任"，第八编为"商业企业主之民事责任"，第九编为"商业企业"（企业转让、企业租赁、企业用益权、质权），第十编为"企业主之间之竞争规则"。

计监察人"等进行的全面系统的规范,① 其中关于"商人"的概括定义条款历百年而未衰(参见《法国商法典》第 1 条"从事商行为并以其作为经常性职业者"的规定)。德国商法体系采取主观主义的建构路径,《德国商法典》中商人、商事行为一般条款为法典注入了强大的生命力。而《德国商法典》1998 年改革后的第 1 条第 1 款即确定了"商人"概念——"本法意义上的商人是指从事商事营业经营的人"。相较 1998 年之前《德国商法典》第 1 条第 2 款明确列举的九种"基本商事营业"立法方式(曾被批评为"落伍"和"不恰当"),1998 年新《德国商法典》第 1 条第 2 款代之以"商事营业指的是任何营业,但是企业依其性质或者规模不需要以商人方式进行经营的除外"规定。基于此,判断商人身份的方式不再是直接对照有否从事法定的基本商事营业,而是依据《德国商法典》第 1 条第 2 款的概括条款,② 在司法实践中和商法理论上加以具体化。这增强了德国法上"商人"概念的概括性,保障了法律体系的稳定性。后者如作为世界"十大新兴市场国家"之一的土耳其,为了实现成为经济强国的目标,土耳其进行了"脱亚入欧"进程中的"商法改革",抛弃了依民商合一立法体例编纂的《土耳其民法典》,③ 于 2008 年成立专门委员会起草新的商法典草案,④ 运用"公平竞争、信用至上"一般条款等规定了该法典总的立法精神及主要理念,奠定了现代商业社会的法制基础。土耳其还于 2011 年颁布了《土耳其商法典实施与适用法》,2012 年又通过了《新土耳其商法典修正法案》,以不断优化投资营商环境。巴西 2002 年依民商合一的立法体例颁布了《巴西民法典》,对商法规范体系予以重构,设置了"企业法编",但规范商事法律关系方面的效果仍较为有限。为了加强法律对社会生活的适应性及完善商法规范体系,巴西又拟定了商法典草案来推动商法

---

① 其自 2000 年起以"授权法令"形式颁布《法国商法典》立法部分的全部条文,包括商事总则、商事公司与经济利益合作组织、特定形式的买卖与排他性条款、价格与竞争自拍、商业票据与担保、企业困境、商事法院及商事组织、某些受特别规则约束的职业等内容;以及实施法令部分包括商事法院与商事组织、几种有专门规范的职业等内容。

② 《德国商法典》第 1 条第 2 款在卡纳里斯的《德国商法》中使用的是"概括性条款"之表述。参见〔德〕C. W. 卡纳里斯《德国商法》,杨继译,法律出版社 2006 年版,第 36 页。其在施密特的《德国商法改革法》中被称为"一般条款"。参见〔德〕卡斯滕·施密特《德国商法改革法》,王彦明、涂长风译,《法制与社会发展》1999 年第 6 期,第 21 - 29 页。

③ "不过这样做的原因,是由于这部法典的优秀品质呢,还是由于土耳其的司法大臣曾在瑞士攻读国法律呢,对此尚有争议。"〔美〕艾伦·沃森:《民法法系演变及形成》,李静冰、姚新华译,中国法制出版社 2005 年版,第 180 页。

④ 该法案由企业法、公司法、证券法、运输法、海商法和保险法六章组成,其中将运输法单列一章为一大亮点。

现代化、改善营商投资环境。有论者指出,巴西私法立法经验表明,采取民商合一立法体例制定的民法典和商法典的制定并不矛盾,商法典立法需要具有现代性品格。① 此外,在国际商事立法上运用一般条款亦不乏其例,《移动设备国际利益公约》② 不仅引进了《美国统一商法典》中"担保权益"的新概念,确立了商事担保权益保护的一般条款,而且规定了以"商业上合理的方式"实施救济的灵活机制,并强调"依据担保协议的条款实施救济应被视为以商业上合理的方式实施救济,除非该条款明显不合理"③。

综上,民商立法体系的合分变化受政治、文化、历史传统、经济环境等多因素影响,民商合一的趋同立法不能替代商法自我发展,其效果也受到外国学者的质疑。④ 从学理上分析,采用单一民法典难以避免如下三种弊端:一是法典如果过度商化,则难以实现逻辑自洽、体系一致。例如,瑞士将体现商事管理法特征的商事登记、商号和商事簿记制度纳入发生于平等主体之间的债法编中,意大利则将商法总则纳入劳动法编,出现了"商化过度"的问题;起草新《荷兰民法典》的梅耶斯(Meijers)教授力图将民法、商法、消费者权益保护法及法典之外的法官法(判例法)编入典中,但这不仅未能形成"无所不包"的民法思想,反而显得杂乱无章,为人诟病。二是单一法典条文的容量的确有限,无法加入所有的商法总则条款。如意大利比较法学家萨科(Sacco)指出,"一些重要的创新,比如外观原则、事实关系等已经进入了30年代到50年代的意大利法,但1942年的《民法典》却对其保持沉默"⑤。相较瑞士、意大利的民法典,《俄罗斯联邦民法典》体系在完整性方面似乎更胜一筹,但亦难免挂一漏万,如商业账簿、经理权等重要商法规范在法典中没有规定。⑥ 三是面对纷繁复杂的金融创新交易,法典适用难免捉襟见肘。单一法

---

① 参见夏小雄《民商合一民法典和商法典的生存空间——以巴西私法立法结构变迁为例》,载《拉丁美洲研究》2020年第5期,第82-101页。
② 该示范法由国际统一私法协会、国际民航组织、国际航空运输协会等国际组织联合制定,又称《开普敦公约》,于2001年11月16日发布,经缔约国签字3个月后生效。
③ See Cape Town Convention §8 (3).
④ C. Cojocaru, "Adoption of the New Romanian Civil Code and Some Effects There of on the Business Law", *Journal of Advanced Research in Law and Economics*, 2013, 4: 96.
⑤ [意] 罗道尔夫·萨科:《比较法导论》,费安玲等译,商务印书馆2014年版,第341页。
⑥ 还有很多规定过于简单,如《俄罗斯联邦民法典》第182条将零售商业售货员、售票员等作为民事代理人,未再做其他规定。实际上,这类人员属于商法上的"商业使用人",他们还应承担竞业禁止义务并享有相应的权利。参见余能斌、程淑娟《我国"民商合一"立法借鉴的新选择——由〈俄罗斯联邦民法典〉引出的思考》,载《当代法学》2006年第1期,第38-48页。

典力求条文简化，规则抽象，但单一法典在层出不穷的市场交易下难以应对21世纪的新经济问题。迄今为止，商法完成了从商人到公司法（"企业客体主体化"）的第一次飞跃、从企业到金融商法（资管证券化代表的金融创新类资产"客体主体化"）的第二次飞跃，创新商事主体资格、激发商事创新活力是商事主体一般条款规制立法的未来方向。

"他山之石，可以攻玉"，比较法律经济分析原理告诉我们，各个国家或地区采用相同（相似）或不同类型的法律制度的诱因，主要在于一种制度安排、一种法律原理或一种法律体系的一个法律规则比另一个制度、原理或规则或多或少地更有效率，① 并可依此探究和提出最优或次优制度选择的思路或对策。聚焦我国《民法典》实施后商法一般条款的适用完善问题，我们可以更好地寻找适合自己的优化法治化营商环境发展之道。

随着"一带一路"倡议及实践的不断推进，以"各美其美、美美与共"的商事制度供给、推介和输出为主要抓手，注重对商法一般条款的正当运用，不失为我国商法体系化和科学化的取胜法宝之一。因为，"如果我们正确使用具有普遍性的类别，那么就更有可能创造更具有普遍性的规定，这样的规定也因此会被更多的主体所接受"②。我们既要立足《民法典》实施后的本国市场实际，综合政治、经济、私法文化多种因素，又要提炼市场经济运行的普遍规律及固有法则，以形成商法一般条款的科学化表达模式。

二、从《民法典》"商事立法剩余"到"剩余商事立法"

关于"商事立法剩余"，存在总则性/分则性、实体性/程序性、组织法/行为法（交易法）、传统商法/新兴商法等多种立法规范内容缺乏的问题；在"剩余商事立法"的问题回答方面，则有国家法/民间法、国内法/国际法、成文法/判例法等多种形式选择。

与"商事立法剩余"问题的学术自觉相较，"剩余商事立法"的理论与实践问题更有探讨空间。对于如何区分总则性与分则性的商法一般条款，并将前者全部归入《商法通则》，而将后者分别归入商事单行法与《商法通则》之

---

① 参见［美］乌戈·马太《比较法律经济学》，沈宗灵译，北京大学出版社2005年版，第143页。
② ［意］司德法：《中国新"民法典"与一带一路倡议——从罗马法角度的初步思考》，见百家号网：https://baijiahao.baidu.com/s?id=1636281576/81533551 & wfr = spider & for = pc，最后访问时间：2023年12月6日。

中，在商法学界存在一定共识。但人们在法源之间的优劣、法源适用的优先级等"剩余立法"问题上存在争议，这主要是因为不同法源之间天然存在竞争关系。

"商事立法剩余"因民商事关系的差异而存在，商法在内容上拥有相对于民法的独特性，已成为民商法学界之共识。同时，"商事立法剩余"又是一个特殊性问题，受诸多因素影响，例如，由一国社会经济观念所决定的民法商法化的界限、立法者的认识和经济全球化下国际商法对国内商法的冲击。但影响最为直接的，是民法和商法存在的形式，两者修订更新的先后顺序等因素也可能影响"商事立法剩余"的实质内容与体量大小。而"剩余商事立法"是一种立法论思维，强调系统化立法，妥当处理进行时的立法、将来时的立法和未来时的立法三者关系，从而使用恰当的法源、层级、体例和技术将"立法剩余"吸收。"商事立法剩余"的客观存在又决定了"商事剩余立法"的必要性，而"剩余商事立法"则应当尽可能对"商事立法剩余"进行适当的覆盖。

依据商法入典标准，一个规范性的"剩余商事立法"安排是，商法入典完成后，由于替代型规范已尽数入典且补充型商法规范已多数入典，主要尚待处理的"商事立法剩余"以冲突型商法规范为主，以补充型商法规范为辅。而补充型商法规范中相对成熟、为市场所急需的部分（如商事留置和保理合同规范）已经多数加入《民法典》。因此，"商事立法剩余"中以冲突型商法规范为主，表现为以下三类：第一，如调整公司关系、证券关系的冲突型商法规范，宜加入独立的商事单行法予以体系化，在持续优化营商环境的推动下与时俱进、不断完善。第二，又如商事登记、营业规范等未能加入商事单行法的冲突型商法规范，可加入商事基本法律文件（《商法通则》或《商法典》）。第三，非商法总纲性且内容松散的冲突型商法规范中司法诉求较为迫切者（如商事担保规范），应先以司法解释、指导案例或商人习惯法等方式形成商法规范。

以上是依据商法入典标准做出的规范性层次的"剩余商事立法"。但应然与实然并不总是对应的，一个应然性的"剩余商事立法"图景也许并不能落实、兑现。此时，我们就应当赋予《商法通则》以拾遗补阙的使命，将未能入典的商法规范尽可能装入《商法通则》这个"口袋"中。这是对"剩余商事立法"的实然层次的理解。

在实然层次的理解之下，尚不宜成文立法的不稳定商法规范和适宜单行立法的商法规范，也不宜加入《商法通则》的"口袋"中。若《民法典》不当规定了适宜单行立法的体系化商法规范，干扰了商事单行法的适用，而该单行立法又尚未提上立法议程，则不妨暂且放弃对体系的追求，在《商法通则》中予以安排。对于未能入典的冲突型商法规范或补充型商法规范（如独立型商事代理制度），我们也应当循此逻辑，将适宜加入的商法规范收纳到《商法通则》中，以使未来出台的商事基本法律文件"通、统、补"的功用得到发挥。

总之，依据商法入典标准，在《民法典》各分编通过之后，我们有必要从形式、内容上对《民法典》和商事单行法进行法律整理，删去重复规定、冲突规定。届时，我国市场经济法律体系基础格局将由"民法典+商事基本法律文件（《商法通则》）+商事单行法+其他法源"的法律框架组成。下面将会就"剩余商事立法"重点作业试做举要论述。

三、"剩余商事立法"的路线图和着力点

自我国商法的概念出现官方正式解释以来，① 目前党和政府的规范性文件在国家层面得到确认并使用了"商事制度""商事关系"等称谓，强调"深化商事制度改革，清理废除妨碍统一市场和公平竞争的各种规定和做法，支持民营企业发展，激发各类市场主体活力"②。

观察《民法典》实施后的"剩余商事立法"，其中最重要者是制定《商法通则》。《商法通则》将不再重复《民法典》的既有规定，并与《民法典》各编统筹协调，做到有的放矢、查漏补缺。针对前述《民法典》总则编和各分编已经或将要产生的"商事立法剩余"，参考学界既有的立法研究报告，我们对《商法通则》这一重要"剩余商事立法"的基本设置路径及立法举要阐明如下：

第一，将"商事风险防范（主体法定）、确认和保护营利原则、商事交易便捷、商事外观主义"这些加入《民法典》总则编剩余的冲突型或补充型商法规范，在《商法通则》中作为商法基本原则逐条规定。这是对大陆法系国

---

① 时任全国人大法工委主任乔晓阳在为全国人大常委会做的"我国社会主义法律体系"讲座中，从商法是民法的特别法的角度将"民法典"的常用语改称为"民法商法"，并采取列举式的方法将商法称为"民法中的一个特殊部分"。

② 习近平：《决胜全面建成小康社会　夺取新时代中国特色社会主义伟大胜利——在中国共产党第十九次全国代表大会上的报告》，见中华人民共和国教育部官网：http://www.moe.gov.cn/jyb_xwfb/xw_zt/moe_357/jyzt_2017nztzl/2017_zt13/17zt13_zyjs/201710/t20171031_317898.html，最后访问时间：2023年12月16日。

家有商法原则理论却无条文立法之"历史缺憾"的一大突破。

第二,明确商事基本法、商事单行法和商事习惯与民法规范的适用顺位规则。这些被《民法典》总则编所遗漏的冲突型或补充型商法规范应在《商法通则》中加以细化规定,这既有利于改善《民法典》二阶法源条款的封闭性,又有利于实现民商区分立法。

第三,将商事主体定义与分类(商事组织和商个人)、其他类型的商事主体(如未经商事登记的个体摊点、流动商贩、营利性的专业服务机构)、商事登记、商业账簿等被《民法典》总则编剩余的冲突型或补充型商法规范,在《商法通则》中逐条规定,以更好地弥补《民法典》与商事单行法之间的断层。

第四,将商事行为的定义与分类、商事行为的法律适用、商事代理、商事营业与转让等加入《民法典》合同编剩余的冲突型或补充型商法规范,在《商法通则》中逐条规定。这样,就能在商事行为一般规定立法完善的框架下,构建好营业转让制度、交互结算规则,以及会展等商事行为特殊性的规范群,从而更好地发挥体系化效益。

第五,将商事人格权的定义与分类、商事主体商号权、营业权、信用权、商业形象权等加入《民法典》人格权编剩余的冲突型或补充型商法规范,在《商法通则》中逐条规定,以提供剩余商事权利的确认、保护的正面激励机制。

此外,前述加入《民法典》人格权编和侵权责任编剩余的商事侵权规范(如商事侵权定义与类型规范、侵权责任的特殊责任形式规范)主要为冲突型商法规范,这些规范因与竞争法有包容关系,既不宜加入《民法典》,也不宜加入《商法通则》,而适合主要加入《反不正当竞争法》这类专项性单行法中。

总之,在上述"剩余商事立法"议程中,我们应注重冲突型商法一般条款的运用,使其打通立法及司法的关键路径,促进商法体系更好地自我发展与完善,从而为我国法治化营商环境持续优化、市场经济法制建设"扶贫济弱"提供动力。

第二节 典外冲突型商法一般条款的适用分析

冲突型商法一般条款,是指集中体现商法特性、与民法存在价值及规范冲突的商法一般条款。本节以商法原则、商法解释规准（真正的法治思维反对过度化解释，法律解释应遵循制定法解释的规准①），适用法例规定等一般条款为例，主要论述对商法领域的基础性制度或共性问题所做出的，体现商法制度核心价值②的总括性规定。

我们基于加入《民法典》的三类规范立法规律，根据"提取公因式"的程度，将替代型和补充型商法一般条款加入《民法典》，以实现对民商一般条款的贯通与补充。而为了避免"体系违反"，冲突型商法规范应进行典外立法，这样既遵循了《民法典》统分结合的民商合一立法体例，也有助于促成商法自身体系化的进阶完善。正如有学者在论及民商法体系化分工时指出，"考察域外商法典调整模式，我们不难发现各国（地区）对商事关系调整范围的立法选择并不完全一样，但较为合理的安排应当是按照商事关系的核心与边缘构造，将核心的商事关系以及与核心商事关系联系密切的辅助性商事关系交由商法调整，居于最边缘的商事关系交由民法调整或者法律根本不作调整，居于中间状态的商事关系则可能由商法以及其他法律共同调整"③。

所谓的核心商事关系主要是基于语义学概念的核心与边缘问题而对商事关系所做的一种分类，是指发生在商事主体之间的交易关系。本书认为，核心商事关系还应包括商事主体内部关系：如公司法人科层结构中产生的治理关系（按科斯定理，公司法人结构中的科层关系是为了降低交易费用的市场交易关系的替代物。换言之，公司组织关系的前身实质上仍为交易关系），以及新生商业业态（如特殊目的公司的关系结构仍可被还原为商事主体内部商事交易关系）④ 中产生的商事法律关系。

关于核心商事关系所对应的商法调整规范主要散见于商事单行立法，总纲性商法立法尚处于学理讨论阶段，或至多以学者草拟的《商法通则》建议稿的形式呈现，商法核心一般条款立法及适用的理论实践研究尚为一片空白，亟待开发。基于新的商事交易方式［重新估值协议/对赌协议、CDS（信用违约

---

① 参见姜福东《法律解释的范式批判》，山东人民出版社 2010 年版，第 187 页。
② 目前，商法学界出现了商法核心价值、核心范畴、公司法核心原则之表述，商法核心一般条款的范畴尚未见诸文献。参见刘俊海《论新〈公司法〉的四项核心原则》，载《北京理工大学学报（社会科学版）》2022 年第 5 期，第 1 - 19 页；王建文《论我国〈民法典〉中商法核心范畴的立法构想》，载《扬州大学学报（人文社会科学版）》2016 年第 2 期，第 32 - 40 页；王建文《我国商法的核心价值：逻辑展开与实践应用》，载《法学杂志》2012 年第 1 期，第 81 - 88 页。
③ 蒋大兴：《商事关系法律调整之研究——类型化路径与法体系分工》，载《中国法学》2005 年第 3 期，第 105 页。
④ 参见楼建波《金融商法的逻辑》，法制出版社 2017 年版，第 146 页。

互换）等金融创新工具等］所孕育的商法精神要求，商法面临着理论体系重构的机遇和聚拢立法的挑战。其中主要的短板为《民法典》统领下涉及商法内核的总纲性商事立法付诸阙如，而揭示商法特性、传达商法"要旨宏纲"的一般条款，在形式上能发挥"上承法典下启单行立法"的体系化整合功效，在内容上则能起到对商事立法精华拾遗补阙的作用。

一、商法原则、解释规准的法理分析

商法立足于私法特别法的定位，以商事主体和商事行为为中心，是适用于一定的人（追求营利最大化的商事主体）、事项（商事行为）、场所（交易所、营业地）的法律部门。冲突型商法一般条款最鲜明地体现在商事法理方面，主要涉及商法原则、商法解释适用规则等商法制度内核。有学者认为，"商法的核心领域是无法一般化的，即便新的商事契约类型被纳入私法典，也无损其商法属性"[①]。进言之，即便是民商合一的立法体例，也仅是有限的低度合一，大范围的商事领域及核心地带有赖于特殊规范。以《美国统一商法典》为例，其以贸易和金融活动为主要调整对象，包括总则和各分则共十一编，对现实中商事规则和商事惯例进行归纳，实现了美国商法关于销售、票据、担保、信贷各领域的州际交易统一规定，大大消除了州际交易因各州商法规定不同而造成的障碍，[②] 其中第一编总则编包括"本法的简称、解释和适用"与"一般定义和解释原则"两章，第1-102条第（2）款明确规定了法典的基本宗旨，[③] 确立了灵活性、现代化、惯例协议优位三大原则，被认为是提供了商法现代化的一个样本。

（一）典外商法原则、解释规准的一般条款立法意义

鉴于我国民商合一立法体例的路径依赖和现实主义取向，《民法典》中加入了替代型和补充型商法一般条款，预留了冲突型商法一般条款的典外安排，此种"有所加入、有所剩余"的典内立法模式所具有的商法价值、商法思维

---

① 徐涤宇：《解法典后的再法典化：阿根廷民商法典启示录》，载《比较法研究》2018年第1期，第180-194页。

② 美国的50个州、哥伦比亚特区、波多黎各、维尔京岛在适当的修改后经州议会通过都采纳了这部法典。

③ 包括：(a) 使调整商业交易的法律更加简洁、明确并适应现代要求；(b) 使商业做法能够通过习惯、行业惯例和当事方协议不断获得发展；(c) 使各州调整商业交易的法律归于统一。

仍极其有限，不利于集中全面发挥商法一般条款的体系整合统率功能，也不适合精准地进行商法漏洞填补，而弥补此缺憾的理想路径是通过制定商事基本法律文件来凝聚冲突型商法一般条款，其有以下四点意义。

1. 有利于在不破坏民法体系自洽的前提下，促进商法体系自我发展

一般条款在立法体系构造上高屋建瓴，抽象层级较高。冲突型商法一般条款如同商法体系大厦的"梁柱"，并通过商事基本法律文件发挥"通、统、补"的调整作用。从《美国统一商法典》的立法得失来看，其与美国工业与金融市场当时领先世界的历史背景不可分开，但编纂技术以及解释技术的有益经验值得借鉴。法典编纂领衔人卢埃林（Llewellyn）在德国法典理性和美国法律现实主义的巧妙结合下，[①] 创设了第1-102条第（1）款[②]、第1-102条第（2）款[③]、第1-102条第（3）款[④]、第1-103条[⑤]等一般条款，所确立的灵活性原则，现代化原则，惯例、协议优位原则，善意原则，以及禁止反悔/欺诈原则的价值指引，使调整商业交易的法律更加简洁、统一和实用，开创了"现代商法新纪元"，打破了唯规则论的神话。[⑥] 当然，此种将罗马法方法（a civil law approach）引入一个已经相当成熟的普通法体系的立法创新，在度过无人质疑的30多年后，是否满足了商法典的确定性、可预见性与稳定性的标尺？是否在实际上产生了预先假定的随统一化而来的社会收益？也引发了商法方法论上的比较与反思。[⑦] 我国《民法典》实施背景下将冲突型商法一般条款

[①] J. Whitman, "Commercial Law and the American Volk: A Note on Llewellyn's German Sources for the Uniform Commercial Code", *Yale Law Journal*, 1987, 97: 156.

[②] 《美国统一商法典》第1-102条第（1）款规定："本法应做灵活的解释和适用，以促进本法之基本宗旨的实现。"

[③] 《美国统一商法典》第1-102条第（2）款规定："本法典的基本宗旨是：（a）使调整商业交易的法律更加简洁、明确并适应现代要求；（b）使商业做法能够通过习惯、行业惯例和当事方协议不断获得发展；（c）使各州调整商业交易的法律归于统一。"

[④] 《美国统一商法典》第1-102条第（3）款规定："在本法没有相反规定的情况下，本法各条款的效力可以通过当事方的协议加以改变。本法规定的善意、勤勉、合理和注意的义务，不得通过协议加以排除；但是，当事方可以通过协议确定履行这些义务的标准。所确定的标准不得明显不合理。"

[⑤] 《美国统一商法典》第1-103条规定："在本法没有具体条款予以排除的情况下，普通法和衡平法的各项原则，包括商人法和涉及合同能力、本人和代理人、禁止反悔、欺诈、虚伪说明、胁迫、强制、错误或破产的法律，或其他使合同生效或失效的法律，应作为本法的补充。"

[⑥] 参见［美］约翰·L. 戈蒂德《〈统一商法典〉的方法论：现实主义地看待〈商法典〉》，徐涤宇等译，见吴汉东《私法研究（第2卷）》，中国政法大学出版社2002年版，第64-75页。

[⑦] 参见［美］罗伯特·E. 斯科特《反思商法中的统一规范——普通法与〈法典〉在方法论上的一个比较分析》，见［美］乔迪·S. 克劳斯等《公司法和商法的法理基础》，金海军译，北京大学出版社2005年版，第193页。

成文化，可弥补法典与商事特别法之间的断层、沟壑，促进商法规范体系的自我发展。

2. 有利于开通商业伦理价值输入的"导管"，对商事疑案做出精准评判

"作为一种'气阀'管道或者突破口来引入社会或者道德等法律规范之外的价值标准"是创设一般条款的理据所在。无论从商法史演进的规律还是商法规范自身体系的建设来看，为市场运行提供商业伦理价值引导的主要都是冲突型商法一般条款（如商事外观主义原则）。

从弘扬社会主义核心价值观的时代使命方面来看，建设社会主义市场经济的商业伦理价值观是其题中之义。① 商事交易领域普遍认同的价值观念如"君子爱财，取之有道"、市场竞争"效率优先，兼顾公平"等，尽管与平等、公正、诚信等社会主义核心价值观表述并不完全相同，但本质上具有逻辑一致性。甚至"君子爱财，取之有道"的"道"就是"诚信"核心价值观在商事领域的具体反映；而"效率优先，兼顾公平"就是"公正"核心价值观在市场领域的正义体现。②

冲突型商法一般条款的价值取向不同于侧重接入社会生活伦理标准的纯粹民法一般条款，其采用经济效率评价标准，将富强、公正、法治、诚信等社会主义核心价值观贯彻运用到商事领域，被赋予了讲究效率优先、商业信用至上、交易公平合理的特殊内涵，并派生出了外观信赖原则等商法特有的原则与规则，为法官处理商事复杂案件提供了更精准的价值评判尺度。我国台湾地区学者许政贤论及概括条款具体化、如何得出"裁判正当"时指出，涵摄模式既无用武之地，又无明确规则可以遵循，只能提供考量原理或参酌原则，"在探讨影响法官评价的决定性因素时，将透过比较特定的评价观点而进行。例如，信赖原则、禁反言原则。因此，如基于主流价值法学的架构，比较特定的原则或观点——例如风险合理负担、法律经济分析或透明性原则等，以建立比较明确的判断标准"③。可以说，冲突型商法一般条款为外部资源法律经济分析理论应用之刚需，主要引入了效率评价标准来指导法官进行利益衡量，借规

---

① J. W. Hedemann, *Die Flucht in die Generalklauseln*, Tübingen: Mohr, 1933: 58.
② 参见丁宇翔《社会主义核心价值观融入商事裁判文书说理的利益衡量进路》，载《人民法院报》2021年4月2日，第5版。
③ 许政贤：《民法解释论的不确定性：以概括条款具体化为例》，载《月旦民商法杂志》2015年第3期。

范对象之性质①及市场逻辑中所蕴含的商业合理性标准来实践个案正义。以公司股权变动为例,《公司法》对此规定不明,是否应类推适用物权/债权变动模式,有待讨论。私法自治、效益优先、动态安全等商事审判理念应为价值判断因素。②

3. 有利于更有效填补商法漏洞,援引商法一般条款进行司法续造

在运用商法思维填补漏洞方面,冲突型商法一般条款具有民法一般条款以及替代型和补充型商法一般条款所不可替代的独特价值。"当法律解释不能解决问题或极度不正义时,法的漏洞补充和法的续造也是法治的实践方式。"③依商法特别法规范属性,如在具体商法规范缺失时,径直适用民法规范进行调整,会出现与法律所欲实现的目标南辕北辙的局面,这就构成了商法中隐藏的漏洞。④在缺失商法特别法具体规定之际,优先通过冲突型商法一般条款、依次运用补充型和替代型商法一般条款进行价值补充,形成有针对性的裁判规则,以防止适法者动辄援引纯粹民法一般条款,防止"大民法"观念的不当"干扰",诚属急需。近年来,最高院在处理商事疑难案件〔如对赌协议案件、可变利益实体(variable interest entities,VIE)协议纠纷、特定资产收益权/股票收益权营业信托纠纷〕时业已确立了不少商事裁判原则与规则,但会因欠缺上位法的基本规则,而导致法院仅能类推援引民事规范进行裁判。质言之,处理商事纷争应基于商法的规范目的、商业本质、经济观点,不可一概从民法脉络途径来思考。⑤在具体商法规范不足时,我们可将冲突型商法一般条款优先适用,《民法典》中的补充型和替代型商法一般条款其后适用,纯粹民法一般条款兜底适用,以使民商区分适用思维更为精准。

4. 有利于彰显商法内核价值体系,防止误用非商事思维

商法应当构建独立于民法的内在体系,"从彰显内在体系的立法论意义来

---

① 即"法律以人类生活为其规范对象,法理念或正义实现为目标。在规范形成上除了必须取向于法理念外,还必须取向于其所规范之对象的性质(事理)"。黄茂荣:《法学方法论与现代民法》,中国政法大学出版社2001年版,第390页。
② 参见赖彩明《商事审判与民事审判理念之比较》,载《人民法院报》2015年11月11日,第7版。
③ 周叶中、叶正国:《论基本法一般条款的功能和适用》,载《北京联合大学学报(人文社会科学版)》2014年第1期,第86-93页。
④ 这方面论述,可参见于莹《民法基本原则与商法漏洞填补》,载《中国法学》2019年第4期,第285-302页。
⑤ 参见王文宇《从商法特色论民法典编纂——兼论台湾地区民商合一法制》,载《清华法学》2015年第6期,第63-79页。

看，将内在体系以成文化方式明确规定在法律文件中可以改变商法内在体系长期以来被外在体系遮蔽的局面，指导商事立法，提升商事法律规范体系的科学性"①。商法内在体系寄托于冲突型商法一般条款的成文化表达，是制定《商法通则》这类总纲式法律文件的指引和灵魂，也是商法核心价值体系的依归。其具有具体法律规范所不能替代的灵活适用、实现个案正义之功能，如针对股权众筹案件可排查动辄运用非商事思维（民法思维、刑法思维、行政法思维）以非法集资论处的误区，为持续优化营商环境提供良法善治的探索空间。

二、典外冲突型商法一般条款的适用困境

日新月异的市场经济实践对我国商事法律体系提出了较为严峻的挑战。成文法的天然局限固然为其原因，总纲性规范缺失以及以此为载体的商法核心价值的模糊更是我国商事司法面临实践困境的重要原因。② 由于缺少商事基本法律文件，"现实世界中许多法律系统都痛苦地患有一般性原则缺乏症"③，这在商事领域表现尤甚。近几十年，国内商法学界对商法基本原则的看法不一；④ 而且，《商法通则》专家建议稿积累了多个版本。⑤ 通过梳理这些专家建议稿的条文，我们不难发现他们都在寻求商法基本原则的一般条款立法表达最佳方案。⑥ 但面对《民法典》实施后庞杂的商法规范体系化构建，商法学者理论研究多从商法基本术语、概念、范畴、逻辑思维入手，提出多种学说予以统合，

---

① 李建伟、张子昕：《民法典背景下商法内在体系的建构》，载《河南财经政法大学学报》2021年第6期，第42-52页。
② 参见王建文《我国商法的核心价值：逻辑展开与实践应用》，载《法学杂志》2012年第1期，第81-88页。
③ ［美］富勒：《法律的道德性》，郑戈译，商务印书馆2005年版，第58页。
④ 如从二原则说（保障交易便捷和维护交易安全原则）、三原则说（即二原则说加商事主体法定与维持原则）到提出九原则说（利润最大化原则、诚实信用原则、磋商调节原则、互惠原则、简便敏捷原则、安全原则、经营自主原则、强化企业组织原则与社会责任原则）。参见任先行、周林彬《比较商法导论》，北京大学出版社2000年版，第81-98页。
⑤ 主要包括王保树教授生前主持撰写的专家建议稿之一般条款规定及赵旭东教授领衔中国法学会商法学研究会调研组起草的《中华人民共和国商法通则》建议稿、苗延波起草的《商法通则》建议稿、樊涛的《商法通则建议稿》。
⑥ 王保树稿共92条，一般条款19条，占比约20%。参见王保树《商事法论集（第20卷）》，法律出版社2012年版，第1-11页。苗延波稿共计146条，一般条款16条，占比约11%。樊涛稿共103条，一般条款14条，占比约13%。参见樊涛《商法通则：中国商事立法的应然选择（附：〈中华人民共和国商法通则〉建议稿)》，载《河南大学学报（社会科学版）》2008年第3期，第14-24页。

对《商法通则》制定的内容结构、制度安排做了较多讨论，对于《商法通则》制定的必要性、可行性、时机性亦有充分论证。从一般条款视角对商事基本法律文件编纂进行的专题深入分析较少，而冲突型商法一般条款的典外立法安排，则具有另辟商事立法与司法蹊径之意义。

在《民法典》实施统领的前提下，我们对于反映商法规范的特殊性、适应性、发展性等特点的典外冲突性商法规范有必要考虑供给诉求问题，此处以商事风险防范、外观信赖、商法解释规则一般条款法律适用及完善问题为切入点进行探讨。

（一）商事风险防范一般条款付诸阙如

营业活动利润自始与风险相伴，罗马法中有"受利益者便要负风险"的规则，"利益大者，风险从之"。风险表现为未来结果或损失的不确定性。随着21世纪风险化社会的到来，商事经营面临着前所未有的系统性风险挑战。商法制度调整重心历经企业法人主体化、金融创新类资管项目"客体主体化"两次飞跃后，顺应金融创新潮流兴起的结构化商事交易特征，确立了防风险、稳预期、保安全、生态友好型的资本文明发展理念和适应性监管原则，成为《民法典》调整市场经济运行的接续使命。正如前文对《民法典》第八十六条的分析指出，该条的交易安全原则作为补充型商法一般条款加入《民法典》，实现了民商事活动的一体化调整。但其规定局限于营利法人类型，对其他商事主体的交易活动包容有限，有定制不足之嫌。而且，"风险防范"既为"交易安全"所涵盖，但又远不止于此，其内涵更丰富，包括市场交易风险的前端预警防范、过程监管防范、适时及时应急防范等。我国资本市场单行立法上的风险防范意识得到了前所未有加强，如2019年《证券法》规定了风险防范的监管原则和制度措施，《期货和衍生品法》第一条立法宗旨规定了"防范化解金融风险"、第五条规定了"防范市场系统性风险"。[①] 但因商事基本法律文件付之阙如，贯通适用于金融资本领域的防范化解金融风险的一般条款大有"皮之不存、毛将焉附"之感。针对理财产品、网络借贷、股权众筹的交易风险，监控措施难免捉襟见肘。为此，我们急需创设商事风险防范一般条款来填补相关漏洞。

---

① 《期货和衍生品法》第五条规定："期货市场和衍生品市场应当建立和完善风险的监测监控与化解处置制度机制，依法限制过度投机行为，防范市场系统性风险。"

(二) 商事信赖责任原则值得立法期待

所谓"商事信赖责任原则",又称"商事外观主义原则",是指商法上以商事外观事实认定其行为所生效果的立法原则和学说。所谓"外观事实",依其内容的不同,并不单指权利外观,还包括主体外观、法律关系外观与法律事实外观,这些皆可认定为客观存在的外观事实。1904年奥地利学者维尔斯帕赫(Wellspacher)对私法史上的公示思想做了考证,其所提倡的权利外观理论学说为后世权利外观责任提供了基本框架,①德国学者拉伦茨主张将信赖责任原则作为一项与私法自治并随的私法上的根本原则。②"外观信赖不仅体现了商法作为私法区别于同作为私法的民法在价值取向上的差异,也是商事特别法中不同的制度、规范得以统一的指导性原则。"③我国台湾地区学者刘宗荣将其作为"交易安全"的附属原则甚至再派生原则对待,如"信赖占有外观原则、信赖登记外观原则"为"交易安全保护原则"派生出的"公信原则"之再派生原则。④能真正体现商法特点、构成商法部门化和独立化的原则应当是外观信赖原则。为了防范民法思维的不当干扰,我们在商事交易领域需要运用商法思维进行法律推理,对商事交易行为做出合理推定,以保护不特定第三人的利益和交易安全。

商事外观信赖的核心是交易效率⑤和秩序理念的集合载体,辐射到文义及行为外观各领域,⑥以外观为依据,省去了回复到实质的权利关系与权限关系的必要费用,此思路的背后就是企业的效率。民法领域适用外观原则的情形较少,如心中保留、表见代理,以及《意大利民法典》的"表见住所"规定、法国婚姻法上的"表见婚姻"制度等,总的来说次居辅助地位,在司法实践中法官并不主动适用外观主义来解决民事争议,其外观信赖、本人与因等构成要件更严格。而商法中外观主义的适用领域更广阔、"商事关系对于信赖保护

---

① 参见李炬枫《外部构成事实信赖理论之三重检讨——以维尔斯帕赫之学说为中心》,载《社科纵横》2023年第3期,第93-99页。
② 参见[德]卡尔·拉伦茨《法学方法论》,陈爱娥译,商务印书馆2003年版,第297页。
③ 薛波:《论公司法改革中商法思维的引入和运用》,载《北方法学》2017年第1期,第77页。
④ 参见刘宗荣《从民法总则到商法》,载《地方立法研究》2017年第4期,第20-34页。
⑤ 参见关俊彦《商法总论总则》,有斐阁2003年版,第57页。
⑥ 参见刘文科《商法上的权利外观责任》,见王保树《商事法论集(第24卷)》,法律出版社2014年版,第24-37页。

之需求远比一般民事法律关系更为强烈"① 已成中外商法学者们的共识，如商事表见代理、合伙企业法上的表见合伙、公司法上的股权登记保护、商号借用人责任承担②等。商事信赖责任原则为保护相对人之利益，选择了较宽松标准，降低本人的归责门槛，从危险防范底线的配置上推定权利外观成立。换言之，在危险主义的背景下，只要外观表征的引发在本人控制领域内，本人便需承担责任，其标准相较于与因主义、过错主义更加宽松。

目前，商事信赖责任原则还只是一种学理概括，《九民纪要》关于外观主义的规定，是为了保护交易安全而设置的例外规定，其通过具体的法律规则体现出来。外观主义的定位，即"外观主义系民商法上的学理概括，并非现行法律规定的原则，现行法律只是规定了体现外观主义的具体规则"，从而否定了外观主义的原则说，并具体列举了相关的善意取得、合同表见代理等具体规则；而且外观主义一般不适用于非善意、内部关系③、冒名行为。在司法实践中，商事信赖责任原则适用的善意第三人范围厘定往往成为判案之棘手难题。在云南能×新能源投资开发有限公司与中航光×（上海）新能源有限公司等的执行异议纠纷案中，中航光×公司是否为善意第三人，是诉讼焦点。④ 一审法院认为，善意第三人是指基于对商事交易的权利外观的信赖而与其交易的人，故商事外观主义原则的适用范围不包括非交易第三人。案涉股权所有人为云南能×公司，中航光×公司系基于其对山×集团享有的债权而申请执行并冻结涉案股权，故中航光×公司并非基于其对涉案股权登记的信赖而与山×集团或云南能×公司发生交易行为，中航光×公司也并非商事外观主义原则中的善意第三人，对其抗辩意见不予采纳。再审法院亦认为，中航光×公司在本案中对涉案股权主张执行，并不是基于以涉案股权为标的的交易行为，而是基于与上海山×公司之间的民间借贷纠纷，通过以民事调解书确定的普通债权来申请查封并执行山×集团名下涉案股权，其权利基础系普通债权。中航光×公司不属于商事外观主义保护的第三人，并无信赖利益保护的需要。可见，对商法中

---

① 王文宇：《从商法特色论民法典编纂——兼论台湾地区民商合一法制》，载《清华法学》2015年第6期，第67页。另可参见［德］C. W. 卡纳里斯《德国商法》，杨继译，法律出版社2006年版，第9页。

② 如《韩国商法典》第24条规定："（借出名义者的责任）允许他人使用自己的姓名或者商号进行营业的人，对足以误认自己为业主而进行交易的第三者，应与该他人共同承担连带赔偿责任。"

③ 外观主义的适用前提应为该法律行为具备交易性质。故在代持股模型中，债权人向法院申请执行名义股东名下股权以其所得清偿债务时，由于债权人与名义股东间之关系为债权债务关系，并不存在交易行为，所以不得援引外观主义之观点。

④ 参见最高人民法院（2022）最高法民再117号再审民事判决书。

外观主义的适用要把握其边界,避免泛化和滥用。

商事信赖责任原则在金融衍生工具交易中的适用亦应有所限制,因重大错误(如股市"乌龙指"事件)严重影响金融秩序、公正交易结果的仍应予撤销。至于由不法/犯罪行为所致的外观情形是否适用,则缺乏统一明断标准。2016 年 9 月的"二维码案"引发了对于顾客经由使人信以为真的二维码进行支付的行为效果的讨论,有观点认为,该行为应被推定为有效。① 该案件若是由行为人犯罪行为所引起的,是否还有必要去例外保护因不法行为所致的交易外观效果,则有待做出权威性定论。

(三) 商法解释规则付诸阙如

"法例者,民法适用之通例也……不特于全部民法,可以适用,即民法法典以外之各种民事特别法规,亦应受其支配。"② 我国《民法典》因袭"凡法典多有法例"传统,对习惯法源适用、民事特别法优先适用做了明确规定,③ 确实是中国民事立法的一大进步。但《民法典》未对民事习惯和商事习惯进行区分,忽视了商事活动的特点,同时还产生了商事习惯是否优先于民法规范适用的问题。日本、韩国均在商法典中规定了商事习惯的适用顺位,④《美国统一商法典》为削减各州商法适用的摩擦与壁垒而形成了特有的法典编纂技术以及解释技术(如在第一章规定"本法的简称、解释和适用"⑤),这些措

---

① 2016 年 9 月,南京某楼下小区超市的二维码被小偷换成自有二维码,店主一个月后结款才发现二维码被偷换。该起"二维码案"引发了刑法学上关于偷换二维码行为是构成诈骗罪还是盗窃罪的争议,但也对顾客信以为真的支付私法效果提出了挑战。该偷换行为导致消费者用来支付的二维码与商家真实的二维码是不相符的,消费者已发生错误履行行为,根据合同相对性原则,该付款行为有效性也会存在瑕疵。然而,在交易过程中,二维码支付是商家认可的付款方式,且通常情况下,二维码张贴在商家的经营场所之内,消费者是无法辨识抽象复杂的二维码图案的,若认为消费者的付款行为无效则可能导致利益失衡,亦会破坏交易安全。为此,消费者经由这种二维码进行支付的行为应被推定为有效。参见杨群《"二维码案"背后的表见法理》,载《江西社会科学》2018 年第 4 期,第 193 页。
② 梅仲协:《民法要义》,中国政法大学出版社 1998 年版,第 49 页。
③ 《民法总则》第十条规定:"处理民事纠纷,应当依照法律;法律没有规定的,可以适用习惯,但是不得违背公序良俗。"第十一条规定:"其他法律对民事关系有特别规定的,依照其规定。"
④ 如《日本商法典》第一条规定:"关于商事,本法无规定者,适用商习惯法,无商习惯法者,适用民法典。"《韩国商法典》第 1 条也做出了类似规定:"关于商事,本法无规定时,适用商事习惯法;无商事习惯法时,适用民法。"也就是说,在确立商法优先适用地位的基础上,商事习惯法优先于民法适用,只有当没有商事习惯法时,才补充适用民法的一般规定。体现了商事习惯法本质上仍属于商事特别法的范畴,这符合对商法漏洞的填补不能失去商事特别法立意的要求。
⑤ [美]约翰·L.戈蒂德:《〈统一商法典〉的方法论:现实主义地看待〈商法典〉》,徐涤宇等译,见吴汉东《私法研究(第 2 卷)》,中国政法大学出版社 2002 年版,第 64 – 75 页。

施可为总结大陆法处理商法与民法传统（特别法与普通法）、美国商法与判例法传统关系方面的立法得失提供借鉴，有利于建构出一套符合自己国情、服务法治化营商环境的现代化商法解释理论与方法。

法律非经解释不能适用，而且真正的法治思维反对过度化解释。法律解释应遵循制定法解释规则，商法的解释适用也不能例外，因此这就有必要探讨法律解释规准的立法化问题。美国法学家埃斯克里奇（Eskridge）介绍，"英美人高度依赖制定法解释的规准。这些解释规准对于律师和法官来说充当着集体保护伞的作用，因为他们可以将可预测性和正当性结合于制定法解释之中"①。大陆法系国家民法解释学过于强盛，致使商法解释学常欠发达，商法解释的一般规则也亟待建构。"目前还存在规则短缺而制约了商法解释学的发达，但商法学未来的道路应当也必然会走向/改造商法教义学。这种转型首先将在部门商法系统内展开。与此相适应，法律解释学的发达是必然的结果。商法乃至法学对理论与实务的关照可以透过法律解释学统一起来。"② 商法解释学的发达反过来又会指引法官的商法解释实践走向成熟，并将之不断推向科学化的水平。

商法一般条款的适用方法论与商法规范适用三段论方法不同，后者主要采用涵摄方法，实务中涵摄方法的运用相对较弱，如何解释和适用也成了理论界和司法实务中的一道难题。类型化法律解释不失为解决此难题［也是解决"规范与事实如何连接"这一著名的休谟问题（Humean problem）］的一把"钥匙"。目前，学界对商法一般条款的类型化研究已有理论自觉，案例群整理与方法论探讨方兴未艾，借此推进商法解释学走向发达仍值得期待。为了给商法方法论定规立矩、制定"方法的法"，人们任重道远。

三、典外冲突型商法一般条款的适用完善

《民法典》的颁行标志着中国民商法法制建设进入了新时期，开启了具有中国特色的商法发展新模式。从发达市场经济的私法规范原理来分析，"法律部门的划分越精准越科学，法律对社会关系的调整就越准确"③。在我国采取具有中国特色的民商合一立法体例的《民法典》的实施背景下，商事单行法

---

① 转引自姜福东《法律解释的范式批判》，山东人民出版社2010年版，第187页。
② 蒋大兴：《商法：如何面对实践？——走向/改造"商法教义学"的立场》，载《法学家》2010年第4期，第165页。
③ 赵万一、赵吟：《论商法在中国社会主义市场经济法律体系中的地位和作用》，载《现代法学》2012年第4期，第62-75页。

不断充实着商法规范体系，承担着调整错综复杂商事交易关系的重任，商法一般条款的应用发展研究也进入了一个关键期。

（一）通过我国未来的商事基本立法予以完善

如本章第一节所述，我们应将商事风险防范（主体法定）、确认和保护营利原则、商事交易便捷、商事外观主义、公平合理竞争等未被加入《民法典》总则编的冲突型或剩余补充型商法规范，在《商法通则》这一未来商事基本法律文件中作为商法原则逐条规定。

这里进一步强调的是，在民商合一的体系下，商法思维和理念固然可通过商事司法解释得到贯彻和实现，但基于我国成文法的传统、商事案件复杂化的司法纠纷解决诉求，以及域外英美判例法国家商事制定法的有益立法经验（如英国 2006 年《公司法》和《美国统一商法典》的出台似乎表明，在现代商事领域，集中决策的立法规制胜于遵循先例的法律推理）的昭示，我们仍有必要探讨《民法典》外商法一般条款的立法可能空间。日本商法学者志田钾太郎指出："商法法典与民法法典同占普通法之地位，盖商法对于民法则为私法中之特别法，离民法则为商法中之普通法。"① 基于此，商法学界一直在呼吁制定商事基本法律文件——《商法通则》。本书认为，借此通道使商法一般条款落地，实乃持续优化营商法律环境、迈上商法现代化"新征程"的一项越来越紧迫的议题。

从立法完善的意义（必要性和重要性）来看，商事交易日新月异，商事一般条款使商法具有包容性和适应性，能够面对不断变化的社会生活需要，进而使法官在具体的案件中根据社会发展的需要对其进行灵活解释，以保证法律的开放性和生命力。为了尊重民商合一传统与民商亲疏关系的差序定位，替代型商法一般条款宜在《民法典》中直接规定，而商事主体法定、权利外观原则等应在未来《商法通则》的法律文件中做出安排。通过专门立法来统率商事交易规则，堪称大陆法系商法典的一大突破和创新，因为大陆法系商法典并无"基本原则"的立法传统。② 将商法制度核心一般条款载入立法，可以将止于学理之见的商法学理念共识转为法律人阶层的共同确信，乃至国民一体遵行

---

① ［日］志田钾太郎：《商法总则》，熊元楷编，上海人民出版社 2013 年版，第 28 页。
② 1806 年，《法国商法典草案》第 1 条曾规定了商业自由原则（任何人均有权在法国境内经营商业），第 2 条列举了具体商行为。然而，最终提交审议的商法典草案却改变了原有规定，将第 1 条改为"商人"的定义条款。参见夏小雄《商行为的体系定位和结构转换——历史维度的再考察》，载《环球法律评论》2017 年第 1 期，第 53 页。

的行为指引规范,有利于促进商法体系化的完善,同时也是中国商法对世界商法文明所做的贡献。

从立法完善的理论研究和主要内容来看,自德沃金(Dworkin)与哈特(Hart)论战以来,国外法理学观点通常认为,法律体系除了规则也包括原则、原则对自由裁量有拘束力的主张越来越受重视。阿列克西(Alexy)进一步提出了原则具体化的路径和方法,较有启发价值。具体到民商法领域,由于大陆法系国家商法的"特别法"定位,德国、法国、日本等国的商法典中均缺乏商法原则的规定,但理论上对商法原则的阐述较立法规定更为丰富。例如,德国学者卡纳里斯很强调商事组织法定原则。① 同时,国外学界还提出了确保交易迅速、信赖利益保护与交易安全保护、高度私法自治、自我负责等原则。② 法国学者居荣有关于"营业"的一般条款的著述。美国学者卢埃林则领衔起草了《美国统一商法典》的"协议优位、灵活性、现代化"等原则及第1-203条(该条规定"本法下的每一个合同或者责任都应该被诚信地履行和执行")、第2-103条第(b)款,③ 上述诚信义务一般条款规定被认为是美国成文法在20世纪50年代的一次重大变革。④ 美国学者罗伯特·萨默斯(Robert Summers)则提出了诚信不可定义性的"排除器理论"(排除各种应当被当作恶意履行的不当行为)⑤。这些理论及立法资源需要经过深入、全面的整理,以服务于国内商法原则体系构建,更好地调整日新月异的商事活动。

我国自改革开放以来,商法教科书中写入了不少基本原则的内容,尽管存在很多分歧,但部分原则已为商法学界所公认。只可惜由于商事基本法律文件

---

① 参见[德]C. W. 卡纳里斯《德国商法》,杨继译,法律出版社2006年版,第253页。

② 参见施鸿鹏《民法与商法二元格局的演变与形成》,载《法学研究》2017年第2期,第75-94页。

③ 《美国统一商法典》第2-103条第(b)款规定:"商人的诚信是指事实上的诚实和对公平交易的合理商业准则的遵守。"

④ 参见陈永强《私法的自然法方法》,北京大学出版社2016年版,第174页。

⑤ 萨默斯列举"诚实信用"这个短语所排除的情况:"脱逸出交易的条件、欠缺勤勉并含有懈怠、对仅有的实质性履行随意给付、滥用制定条款的权力、滥用决定权以及干扰对方履行或未能配合对方履行。" R. S. Summers, "Good Faith in General Contract Law and the Sales Provisions of the Uniform Commercial Code", *Virginia Law Review*, 1968, 54: 195, 232-233. 后于商法典起草而又受其启示的契约法重述在第205条中宣称"每一份契约都向当事各方施加了履行与执行契约中的诚实信用和公平交易义务"。不但许多法院(如Best v. United States National Bank案)支持了这种排除式的界定方式,而且《美国合同法第二次重述》诚实信用义务部分章节的评论也体现了此方式。评论的注释认为,"完全将各类恶意归入门类是不可能的",并随之给出了一个与刚才所引述的极为相似的列表。Restatement, (Second) of Contracts § 205, Comment d.

的立法缺失，这些基本原则一直被束之高阁，止于学理之见。商法一般条款写入立法，无论对于宣示普及商法理念还是指引司法裁判、论证说理来说，均有现实而深远的意义。① 根据"提取公因式"的立法规律，民商共同适用的一般条款可在《民法典》总则编中加入（如诚实信用），在《民法典》各分编中补充加入（如《民法典》合同编写入营业行为及非营业的民事行为均可适用的情势变更原则）。《民法典》未予加入（不宜入典）的冲突型商法一般条款主要为反映商事特性和商法核心原则的一般条款（如商事风险防范、权利外观主义、商法解释规则等），这些内容可通过另行制定商事基本法律文件（《商法通则》或《商法典》）来完善。将其一般条款明文化是对大陆法系国家商法原则"有理论无条文"的一大突破。目前，除了大量文献讨论了商事基本法律文件的篇章结构组成外，学界也展开讨论了对《商法通则》制定的必要性、可行性条件的分析，② 而且已形成了多个版本的建议稿。可以说，《商法通则》作为商事基本法律文件，它的制定已从法理研讨的阶段转入了法条草拟（专家论证）的更成熟阶段。其中尤以由国家工商总局立项、赵旭东主持的《中华人民共和国商法通则》立法建议稿为大成，该建议稿立法内容最丰富，运用一般条款的数目也最多。在本书看来，风险防范、信赖责任、商法解释规则等商法核心一般条款，是商法核心价值的成文化体现，是首先应被写入的核心条款，对于运用商法思维来填补法律漏洞至为关键。

从立法技术的设计模式来看，目前学者建议稿出现了两种立法模式：一种是与其他原则并列组合用一个一般条款来表达，如有专家建议稿第四条规定，"商行为应当遵循交易自由、自愿、便捷、公平、诚实信用的原则"③；另一种是王保树教授生前领衔中国法学会商法学研究会起草的《商事通则》建议稿中专设的"一个条款规定一条原则"模式。④ 本书赞同后者，前者虽貌似有立法节制、条文简约之美，但减少了核心原则单独成文的权重。此外，选择后者模式，将每一条原则置于商法中进行刚性立法也较符合我国立法通则。进言之，我们应该按照商事主体入市、运营、退出的逻辑轴线以及各原则的份量来确定其立法位序。我们可将商事风险防范原则置于各原则之先，以与《民法典》总则编第八十六条交易安全原则相互衔接，而权利外观、商法解释规则

---

① 参见于莹《民法基本原则与商法漏洞填补》，载《中国法学》2019 年第 4 期，第 285 - 302 页。
② 参见国家工商总局立项、赵旭东主持的《中华人民共和国商法通则》立法建议稿。
③ 苗延波：《论中国"商法通则"的体系结构——附：中华人民共和国商法通则草案建议稿》，载《当代法学论坛》2008 年第 3 辑，第 22 - 32 页。
④ 如第三条规定的"商人的营业自由，受法律保护，非法律、行政法规规定，不得限制"。

等原则可依次规定。

（二）风险防范、信赖责任、商事习惯适用、商法解释一般条款的具体设计

1. 创立商事风险防范一般条款，释放创业潜能，防控失序

首先，商事主体对于风险防范的制度诉求较一般民事主体更为迫切。在商法学领域，有学者针对《民法典》颁布实施后商业社会发展的需要，提出了商法作为私法的特别法，应构建营利促进原则与营利风险防控原则。[①] 为此，需要在商法总纲性法律文件中创设风险防范一般条款，通过国家立法来明确各类商事主体的风险防范义务，而市场监管部门也有防范系统性风险的义务，以适应金融科技和资本监管需要。

其次，秉持商事主体法定主义，商事主体进入资本市场需要进行"安检"，才可获得特定形式和法律要求的营业"身份"。明确商事主体法定能为自由创业划定边界，更好地激励商业创新，为主体营利性、营业性、经营持续性、交易额度的识别、定性和分类"牌照"管理、商事责任追究提供裁判指引。这样既补充完善了《民法典》总则编对商事登记问题所做的原则性规定（如弥补对新商人业态登记管理之不足的问题），又与《市场主体登记管理条例》的具体规范相衔接，一同构筑起商事主体资质确认屏障，为法治化和国际化的营商环境提供支持。

最后，通过强化商事主体的注意义务、合规内控机制及严格责任配置，做好事前、事中、事后的全过程风险防控。在美国，加利福尼亚州将一些共享平台公司划为交通网络公司（transport network companies）的新主体类型，[②] 以区别于承担雇主责任的经营者和承担连带责任的中介机构。我国相关立法设计亦应将股权众筹平台定位为新型互联网金融信息服务组织，以强化其安全保障、风险防控、信息披露的义务与责任。

综上，为了统一对网络金融、股权众筹、金融科技的规制，打好漏洞填补的基础，未来出台的商事基本法律文件（《商法通则》或《商法典》）不妨明确写入商事风险防范一般条款，以保障商事主体依法营业，防范商事风险，促

[①] 参见李建伟《后〈民法典〉时代商法基本原则的再厘定》，载《学术论坛》2021年第3期，第13-24页。

[②] 参见王首杰《揭开营业创新的面纱："粉丝经济"的法律规制》，第二届北京大学商法圆桌论坛会议论文，2018年6月2日于北京。

进市场繁荣发展。

2. 对商事信赖责任原则"专列法条",维护交易安全和市场效率

《九民纪要》收紧了外观主义原则的适用范围,强调"应当以法律规则设定的情形、条件为基础"。如何将商事外观主义从一种学说转化为商法原则性一般条款的立法形式,有待立法论证与精心筹划。

与民法外观规则的适用不同,商法更普遍、更纯粹地强调行为外观的法律效果。从有关立法方案来看,有几种选择可予斟酌,如 2004 年 5 月 19 日修订生效的《荷兰民法典》的第 6 编第 3 章第 4A 节"电子交易中的法律责任"之规定,确认了有关资格证书者的信赖保护责任。我国为应对越来越纷繁复杂的市场交易,应强化商事权利外观责任规定,因其贯串所有商事交易领域,是商法效率精神和交易安全的综合体现,又较民法上"与因主义、过错主义"的适用要件有所拓宽,所以不应简单纳入交易安全原则便"敷衍了事",而应通过商事基本法律文件对其进行专门立法、独立成条。例如,规定"商事主体、市场主体以营业外观认定其效果,相对人依此产生的信赖利益受法律保护",并应采取"列举+兜底性"规定为外观事实的认定标准提供参考坐标,规定应从商业风险防范的底线上推定外观事实成立,只要外观的形成在本人风险控制的领域内,本人便需要承担外观责任,以保护交易相对人的信赖利益。

此外,因不法或犯罪行为而形成外观的情形,宜留待司法结合具体个案酌情裁量明确。而且,因其不同于一般民事责任的构成,所以,可进一步提炼"权利外观责任"的特殊制度设计,如规定"除非另有约定和法律特别规定,在商事交易中,商事主体应承担较普通民事主体更严格的商事外观责任,至于其行为是否有错,在所不问"。这样将其升华为商事基本法律文本中的一般条款,对通过援引该条款来审查判断金融商法领域违章交易行为的效力具有重要价值。

3. 确立商事习惯法源优位适用的一般条款

商事国家法、国际法、判例法、民间法等多种法源[①]的竞争可能导致法律

---

① 例如,在商主体法和行为法发展上行为法为民商合一所消解,商组织的发达使得《澳门商法典》《奥地利商法典》以企业立法为中心;又如,在国际法与国内法上,受经济全球化下出现的国际统一私法协会、欧洲合同委员会和非洲商法协调组织等统一法、国际公约冲击,民族国家强制建构的商法秩序转移到了国际法部分。又如,学会、商会、行业协会等组织的发展和社团罚、自力救济和商事仲裁等机制的进步,推动商事民间法规范蓬勃发展。其核心是商人亚社会的自治推动商法法源实现独立性与开放性,复归法源在多元创制法律的含义。参见张力《民法转型的法源缺陷:形式化、制定法优位及其校正》,载《法学研究》2014 年第 2 期,第 89 - 90 页。

适用的冲突与纠结，在运用商法一般条款来弥补法律漏洞的场合，采取何种法源适用顺位的问题更显突出。在不违反强制性规定和公序良俗的前提下，习惯法源优先适用已为共识。《德国民法典》第一草案第 1 条规定："对于没有法律规定的关系，相应适用与该关系在法律上类似的关系所设定的法律规定。如果缺乏这样的法律规定，那么适用由法律秩序的精神而得出的基本原则。"①《意大利民法典》对商事行为的规定集中于债法的合同部分，对交易习惯、行业规则在商事行为中的适用有一定规定，而关于租赁契约的部分内容则提出了行业规范、行业惯例、行业规则的例外。如第 1616 条规定未确定期间产生孳息的租赁当事人具有任意解除权，行业规范和行业惯例有不同规定的除外；第 1623 条在赋予了因生产经营中契约关系突发重大变更可以要求变更合同或解除合同的权利的同时，也规定了行业规则有不同规定的除外。②

我国《民法典》总则编第十条规定了习惯的法源，但在民法规范与商事习惯的适用次序方面，存在无法克服的实证法体系矛盾，需要保留开放的空间来解决商法漏洞问题。为此，本书作者曾根据学者的《商法通则》建议稿③提出，"关于商事，本法和其他商事法律没有规定者，适用商事习惯，在民法规定者，适用民法，前款规定的商事习惯，不得违背国家法律和行政法规的强制性规定，对公序良俗亦不得违反"④。在民商合一的路径引导下，立法"从形式逻辑维度将民商事习惯二者的适用约束机制同质化"，直接适用民法规范显然易造成民商不分，若能确立商事习惯法优于民法适用的一般条款，同时强调只能适用其中与商法的法理不相抵触的民法，则无疑能对《民法典》的适用完善有所促进。

《民法典》第十条意义下的商事习惯，因其与民事任意性规范相比更加符合商人自治和填补商法漏洞的特殊需求，所以也获得了优先适用的地位。至于民事制定法中的强制性规范，应进行类型化改进：商事习惯优先于"保护弱

---

① ［德］卡斯滕·施密特：《法典化理念的未来——现行法典下的司法、法学和立法》，温大军译，见明辉、李昊《北航法律评论（2012 年第 1 辑）》，法律出版社 2012 年版，第 57 – 58 页。
② 参见《意大利民法典》，费安玲等译，中国政法大学出版社 2004 年版，第 390 – 391 页。
③ 即"本通则和国家的商事法律未规定的事项，适用商人章程或合伙协议；商人章程或合伙协议未作规定的，适用商事习惯法；无商事习惯法的，适用民事法律中与商法的法理不相抵触之规范。本法和其他商事单行法没有规定的，适用商事习惯；无商事习惯的，适用民法。前款的商事习惯不得违反法律和行政法规的强制性规定，不得违背公序良俗"。
④ 周林彬、官欣荣：《我国商法总则理论与实践的再思考》，法律出版社 2015 年版，第 376 – 378 页。

者、突出公平"的强制性规范,但劣后于基于保护公共利益的民法规范。① 但是,能够不与商法法理相抵触且能涵摄案件事实的商法并非始终存在。基于此,本书建议设置该条款为"关于商事,本法和其他商事法律没有规定者,适用商事习惯;无习惯,不违背商法法理者,适用民法和民事习惯。前款规定的习惯,不得违背公序良俗、国家法律和行政法规的强制性规定",从而实现在民商区分的基础上为商事法源的优先适用提供正当激励。

4. 明文制定商法解释规准

恩斯特·A. 克莱默(Ernst A. Kramer)指出,在法律方法论中,理论和实践以及影响它们的传统和范式,从过去到现在都具有重要地位,可追溯到罗马法以及古希腊罗马的修辞学,并且它们的核心部分至少在某些方面反映了诠释学的一般规律。而且到了近现代,立法上相继出现法律适用方法的规定。② 进言之,宪法及民法典等法律文件构成了法律方法的坚实基础。

无论是在英美法系还是大陆法系国家,法律解释方法对于法官妥当裁判都至关重要,特别是一些大陆法系国家基于成文法的传统,在其民法典中对法律解释方法甚至位序问题做了明确规定。如《瑞士民法典》第1条第1款的核心规定表明仅仅有法律的文字不一定起到决定性的作用,第1条第2款和第3款规定了法律存在漏洞时的填补规则,第4条要求法官在做自由裁量决定的时候注意"公平和正义"。《意大利民法典》在其序编"一般原则"的第二章"一般法律的适用"中,以第12条专门规定了"法律的解释",其第1款规定:"在适用法律时,只能根据上下文关系,按照语词的原意和立法者的意图进行解释,而不能赋予法律另外的含义。"第12条在规定文义解释、体系解释、法意解释三种方法的同时,还规定了其适用上的顺序,即解释者应当首先适用文义解释,其次是体系解释,再次是法意解释。又如1811年《奥地利民法典》的第6条和第7条也分别对解释方法做了规定。该法典第6条规定:"在适用法律时,如果根据上下文和立法者的明显意图显然可以确定其明白含义,则其他解释均不适用。"第7条规定:"如果案件不能根据法律的词语或自然含义进行判决,法官必须寻找法律为相应的案件规定的解决方法,以及其他相关法律背后的理由。如果仍未消除怀疑,法官必须将自然法的原则适用于

---

① 参见陈洪磊《民法典视野下我国商事习惯的司法适用》,载《政治与法律》2021年第4期,第26-41页。
② 参见[奥]恩斯特·A. 克莱默《法律方法论》,周万里译,法律出版社2019年版,第8页。

精心选择和仔细估量的案件事实，而作出判决。"① 此外，《以色列法律基础法》和《新西兰法律解释法》中均有对法律适用和解释方法的规定。西班牙、葡萄牙等国的民法典对法律解释方法、法律漏洞填补也做了规定，这都表明探寻公认的法律解释方法和法律续造方法，是各国共同的立法目标。在德国，虽然《德国民法典》没有明文规定法律解释方法，但其对法律适用方法的学科研究却居功至伟，现代德国、奥地利、瑞士的有关文章和专著多数使用"法律方法论"，而不再使用"法学方法论"这一陈旧的表达。② 这对我国推进法律方法运用的客观化、理性化、规范化较有借鉴价值。

商法应有独立于民法的解释和适用方法，商事交易应优先受到商法的规范。③ 许多国家直接援引了外国法律和判例，德国联邦最高法院依据《德国商法典》第89条第b款的判决，曾引证意大利、奥地利等国的相关法律规定。我国1995年的《保险法》没有规定保险人因投保人未履行告知义务而行使解除权的期限，在实践中经常发生争议，但是通过比较法的解释，弥补了这一缺陷。④

鉴于商法解释在方法上既有与民法解释共同的属性，又有自己的特殊性。我国民商事裁判应秉持民商法"统中有分、求同存异"的思维，总结商法解释适用的一般规准，在遵循私法解释的固有方法与位阶的基础上，对法解释规则和适用方法做出法例式规定。以实证法的形式确立商法解释规准，有助于法官树立商事审判意识和理念；而按照商法的理念和原则来填补商法漏洞，也可为了解商业社会的法官裁判案件提供依据。只有在一种比较明确的规则下，法官对法律解释方法的选择才不会杂乱无章，因运用不同解释方法而导致"同案不同判"的问题也可迎刃而解。创立商事风险防范（实行主体法定、严格责任）、信赖安全一般条款，意味着我国理论与实务界可以不再通过一味地机械套用民法的理念、原则和制度来评价商法案件，而代之以商法自成体系的理念、原则和制度，乃至构建符合商业通用语法的话语体系和理论体系。此外，

---

① 孔祥俊：《法律方法论（第二卷）》，人民法院出版社2006版，第763页。
② 参见［奥］恩斯特·A. 克莱默《法律方法论》，周万里译，法律出版社2019年版，第8页。
③ 参见邹海林《商法学科发展与重大问题研究状况》，载《社会科学管理与评论》2005年第4期，第78-81页。
④ 《德国保险合同法》第20条规定："解除权仅可以在一个月内行使。该期限自保险人知道告知义务的违反之时起算。"《日本商法典》第645条第2款规定："自保险人知道解除权原因时起1个月内不行使，该解除权消灭。"有的法院在个案裁判中通过比较法的解释，释明解除权的行使应当在一定的期限内（1个月）进行。

运用信息经济学、博弈论等经济分析方法来解释商事合同，也是商事行为适用的又一特征，"只有建立法学与经济学科的对话语境，我们才能把握商法的经济和法律实质，降低我国的商法创新成本"①。

我国《民法典》总则编对法源适用顺位（习惯、法典与其他法的关系方面）做了初步规定，但针对法律解释规则、方法问题则缺乏明文规定，仅在各分编对法律解释问题做了部分规定（如《民法典》合同编对合同解释的规定），因而，这就更需在商事基本法律文件中根据商事交易规律对商事主体、行为规范解释、适用做出立法安排。例如，除了遵循"文义解释—体系解释—立法者意图或目的解释—历史解释—比较解释—客观目的解释"的一般民法解释次序之外，可授权法官在个案中比较商事习惯与上述解释方法的优先顺位。为了最大限度地实现商法漏洞填补时的客观性，取得疑难商事案件正确的评价结果和法秩序的内部统一，满足最低限度的法安定性和判决正当性要求，即使在缺少法律规范时，审判者也可以通过遵循和阐释商法核心一般条款中所确定的商法基本原理来填补商法漏洞，避免以"自由心证"的方式做出裁决，防止持有过大的裁量权。

从商法一般条款适用方法论的完善方面做进一步分析，类型化的运用为其指明了方向。类型思维与概念思维具有诸多不同，20 世纪六七十年代德国的法哲学将"类型化"作为方法论引入法学研究，同样是评价法学思想的体现。类型化方法运用到法律层面的路径有三种：一是作为一种类型化法学研究方法来处理问题。如有学者用此方法对商事主体、商事行为制度做了探讨。二是对于立法而言，由于类型本身已具有体系化的结构，因而可作为体系建立的基础或方法。三是作为一种区别于狭义法律解释方法、漏洞填补方法的价值补充方法，其是指通过对某一类事物进行抽象、归类，从而对一般条款进行具体化。本书认为，三者是有机联系的，理论上的类型化方法为立法、司法上的类型化提供了指南，其以学者创设的理想类型为基础，经由法律的评价上升为法的结构类型，由此形成规范类型对社会生活事实的规范。立法上的类型化为司法适用直接提供了裁判依据，而且也不妨碍司法裁判中法官进一步类型化的解释。德国学者科勒（Köhler）指出，应当从积极和消极两个角度来观察"合类型解释"。从积极方面看，它是指法官在探求个别规范的意义时，应严格地受到法定类型的拘束；而从消极方面来看，它是指法官在解释法律时，应将偏离的类型排除在考虑之外。美国在对善意义务的类型化研究中所产生的"排除器理

---

① 周林彬：《当代民商法：原理与方法》，中国法制出版社 2007 年版，第 25 页。

论"即为显著例子。

当前商法一般条款适用方法论完善的要务之一是做好商法类案的累积、整理，形成科学有效的商法裁判方法。美国证券交易委员会依据1934年《美国证券交易法》第10（b）条制定的反欺诈一般条款"10（b）-5 规则"①，本为单纯抽象的禁止性条款，并未附随民事责任规定，但反而利于冲破一些包含明示诉权的条款［如1933年《美国证券法》第11节、第12（a）（2）节以及1934年《美国证券交易法》第18（a）节］在适用上的局限。该条规范经由美国证券交易委员会近30年的执法和司法裁判适用，其内涵和外延不断扩张，成为"美国证券监管的基石"（a bedrock of U. S. securities regulation）②，被认为具有强大的力量，③"因为在整个法典中很难再找到第二个例子，立法、行政规则制定和司法过程的互动，从一无所有到最终长成参天大树"④。

我国《民法典》外冲突型商法一般条款的具体化适用过程与替代型和补充型商法一般条款、纯粹民法一般条款相比，商法特殊性价值导向贯彻得更为彻底。正如有学者指出，"在类型化过程中应注重外观主义、参照商事惯例和商事自治规则，强化商法效益优先的原则"⑤。

第三节　典外冲突型商法一般条款的完善方案（一）：以商事主体一般条款为例

如本章第一节所述，将商事主体等应当入典而由《民法典》立法所致剩余的冲突型或补充型商法一般条款在《商法通则》中予以规定，可以更好地解决典内商法一般条款与典外商事单行法之间断层的问题。本节所进一步讨论

---

① 《美国证券交易法》第10（b）条规定："任何人运用跨州邮件，任何人直接或间接利用洲际通商设备或方式、或利用邮政手段或利用全国证券交易所的设施进行的：（1）使用任何计划、策略或技巧进行欺诈；（2）对重大事实做不实陈述或遗漏在制作报告时能使报告不致被误解所必要的重大事实；或（3）参与任何对他人构成欺诈或将构成欺诈的交易、惯行或交易方法的与买进或卖出有关的违法行为。"

② ［美］Alan R. Palmiter：《Securities Regulation（注译本）》，中国方正出版社2003年版，第287页。

③ 参见汤欣《公司治理与资本市场法制》，法律出版社2015年版，第211页。

④ ［美］路易斯·罗思、［美］乔尔·赛里格曼：《美国证券监管法基础》，张路等译，法律出版社2008年版，第682-683页。

⑤ 杨峰：《商法一般条款的类型化适用》，载《中国社会科学》2022年第2期，第43-62页。

说明的是,《民法典》中营利法人、非法人组织及特殊法人(如农村合作社)的商事主体三类型的划分,对民商合一立法体例下商事主体类型及其划分标准做了重大尝试,但也产生了适用完善的问题。如何上承《民法典》留下的制度接口、下接商事单行立法的不足,查漏补缺地就商事主体法律制度确立统一的适用标准,做到与"民"不争而消除冲突,与"商"贯通而弥缝缺口,仍需要理论与实践的进阶探索与完善。

从商法学理上分析,在规范体系中具有基石作用的"商事主体"概念有无继续使用的必要、是否需要在《民法典》之外对"商事主体"概念及其统摄下的商法一般条款做出系统性立法安排,直接关系到以商事主体为识别标准的商法规范的准确适用,也影响到对商事主体一系列商事权利义务的准确规制,甚至可能影响到作为商事交易相对人或利益相关者的民事主体,尤其是相对弱势的自然人的一系列民事权利义务的有效实现。[1]

一、商事主体的资格取得构造要件辨析

在我国,关于"商事主体"概念,学理研究和法律实践所使用的类似表述有"商人""商主体""商事主体""商事法律关系主体""商事关系主体""市场交易主体(市场主体)"等。本书倾向于"马克思主义理论研究和建设工程重点教材"之《商法学》教材所使用的"商事主体"的表述,[2] 与"商主体"等概念并无实质性区分。所谓商事主体资格,又称"商事能力",是指特定主体依法实施商事行为的能力和资格,表明了商事主体所具有的特殊身份、资格、地位。商事主体资格的取得,通常是赋能民事主体以实施商事行为的前提和基础,同时也是有效界定商事法律关系的起点。[3]

(一)商事主体资格取得的价值分析

首先,法律主体的身份取得规则,是后续特定主体的权利义务内容确定并

---

[1] 按照霍菲尔德的权利义务相对说,商事主体的权利,在很多情况下将对应着非商事主体的义务。参见[美]霍菲尔德《基本法律概念》,张书友译,中国法制出版社2009年版,第76-77页。
[2] 参见《商法学》编写组《商法学》,高等教育出版社2019年版,第44页。
[3] 参见刘斌《商事关系的中国语境与解释选择》,载《法商研究》2022年第4期,第159-172页。

实现的前提条件。① 民事主体获得商事主体资格，成为商事主体，则其于商事组织法和商事交易法上的一系列商事权利义务亦随之而生。设定从事商事行为的某些"门槛"式条件，并不意味着打破了主体平等原则。私法的平等有强式平等和弱式平等之分，前者要求将每一个主体都视为完全"相同"，要使每一个参与分配的主体都能够在利益或负担方面分得"绝对平等"的份额，因此要尽可能地避免对主体加以分类；后者则要求按照一定的标准对主体进行分类，只有被归入同一类别或范畴的主体，才应当得到"平等"的利益或负担的份额，即只存在"相对平等"概念。② 需要承认的是，商事主体与民事主体之间确实存在或多或少的区别，③ 因此，商事主体与民事主体之间基于资格取得而造成的权利义务上的差异，符合的是私法的弱式平等原理。民事主体的权利并不会因为以商事主体为识别标准的商法规范的出现和适用，而受到实质性减损，也不会相应加重义务，也不会排除民事主体进行相同的商事交易（在某些需要特许主体身份的商事领域从事商事行为的除外），况且若立法和司法过于强调形式上、外观上的平等，则反而可能会造成韦伯（Weber）所担忧的形式理性容易导致缺乏实质价值的"铁笼"效应出现，④ 从而最终无法实现法律理性。

其次，随着商事主体的组织规模扩大和专业程度精进，商事主体内部的合同性色彩就会淡化，而组织性色彩则会变得浓重。⑤ 商事主体的责任承担形式、内部组织结构、成员之间关系、意思表示和行动程序都各有特点，不同类型的商事主体在组织法上的权利义务都各不相同。况且，在商事主体的利益涉他性不同的情况下，其在社会中的经济价值甚至政治价值都会有所差异。例如，小规模商事主体往往只是缓和就业形势、提高经济活力的主体，而大规模甚至半公共性质的商事主体往往承担着众多股权投资者、债权投资者乃至劳务投资者的经济利益，甚至涉及公共利益，此时，这种规模的商事主体在组织法

---

① 参见马英《论法律现代性与现代法律主体制度的健全》，载《政治与法律》2012 年第 4 期，第 55-63 页。

② 参见王利明《民法总论》，中国人民大学出版社 2015 年版，第 50 页；郑成良《法律之内的正义：一个关于司法公正的法律实证主义解读》，法律出版社 2002 年版，第 41-43 页。

③ 参见樊涛、陶冉《〈民法典〉背景下商法规范的创设路径》，载《河南财经政法大学学报》2022 年第 1 期，第 12-19 页。

④ 参见高鸿钧《法范式与合法性：哈贝马斯法现代性理论评析》，载《中外法学》2002 年第 6 期，第 742-747 页。

⑤ 参见蒋大兴《公司法中的合同空间——从契约法到组织法的逻辑》，载《法学》2017 年第 4 期，第 135-148 页。

上将受到严格的指引和管制,甚至还会存在某一最佳组织范式。这一商事主体适用不同组织法的规制模式,法理基础在于商法的公共秩序维护价值,亦可称为商法公法化,① 或商法的利益平衡保护原则。②

再次,在交易法上,一方面,是部分利益涉他性明显的商事主体由于法律的严苛限制,基于法律的公示公信作用,而影响了任何与之交易的相对人的注意内容,甚至影响了交易相对人的权利义务;另一方面,以商事主体为交易网络中心的商事活动定型化、常态化,也会经由重复的商事交易行为和法律确信构成商事习惯,从而获得扩张的约束力。同样,具有重要社会经济作用的商事主体在交易时,需要国家法律基于秩序维护价值予以干预。庞德认为,当下国家社会控制需要预见未来理想的社会秩序。③ 拉伦茨也认为,为了满足社会要求或避免严重的不公平后果,是公权限制私法自治空间的充分条件。④ 法律具有社会规范的调控功能,因此,一旦某一民事主体取得商事主体资格,则其在交易法上的权利义务内容将会随之发生改变,以适应商事环境并符合经济政策。这一商事主体交易法的法理逻辑常用于对公司法强制性规范的解释,以说明现代公司法需被用来应对因市场力量不均衡而导致的后果(如个别强势公司在参与交易的过程中,利用自身的"私人强制"力量扭曲正常交易秩序而超出了法律的容忍范围,需要通过立法和司法,抑或是通过行业自治组织的内部管理方式来修复),以维护真正意义上的交易公平和意思自治,⑤ 进而实现交易法对商事主体的规制效果。

最后,设置商事主体取得资格的要件在于保护投资者、第三人(形成市场秩序的"细胞")以及社会公共利益。对具有商事主体资格的特定主体赋予特殊的权利并课以特殊的义务,使之能按照各方可预期的秩序来组织内部经营活动并开展外部交易交往,可以避免有损于市场信用和交易安全的行为发生,

---

① 参见姜燕《商法强制性规范中的自由与强制——以历史和类型的双重角度》,载《社会科学战线》2016 年第 8 期,第 232 - 240 页;赵万一、叶艳《论商主体的存在价值及其法律规制》,载《河南财经政法大学学报》2004 年第 6 期,第 54 - 60 页。
② 参见郑彧《商法思维的逻辑基础》,载《学术月刊》2016 年第 6 期,第 87 - 94 页。
③ 参见[美]罗斯科·庞德《通过法律的社会控制》,沈宗灵译,商务印书馆 2010 年版,第 25 页。
④ 参见[德]卡尔·拉伦茨《德国民法通论(上册)》,王晓晔等译,法律出版社 2003 年版,第 42 页。
⑤ 参见蒋大兴《公司自治与裁判宽容——新〈公司法〉视野下的裁判思维》,载《法学家》2006 年第 6 期,第 74 - 82 页;王海平《公司章程的性质与股东权益保护的法理分析》,载《当代法学》2002 年第 3 期,第 92 - 94 页。

从而在最初的市场准入方面，设置安全屏障，阻止那些不宜加入市场竞争行列的个人或组织加入商事主体之列。

(二) 商事主体资格取得的法理基础

民事主体取得商事主体资格后何以适用独特甚至独立的权利义务规范体系，[①] 在立法和司法上将商事主体和非商事主体区别对待，以追求实质公平、弱式平等等价值目标？又如何才能避免商法规范对一方矫枉过正或对另一方保护不足？这就需要探求赋予特定民事主体以商事主体资格时，即配套加之一系列商法规范予以特别保护或规制。此外，基于商事主体构建的一系列商法规范，如何才能紧跟商业实践的不断创新和发展，[②] 同时使以商事主体为识别标准的商法一般条款能够保持一定的开放性和包容性，避免在过短时期内即因商事交易规则和实践的频繁变化而被抛弃或架空，并且避免商法一般条款因为简单抽象当下甚至已经过时的商法规范而阻碍商事活动的创新和发展，值得进一步讨论。《民法典》和未来《商法通则》中的商事主体一般条款，尤其是商事主体资格取得一般条款，需要考虑的是如何寻找能够真正地描述商事主体本质并揭示商事行为本质的弹性的、总括性的商法规范。解答这一问题具有很大的难度，[③] 这也是民法学界对以商事主体为识别标准构建商法规范立法逻辑的最大质疑。[④]

商事主体资格的取得，使得民事主体变身为商事主体，往往会令其与行政确认或行政许可等行政行为公定力理论相联系，由此直接得出的结论，便是强调商事登记在商事主体资格取得中的重要价值。[⑤] 确实，从历史上看，早期特

[①] 参见蒋大兴《〈民法总则〉的商法意义——以法人类型区分及规范构造为中心》，载《比较法研究》2017 年第 3 期，第 53-74 页。

[②] 参见王利明《民商合一体例下我国民法典总则的制定》，载《法商研究》2015 年第 4 期，第 5-11 页。

[③] 参见蒋大兴《论民法典〈民法总则〉对商行为之调整——透视法观念、法技术与商行为之特殊性》，载《比较法研究》2015 年第 4 期，第 5-27 页。

[④] 参见王利明《民商合一体例下我国民法典总则的制定》，载《法商研究》2015 年第 4 期，第 5-11 页。

[⑤] 参见王妍《公司登记行政许可性质的法理探究》，载《法学论坛》2009 年第 3 期，第 54-59 页。

许公司的设立有着浓厚的政治性和垄断性,① 但在今天普遍主张营商自由化、②商事主体资格登记审查形式化的法律环境和政策背景之下,以此为法理基础构建以商事主体为识别标准的商法规范是缺乏解释力的,而回归商事主体的主体分类标准的法哲学基础才是解决之道。结合各国商事立法、司法和学理对这一问题的讨论,主要观点大致可分为身份说、职业说、能力说、惯例说、价值说、固有法说六种。

（1）主张身份说的学者认为,大民法体系下可依据主体的身份,将所有民事主体划分为家庭身份主体和社会身份主体,后者是指由于相对强势或相对弱势的社会地位或者基于特定职业身份而形成的主体类型,由此,法律相应地可以被区分为弱者身份法、强者身份法以及职业身份法来进行调整。③ 法国民法学者里佩尔（Riper）在他的《职业民法》一书中提出:"法律不是为了一个国家内全体国民乃至居住在一个国家内的全体人们,而是以各种职业集团为对象制定的。"由于商人（商事主体）这一类具有职业身份的民事主体在具备一定的可识别性和特殊性后,所需要的法律技术处理便是进行单独立法,由此产生了规范商人资格认定、行为规范的"商人法"。根据身份说,商事主体是和其他民事主体相比较而存在的。例如,德国民法学者拉德布鲁赫（Radbruch）指出:"商法是基于个人主义的私法本质,为那些精于识别自己的利益并且毫无顾忌地追求自身利益的极端自私和聪明的人设计的。"④ 但这一商事主体因身份而与其他民事主体相区别的观点,被批判为过于陈旧。⑤《德国商法典》在1998年改革时正式回应了这一学界批评,将原来的商事主体列举立法模式改为了商事主体概括立法模式。此外,英国商法学者施米托夫批评道:"商法应编撰为单独法典的思想,归根到底建立在商人构成单独一个

---

① 参见王军《比较视野下的英国特许公司——以四个特许公司为中心的考察》,载《学习与探索》2011年第5期,第232-236页。

② 参见肖海军《营业权论》,法律出版社2007年版,第58页；张翔《伦理、理性与自由——论自然人的民事能力在商业经营中的基础地位》,载《河北法学》2009年第5期,第27-31页。

③ 参见朱庆《"商人"本质的反思:一个身份的视角——兼论我国制定"商事通则"的必要性》,见王保树《中国商法年刊（2007年）》,北京大学出版社2008年版,第186-194页。

④ ［德］拉德布鲁赫:《法学导论》,米健、朱林译,中国大百科全书出版社1997年版,第72页。

⑤ 正如有德国学者指出:"《德国商法典》的制定者以'商人'的概念作为出发点,是因为他们持有一种十分陈旧的观点,即一个社会中的不同职业构成了相互独立的身份集团,而每一个集团都有其专门的法律。"［德］罗伯特·霍恩等:《德国民商法导论》,楚建译,中国大百科全书出版社1996年版,第232页。

社会阶层的概念的基础上。"① 身份说换句话来说，会被理解为"阶层说"，这意味着我国将更难在政治经济文化层面上接受该观点。

（2）主张职业说的学者，代表人物为德国商法学者卡纳里斯，② 其指出保持《德国商法典》的理想方案，不在于建立"企业的外部私法"，而是应当对民事主体所从事的活动做出区分，一是从事独立的职业活动（或称为商事营利事业活动），二是市民间的私人活动。商事主体之间的交易在灵活性、快捷性、简易性和保障性方面有较高要求。③ 民事主体所开展的以满足个人需求为取向的交易行为，与商事主体所从事的具有计划性、以满足盈利性为取向的商业活动之间有着显著的区别。出于交易便捷性与安全性的双重需求，在目的理性下的商业活动的契约性与定型化由此也成了商法规范的主要特点。④ 职业说也获得了历史视角下的商法规范正当性解释的支持。⑤

（3）能力说源于对商事主体加重责任的解释，有学者分析，对商事主体实施的部分商事行为施加较其他民事主体更重的法律责任要求，原因之一便是商事主体具备较高的经营能力，而应当在行动过程中承担更高的注意义务。⑥ 商事主体是具有专业知识、技能和经验的"精明人"，其在商业活动中的认知水平更是高于一般民事主体，因此，商事主体较其他民事主体负担更重的注意义务和法律责任等更高的法律要求是合理的。⑦ 各国商事立法和司法实践对诸如"企业社会责任原则""强调拥有专门技能与经验的商事主体负担更高的注意义务""严格限制因误解而撤销合同"等商法规范的普遍接受，体现出商事主体基于其更显著的能力而相应地承担更严苛的法律要求的法理逻辑。⑧

（4）惯例说认为，致力于服务商事交易迅捷化与高效化的商事行为模式往往被定型化，甚至成为行业惯例，由此，合法的商事行为倾向会被商事主体

---

① ［英］施米托夫：《国际贸易法文选》，赵秀文译，中国大百科全书出版社1993年版，第113页。

② 参见卢谌对《〈德国商法典〉：解构抑或重构》，载《德国研究》2014年第2期，第47－56、127页。

③ 参见［德］C. W. 卡纳里斯《德国商法》，杨继译，法律出版社2006年版，第8－11页。

④ 参见赵磊《反思"商事通则"立法——从商法形式理性出发》，载《法律科学（西北政法大学学报）》2013年第4期，第158－166页。

⑤ 参见王敏《论商法语境下的商人法律人格》，载《商事法论集》2008年第2期，第39－56页。

⑥ 参见王建文《论商法理念的内涵及其适用价值》，载《南京大学学报（哲学·人文科学·社会科学）》2009年第1期，第56－63页。

⑦ 参见童列春《论商事经营能力的形成》，载《甘肃政法学院学报》2013年第3期，第80－88页。

⑧ 参见许中缘《论商事规范的独特性而非独立性》，载《法学》2016年第12期，第30－42页。

所固化，① 不经济的合法行为最终会被排挤出商事实践。另外，就算是非法行为也会因其具有经济性而对法律制度产生冲击，② 从而引发制度变迁。还有学者从商事习惯的民商法渊源演变角度出发，基于交易效率和交易安全这些理性的判断，认为交易实践中提炼出来的、符合正当理性的规则是先上升为交易习惯，然后上升为习惯法，最后才形成成文的商法规范的。③ 对于这一观点，德国学者赫克④（Heck）和有的法国学者⑤也有相关论述支持。

（5）支持价值说的学者认为，商事主体作为法律应当特别规制的对象，原理在于商法与民法在调整目的、价值追求上存在差别。民法注重公平，对营利至少不抱有鼓励态度。而商法对商业活动的调整着眼于经常性的交易活动，强调交易安全、注重交易效率、明确鼓励营利。⑥

（6）持固有法说观点的学者认为，市场经济在本质上是交易经济，依赖于商事主体自主决策和市场交易整体安全两个基本条件，才能促使交易持续进行，而企业承担的社会责任要求也对其有一定程度的指导。⑦ 有学者认为，商事主体法律制度的设立必然会考虑特殊的价值追求，近代大民法体系所追求的形式平等，同等对待一切民事主体，导致经济上的强者在实质上获得了支配地位，这反过来动摇了民法的平等基础。因此，现代民法在维持关于抽象统一的民事主体人格的同时，又在内部分化出若干具体人格，针对不同类型商事主体的具体情况，设置不同的组织法与交易法规范，从而实现民商主体实质意义上的平等。⑧

---

① 参见彭春、孙国荣《大民事审判格局下商事审判理念的反思与实践——以基层法院为调查对象》，载《法律适用》2012 年第 12 期，第 70 – 74 页。

② 参见董淳锷《公司法改革的路径检讨和展望：制度变迁的视角》，载《中外法学》2011 第 4 期，第 161 – 177 页。

③ 参见徐学鹿、梁鹏《商法总论（修订版）》，中国人民大学出版社 2009 年版，第 70 页。

④ Heck, *Weshalb besteht ein von dem bürgerlichen Rechte gesondertes Handelsprivatrecht?*, Tübingen: Mohr Siebeck GmbH & Co. KG, 1902：456. 转引自施鸿鹏《民法与商法二元格局的演变与形成》，载《法学研究》2017 年第 2 期，第 75 – 94 页。

⑤ 参见高在敏《商法的理念与理念的商法》，陕西人民出版社 2000 年版，第 180 页。

⑥ 参见李建伟《从小商贩的合法化途径看我国商个人体系的建构》，载《中国政法大学学报》2009 年第 6 期，第 125 – 136、164 页。

⑦ 参见王延川《科学发展观与商法的价值构造》，载《河北法学》2010 年第 7 期，第 110 – 118 页。

⑧ 参见刘凯湘、赵心泽《论商主体资格之取得要件及其表现形式》，载《广东社会科学》2014 年第 2 期，第 215 – 229 页。

(三) 商事主体的构成要件

概而述之，民事主体获得商事主体资格，成为商事主体而开展营业活动，其构成要件包括财产、名义、营业、组织、登记，而其中的名义要件、登记要件是商事主体资格取得的必要构成要件，且特例允许豁免登记。具体分析如下。

1. 财产要件

要想使某一个人或组织成为商事主体，使其拥有作为其商事交易行为的物质基础的一定数额财产具有重要意义：一是可作为其运营的前提条件，二是可作为其交易相对人的安全保障。[①] 对于新组建设立的组织来说，就是严格依照商法的有关资本金或出资额的规定使其获得必要的财产；就转型成立的组织来说，这种转型行为本身就类似于组织设立行为，可以适用新组建设立组织的相关规定。财产对于商事主体的意义远远大于财产对于其他民事主体的意义，对于商事主体而言，财产要件是其成为商事主体的构成要件。

财产要件这一商事主体资格取得的构成要件是否属于必要构成要件，还需要分析。首先，就现实而言，在放松公司实缴资本制为认缴资本制的当下，[②] 设立要求相对较高的公司都未将财产要件作为必要构成要件，只视之为通过登记公示对交易相对人的信用担保以及股东对公司（和其他股东）的出资之债。其选择运用合同等私法规范进行事后监督，而非运用禁止门槛这一公法规范进行事前规制，因而其他从事更为简单的商事交易、更在意降低管理型交易成本的商事主体当然不能对其提出更高的要求。其次，仅从商事主体自身角度出发，无论是依据身份说、职业说、能力说、惯例说或固有法说的法哲学基础，都不能得出财产要件是商事主体资格取得的必要构成要件这个结论；价值说虽可支持这一主张，但不宜对缺乏财产要件的商事主体做出会损害公共利益或他人利益的先验判断，只有在商事主体从事商业交易时的利益涉他性极强的情况下，价值说对财产要件的必要性证成才具有支持作用。在仅涉私益的一般商事交易活动领域，立法或司法对商事主体的财产要件施加管制的正当性存疑。最后，成员的有限责任规则是个别商事组织法赋予成员的特权，即原则上，商事

[①] 参见郑在义《论我国商主体的法定化》，载《国家检察官学院学报》2006年第3期，第143－149页。

[②] 参见丁勇《认缴制后公司法资本规则的革新》，载《法学研究》2018年第2期，第155－174页。

主体成员应当对商事主体的对外债务承担补充连带责任（或称无限责任），因此将财产要件排除出商事主体资格取得的必要构成要件的范围，也不会必然导致债权人无法追责。综上，财产要件这一商事主体资格取得的构成要件不属于必要构成要件。

2. 名义要件

商事主体原则上应当以自己的名义从事营业活动。在市场经济活动中，商事主体不能没有自己的名称。因此，除了"小商贩"这种"边缘"商事主体外，我国大多数商事组织法均规定了相应商事主体取得独立且合法的名称作为其成立要件。商号、企业名称之于商事主体的存在和持续具有重要意义，可以彰显其营业活动的独立性，例如在德国，商事主体在营业上表现出自己的名称，是其具备独立法律人格的标志。①

但还需辨析的是，名义要件这一商事主体资格取得的构成要件是否属于必要构成要件。名义要件是区分特定商事主体与其他商事主体、其他民事主体的关键因素，原则上应被视为商事主体资格取得的必要构成要件，但这一逻辑思路适用的前提假设，是有助于交易相对人辨别对方身份，以及商事主体在市场监管和税务征收环节中主动显示身份（相对应的行政机关可以被动筛选身份）价值。而名义要件的必要性将随着商事主体组织性的削弱而削弱，即在商事主体成员仅为单一个人或确定的小范围个人时，交易相对人的分辨要求将不再那么迫切。此外，随着市场监管和税务征收环节中，前者行政机关逐步转变为主动行为、主动服务、主动管理，②后者在推动税务征管和申报模式改革、转变个人申报纳税机制③的大背景下，名义要件的必要性将有所降低。由此可见，原则上，名义要件这一商事主体资格取得的构成要件属于必要构成要件，但在特定商事主体（如商个人）的资格取得问题上，对名义要件的要求应适当予以放松。

3. 营业要件

营业是指一种独立、有偿、指向不特定的重复行为、向外公示的一般行为

---

① 《德国商法典》第29条规定，凡取得《德国商法典》第1条所规定的商人资格的，每位商人都负有义务将他的商号、营业所在地址在营业地所在法院商事登记簿上注册，同时必须在法院签署他的商号以作保存。

② 参见《在全国深化"放管服"改革转变政府职能电视电话会议上的讲话》，见人民网：https://politics.people.com.cn/n1/2018/0713/c1001-30144286.html，最后访问时间：2024年4月20日。

③ 参见《个人所得税自行纳税申报办法（试行）》《国家税务总局关于全面实施新个人所得税法若干征管衔接问题的公告》。

模式，其应当具备下列四种实质性特征：其一，相关活动应具备独立性，即商事主体基本上可以自由支配其活动并决定其工作时间；其二，相关活动应具备有偿性，须有"获取报酬之目的"；其三，相关活动原则上指向不确定的大量行为，即有计划性、组织性、重复性，"偶然商人"① 一般被排除在商事主体的范畴之外；其四，相关活动必须具有对外显示性。此外，营业还需满足一个消极性条件，即相关活动不能是艺术、科学活动或其成果与人身有关的自由职业。

关于复合行为的问题，一般是通过判断行为的哪一个组成部分最为显著来确定能否整体上归属于或视同于营业。营业要件不同于营利要件。有学者认为，商事主体的前提性目的就是营利，② 传统商法强调的也是商事主体的营利性，因而提出了商事营利性理论。③ 营利主要是从商事主体的动机（即"商"的谋求资本价值增值的本质）出发，④ 营利要件主要用以描述交易行为的定型化和分配制度的效益性。⑤ 但无论是应用收支平衡说、利润说，还是收益分配说，商事主体的营利性本身难以判断。此外，营利性本身无法描述商事主体开展商业活动的持续、反复的特性，难以实现民事主体的偶然商行为和商事主体的偶然民事行为之间的分离。在民法商法化的今天，大量在历史上以商事主体为识别标准的商法规范转而成了民法规范，进而可以适用于包括商事主体在内的一切民事主体。德国商法学者戈德施密特（Goldschmidt）和安德曼（Endemann）所提出的民商法关系"冰川理论"（即商法是新的法律规范的襁褓，然后犹如冰川融化，源源不断地进入民法之中，商法由此成了民法的"青春"之源）⑥，这种以商事主体为识别标准的商法规范不仅需要面向未来的商事实践创新，还需要解决可能的民商法规范相混淆的问题。以商事主体为识别标准的商法规范所配置的权利义务体系当然需要与民法规范的体系相分离，

---

① 例如，《德国商法典》第406条第1款规定"偶然行纪人"仅在其本来已系商人的情况下才适用有关行纪的规定。

② 参见李政辉《商人主体性的法律建构》，法律出版社2013年版，第73－74页。

③ 参见王保树《中国商事法》，人民法院出版社2003年版，第7页。

④ 参见殷志刚《商的本质论》，载《法律科学（西北政法大学学报）》2001年第6期，第64－72页。

⑤ 参见［日］龙田节《商法略说》，谢次昌译，甘肃人民出版社1985年版，第3页；郑景元《合作社商人化的共生结构》，载《政法论坛》2016年第2期，第31页。

⑥ P. Raisch, *Geschichtliche Voraussetzungen, dogmatische Grundlagen und Sinnwandlung des Handelsrechts*, Karlsruhe: Müller, 1965: 57. 转引自施鸿鹏《民法与商法二元格局的演变与形成》，载《法学研究》2017年第2期，第75－94页。

这是韦伯认为的法律理性和"法律利益自由"的必然要求,① 否则这一识别标准下的分离将没有任何意义。也有学者认为,以营利性作为识别"商"的特质将难以解释追求非营利目标的商事主体的存在,在组织法层面对营利性的过分强调会阻碍社会企业的创新,② 更不用说交易法层面的障碍了。

此外,对于我国商事主体法律制度尤其是商事主体资格取得一般条款的构建,在民商事基本法或者未来的《商法通则》中明文规定为构成要件的营业要件,实为过于依赖能力说所支持的主观意义营业理论,容易使得法官难以把握这一识别标准。相反,若立法明文规定构成要件的营业要件为基于身份说、职业说、惯例说的客观意义营业理论,而主观意义营业理论通过司法政策性文件以自由裁量权的形式赋予法官,③ 或许为更佳选择。

4. 组织要件

组织要件是指商事主体需要有一定的组织形态,包括组织架构、人员、内部规则等。现代商事主体主要以商事组织的形态运行。历史上早期的主体是商个人,随着时间的推移和学徒制、团体制和职业经理制的发展,商人形式也开始向商事组织形态转变:从康孟达组织到有限合伙,再到后来的有限责任公司,当下公司法、合伙企业法等组织法都在相互竞争、借鉴和发展,形成了多样化的商事主体格局。

但是,组织要件这一商事主体资格取得的构成要件不属于必要构成要件,否则商事主体法律制度以及配套的以商事主体为识别标准的商法规范,就无法囊括不具有组织性的绝大部分商个人以及基于纯粹合同关系的公司主体(即合同公司)。现行民商法律体系中由于缺乏组织法的细致保护,对此才有更大的立法需求。此外,商事主体具备组织要件与否只能产生相对交易成本理论下的节约单一商事主体交易成本的效果,是否需要节约以及如何节约完全是由商事主体成员自行判断的内容,法律以此为门槛来管制那些不具有组织要件的商事主体,欠缺正当性基础。

5. 登记要件

商事登记是指对商事经营中重要事项或与之有直接关系的事项的记载,具

---

① 参见[德]马克斯·韦伯《论经济与社会中的法律》,张乃根译,中国大百科全书出版社1998年版,第226-228页。
② 参见王文宇《从商法特色论民法典编纂——兼论台湾地区民商合一法制》,载《清华法学》2015年第6期,第63-79页。
③ 参见周林彬、陈胜蓝《商事审判在中国经济发展中作用探析》,载《理论学刊》2011年第8期,第58-60页。

有法定的登记内容、范围和效力。① 从私权角度理解，商事登记创设的是商事登记法律关系，主要是商事主体成员之间、商事主体成员与商事主体本身之间，以及商事主体与第三人之间的法律关系；从公权角度理解，商事登记是指作为民事主体的行政相对人依照法律规定向行政机关提出的，旨在申请设立、变更或终止商事主体资格，并被主管登记机关核准予以注册登记的一系列法律行为的总称。此时"商事登记"是申请人的申请登记行为和主管机关的审核登记注册行为相结合的一种综合性行为，是国家对商事活动实施法律调整和进行宏观控制的必要手段与必要环节，② 由此发生的是一种行政法律关系。其通常仅限于对商事主体实现资格的确认③（即只在组织法领域起作用），而没有涉及对商事行为的效力评价影响（即没有延伸到交易法领域）。商事主体法律制度相关的商事登记行为，未与商事行为法律制度中的行为人权利义务内容相衔接，一方面，是由民商事基本法缺乏链接商事主体法与商事行为法的一般条款所致；④ 另一方面，我国既存的商事登记制度主要包含党中央、国务院大力推进的便捷工商登记的政策材料和新出台的《市场主体登记管理条例》等一系列规范性文件，"登记"与"公示"的立法表述亦散见于众多商事单行法，此外还有《企业信息公示暂行条例》的配套制度，总体而言发挥了商事登记的行政管理作用，但对商事登记的主体资格影响，尤其是商事登记和商事公示的私法效力或效果来说，仍有待法规的健全完善。

登记要件是否属于商事主体资格取得的必要构成要件亦值得分析，对此，民商法学者尚未达成共识。从国际立法经验看，商事主体的组织要件越明显，则登记要件要求越高，但也有立法虽重视登记要件，却不将其作为商事主体的必要构成要件对待。从我国立法实践运作看，登记要件这一归属于组织法领域的构成要件，在组织法上往往是加重了商事主体及其成员的义务和责任这类不利益，⑤ 因此，相关主体都会选择不登记或隐瞒实际情况进行虚假登记，以减轻其义务和责任，而仅处以行政责罚无法遏制这一失范现象。

---

① 参见赵旭东《商法学》，高等教育出版社 2015 年版，第 20 页。
② 参见覃有土《商法学》，高等教育出版社 2014 年版，第 56 - 57 页。
③ 参见王建文《中国商法的理论重构与立法构想》，中国人民大学出版社 2018 年版，第 172 页；范健、王建文《商法学》，法律出版社 2015 年版，第 55 页。
④ 参见王建文《我国商法引入经营者概念的理论构造》，载《法学家》2014 年第 3 期，第 47 - 53、181 页。
⑤ 例如，由于行政规章限制某些主体持有金融机构股份，投资者常通过股权代持协议等"非法"途径规避这一义务和责任。

本书认为，因为登记要件作为商事主体资格取得的构成要件，可起到公示相应主体的经营状况和能力、确立和维持其商业信誉、促进市场中交易成本降低、增加交易安全、便利国家管理、建立和维持商事经营秩序等作用，既必要又重要，所以应以登记必要为原则，登记豁免为例外，同时应当确认登记在交易法上的对外效力。

二、商事主体法律制度的适用分析

（一）典内商事主体一般条款与典外商事主体的立法"断层"

改革开放以来，我国相继颁布了许多商事单行法，对确保交易安全、维护社会主义市场经济的健康有序发展起到了积极作用，其中较大比例的商事立法是为规范特定类型商事主体的组织形式和内部治理而制定的组织法。在具有中国特色的政治经济文化历史背景下，我国商事主体类型纷繁复杂，如存在国有企业、集体企业、外商投资企业等类型；同时也有规模和社会分工之别，有沿街叫卖的流动商贩，也有规模庞大的跨国企业，还有对国家经济命脉及关键领域相当重要的中央企业与其他国有企业等社会主义公有制企业。这些都是我国商事主体法律制度体系化构建和完善所必需考量的现实基础。如前文所述，《民法典》实现了典内商事主体类型（营利法人、非法人组织、特殊法人）的整合，但仅限于《民法典》总则编内部的体系自洽。这反映了商事主体的资格取得和分类规制的逻辑仍不完整，虽客观上给商事主体的自我发展预留了制度空间，但也给商事审判中商法规范的准确适用提出了难题。如何通过商法一般条款，对商事主体的资格取得要件等商事主体法律制度所必备的弹性的、总括性的商法规范加以立法表达，形成可供识别、判断的商事主体的一般条款，以便商法规范得到准确适用，实为持续优化营商环境的商事法律制度建设的未竟之业。

（二）基本法层面商事主体概念缺失导致法律适用不统一

目前，涉及"商事主体"概念创设和应用的司法案例不在少数，而且，将案件当事人是否构成商事主体作为当事人是否适用某种特殊要求的论证开端，已经形成惯例。[①] 但除了"经营者"和"企业"两种表述外，由于缺乏

---

① 类似观点，可参见陈晓林《〈民法典〉背景下我国形式意义商法存在之证成——以司法判例为基础》，载《求索》2021年第3期，第152-160页。

相关立法或规范性文件对其概念或构成要件加以说明，法官对谁构成商事主体以及为何构成商事主体等问题往往一带而过。例如，在涉及注意义务规则的潘某某与安徽泗县某商业银行股份有限公司储蓄存款合同纠纷案中，法官直接将进行大额投资和储蓄的自然人原告确定为"商人"，并加以"理性的"修饰词，认定原告在存款后被银行工作人员挪用资金的前因后果中，其"应该能判断出由个人提前向储户支付巨额高息不符合银行正常的经营行为"，对异常交易负有履行审慎措施的义务，例如"通知银行或向公安机关报案"，因此判定原告的不作为导致其应自担一定责任。在该论述要点的总结中，法官将这一注意义务规则认定为属于"（被告）违约……以及……履行合同中的……因素"，最后寻求"合理行使自由裁量权"以支持裁判正当性。① 而在另一个案例中，法院认定原告作为承揽合同的定作方，在 2011 年 8 月收付工作成果后直至 2012 年 11 月才起诉提出质量异议，"超出了合理的质量异议期间"。再审法院类推适用《合同法》第一百五十八条买卖合同的标的物质量异议的"合理期间"规则，认为其"商主体"身份标志着"具有较高理性程度和风险防范能力"，需提高注意义务而排除适用"两年最长期间"规则，裁定原告应自担期限不利益。②

由于缺乏实体法上法律规则的供给，法官也经常适用程序法规则，比如通过免证事实、加重甚至倒置当事人之间的举证责任，"创设"实体法规则以实现对立法空白的补位，这一法官造法现象的合法性值得质疑。此外，司法机关对商事主体概念内涵和外延的理解反复不定，也有悖于法的安定性。例如，在关于外观主义规则的滕州市大×矿山机械制造有限公司与高某、贵州汉×矿业有限公司等买卖合同纠纷案中，最高院越过了案涉商事主体登记中存在公务员违法"从事或者参与营利性活动，在企业或其他营利性组织中兼任职务"且登记不实的争议，通过直接将"企业（个人独资企业）"冠之以"商事主体"的定义，再依据交易相对人应当信赖商事主体的权利外观和商事登记的公示公信效力，又通过程序拓展当事人另行解决工商登记背后真实投资关系的救济渠道，在实体上对商事主体的权利外观则不予穿透。③

反观《反不正当竞争法》《反垄断法》以及《中华人民共和国价格法》（以下简称《价格法》）等的立法和司法经验，《反不正当竞争法》第二条、

---

① 参见最高人民法院（2017）最高法民终 311 号民事判决书。
② 参见江苏省高级人民法院（2015）苏审二商申字第 00479 号民事裁定书。
③ 参见最高人民法院（2016）最高法民申 1884 号民事裁定书。

《反垄断法》第十五条、《价格法》第三条都不约而同地使用了"经营者"的概念。《反不正当竞争法》发端于对诚实商事主体的保护，在当代又增加了对作为商事主体交易对手方的消费者的保护；《反垄断法》实为通过具体法律条文来规制垄断行为，但也并未忽略主体法律制度的设计；传统上并未被列入竞争法体系的《价格法》，其第四条明示了其公力维持竞争的本质，且在我国计划经济转型时期确实担当了这一职能。由于三部法律都开宗明义地确定了将保护消费者权益，或保护商事主体利益，或保护两者均有的合法权益，因此不可避免地要涉及规范商事主体的交易秩序。而三部法律都运用了类似《法国商法典》的客观主义模式来确定商事主体概念，即将"从事生产、经营商品或者提供（有偿）服务"的行为类型衔接至主体类型。竞争法体系中商事主体概念创设成功，而民商事基本法体系仍面临着商事主体一般条款乃至商事主体概念本身的立法供给不足的困境，说明界定商事主体概念的难点并不在于其本身是否足以包罗万象或与时俱进，而在于能否实现基于商事主体这一连接点来更准确识别并适用相当一部分商法规范，使得这些以商事主体为识别标准的商法规范能够保持一定程度的开放性和包容性，避免其在短时期内因为某一具体类型商事主体的产生、组织、运作和消灭规则的变化或新生，而被抛弃或架空。

（三）法律疏忽于规范、保护事实商人和流动商贩

目前，我国在组织法领域规范成熟类型商事主体的立法林立，但同时，真正期待立法关怀的不成熟商事主体类型却落入了无法可依的困境。最明显的例子是对于现实中存在的一定数量的事实商人及流动商贩，由于缺乏立法定位，现行立法没有为其解决组织法或交易法的问题。事实上，随着互联网经济、数字经济等新经济业态的快速发展，规范这些类型商事主体的资格取得的立法需求也与日俱增。[①] 而传统大陆法系国家商法典的选择似乎有可取之处，即在标准商事主体之外另行设计豁免个别商事主体资格取得构成要件的特殊商事主体概念。例如，《德国商法典》的"自由登记商人"[②]，其有选择是否承担商事

[①] 参见张梁《数字经济下商个人的发展趋势及其制度回应》，载《法律科学（西北政法大学学报）》2024年第2期，第147-158页。

[②] 根据《德国商法典》第2条和第3条规定，一般将"小营利事业性质的商人"和"农林业营利事业性质的商人"划入自由登记商人范畴。

主体身份所带来的好处和坏处的自由空间。①《日本商法典》的"小商人"②也是如此，该法典第七条规定，"第五条、第六条、第三章、第十一条第二项、第十五条第二项、第十七条第二项前段、第五章以及第二十二条的规定，不适用于小商人"，即《日本商法典》中关于商业登记、商号及商事账簿的规定，不适用于小商人。③

三、典外商事主体法律制度的安排思路：以一般条款设计为例

（一）商事主体资格取得的规则设计思路

由于商事主体一般条款与民事主体一般条款大都存在冲突关系，尤其是商事主体资格取得规则与民事主体资格取得规则（即民事行为能力规则和民事权利能力规则）更难兼容，因此宜在《民法典》外的商事基本法律文件中，引入普遍意义的商事主体概念，这样既可为《民法典》中不周延的商事主体概念和分类拾遗补阙，又可贯通商事组织法和商事交易法领域的规则适用，普适于所有商事主体类型，发挥"通、统、补"功能（即创设商事主体法的通用规范、统率商事单行法规则、填补民法与商事单行法之间的空白）。以统摄商事基本法的体系建立商事主体识别标准的一般条款，同时允许商事单行法、不同的商法规范群甚至具体的商法规范在统一的商事主体资格取得规则基础上，根据规范需要及其背后的"立法考量"，增加或删除某一（或某些）构成要件，抑或是提高或降低某一（或某些）构成要件的达成标准，以实现对规范对象的准确描述。具体而言，商事主体资格取得的构成要件应当以客观意义的营业要件和名义要件为核心，并规定豁免名义要件、登记要件的例外情形。

值得指出的是，通过商事基本法律文件（《商法通则》或《商法典》），

---

① 自由登记商主体选择登记后，可以获得商主体的相关法定利益，例如，可以使交易对手方负担瑕疵检查和通知义务等；同时应当负担一系列商事主体遭受的加重之法定不利，例如，需要承受商事登记效力以及履行编制商事账簿的义务等。参见［德］C. W. 卡纳里斯《德国商法》，杨继译，法律出版社2006年版，第46－48页。

② 日本学者梳理认为，《日本商法典》第七条规定的小商人是指：（1）挨户买卖物品者；（2）在道路中买卖物品者；（3）以不满500元之资本而经营商业者。参见［日］松波仁一郎：《日本商法论》，秦瑞玠、郑钊译，中国政法大学出版社2005年版，第27－29页。

③ 参见［日］龙田节《商法略说》，谢次昌译，甘肃人民出版社1985年版，第11页。

采取一般条款的抽象立法方法①对商事主体资格取得规则进行设计时，不能简单类比大陆法系民法典编纂的提取"公因式"技术，中国特色社会主义市场经济的商事主体制度必须考量内资外资、国企民企等元素，②不能依赖于从现行民商事法律体系中的商事组织法中提取共通构成要件，而需要从商事主体法律制度的法理基础上从零推演、思考商事主体的必要构成要素，着重解决各个商事主体的主体资格、特殊资质准入、对外公示、行为的营利性判断因素、权利的特殊变动因素、商业信誉的保障等问题，③以弥补当下组织法以行政管理便捷而非商业交易便捷为导向的立法缺陷，适应动态化发展的商事实践需求。

(二) 商事主体资格取得的构成要件取舍

进一步分析，用商事主体作为识别标准来确定商事法律关系、适用商法规范具有客观性强的优势，但不能完全依赖于商事主体单一标准来决定是否适用商法规范，还需考虑行为的交易性等商事行为因素。④有学者提出，商事主体具有权利义务的法定性，不同商事主体由法律明定具有不同的商事能力，商事主体的资格取得必须经商事登记以及商事主体应以营利性活动为常业，同时不同商事主体的资格取得需要适用不同的构成要件。⑤也有学者提出，商法规范直接基于"企业"这一主体来构建即可，⑥这一定义方式说明"商事主体"资格取得的构成要件还包括组织性要求。又有学者提出，需要基于"经营者"这一主体来建设一系列的商法规范，这样有助于厘清《反不正当竞争法》《反垄断法》《消费者权益保护法》《价格法》《中华人民共和国产品质量法》《食品安全法》《民法典》中的法律概念，同时统合商法研究中的"商主体""商人"及"企业"等概念和称谓，而企业和"职业经营者"（包括了个体工商

---

① 对于商事主体一般条款具体构成的相关争议，可参见王建文《从商人到企业：商人制度变革的依据与取向》，载《法律科学（西北政法大学学报）》2009年第5期，第96-105页；蒋大兴《商人，抑或企业？——制定〈商法通则〉的前提性疑问》，载《清华法学》2008年第4期，第56-72页。
② 参见范健《编纂〈中国商法典〉前瞻性思考》，载《广东社会科学》2018年第3期，第219-256页。
③ 参见刘凯湘《剪不断，理还乱：民法典制定中民法与商法关系的再思考》，载《环球法律评论》2016年第6期，第109-127页。
④ 参见周林彬、官欣荣《我国商法总则理论与实践的再思考——法律适用的角度》，法律出版社2015年版，第292-294页。
⑤ 参见赵旭东《商法学》，高等教育出版社2015年版，第15-16页。
⑥ 参见范健、王建文《商法学》，法律出版社2015年版，第27页。

户和农村承包经营户）可作为子概念使用。① 还有学者将"商主体"定义为市场交易主体，认为其资格的取得取决于"素质"（即市场交易主体对交易对象所具有的专门知识和技能），以此强调专家型、学者型"商主体"的时代发展趋势。② 可见，民商法学界在商事主体资格取得构成要件规则的设计上，观点不一，讨论焦点大都集中于名义要件、营业要件、营利要件、组织要件以及登记要件之上。

传统大陆法系国家商法典中设计的标准商事主体③构成要件较之《美国统一商法典》，多出登记要件、名义要件、组织要件，在商事主体概念上仿照传统大陆法系国家商法典的标准模式而着重此三要件，只会加剧符合此三要件的商事主体类型的"拥挤"程度，同时丧失一般法的实效，并且在国家立法层面挤占不具备此三要件的商事主体类型的合法"生存"空间。

我国商事主体法律制度，从组织法领域来看，正处在我国商事主体的单行组织法丛生，而商事主体和民事主体之间模糊地带或者缓冲地带的商事主体却大都缺乏组织法的特殊立法历史节点上，与德国、法国、日本等传统大陆法系国家商法典的先法典化、后"去法典化"的解构思路恰好相反，我国未来需要的是建构思路。为迎合以商事主体为识别标准的商法规范对其识别标准的期待，我国需要的是"一般条款+法定类型"的商事主体资格取得立法模式：对于比较稳定、成熟的商事主体类型，应当通过商事特别法确定下来，而商事基本法中的商事主体一般条款则主要为了填补立法空白，为市场经济运作提供默认规则。因此，在对商事主体的构成要件进行摘选时，除了删去不会动摇以商事主体为识别标准的商法规范之外，对于其"立法意旨"的必要构成要件应予保留，其余构成要件应"以舍为上"，以创造外延更加广泛的商事主体概念，再对其安排组织法上的一系列权利义务。

对于如何在交易法领域识别商事主体，需要讨论的是：在排除了前述的非必要构成要件以后，究竟是借鉴德国商法的营利事业标准、法国商法的商事性质活动标准、日本商法的从事商事行为并"以此为业"标准，还是美国商法的商业知识和技能标准？事实上，商事主体的最本质构成要件，与《美国统一商法典》的立法语言一样，此时就变得并非至关重要了：因为在同一个可

---

① 参见王建文《中国商法的理论重构与立法构想》，中国人民大学出版社2018年版，第71-72页。
② 参见徐学鹿《商法学》，中国人民大学出版社2015年版，第53-57页。
③ 例如，《德国商法典》的当然商人、《法国商法典》的商人以及《日本商法典》的固有商人。

被发掘的固有法"矿藏"中，无论是用"大号工具"还是"小号工具"，都能采出总量一样的"矿藏"。若商事主体以营利事业为区分标准，此时以商事主体为识别标准所对应的商法规范，都是调整主体所从事营利事业本身的商法规范，规制其余领域（如规范商业知识和技能领域）的商法规范将脱离出以商事主体为识别标准的商法规范，而另由其他识别标准所对应的商法规范进行处理。无论采取法国、日本还是美国标准，均可套用这一分析逻辑。这一论断并非说明明晰商事主体概念没有意义，反而更加强调在市场经济发达国家纷纷使用"工具"开采"矿藏"，且有众多可资借鉴标准的基础上，我们的民商事基本法律体系和商事特别法律体系在交易法领域忽略了对商事主体概念的统一构造，使得这些法律体系存在一定程度的立法与司法"供不应求"的现象。而竞争法体系等通过创设"经营者"概念实现了贯通流畅，使它们的反差更为显著。综上所述，无论是在组织法领域确立填补立法空白的商事主体概念，还是在交易法领域尽快确立便于统一法律适用的商事主体概念，都是我国商事主体法律制度理论和实践"从零到一"跨越的关键一着。

总体而言，我国未来的商事基本法可学习美国商法的双线并行思路，分为交易法领域的商事主体一般条款加入，以及组织法领域的商事主体一般条款加入。商事主体概念、商事主体资格取得的构成要件等问题的明确以及进一步确立商事主体一般条款，其法体系价值在于可通过商事主体概念，在独特或独立立法考量的指导下，连接法律原则或规则，重述或新设一套市场主体关键法则。这样，从市场准入设置市场信用和交易安全的屏障，到商事主体运作过程中遏制其内部组织问题[①]以及外部交易问题导致的涉他不利益，再到商事主体退出市场和消亡（或回归民事主体身份）的商法规范群，便一应俱全，从而充分发挥市场经济法治在商法领域的"守门人"作用。即使存在以商事主体为识别标准的商法规范，尤其是交易法领域的商法规范，也并不排除民事主体进行相同的商事交易，民事主体的权利并不会因某一以商事主体为识别标准的商法规范的出现，而受到实质性减损，义务也不会加重。倘若过度强调对于商事活动的所有主体都应以强式平等原则对待，否认商事主体的特殊性，进而否定以商事主体为识别标准的商法规范的正当性，则反而更不利于通过立法和司法等国家社会控制手段对商事主体施加特殊运行规则，从而会弱化以传统民事

[①] 例如，随着商事主体的组织规模扩大和专业程度精进，商事主体内部的意思自治（合同性）色彩就会愈发淡化，而国家管制（组织性）色彩则会变得浓重。参见蒋大兴《公司法中的合同空间——从契约法到组织法的逻辑》，载《法学》2017年第4期，第146-148页。

主体为中心构造的法律规则中本已被忽略的投资人和第三人利益,以及弱化对市场整体秩序的保护。

第四节 典外冲突型商法一般条款的完善方案(二):以商事行为一般条款为例

按前述第一节的主张,商事行为的定义与分类、商事行为的法律适用、商事代理、商事营业与转让这些未加入《民法典》总则编和各分编的剩余的冲突型或补充型商法规范,可在《商法通则》这一未来的商事基本法中逐条规定。这样,在商事行为一般条款立法完善的框架下,我们便能构建好营业转让制度、交互结算规则,以及会展、商事担保(商事流质、商事代理等)等商事行为特殊规范群,从而更好地发挥体系化效益。本节以商事行为为例,基于商法一般条款的视角,期待从理论与实践上寻求关于营业、营业行为、商事行为等的商法适用困惑的突破和解答。①

一、商事行为的法理分析

在不同国家的法律中,"商事行为"被称为"商业活动""经济行为""企业行为"等,而为商业世界"建章立制"离不开商法自身的语法、商法特有的语言。所谓"商事行为",是指商人以营利为目的而进行的经营行为。国际规范性文件对"商事"一词做了广义解释,不论是由契约性的还是非契约性的商事性质关系所引起的事项,皆包括在内。②

(一) 商事行为的法律特性

商事行为理论源于商人营业实践,又是营业实践和商法规制的向导。尽管

---

① 参见周林彬、官欣荣《论营业行为的商法安排》,载《学术论坛》2019年第1期,第16-22页。
② 1985年6月21日联合国国际贸易法委员会通过、2006年7月7日修订的《联合国国际贸易法委员会国际商事仲裁示范法》第1(1)条注释规定,商事性质的关系包括但不限于下列交易:供应或交换货物或服务的任何贸易交易,销售协议,商事代表或代理,保理,租赁,建造工厂,咨询,工程,使用许可,投资,筹资,银行,保险,开发协议或特许,合营和其他形式的工业或商业合作,空中、海上、铁路或公路的客货载运。

有的民法学者认为,商事行为是民事法律行为的一种,不具备独立性。① 但多数商法学者坚持认为,民法上的法律行为与商事行为除了具有私法行为的共同的一般特征外,商事行为拥有更多的自身特点规律,商事行为、营业及营业行为等范畴及相应制度对于实现商法体系化、凝聚商法价值理念有重要意义,因而仍有立法反映之必要。② 而且营业行为是商事行为的核心,营业行为的法律特征集中体现在商事行为的固有特征上,即反映在法典渊源、要素构成、行为规则、效力解释、证据认定等诸多层面,其与民事法律行为迥然有别。这些特征不因商事行为从传统生产、制造、销售、服务的交易形式向现代投融资交易、科技服务、网络平台的商业形态转变而发生"质"的改变。具体来说,商事行为与民事法律行为不同的属性反映在以下四个方面。

1. 起源不同

从私法演进看,法律行为与商事行为/营业行为的立法,同民法学者所主张的"法律行为制度中包含商事行为的内容,商事行为是法律行为的体现"并不完全相符。有些国家商法先于民法立法,商法"开路先锋"的角色也注定了商事行为/营业行为制度创新不应机械照搬法律行为的一般条款。德国商法的发展表明,"在商事交易中创立的经理制度将罗马法中的禁止代理原则超越,就是善意取得制度的建立也要感谢商事交易中提出的强烈需要,外观权利制度更是完全应在商法中寻找它的起源"③。

2. **构成要素有别**

民事法律行为以意思自治为必备要素,"私法自治系借法律行为而实践,法律行为则以意思表示为要素"④。而商事行为的私法效果并不以真意表示为必备要件,⑤ 其更关注权利外观和交易的效率、营利性目的,私法自治经常为

---

① 如王利明教授表示:"民商合一必然要求法律行为制度中包含商行为的内容。"王利明:《民商合一体例下我国民法典总则的制定》,载《法商研究》2015年第4期,第3—9页。许中缘认为:"商事行为不过是法律行为在商法中的体现而已。"许中缘、颜克云:《商法的独特性与民法典总则编纂》,载《中国社会科学》2016年第12期,第128—146、208页。

② 参见王文宇《从商法特色论民法典编纂——兼论台湾地区民商合一法制》,载《清华法学》2015年第6期,第63—79页;[德]C.W.卡纳里斯《德国商法》,杨继译,法律出版社2006年版,第9页。

③ [德]C.W.卡纳里斯:《德国商法》,杨继译,法律出版社2006年版,第10页。

④ 王泽鉴:《民法概要》,中国政法大学出版社2003年版,第104页。

⑤ 例如,委托拍卖行为显然是属于商法上的商事行为范畴,但当委托人存在误解时,法官往往会根据民法思维适用民法规范,以重大误解为由将拍卖撤销。参见李春《商事责任研究》(博士学位论文),吉林大学2010年,第236—237页。

交易顺畅、迅捷、稳定交易秩序让位，如《证券法》《票据法》上的证券交易行为、票据行为已经完全程序化，当事人的意思表示被排除，违背真意的股票委托交易结果一般不予撤销。

3. **主体资格和形式要件不同**

商事行为对行为主体多有限制，通常法律规定只能由依法设立的商事主体实施，非商事主体若要实施则应严格遵循法条规定。民事法律行为的实施则以年龄和精神状况为标准。在形式要件上，商事行为一方面出于追求自由效率、商业利益的考量，在内容和成立要求上比民事法律行为更宽松，法律对交易内容和成立方式也尽量不予干涉，如缔约过程中的沉默可以具有承诺效力。另一方面，为了保障交易安全，商事行为的成立常有特殊的形式要求，一些商事合同必须采取书面形式（如特许经营合同应采用书面形式），或者经有关部门批准才可生效（如外商投资合同、涉外科技开发合同需要经有关部门批准）；而民事法律行为以"形式自由"为原则，以"形式强制"为例外。①

4. **行为规则特殊**

商事行为/营业行为贵在快捷、注重营利，② 采取格式定型、严格责任制度等特殊规则。其通过诸如票据、提单、保单、股票等定型化的交易方式并通过商事交易标准化的格式条款，有效地促进了交易的便利进行，节约了交易费用。商事买卖、商事担保、商事代理、商事结算规则③的特殊化，以及时效短期化，为强化商人风险预判④、提升当事人的交易预期、保障交易安全和请求权的实现，提供了行动指南。如《澳门商法典》第一卷第八编"商业企业主之民事责任"的立法，虽该法典在"编"的名称中冠以民事责任之名，但《澳门商法典》第八十五条无过错责任规定和第八十九条连带责任规定，体现了保护交易安全、维护债权人的合法权益、加重企业对外责任、实行严格责任

---

① 参见［德］卡尔·拉伦茨《德国民法通论（下册）》，王晓晔等译，法律出版社2003年版，第556页。

② 在司法实践中，人们对此商行为营利理念认识不一，在汤×公司与元×拍卖公司委托拍卖纠纷案中，受理法院因对委托拍卖的商行为性质认识不足，忽视了拍卖公司追求经济效益的属性，对拍卖公司除佣金外的有关费用的约定是否有效及应否保护难以决断，最终判决没有支持拍卖公司数千万的溢价款请求。参见李春《商事责任研究》（博士学位论文），吉林大学2010年，第253-254页。

③ 商事结算是指在商事交易中，当事人为了了结债权债务关系而进行的货币收付行为，包括票据、银行卡、汇兑、委托收款、信用证等，主要制度涉及银行账户结算和商事交互结算。参见徐强胜《商法导论》，法律出版社2013年版，第415-427页。

④ 签订格式条款的商人之间应有足够的缔约风险分配、义务负担的行为能力，显失公平、做出不利于提供格式条款提供方的解释规则一般没有适用空间。

主义的意旨，实为不同于民事责任的商事责任制度安排。

可见，商事实践形式复杂多样，商事行为规范是一个开放的体系，从民事法律行为中分离出商事行为大有必要，通过一般条款形式将其不同于民事法律行为的法律特征提炼出来，可以更好地为商业创新活动保驾护航。

（二）与营业、营业行为的界分：商事行为的核心要素

无论从商法理论还是从国外立法上看，"营业"的概念都是商法体系"大厦"的"奠基石"，是沟通商事主体和商事行为法律制度的"中枢"，① 也是构建商法话语体系的关键词。

就开创民商分立先河的《法国商法典》而言，其有两大特色值得关注：一是尽管没有出现"营业"或"营业行为"等专门术语，但有"商事行为"及"营业资产"等相近概念。"商事行为"概念与民事行为相对独立，该法典通过"商事行为"概念来界定"商人"概念。现今《法国商法典》仍以商事行为作为确定商人资格的唯一标准，如第 L121-1 条规定，"实施商行为并以其为经常性职业的人是商人"，由此，《法国商法典》被认为是商事行为主义（客观主义模式）的奠基者和始终奉行者。② 二是对营业资产交易、商业租赁续租的特别规定较为丰富，营业性产权（如铺底权）的概念发明既不同于传统民法物权，也不同于债权，其对于适应商铺续租或商铺租赁权质押融资的需要，维护承租人长期经营所创下的市场价值来说，贡献很大。再从《德国商法典》的立法来看，其更是以商人的营业来推导、界定商事行为概念，从而确立了主观主义立法模式。例如，《德国商法典》第 1 条关于商人的概念表述是"本法典所称的商人是指经营营业的人"；第 343 条规定，"商行为是指属于经营商人的营业的一切行为"；第 344 条第 1 项规定，"如无其他规定，由商人所为的法律行为，视作系经营其营业"。2010 年《国际商事合同通则》以当事人是否具有正式的"商人"身份或交易是否具有商业性质为判断标准。《日本商法典》是先以商事行为来界定商人，再以营业来界定商事行为。如《日本商法典》第四条规定，"本法所称商人，是指以自己的名义实施商行为并以其为业者"；第五百零三条第一项规定，"商人为其营业所实施的行为，

---

① 参见于庆生《营业：商法理论的核心范畴》，载《行政与法（吉林省行政学院学报）》2006 年第 12 期，第 128-130 页。

② 也有学者认为，法国实行的并不是客观主义的立法模式，而是折中主义，认为法国《商法典》将商人和商行为同时作为商法典的基础。参见叶林《商行为的性质》，载《清华法学》2008 年第 4 期，第 41-55 页。

为商行为"。但是，营业要件也不能简单地这样理解。日本商法学者将主观意义上的营业，与客观意义上的营业相区分。① 主观意义上的营业是指商事主体所开展的营业活动的总称，与商事主体在营业上的主观能力、经验、智识和意愿相联系；客观意义上的营业即开展营业活动所必须具备的营业财产以及营业组织体的总称，与事实上的人员、财产、组织形态相联系。② 日本商法学界对客观意义上的营业有营业财产说、营业组织说、营业行为说等几种代表性学说的区分，当前日本商法学界通说为修正后的"营业财产说"（又称"有记性营业财产说"），即所谓客观意义上的营业是指物质性财产与营业中固定下来的各种事实关系的组织化、总括性的组织体。③ 客观意义上的营业理论可以将组织体这一人格的物质基础，与营业功能、经营能力等一系列商事主体可能涉及的因素进行串联。④

综合以上国外商法典立法，我们可归纳出：营业有主观意义上的经营性活动和客观意义上的营业资产两层含义。德国1998年商法改革后，《德国商法典》中的商人就是将营利事业、商事营利事业作为商事主体资格取得的构成要件，同时，从事营利事业的商人和从事商事营利事业的商人在适用商法规范上也存在较大的差别。卡纳里斯认为，《德国商法典》中的"商事营利事业"是指"一种独立的、有偿的，包括不特定的多种行为的、向外公示的行为，但是艺术、科学的活动和那些其成果需要高度人身性的自由职业不包括在内"⑤。由此可见，这与营业概念并无多大区别，而且倾向于客观意义的营业。法国商法上的"营业"不出现在《法国商法典》中，而主要出现在《法国司法重整与司法清算法》《法国营业资产和手工业企业租赁经营法》以及《法国营业资产买卖与担保法》等法律中，上述法律规定了营业转让、营业资产租赁、买卖和担保等客观意义上的营业规则。居荣认为，法国商法上的"营业"应当被视为名词，指的是"用于从事商业活动的全部动产财产"⑥。而《美国统一商法典》中的"商人"概念采取的是主观意义上的营业理论，法典起草

---

① 参见《日本最新商法典译注》，刘成杰译，中国政法大学出版社2012年版，第6页。
② 参见王艳华《以营业为视角解释商法体系》，载《河北法学》2010年第5期，第114–122页。
③ 参见《日本最新商法典译注》，刘成杰译，中国政法大学出版社2012年版，第6页。
④ 参见童列春《论商事经营能力的形成》，载《甘肃政法学院学报》2013年第3期，第80–88页。
⑤ ［德］C.W.卡纳里斯：《德国商法》，杨继译，法律出版社2006年版，第36页。
⑥ ［法］伊夫·居荣：《法国商法（第1卷）》，罗结珍、赵海峰译，法律出版社2004年版，第703页。

人卢埃林认为，商事交易实践比其采取何种形式更为重要。① 因此，《美国统一商法典》第 2-104 条第（1）款采用了"专门知识或技能"标准。然而，卢埃林并没有抛弃客观意义上的营业理论，他提出，经营、职业等也是判断的标准。从上述国家的立法来看，客观意义上的营业理论在商事主体资格取得中是重要的构成要件。

可见，从主观意义上和客观意义上理解的营业缺一不可。前者指"营业行为"，如德国学者卡纳里斯指出，"主观上的营业即营业活动，指一种独立的、有偿的向外公示的行为，但是艺术、科学的活动以及那些需要高度人身性的自由职业不包括在内"②。后者指有组织的一切财产以及在营业活动中形成的各种有价值的事实关系的总体（如企业的各种动产、不动产、债权、专有技术、信誉、顾客关系、销售渠道、地理位置、创业年代等），这几乎成了商法学界的共识，只是相对我国商事立法而言，并未得到全面的反映。

在我国，"营业"一词古已有之，如《三国志·吴书·虞陆张骆陆吾朱传》载："百姓虚竭，嗷然愁扰，愁扰则不营业，不营业则致穷困。"但因缺少商事基本法，商事行为概念还只是一个尚未法定化的学理概念，"营业"双层内涵的立法概括付诸阙如，除了《企业破产法》第六十九条在营业的客观意义层面使用过"营业的转让"以外，作为一个完整概念的"营业"还局限于商法教科书，这不利于商事活动的调整。③ 从理论研究角度而言，我国商法学界对"营业"的概念较为重视，涌现了"商法理论的核心范畴说"④、"具有独立意义的商人和商行为制度连接说"⑤、"构建商法体系的脊梁说"⑥ 以及"商法统一的共同形式基础说"⑦ 等。还有学者基于营业本身具有的二元性，

---

① R. E. Speidel, "Contract Formation and Modification Under Revised Article 2", *William & Mary Law Review*, 1993, 35: 1305-1311.
② [德] C. W. 卡纳里斯：《德国商法》，杨继译，法律出版社 2006 年版，第 36 页。
③ 由于营业的概念界定不清，营业转让纠纷时有发生，如银×公司与啤×公司因胡萝卜汁食品厂的转让问题发生纠纷。"计算机控制模块是否属于营业转让中所应包括的财产？"即为一大例证。参见朱慈蕴《营业转让的法律规则需求》，载《扬州大学学报（人文社会科学版）》2011 年第 2 期，第 36-40、81 页。
④ 于庆生：《营业：商法理论的核心范畴》，载《行政与法（吉林省行政学院学报）》2006 年第 12 期，第 134-136 页。
⑤ 朱慈蕴：《营业规制在商法中的地位》，载《清华法学》2008 年第 4 期，第 8-24 页。
⑥ 徐喜荣：《营业：商法建构之脊梁——域外立法及学说对中国的启示》，载《政治与法律》2012 年第 11 期，第 108-119 页。
⑦ 童列春：《营业的性质与商法构造》，载《武汉理工大学学报（社会科学版）》2009 年第 1 期，第 74-79 页。

提出了以营业为骨架的商法体系勾画,包含"营业组织法、营业财产、营业行为(活动)、营业公开制度、专门的商事营业、营业救助与营业终止"① 等内容。甚至有学者认为,将营业行为和营业组织体分别替代商事行为和商事主体概念有其丰富现实和理论依据,是商法发展的趋势。②

本书认为,营业概念作为商法的专有范畴之一,从商法知识谱系的主客观意义上进行把握无疑是正确的,立法上也应循此路径做出相应规范,但以营业行为和营业组织体代替商事主体、商事行为等商法固有范畴则过犹不及。"营业"这一科学范畴的确立是为了更好地说明营业行为、商事行为,界定商事主体。我国目前没有在立法中对商事行为概念做出界定,但是,进入民法典时代的"剩余商事立法"后,应该具有这种理论自觉。

以主观意义上的营业(即营业行为)作为商事行为的替代,还是坚守商法学上商事行为的知识谱系并将营业行为作为商事行为的二级概念和核心内容对待,目前的确仍是商法体系化的一大前提性问题。本书倾向于赞同后者。如前文的国外立法和学说所述,商事行为是商法上更有统括性的经典性范畴,泛指"含有商事要素的行为类型,商事要素指商人、营业及营利动机等"③。在外延上,其范围包括"商主体所从事的缔约行为、履行行为、经营管理行为,以营利为目的的行为和法定的为保障交易公平和交易安全而进行的行为"④。依此观点,公司治理行为被明确包括在内,但也有学者将其明确排除在外,提出"商事行为只能够对外发生,才有所谓营利或者是营业,才有实质性的利益交换"⑤。本书基于"商行为是商事主体依据自己的意志,为追求资本增值依法所实施的各种经营活动"⑥ 的认识,根据商法从交易法向企业法、金融法过渡、转型的发展规律,主张宜将直接或间接性的、辅助性的并以营利为目的经营行为活动都包括在商事行为范畴内,即倾向于采取商事行为的广义说。而营业行为可被视为只有商事主体才可为之的经营活动,是商事行为的核心内容,相当于狭义上的商事行为概念。这样,结合《民法典》总则编所确立的

---

① 王艳华:《以营业为视角解释商法体系》,载《河北法学》2010 年第 5 期,第 114 – 122 页。
② 王艳华:《以营业为视角解释商法体系》,载《河北法学》2010 年第 5 期,第 114 – 122 页。
③ 程淑娟:《商行为:一种类型化方法的诠释》,载《法制与社会发展》2013 年第 3 期,第 102 – 113 页。
④ 陈醇:《商行为程序研究》,中国法制出版社 2006 年版,第 8 页。
⑤ 张志坡:《商行为概念研究》,见王保树《商事法论集(总第 14 卷)》,法律出版社 2008 年版,第 193 页。
⑥ 周林彬、任先行:《比较商法导论》,北京大学出版社 2000 年版,第 383 页。

民事法律行为概念及种类的扩充（将决议行为也涵盖在内），我们可形成如下关系认识：以意思表示为要素的民事法律行为包含商事行为（不以意思表示为必须，包括绝对/客观商行为、对外交易及企业内部组织行为/决议行为，以及辅助性活动），商事行为包含营业行为（商事主体对外的经营活动），营业行为包含附属商行为（辅助商事主体从事经营的附属性活动）。该公式反映了主体行为的外延从前到后依次缩减，内涵却趋向具体。①

二、商事行为一般条款的法律适用困惑

近几十年来，市场经济发展一日千里，经商热潮汹涌澎湃，但质量也良莠不齐。从司法实践来看，商事行为法律适用存在以下三大困惑。

（一）商事行为判断标准难以统一

我国学理上提出了"商事行为"的概念，但立法规范既不明确，也不统一。由于商事行为的立法概念及一般条款规范不明确，所以要么为《民法通则》和《合同法》所替代，要么为各个商事单行法的具体立法所替代。实践中，很多新型交易模型（如VIE协议、对赌协议）尚未被商事特别法调整，只能适用民事法律或其他部门法。而民法中的民事主体和民事行为制度，抑或是其他部门法［如《中华人民共和国公务员法》（以下简称《公务员法》、《中华人民共和国法官法》（以下简称《法官法》]中关于禁止营利性经营活动的反向规定，对于商事主体、商事行为均无法圆满地提供解释、适用规范。举例来说，关于营利性经营活动及其私法上效果的判断标准问题，由于缺少商事基本法明确统一的界定与规范，实务中对商事主体及商事行为效力的意见分歧很大。② 从党的规范性文件来看，经商办企业（包括网店、微商）③、持有非上市公司（企业）的股份或者证券、投资入伙等属于禁止性的"营利性经

---

① 参见周林彬、官欣荣《论营业行为的商法安排》，载《学术论坛》2019年第1期，第16-22页。

② 在浙江嵊州一名法官与他人合伙的纠纷案中，两审法院都认定，法官经商虽然违法，却不影响合同效力。检察院为此提出了抗诉。参见陈松龄《法官经商，合法还是违法？》，载《法制周报》2007年11月23日。

③ 据报道，2016年6月，河南省济源市财政局PPP管理中心负责人张嫣嫣以手机开微店的方式宣传、销售洗化产品、饰品等商品被通报定性为"违反规定从事营利活动"。参见薛佳、任红禧《党员能不能开网店、做微商？》，见中国共产党新闻网：http://dangjian.people.com.cn/n1/2016/1009/c117092-28762445.html，最后访问时间：2023年12月6日。

营活动",而证券投资行为则被划在禁止性的"营利性经营活动"之外,准予依法为之。这就对我国商法建设提出了迫切的要求,不仅需要厘清"商事行为""营利性活动""营业"等概念的内涵外延,更要与党的规范性文件及《公务员法》《法官法》等法律的规定统一衔接起来,如在认定有偿代购行为、拼车行为方面,对划为非法经营行为的判断应具体案情具体分析。①

(二) 商事行为适用规则不完善

不同于民事行为,商事行为的适用规则不尽完善,"民法不当商法化"和"商法不当民法化"的处理模式的弊端仍待去除。从商法原理层面看,在成立、生效、责任规则方面,商事行为与民事行为存在较多不同,从事商事行为需要具备的专业知识更多,商事主体所需承担的责任更重,包括连带责任和社会责任在内,都表现出必须制定一套特有规则②和公法化的监管倾向。如在采取严格商人法主义的国家中,民事主体要从事合法的商事行为,先要履行商业登记程序(以创设其商事主体资格),核定其特定营业范围,从而取得特殊的商事行为能力。而在采取商事行为自由主义原则的国家中,商法实际上认可民事主体在民事行为能力之外,同时具有商事行为能力,因而非经商事登记的主体所从事的营利性营业行为也应受到商法规范的调整。如随着网红经济的兴起,电商直播新业态的出现,主播与平台产生了较多纠纷,这些纠纷是属于劳动关系还是商事合作关系,面临着司法裁判困惑。其中的争议焦点包括合同定性、竞业禁止、违约酌减、合同僵局、引诱违约等。从司法实践来看,此类纠纷中双方权利义务天然不对等,既不属于对劳动者一方"倾斜"保护的劳动关系,也不属于平等主体间尊重契约自治的商事合同平等保护关系,若按照以

---

① (1) 对于有偿数额小、获利数额不高、偶尔为之的行为应认定为民事代理行为,不予以处罚。(2) 对于加价数额高、获利数额高,以此为职业的有偿代购行为,应认定为非法经营行为,应依相关行政法予以处罚。(3) 根据《最高人民检察院公安部关于公安机关管辖的刑事案件立案追诉标准的规定(二)》第七十九条第八项规定:"从事其他非法经营活动,具有下列情形之一的:个人非法经营数额在五万元以上,或者违法所得数额在一万元以上的;单位非法经营数额在五十万元以上,或者违法所得数额在十万元以上的;虽未达到上述数额标准,但两年内因同种非法经营行为受过二次以上行政处罚,又进行同种非法经营行为的;其他情节严重的情形。针对这些情形纳入非法经营罪加以规制。"

② 《公司法》规定,有限责任公司成立后,发现作为出资的实物、工业产权、非专利技术、土地使用权的实际价额显著低于公司章程所定额的,应由交付该出资的股东补交其差额,公司设立时的其他股东对其承担连带责任。公司负责人违法经营致人损害与公司负连带之责。如各国商法上关于不实登记之责任、字号借用之责任、拟发起人、票据的文义性与要式性、背书连续的证明力等,都体现了外观主义的要求。

平等主体意思自治为核心的裁判思路,会影响实质公平;若按照不对等的劳动主体纠纷处理,又有违商事裁判逻辑。①

另外,若在商事代理合同解除案件中,一味适用民事代理合同规则,忽略商事代理的持续性、长期性、计划性商业合作性质,就会使商事代理合同中代理商的利益不保,挫伤其代理积极性,损害代理应有的促进商事流转、活络经济的功能。而在涉外贸易交往中,中方代理商的应有权益也将无法得到应有的保护。

(三) 商法漏洞填补时动辄不当援引民法原则

商法总纲性立法文件付诸阙如,导致商法体系不健全,规则供给不够,商法漏洞填补时不当援引民法原则等问题时有发生,运用公平、诚实信用等原则来审判商事案件的处理效果不佳。如"商事案件民事化"处理,典型表现为在钢材买卖违约的场合,滥用违约金调减规则,其制度根源在于《民法典》第五百八十五条延续《合同法》第一百一十四条的规定,忽视了该规则应有的民商区分。而滥用连带保证规则又使民事案件按商法思维不当处理。又如,以"表决权拘束协议"为例,在"华×案"中,股东间能否通过约定而对特定事项行使表决权,争论迭起,反映了民商法思维博弈下的不同处理结果。②在出现商法漏洞需要填补时,我们应优先采用商事法上的价值导向和特别规则,"在商言商",坚持效益至上、兼顾公平,适用商事行为特殊规则,若动辄援引民法的公平、诚实信用等原则来审判商事案件,则会造成"向民法一般条款逃逸",使"商事案件民事化"的处理效果不佳。

三、典外商事行为的制度安排思路:以一般条款设计为例

(一) 商事行为的立法模式

一项企业行为是否构成营业行为不仅直接涉及纳税、国家监管的问题,而

---

① 参见李欢、李建伟《论网络直播业主播经纪合约的司法规制——基于 200 份商事裁决书的实证分析》,载《河南师范大学学报》2022 年第 2 期,第 75-83 页。
② 该案中的股东约定,承诺在华×公司上市前的股东协议内容中,投票协议与表决投票保持一致,但其事后的投票实际状况却有违协议,随后,公司以双方约定为依据直接修改了投票结果。为此,作为协议当事人的股东诉至法院,请求撤销相关决议,未获法院支持,但"华×案"却成了运用民商事不同思维所致结果不同的一个窗口。

且涉及民商规范的区分适用问题。关于商事行为的法律规范，不同国家的商法有不同的规范模式，主要分为以下三种：一是以法国为代表的客观主义模式，即主张按法律行为的客观性质来认定该行为是否属于商事行为，在形式上一般采取将各种商事行为进行列举的方式。二是以德国为代表的主观主义模式，即主张只有商人双方或一方参加的法律行为才是商事行为。三是以日本为代表的折中主义模式，即认为商事行为的认定标准应当兼采主观主义与客观主义，如《日本商法典》第五百零三条规定："商人为其营业所实施的行为，为商行为。"客观主义模式侧重于商事行为的样态枚举，将概念具体化，但难以穷尽所有商事行为。如《韩国商法典》第46条列举了20多种商事行为。[①] 针对商事行为立法，在商法史上，1882年《意大利商法典》曾规定了24种具体商行为类型，被认为是当时欧洲大陆的商法典中列举得最全面的。[②] 1898年《日本商法典》的第五百零一条规定了4种绝对商行为，第五百零二条列举了12种商行为，而对商事活动的规整可谓相当丰富，即在商事基本法中明确回答了哪些主体具备商事能力而可从事商事行为，"商事行为"又如何做出界定，以及是不是"凡营利性的行为就是商事行为"。另如《阿富汗商法典》第10条规定："偶尔或碰巧一次所为商业交易的人，不视为商人。所进行的交易和活动，须由该商法规制。"

主观主义模式从"商人"概念导出商事行为，《魁北克民法典》在商事行为识别方面采取了一般条款的规定形式，其第1525条规定，"一人或多人从事的有组织的经济活动不论其在本质上是否具有商业性，均可构成企业运作"。此定义高度抽象，不够具体、不易操作。

主观主义与客观主义相结合，这种立法例又称折中主义原则，既有抽象概括，又有具体行为界定，能够形成严谨逻辑关系，避免了单纯使用主观或客观主义的不足，不失为一种较科学的界定体例，为现代商法所采用。

就我国立法文件来说，通过"北大法宝"网站进行检索，较早出现"营业行为"的是1984年的部门规章，迄今[③]有7篇部门规章使用该范畴（见表5-1）。但使用"经营行为"概念的更普遍，部门规章达30多篇。相关法规专门针对境内提供应税劳务、转让无形资产和销售不动产的经营行为开征了营

---

① 参见《韩国商法》，吴日焕译，中国政法大学出版社1999年版，第12-13页。
② 参见夏小雄《商行为的体系定位和结构转换》，载《环球法律评论》2017年第1期，第49-63页。
③ "迄今"的时间是从笔者撰文《论营业行为的商法安排》算起，此文发表于《学术论坛》2019年第1期；之所以收入此书是缘于其作为营业有关的立法历史资料，具有一定史料价值。

业税种(参见1993年12月13日国务院公布的《中华人民共和国营业税暂行条例》第五条、1993年12月25日财政部公布的《中华人民共和国营业税暂行条例实施细则》第四条)。

表5-1 我国直接使用过"营业行为"的规范性文件列举

颁行机构/编号	文件名称	生效时间	涉及内容
工商总局/工商个字〔2017〕169号	工商总局关于贯彻落实《无证无照经营查处办法》的通知	2017.9.26公布/同日施行	限定了无证无照经营的查处范围,放宽了对创新性营业行为及民生性营业行为的要求
国家环境保护总局/环函〔2003〕355号	国家环境保护总局关于对餐饮等服务企业行政处罚有关问题的复函	2003.12.19公布/同日施行	违反"三同时"制度的饮食、娱乐、服务企业,由于其营业行为造成环境污染,环保部门依照《建设项目环境保护管理条例》第28条的规定,对此类违法营业行为实施处罚
铁道部/铁运〔2003〕45号	铁道部关于规范铁路货运营业行为的若干规定	2003.5.28公布/2003.6.1施行	为进一步理顺铁路货运营业与延伸服务及运输代理的关系,规范铁路货运营业行为
中国民用航空总局/中国民用航空总局令第37号	民用航空运输销售代理业管理规定	1993.8.3公布/同日施行〔现已失效〕	销售代理人对其分支机构或者营业分点的营业行为,应当承担责任
财政部/〔84〕财商字第112号	国营商业、外贸企业成本管理实施细则	1984.8.20公布/同日施行〔现已失效〕	各级行政单位、事业单位、部队和团体经过主管机关批准,对外有营业行为的商业、外贸企业
财政部/〔84〕财工字第194号	财政部关于财务检查中处理财物问题的若干规定	1984.5.27公布/同日施行	事业单位附属的工厂、供销单位、建筑施工单位以及一切对外有营业行为的单位,都应依法交纳工商税和工商所得税

续表 5-1

颁行机构/编号	文件名称	生效时间	涉及内容
财政部/（84）财工字第138号	国营工业、交通运输企业成本管理实施细则	1984.4.26 公布/同日施行	行政、事业单位和部队、团体所属对外有营业行为，经过工商登记，实行独立经济核算制的工业、交通运输企业（少数属于试验、实验性质的工厂除外）

显然，以上营业行为/经营行为的立法表述与国外立法及著述中所提到的"商事行为"概念的内涵外延不尽一致，此处主要指具有营业能力和资格的主体所为的营利性经营活动，与《深圳经济特区商事条例》曾规定的"商行为"概念相当："指商人从事的生产经营、商品批发及零售、科技开发和为他人提供咨询及其他服务的行为。"但《深圳经济特区商事条例》对商行为的界定不够成功，与商法发展中的"商事行为"概念相距甚远，不能将二者等同视之。况且该法规属于地方立法的尝试，现已失效。

从汉语表达方面来看，我国官方文件中采用的"营业行为"概念较"商事行为"更通俗化、更便于理解适用，但仍不能替代商事行为范畴。营业行为可作商事行为体系中的核心范畴使用，立法上可被定义为"商事主体以营利为目的、持续性、有计划性、有组织的经营性活动"。商事行为范畴在我国商法体系的植入和构建也大有必要。而且，《日本商法典》所确立的折中主义商事行为立法例，规定了绝对商行为、营业商行为和附属商行为三大类型，分别适用不同的规则，① 起到了全面规制商事行为的作用，在法律的适用上具有一定的优越性，便于操作和施行。② 在"法条表达的精确与通俗不能得兼时，精确优于通俗"③。

本书认为，商法学界出现的以营业行为代替商事行为的观点并不足取，而

---

① 如《日本商法典》第501条及第502条对绝对商行为做出了明确列举，任何主体实施以上行为都受商法调整。同时，第503条又规定：（1）商人为其营业所进行的行为，为商行为。（2）商人的行为推定为其营业实施的行为。又称为附属商行为，即指商人为了营业实施的行为，具有突出的手段性、辅助性。

② 参见张志坡《日本法上的绝对商行为及其启示》，载《安徽大学学报（哲学社会科学版）》2012年第3期，第136-143页。

③ 谢鸿飞：《民法典的外部体系效益及其扩张》，载《环球法律评论》2018年第2期，第28页。

应将商事行为范畴作为营业行为的上位概念加以法律化。有鉴于此，不妨借鉴日本法上商事行为的立法分类，除规定营业行为之外，我国商事行为范畴还可包括非商事主体可以为之的证券交易、票据行为等绝对商行为及附属的商行为（如商场自助寄存行为）。① 以此逻辑进行营业行为的商法制度安排才不至于引起商法体系的传统架构紊乱，又能嵌入当下现行的商事秩序。

比较通俗、亲民的营业行为概念，以及商事行为制度特性的熔铸、形塑，有利于相关法律体系应对商业电子化、金融科技化新浪潮的冲击。将专车服务、众筹平台经营、搜索引擎收费广告等新的商业业态/模式统括在商法调整之内，能够促进有中国特色的"互联网+"的市场经济秩序的建构，使其更好地适应21世纪中国商业发展的趋势，打造一条商法规范的创新之路。

（二）商事行为一般条款应如何立法表达

确立商事行为的法定概念和标准，有助于达到正确适用商法并依法促进商事交易、维持商事秩序的目的。我国《民法典》编纂采民商相对合一的立法体例，其总则编对商事行为的规定相较于《民法通则》更加丰富，② 但同时也留下了"立法剩余"。制定与完善中国商事行为规则，不仅需要反思作为基本单元的商事行为概念的可移植性，还要考量其市场的适用性和满足商人交易的可预期性。基于商事行为规范的特殊性，舍弃不同种类、不同具体营业行为的差别，提炼出规制这些行为的统一范畴及一般条款，打造支撑商法的基本法域之一的商事行为法，进而支持商法的整体构造，③ 是有益的立法进路。

需要细致考量的是，立法文件究竟应采取"商事行为"概念，还是使用"商行为""商业行为"或"商业活动"等概念。日本、德国等国的商法体系采取的是"商行为"概念。我国台湾地区有学者认为宜采用"商事行为"概念，如张国健认为："商事行为，系与民事行为（即民事活动）对立，须受商法法典及其特别法习惯法支配；民事行为（民事活动），则受民法典及其特别

---

① 该概念对解决超市自助寄存纠纷具有现实意义。
② 如《民法总则》第一百二十四条第二款规定："法人、非法人组织依照法律或者章程规定的议事方式和表决程序作出决议的，该决议行为成立。"其在民事法律行为一章规定了法人、非法人组织决议行为的成立。另如《民法总则》第一百四十条第二款规定，"沉默只有在有法律规定、当事人约定或者符合当事人之间的交易习惯时，才可以视为意思表示"。承认了沉默在符合交易习惯时的承诺效力。
③ 参见王保树《商法》，北京大学出版社2011年版，第46页。

法习惯法的支配。"① 本书认为，以上概念无本质上的差异，但细致权衡起来，采纳"商事行为"应较为严谨。因为"商事行为"既与我国立法传统中的"民事行为"相对应，易于为立法者和实务界所接受，也可以跟国际立法术语相衔接。② 在我国，"商事行为"概念的基础地位在于：一是对营利性行为或在营业上发生行为的抽象，揭示了这种法律现象的本质特征，适应了抽象这种法律现象的需要。二是舍弃具体商事行为在种类、性质上的差别，成为规制这些行为的规则所使用的不可或缺的统一概念，并因此支撑起商事行为规范体系，进而支持商法的整体构造。③ 在立法技术上，商事基本法律立法首先要从整个商事行为规范体系中提取商事行为概念，再对商事行为做出明确的规定与界定，以抽象出真正属于共同性规则的内容。在此基础上，我们有必要对商事行为进行列举，同时可借鉴《韩国商法典》的做法，鉴于商事行为种类在列举上的不周延性，可以以"其他与营业相关的行为"的规定作为兜底性条款，将主要的、常见的商事行为进行列举性规定。④

值得注意的是，为顺应20世纪晚期以来国际上的民法典修订潮流，日本出现了将商事行为法总则的大部分内容、买卖法的部分内容纳入民法（债权法）的立法融合趋势。⑤ 而商事行为不同于民事行为的主体商人性（是商人的营业行为）、动机营利性（以营利为目的行为）、行为营业性（以营业为职业的行为）的特点是不能抹杀的，因而应保留商事行为的特别规范。商事行为要求简便、敏捷、方式定型化、重外观色彩，强调公知性、机会均等，并采取严格责任制度，对商事行为采取的法定利率要比一般民事借贷利率要高。在商事行为抵押中，抵押权人对抵押物拥有很大的处置权。为保护商事行为所产生的权利，人们在诉讼时效上多采用短期时效原则。如法国一般财产诉讼时效为30年；而对商人之间和非商人之间，因其商务所发生之债，其诉讼时效为10年（即《法国商法典》第189条）。关于船长命令水手提供食物的支付诉讼，关于船舶建造、装备及给养材料供应的支付诉讼，以及关于已完成工程的支付

---

① 张国键：《商事法论》，中国台北三民书局1980年版，第6-7页。
② 1985年《联合国国际贸易法委员会国际商事仲裁示范法》规定了"商事"是指"具有商事性质的事项"。
③ 参见王保树《商法》，北京大学出版社2011年版，第46页。
④ 参见郑曙光、胡新建《现代商法：理论基点与规范体系》，中国人民大学出版社2013年版，第163页。
⑤ 参见王保树、朱慈蕴《赴日考察日本商法总则·商行为法的报告》，见王保树《商事法论集（总第15卷）》，法律出版社2009年版，第268页。

诉讼，其时效均为请求权发生后1年。法律尤其对商事贷款行为提出了特别严格的责任，若延期还款则要按提高的法定利率支付。另外，法律为维护投资者、第三者和国家及社会的利益，赋予商事行为以公开性（如商人的登记制度、公示制度、账目公开制度）。对于连带责任，在商事活动中可根据商人身份推定其负有连带责任；而关于民事行为，则只在由合同做出了专门规定时，相关主体才负有连带责任。

在立法上，宜通过出台商事基本法律文件（《商法通则》或《商法典》），从整个商事行为规范体系中抽象出真正属于商事行为的共同要素，并提取商事行为概念，再借鉴日本商事行为立法模式进行二级分类，将营业行为设计为商事行为的主要类别和核心内容。诚然，2017年日本国会通过了民法（债权法）修改案，对部分商事行为法内容做了删改，但并没有全部取消商事行为法，而且从《韩国商法典》借鉴日本商法后并未形成空壳化的后发型法治经验看，日本商事行为法的总体框架仍有借鉴价值。为此，在营业行为的三级分类上则可参考《韩国商法典》第46条的规定做进一步列举。如该条列举的营业行为形式达20多项，[①] 我国学者提出的《商法通则》专家建议稿借鉴了《韩国商法典》第46条的规定范例，赵旭东教授主持撰写的最新版《商法通则》专家建议稿所列举的营业商行为达22种。[②] 这些草拟成果颇值得肯定。而且，鉴于列举上的不周延性，"其他与营业相关的行为"之兜底性条款的设计不可或缺，[③] 以便预设和调整新型营业行为（如网络金融交易），有利于线下线上商事行为一般条款的一体适用。在营业行为的私法效力方面，可借鉴《非洲一般商法统一法》第二章商事行为能力的有关规定，"任何人，若不具有法律上商事营业的能力，不得以完成商事行为作为自身职业"，"在特别法律规定不

---

① 参见《韩国商法》，吴日焕译，中国政法大学出版社1999年版，第12-13页。

② 参见赵旭东教授主持的《中华人民共和国商法通则（立法建议稿）》，其中第八十五条规定，商事主体经营其营业所为的一切行为为商事行为。包括商事主体所实施的下列行为：（1）动产、不动产、有价证券及其他财产的买卖；（2）动产、不动产、有价证券及其他财产的租赁；（3）与制造加工或者修缮有关的行为；（4）与电、电波、煤气或者供水有关的行为；（5）承揽作业或者劳务；（6）与出版、印刷或者摄影有关的行为；（7）与广告、通信或者情报有关的行为；（8）信贷、票据及其他金融交易行为；（9）以招徕顾客为目的而设置的场所上的交易；（10）承担商事行为的代理；（11）与居间有关的行为；（12）寄卖及其他中介的行为；（13）承接运输；（14）承接保管；（15）承接信托；（16）互助金及类似行为；（17）保险；（18）有关采矿或者取土等的行为；（19）有关机械、设施及其他财产的物融为；（20）与商号、商标等使用许可有关的营业行为；（21）关于营业上的债权的买入、回收等行为；（22）其他行为。

③ 参见郑曙光、胡新建《现代商法：理论基点与规范体系》，中国人民大学出版社2013年版，第163页。

适格的情形下,任何人不得从事经商活动","不适格主体从事的商事活动对善意第三人有效,除非该行为与公序良俗相抵触"①。这样便于与《公务员法》《法官法》中关于禁止公务员、法官从事营利性经营活动的规定有机衔接起来,以减少司法判断与行政管制在营业行为效力认定方面的冲突。

通过制定商事基本法律文件(《商法通则》或《商法典》)对营业和营业资产概念进行法律化,将营业资产规定为"商事主体运用一定设施(包括网络设备、数字化技术)从事工商业经营的各种财产、权益、法律关系的总和",不仅能够从立法上确认其可交易的客体属性(如《法国商法典》第四编"营业资产"第一章"营业资产的买卖"用了20多个条文对营业转让合同做了规定,②并据此确立起既不同于买卖契约,也有别于企业组织兼并的营业转让制度),还能够对"互联网+"数字化经济的新交易形式做出及时回应。

具体到商事行为规则的立法建议是,由于传统商法中的商事行为由商事习惯发展而来,并非源自罗马法体系,所以不能机械套用民法上的法律行为效果认定标准(即意思表示真实),而应提炼、归纳商事行为的持续性营业特征、商事外观法理,运用定义条款和兜底性一般条款,对商事行为的内涵外延做出科学界定,并对商事行为的效力判断规则做出规定。我们不妨采纳学者对商事行为进行列举的建议,即以"其他与营业相关的行为"这种条款兜底,对主要的、常见的商事行为做列举性规定。③

此外,民商区分规则中的商事行为/营业行为一般条款设计与反映商事行为特性的具体制度安排有机组合,可以发挥商法"体系化效应"。例如,《民法典》仅规定了部分商事代理(职务代理)的内容,应补齐"独立型的商事代理(商事辅助)制度",对合同解除做出适当限制,从而为代理商终止合同后补偿请求权益救济提供明文依据,充分维护涉外贸易交往代理商的权益,保障交易安全。

又如,对于商事交互计算规则设计问题来说,交互计算合同是指当事人有义务将交易所产生的债权及债务金额计入账户,或者于约定期限届满时依法律许可的电子化支付等其他结算方式请求支付余额的合同。我国台湾地区"民法有关规定"(第四百条至第四百零五条)的规定相对简陋,而《德国商法

---

① 夏小雄:《非洲统一化法案》,第二届北京大学商法圆桌论坛"商法典编纂的全球印象",2018年6月2日于北京。
② 参见《法国商法典(上册)》,罗结珍译,北京大学出版社2015年版,第11页。
③ 参见郑曙光、胡新建《现代商法:理论基点与规范体系》,中国人民大学出版社2013年版,第163页。

典》第 355 条至第 357 条、《日本商法典》第五百二十九条至第五百三十四条、《澳门商法典》第八百二十条至第八百三十条所做的规定则相对丰富，充分考虑了商事交易特性。我国未来制定《商法通则》时可就交互计算问题通过专门一节予以立法，规定利息计算的规则，即规定"利息计算有约定从约定，无约定则从习惯，无习惯则按法定利率计付"；规定决算的期限，即规定"决算期限若无约定或习惯，每半年决算一次"。此外，还应顺应电子化支付发展趋势，设置兜底性一般条款，对 B2B、B2C 交易一体适用，具体规则可参考国外商法典的相应规定。

小　　结

对于《民法典》编纂完成、民商关系定型后产生的"商事立法剩余"，本章进行了对典外商事立法适用完善问题的深入探讨，基于商法一般条款的分类加入规律，指出了典外商事立法宜转向冲突型商法规范的完善，主要可通过接续制定商事基本法律文件实行。同时，分四节对其路线图及商法制度核心一般条款（商事风险防范一般条款、商事信赖责任原则、商事习惯法源优位适用方法、商法解释规准），以及商事主体、商事行为一般条款的具体设计问题进行了细致阐述，以期整合商事立法精华，起到承前启后、拾遗补阙的作用，为持续优化法治化营商环境提供新动力。

后记　栖栖道岂穷

《民法典》是一个国家、一个民族走向繁荣强盛的象征和标志。而作为中国特色社会主义市场经济改革开放产物的商法，应如何在与民法进行科学区分的同时又统一服务于市场经济的高质量发展，既是几百年来民商合一还是分立的历史性问题，也是商法在中国本土化进程中所遇到的理论挑战，更是在一定国情、政治经济文化背景下所当回应的法治实践难题。为此，本书跳出民商合一还是分立的宏观争论，因循商法务实逻辑，将研究重心置于民商关系三类（替代型、补充型、冲突型）规范的微观层面，再从一般条款的视角，结合《民法典》总则编及各分编的制定及实施，乃至典外商法一般条款的法律适用问题，做了二阶层面的细致化探讨，重点从"解释论＋立法论"维度，结合案例实证展开较全面深入的论述。

本书的一个核心观点是，采取实用主义"先易后难"的路线，通过立法、司法、执法、守法和典内典外互动等多元化的广义法律适用思路与方法来完善商法一般条款。例如，《民法典》内替代型商法一般条款（如绿色条款）、补充型商法一般条款（如商事权利滥用条款、交易安全原则）最好通过司法解释细化裁判规则，而冲突型商法一般条款（如商事风险防范一般条款、商事信赖责任原则）最好通过典外"剩余立法"及辅以商事行政法规、行政规章的形式来促成三类规范在商事交易、监管、裁判法的统一规范体系中的自觉凝练与理论转化。我们应致力于找到中国特色社会主义商法适用的内在逻辑和适用方法，从而在与民法及其他部门法乃至法理学的对话沟通中，彰显中国特色社会主义市场经济实践服务的存在价值以及学科特色和魅力。

作为2017年度国家社会科学基金重点课题项目"民法总则制定后我国商法一般条款的立法完善研究"最终成果的结晶之作，其汇聚了课题负责人及课题组研究团队的集体努力和写作成果，并且于2023年以优秀等级结项后，有幸入选2024年"广东哲学社会科学规划优秀成果文库"。于是，课题负责人及课题组成员又利用有限的时间，有针对性地做了相应的修订、补充和完善。主要反映在如下方面：一是根据专家鉴定意见，充实了对典内典外商法一般条款的案例分析内容，以补结项成果中商法一般条款适用方法论的薄弱之处；二是适当汲取最新文献成果的经验，对相关阐述做了更新和有益补充；三是结合新修订的《公司法》以及《民法典》等，做了相应跟进论述。

古诗有云，"持论戒雷同"，"栖栖道岂穷"。尽管本书力求从民商关系规范、具体制度规范与一般条款规范的层面做出学术与实务的创新探索，也有幸获得2023年度国家社会科学基金重点课题结项优秀的好成绩，并入选"广东哲学社会科学规划优秀成果文库"，但笔者仍心怀忐忑，祈盼读者方家指正。

值本书出版之际，课题负责人向主要参与课题的作者（王睿、吴劲文、黄志成、丛珊、丁紫晗等）及协助人对本书的成稿做出的贡献表示衷心感谢！并向全国哲学社会科学规划办公室和广东省哲学社会科学规划领导小组办公室、中山大学出版社及本书策划编辑金继伟对本书的出版发行做出的贡献表示衷心感谢！

周林彬
2024 年 5 月于广州中山大学康乐园书宅

参考文献

一、中文著作

[1]《商法学》编写组. 商法学 [M]. 2 版. 北京：高等教育出版社，2022.

[2] 陈醇. 商行为程序研究 [M]. 北京：中国法制出版社，2006.

[3] 陈锐雄. 民法总则新论 [M]. 台北：三民书局，1982.

[4] 陈甦. 民法总则评注 [M]. 北京：法律出版社，2020.

[5] 陈永强. 私法的自然法方法 [M]. 北京：北京大学出版社，2016.

[6] 程合红. 商事人格权论：人格权的经济利益内涵及其实现与保护 [M]. 北京：中国人民大学出版社，2002.

[7] 崔建远. 合同法学 [M]. 北京：法律出版社，2015.

[8] 樊涛. 中国商法渊源的识别与适用 [M]. 北京：法律出版社，2015.

[9] 范健，等. 商法学 [M]. 北京：高等教育出版社，2019.

[10] 范健，王建文. 商法学 [M]. 4 版. 北京：法律出版社，2015.

[11] 高在敏. 商法的理念与理念的商法 [M]. 西安：陕西人民出版社，2000.

[12] 郭富青. 公司权利与权力二元配置论 [M]. 北京：法律出版社，2010.

[13] 洪伟，等. 安全保障义务论 [M]. 北京：光明日报出版社，2010.

[14] 胡雪梅. 英国侵权法 [M]. 北京：中国政法大学出版社，2008.

[15] 黄茂荣. 法学方法论与现代民法 [M]. 北京：中国政法大学出版社，2001.

[16] 姜福东. 法律解释的范式批判 [M]. 济南：山东人民出版社，2010.

[17] 康纪田. 物权的经济分析 [M]. 北京：知识产权出版社，2011.

[18] 孔祥俊. 法律方法论：第二卷 [M]. 北京：人民法院出版社，2006.

[19] 李春. 商事责任研究 [M]. 北京：中国法制出版社，2013.

[20] 李功国. 中国古代商法史稿 [M]. 北京：中国社会科学出版社，2013.

[21] 李政辉. 商人主体性的法律建构[M]. 北京：法律出版社，2013.
[22] 梁慧星，陈华彬. 物权法[M]. 北京：法律出版社，2016.
[23] 梁慧星. 民法总论[M]. 北京：法律出版社，2001.
[24] 刘得宽. 民法诸问题与新展望[M]. 北京：中国政法大学出版社，2002.
[25] 刘建民，刘言浩. 商事侵权责任法[M]. 上海：复旦大学出版社，2012.
[26] 刘丽. 国际商法视阙下的一般法律原则[M]. 北京：法律出版社，2015.
[27] 刘运宏，周凯. 上市公司市场化收购的公平与效率问题研究[M]. 北京：中国法制出版社，2014.
[28] 楼建波. 金融商法的逻辑：现代金融交易对商法的冲击和改造[M]. 北京：中国法制出版社，2017.
[29] 吕来明. 商法研究[M]. 北京：中国政法大学出版社，2016.
[30] 马俊驹. 人格和人格权理论讲稿[M]. 北京：法律出版社，2009.
[31] 梅仲协. 民法要义[M]. 北京：中国政法大学出版社，1998.
[32] 潘琪. 美国《统一商法典》解读[M]. 北京：法律出版社，2020.
[33] 乔欣. 公司纠纷的司法救济[M]. 北京：法律出版社，2007.
[34] 邱澎生. 当法律遇上经济：明清中国商业法律[M]. 台北：五南图书出版公司，2008.
[35] 全先银. 商法上的外观主义[M]. 北京：人民法院出版社，2007.
[36] 任先行，周林彬. 比较商法[M]. 北京：北京大学出版社，1999.
[37] 任先行. 商法原论[M]. 北京：知识产权出版社，2016.
[38] 史尚宽. 民法总论[M]. 北京：中国政法大学出版社，2000.
[39] 苏永钦. 私法自治中的经济理性[M]. 北京：中国人民大学出版社，2004.
[40] 苏永钦. 走入新世纪的私法自治[M]. 北京：中国政法大学出版社，2002.
[41] 孙晓洁. 公司法原论[M]. 北京：中国检察出版社，2011.
[42] 覃有土. 商法学[M]. 北京：高等教育出版社，2014.
[43] 汤欣. 公司治理与资本市场法制[M]. 北京：法律出版社，2015.
[44] 王保树. 商法[M]. 北京：北京大学出版社，2011.
[45] 王保树. 中国商事法[M]. 北京：人民法院出版社，2003.

[46] 王建文. 中国商法的理论重构与立法构想 [M]. 北京：中国人民大学出版社, 2018.

[47] 王利明, 等. 民法典新规则解读与适用：人格权编 [M]. 北京：法律出版社, 2024.

[48] 王利明. 法律解释导论 [M]. 北京：法律出版社, 2009.

[49] 王利明. 法律解释学 [M]. 北京：法律出版社, 2017.

[50] 王利明. 民法总论 [M]. 2版. 北京：中国人民大学出版社, 2015.

[51] 王利明. 侵权行为法归责原则研究 [M]. 北京：中国政法大学出版社, 2004.

[52] 王文宇. 公司法论 [M]. 北京：中国政法大学出版社, 2004.

[53] 王轶. 民法原理与民法学方法 [M]. 北京：法律出版社, 2009.

[54] 王泽鉴. 民法概要 [M]. 北京：中国政法大学出版社, 2003.

[55] 魏振瀛. 民法 [M]. 北京：北京大学出版社, 高等教育出版社, 2000.

[56] 肖海军. 营业权论 [M]. 北京：法律出版社, 2007.

[57] 谢怀栻. 外国民商法精要 [M]. 北京：法律出版社, 2002.

[58] 谢在全. 民法物权论：上册 [M]. 北京：中国政法大学出版社, 2011.

[59] 谢在全. 民法物权论：下册 [M]. 北京：中国政法大学出版社, 2011.

[60] 徐强胜. 商法导论 [M]. 北京：法律出版社, 2013.

[61] 徐学鹿, 梁鹏. 商法总论：修订版 [M]. 北京：中国人民大学出版社, 2009.

[62] 徐学鹿. 商法学 [M]. 4版. 北京：中国人民大学出版社, 2015.

[63] 薛波. 民法典时代民商关系论 [M]. 上海：上海人民出版社, 2021.

[64] 尹田. 物权法理论评析与思考 [M]. 北京：中国人民大学出版社, 2004.

[65] 于海涌. 中国民法典草案立法建议 [M]. 北京：法律出版社, 2016.

[66] 张国键. 商事法论 [M]. 台北：三民书局, 1980.

[67] 张民安. 商法总则制度研究 [M]. 北京：法律出版社, 2007.

[68] 赵晓耕. 宋代官商及其法律调整 [M]. 北京：中国人民大学出版社, 2001.

[69] 赵旭东. 商法学 [M]. 3版. 北京：高等教育出版社, 2015.

[70] 郑成良. 法律之内的正义：一个关于司法公正的法律实证主义解读 [M]. 北京：法律出版社, 2002.

[71] 郑曙光, 胡新建. 现代商法：理论基点与规范体系 [M]. 北京：中国

人民大学出版社，2013．

［72］郑颖慧．宋代商业法制研究：基于法律思想视角［M］．北京：法律出版社，2010．

［73］郑玉波．民商法问题研究［M］．台北：三民书局，1980．

［74］中国人民银行研究局，等．中国动产担保物权与信贷市场发展［M］．北京：中信出版社，2006．

［75］周林彬，官欣荣．我国商法总则理论与实践的再思考：法律适用的角度［M］．北京：法律出版社，2015．

［76］周林彬，任先行．比较商法导论［M］．北京：北京大学出版社，2000．

［77］周林彬．当代民商法：原理与方法［M］．北京：中国法制出版社，2007．

［78］周友军．侵权责任法专题讲座［M］．北京：人民法院出版社，2011．

［79］朱庆育．民法总论［M］．北京：北京大学出版社，2016．

［80］曾大鹏．商事物权与商事债权制度研究［M］．北京：中国法制出版社，2012．

［81］曾世雄．民法总则之现在与未来［M］．北京：中国政法大学出版社，2001．

二、中文译著

［1］巴尔．欧洲比较侵权行为法：上卷［M］．张新宝，译．北京：法律出版社，2004．

［2］巴尔．欧洲比较侵权行为法：下卷［M］．焦美华，译．北京：法律出版社，2004．

［3］鲍尔，施蒂尔纳．德国物权法：上［M］．张双根，译．北京：法律出版社，2004．

［4］鲍尔，施蒂尔纳．德国物权法：下［M］．张双根，译．北京：法律出版社，2004．

［5］波斯纳．法律的经济分析：第7版［M］．2版．蒋兆康，译．北京：法律出版社，2012．

［6］波斯坦，等．剑桥欧洲经济史：第2卷［M］．王春法，译．北京：经济科学出版社，2004．

［7］伯尔曼．法律与革命：西方法律传统的形成［M］．贺卫方，等译．北

京：中国大百科全书出版社，1993.
- [8] 茨威格特，克茨. 比较法总论［M］. 潘汉典，等译. 北京：法律出版社，2003.
- [9] 恩吉施. 法律思维导论［M］. 郑永流，译. 北京：法律出版社，2004.
- [10] 法国商法典：上册［M］. 罗结珍，译. 北京：北京大学出版社，2015.
- [11] 法国商法典：下册［M］. 罗结珍，译. 北京：北京大学出版社，2015.
- [12] 富勒. 法律的道德性［M］. 郑戈，译. 北京：商务印书馆，2005.
- [13] 盖斯旦. 法国民法总论［M］. 陈鹏，等译. 北京：法律出版社，2004.
- [14] 宫本健藏. 日本的安全照顾义务论的形成与展开［M］. 金春龙，译. 北京：清华大学出版社，2004.
- [15] 海玛. 荷兰新民法典导论［M］//荷兰民法典. 王卫国，主译. 北京：中国政法大学出版社，2006.
- [16] 韩国商法［M］. 吴日焕，译. 北京：中国政法大学出版社，1999.
- [17] 霍恩，等. 德国民商法导论［M］. 楚建，译. 北京：中国大百科全书出版社，1996.
- [18] 霍菲尔德. 基本法律概念［M］. 张书友，译. 北京：中国法制出版社，2009.
- [19] 居荣. 法国商法：第1卷［M］. 罗结珍，赵海峰，译. 北京：法律出版社，2004.
- [20] 卡尔卡诺. 商法史［M］. 贾婉婷，译. 北京：商务印书馆，2017.
- [21] 卡纳里斯. 德国商法［M］. 杨继，译. 北京：法律出版社，2006.
- [22] 科勒. 德国民法总论：第44版［M］. 刘洋，译. 北京：北京大学出版社，2022.
- [23] 克莱默. 法律方法论［M］. 周万里，译. 北京：法律出版社，2019.
- [24] 拉德布鲁赫. 法学导论［M］. 米健，朱林，译. 北京：中国大百科全书出版社，1997.
- [25] 拉伦茨. 德国民法通论：上册［M］. 王晓晔，等译. 北京：法律出版社，2003.
- [26] 拉伦茨. 德国民法通论：下册［M］. 王晓晔，等译. 北京：法律出版社，2003.
- [27] 拉伦茨. 法学方法论［M］. 陈爱娥，译. 北京：商务印书馆，2003.
- [28] 龙田节. 商法略说［M］. 谢次昌，译. 兰州：甘肃人民出版社，1985.
- [29] 梅迪库斯. 德国民法总论［M］. 邵建东，译. 北京：法律出版社,2013.

[30] 梅因. 古代法[M]. 高敏,瞿慧虹,译. 北京:九州出版社,2007.
[31] 摩尔根. 古代社会[M]. 杨东莼,等译. 北京:商务印书馆,1997.
[32] 庞德. 通过法律的社会控制[M]. 沈宗灵,译. 北京:商务印书馆,2010.
[33] 日本最新商法典译注[M]. 刘成杰,译. 北京:中国政法大学出版社,2012.
[34] 萨科. 比较法导论[M]. 费安玲,等译. 北京:商务印书馆,2014.
[35] 萨维尼. 当代罗马法体系[M]. 张虎,译. 北京:中国法制出版社,2010.
[36] 萨维尼. 立法与法学的当代使命[M]. 许章润,译. 北京:中国法制出版社,2001.
[37] 山本敬三. 民法讲义Ⅰ[M]. 解亘,译. 北京:北京大学出版社,2004.
[38] 施米托夫. 国际贸易法文选[M]. 赵秀文,译. 北京:中国大百科全书出版社,1993.
[39] 松波仁一郎. 日本商法论[M]. 秦瑞玠,郑钊,译. 北京:中国政法大学出版社,2005.
[40] 泰格,利维. 法律与资本主义的兴起[M]. 纪琨,译. 上海:学林出版社,1996.
[41] 威廉姆森. 资本主义经济制度:论企业签约与市场签约[M]. 段毅才,王伟,译. 北京:商务印书馆,2011.
[42] 韦伯. 论经济与社会中的法律[M]. 张乃根,译. 北京:中国大百科全书出版社,1998.
[43] 维亚克尔. 近代私法史:上[M]. 陈爱娥,黄建辉,译. 上海:上海三联书店,2006.
[44] 维亚克尔. 近代私法史:下[M]. 陈爱娥,黄建辉,译. 上海:上海三联书店,2006.
[45] 魏德士. 法理学[M]. 丁晓春,吴越,译. 北京:法律出版社,2003.
[46] 我妻荣. 新订民法总则[M]. 于敏译. 北京:中国法制出版社,2008.
[47] 我妻荣. 新法律学辞典[M]. 董璠舆,等译. 北京:中国政法大学出版社,1991.
[48] 沃尔夫. 司法能动主义:自由的保障还是安全的威胁[M]. 黄金荣,

译. 北京：中国政法大学出版社，2004.

[49] 沃森. 民法法系演变及形成［M］. 李静冰，姚新华，译. 北京：中国法制出版社，2005.

[50] 西班牙商法典［M］. 潘灯，高远，译. 北京：中国政法大学出版，2009.

[51] 意大利民法典［M］. 费安玲，等译. 北京：中国政法大学出版社，2004.

[52] 志田钾太郎. 商法总则［M］. 熊元楷，编. 上海：上海人民出版社，2013.

三、外文著作

[1] 關俊彥. 商法總論總則［M］. 東京：有斐閣，2003.

[2] BREWER J, STAVES S. Early modern conceptions of property［M］. London：Routledge，1996.

[3] CANARIS C-W. Systemdenken und Systembegriff in der Jurisprudenz［M］. Berlin：Duncker & Humblot，1983.

[4] HEDEMANN J W. Die Flucht in die Generalklauseln：eine Gefahr für Recht und Staat［M］. Tübingen：Mohr，1933.

[5] O'KELLEY C R T, THOMPSON R B. Corporations and other business associations：cases and materials［M］. New York：Wolters Kluwer Law & Business，2014.

[6] PALMITER A R. Securities regulation［M］. New York：Wolters Kluwer Law & Business，2011.

[7] POSNER E A, WEYL E G. Radical markets：uprooting capitalism and democracy for a just society［M］. Princeton：Princeton University Press，2018.

[8] WILLIAMSON O E. The economic institutions of capitalism［M］. New York：Free Press，1985.

四、中文期刊论文

[1] 陈洪磊. 民法典视野下我国商事习惯的司法适用［J］. 政治与法律，

2021（4）：26-41.
[2] 陈凌云. 夫妻共同债务认定规则中的伪命题：共同生产经营［J］. 当代法学，2020，34（2）：23-32.
[3] 陈甦. 体系前研究到体系后研究的范式转型［J］. 法学研究，2011，33（5）：3-19.
[4] 陈卫佐. 现代民法典编纂的沿革、困境与出路［J］. 中国法学，2014（5）：252-272.
[5] 程淑娟. 商行为：一种类型化方法的诠释［J］. 法制与社会发展，2013，19（3）：100-111.
[6] 崔建远. "担保"辨：基于担保泛化弊端严重的思考［J］. 政治与法律，2015（12）：109-123.
[7] 崔建远. 民事合同与商事合同之辨［J］. 政法论坛，2022，40（1）：56-73.
[8] 崔建远. 先签合同与后续合同的关系及其解释［J］. 法学研究，2018，40（4）：69-82.
[9] 丁勇. 认缴制后公司法资本规则的革新［J］. 法学研究，2018，40（2）：155-174.
[10] 董淳锷. 公司法改革的路径检讨和展望：制度变迁的视角［J］. 中外法学，2011，23（4）：820-836.
[11] 董淳锷. 商事自治规范司法适用的类型研究［J］. 中山大学学报（社会科学版），2011，51（6）：171-180.
[12] 樊涛. 商法通则：中国商事立法的应然选择：附：《中华人民共和国商法通则》建议稿［J］. 河南大学学报（社会科学版），2008（3）：14-24.
[13] 范健. 编纂《中国商法典》前瞻性思考［J］. 广东社会科学，2018（3）：219-227.
[14] 范健. 民法典编纂背景下商事立法体系与商法通则立法研究［J］. 中国法律评论，2017（1）：71-91.
[15] 房绍坤，曹相见. 标表型人格权的构造与人格权商品化批判［J］. 中国社会科学，2018（7）：139-162.
[16] 高圣平. 论担保物权"一般规定"的修改［J］. 现代法学，2017，39（6）：20-33.
[17] 高永周，蒋人杰. 浅析股权法律性质：以团体法为视角［J］. 法学杂

志，2010，31（12）：129-131.
[18] 韩世远. 《国际商事合同通则》与中国合同法的发展[J]. 环球法律评论，2015，37（6）：69-82.
[19] 贺剑. 论婚姻法回归民法的基本思路：以法定夫妻财产制为重点[J]. 中外法学，2014，26（6）：1500-1521.
[20] 黄泷一. 英美法系的物权法定原则[J]. 比较法研究，2017（2）：84-104.
[21] 江必新. 商事审判与非商事民事审判之比较研究[J]. 法律适用，2019（15）：3-12.
[22] 江平. 制订一部开放型的民法典[J]. 政法论坛，2003（1）：4-9.
[23] 江滢. 日常家事代理权的构成要件及立法探讨[J]. 法学杂志，2011，32（7）：102-105.
[24] 蒋大兴. 《民法总则》的商法意义：以法人类型区分及规范构造为中心[J]. 比较法研究，2017（4）：53-74.
[25] 蒋大兴. 《商法通则》/《商法典》的可能空间？：再论商法与民法规范内容的差异性[J]. 比较法研究，2018（5）：44-70.
[26] 蒋大兴. 《商法通则》/《商法典》总则的可能体系：为什么我们认为"七编制"是合适的[J]. 学术论坛，2019，42（1）：38-54.
[27] 蒋大兴. 超越商事交易裁判中的"普通民法逻辑"[J]. 国家检察官学院学报，2021，29（2）：3-24.
[28] 蒋大兴. 论民法典（民法总则）对商行为之调整：透视法观念、法技术与商行为之特殊性[J]. 比较法研究，2015（4）：1-23.
[29] 蒋大兴. 商法：如何面对实践？：走向/改造"商法教义学"的立场[J]. 法学家，2010（4）：155-165.
[30] 蒋大兴. 商人，抑或企业？：制定《商法通则》的前提性疑问[J]. 清华法学，2008（4）：55-71.
[31] 蒋大兴. 商事关系法律调整之研究：类型化路径与法体系分工[J]. 中国法学，2005（3）：98-107.
[32] 蒋大兴. 审判何须对抗：商事审判"柔性"的一面[J]. 中国法学，2007（4）：123-133.
[33] 蒋大兴. 为什么法定的商业秩序难以形成和维持？：尊重商法对"隐名交易"的基本立场[J]. 法制与社会发展，2024，30（2）：164-186.
[34] 雷兴虎，薛波. 论商法通则立法的缘起及时代价值[J]. 学术论坛，

2019，42（1）：8-15.

[35] 黎桦. 民法典编纂中的财产性人格权研究［J］. 政治与法律，2017（8）：12-19.

[36] 李建伟，张子昕. 民法典背景下商法内在体系的建构［J］. 河南财经政法大学学报，2021，36（6）：42-52.

[37] 李建伟.《民法总则》民商合一中国模式之检讨［J］. 中国法学，2019（3）：283-302.

[38] 李建伟. 从小商贩的合法化途径看我国商个人体系的建构［J］. 中国政法大学学报，2009（6）：121-132.

[39] 李建伟. 法源意义上的习惯与习惯法合一论：以商事习惯与商事习惯法为视角的研究［J］. 政治与法律，2021（11）：63-76.

[40] 李建伟. 后《民法典》时代商法基本原则的再厘定［J］. 学术论坛，2021，44（3）：13-24.

[41] 李建伟. 我国民法典合同法编分则的重大立法问题研究［J］. 政治与法律，2017（7）：14-24.

[42] 梁上上. 论商誉和商誉权［J］. 法学研究，1993（5）：38-44.

[43] 刘斌. 商事关系的中国语境与解释选择［J］. 法商研究，2022，39（4）：159-172.

[44] 刘道远. 基于法律行为的商业财产权变动公示研究［J］. 政法论丛，2015（3）：145-153.

[45] 刘道远. 商事侵权责任对侵权责任法的挑战及其对策［J］. 法商研究，2010，27（1）：74-84.

[46] 刘风景. 例示规定的法理与创制［J］. 中国社会科学，2009（4）：93-105.

[47] 刘俊海. 论公司法与民法典的良性互动关系［J］. 法学论坛，2021，36（2）：76-88.

[48] 刘凯湘. 剪不断，理还乱：民法典制定中民法与商法关系的再思考［J］. 环球法律评论，2016，38（6）：107-125.

[49] 刘凯湘. 物权法原则的重新审视［J］. 中外法学，2005（4）：385-399.

[50] 刘召成. 安全保障义务的扩展适用与违法性判断标准的发展［J］. 法学，2014（5）：69-79.

[51] 柳经纬. 论我国民法典形成之时总则编之调整［J］. 政治与法律，2018

（6）：104-114.

[52] 楼建波. 我国《物权法》的商事适用性 [J]. 法学杂志, 2010, 31 (1)：68-72.

[53] 陆青. 以房抵债协议的法理分析：《最高人民法院公报》载 "朱俊芳案" 评释 [J]. 法学研究, 2015, 37 (3)：62-81.

[54] 罗昆. 我国违约金司法酌减的限制与排除 [J]. 法律科学（西北政法大学学报）, 2016, 34 (2)：115-126.

[55] 吕巧珍. 委托合同中任意解除权的限制 [J]. 法学, 2006 (9)：75-81.

[56] 聂卫锋.《法国商法典》总则述评：历史与当下 [J]. 比较法研究, 2012 (3)：123-133.

[57] 钱玉林. 民法与商法适用关系的方法论诠释：以《公司法》司法解释（三）第24、25条为例 [J]. 法学, 2017 (2)：88-96.

[58] 钱玉林. 民法总则与公司法的适用关系论 [J]. 法学研究, 2018, 40 (3)：51-65.

[59] 钱玉林. 商法漏洞的特别法属性及其填补规则 [J]. 中国社会科学, 2018 (12)：91-109.

[60] 钱玉林. 我国《公司法》体系的重构：一种解释论的观点 [J]. 政治与法律, 2021 (2)：2-15.

[61] 屈茂辉. 违约金酌减预测研究 [J]. 中国社会科学, 2020 (5)：108-134.

[62] 冉克平. 论夫妻共同债务的类型与清偿：兼析法释〔2018〕2号 [J]. 法学, 2018 (6)：67-79.

[63] 冉克平. 论商事职务代理及其体系构造 [J]. 法商研究, 2021, 38 (1)：137-150.

[64] 申卫星. 物权法定与意思自治：解读我国《物权法》的两把钥匙 [J]. 法制与社会发展, 2013, 19 (5)：134-143.

[65] 施鸿鹏. 民法与商法二元格局的演变与形成 [J]. 法学研究, 2017, 39 (2)：75-94.

[66] 施天涛. 民法典能够实现民商合一吗？[J]. 中国法律评论, 2015 (4)：23-29.

[67] 施天涛. 商事法律行为初论 [J]. 法律科学（西北政法大学学报）, 2021, 39 (1)：96-111.

[68] 施天涛. 商事关系的重新发现与当今商法的使命 [J]. 清华法学, 2017, 11 (6): 136-155.

[69] 宋阳. 论交易习惯的司法适用及其限制 [J]. 比较法研究, 2017 (6): 174-186.

[70] 孙维飞. 定义、定性与法律适用：买卖型担保案型的法律适用问题研究 [J]. 华东政法大学学报, 2021, 24 (6): 166-178.

[71] 孙新强. 论美国《统一商法典》的立法特点 [J]. 比较法研究, 2007 (1): 71-87.

[72] 汤啸天. 经营者场所安全责任的合理边界 [J]. 法律科学（西北政法学院学报）, 2004 (3): 121-128.

[73] 王保树. 商事通则：超越民商合一与民商分立 [J]. 法学研究, 2005 (1): 32-41.

[74] 王建文. 从商人到企业：商人制度变革的依据与取向 [J]. 法律科学（西北政法大学学报）, 2009, 27 (5): 94-103.

[75] 王建文. 论我国商事权利的体系化构建 [J]. 当代法学, 2021, 35 (4): 93-103.

[76] 王建文. 我国商法的核心价值：逻辑展开与实践应用 [J]. 法学杂志, 2012, 33 (1): 73-80.

[77] 王建文. 我国商法引入经营者概念的理论构造 [J]. 法学家, 2014 (3): 43-49.

[78] 王建文. 中国商事司法实践中的法律适用：困境与出路 [J]. 现代法学, 2010, 32 (5): 141-149.

[79] 王乐兵. 金融创新中的隐性担保：兼论金融危机的私法根源 [J]. 法学评论, 2016, 34 (5): 50-62.

[80] 王利明. 《联合国国际货物销售合同公约》与我国合同法的制定和完善 [J]. 环球法律评论, 2013, 35 (5): 119-131.

[81] 王利明. 担保制度的现代化：对《民法典》第388条第1款的评析 [J]. 法学家, 2021 (1): 30-39.

[82] 王利明. 价金超级优先权探疑：以《民法典》第416条为中心 [J]. 环球法律评论, 2021, 43 (4): 21-37.

[83] 王利明. 略论交易习惯的功能和适用：以《合同编司法解释》第2条为中心 [J]. 南大法学, 2024 (2): 1-16.

[84] 王利明. 民商合一体例下我国民法典总则的制定 [J]. 法商研究,

2015, 32 (4): 3-9.

[85] 王利明. 人格权的属性: 从消极防御到积极利用 [J]. 中外法学, 2018, 30 (4): 845-861.

[86] 王睿. 金融创新中的非典型担保类型化探讨 [J]. 政治与法律, 2023 (1): 159-176.

[87] 王文宇. 从商法特色论民法典编纂: 兼论台湾地区民商合一法制 [J]. 清华法学, 2015, 9 (6): 62-78.

[88] 王文宇. 合同解释三部曲: 比较法观点 [J]. 中国法律评论, 2016 (1): 60-89.

[89] 王湘淳. 论夫妻股权的渐进式分层共有 [J]. 清华法学, 2023, 17 (1): 187-207.

[90] 王延川. 科学发展观与商法的价值构造 [J]. 河北法学, 2010, 28 (7): 108-115.

[91] 王艳华. 以营业为视角解释商法体系 [J]. 河北法学, 2010, 28 (5): 112-120.

[92] 王轶. 民法典的规范配置: 以对我国《合同法》规范配置的反思为中心 [J]. 烟台大学学报 (哲学社会科学版), 2005 (3): 276-282.

[93] 温世扬. 论"标表型人格权" [J]. 政治与法律, 2014 (4): 64-71.

[94] 夏沁. 论私法自治中物上之债对物权法定适用的缓和 [J]. 清华法学, 2021, 15 (6): 131-147.

[95] 夏小雄. 民商合一民法典和商法典的生存空间: 以巴西私法立法结构变迁为例 [J]. 拉丁美洲研究, 2020, 42 (5): 82-101.

[96] 夏小雄. 商法"独立性"特征之再辨析: 基于历史视角的考察 [J]. 北方法学, 2016, 10 (5): 83-93.

[97] 夏小雄. 商行为的体系定位和结构转换: 历史维度的再考察 [J]. 环球法律评论, 2017, 39 (1): 49-63.

[98] 谢鸿飞. 民法典的外部体系效益及其扩张 [J]. 环球法律评论, 2018, 40 (2): 28-50.

[99] 谢鸿飞. 民法典合同编总则的立法技术与制度安排 [J]. 河南社会科学, 2017, 25 (6): 28-36.

[100] 谢晓尧. 未阐明的规则与权利的证成: 不正当竞争案件中法律原则的适用 [J]. 知识产权, 2014 (10): 3-14.

[101] 徐涤宇. 解法典后的再法典化: 阿根廷民商法典启示录 [J]. 比较法

研究，2018（1）：180-194.

[102] 徐喜荣. 营业：商法建构之脊梁：域外立法及学说对中国的启示[J]. 政治与法律，2012（11）：106-117.

[103] 许中缘，颜克云. 商法的独特性与民法典总则编纂[J]. 中国社会科学，2016（12）：127-145.

[104] 许中缘. 论商事规范的独特性而非独立性[J]. 法学，2016（12）：28-40.

[105] 许中缘. 我国《民法总则》对民商合一体例的立法创新[J]. 法学，2017（7）：56-67.

[106] 杨峰. 商法思维的逻辑结构与司法适用[J]. 中国法学，2020（6）：160-182.

[107] 杨峰. 商法一般条款的类型化适用[J]. 中国社会科学，2022（2）：43-62.

[108] 杨立新.《民法总则》规定的民法特别法链接条款[J]. 法学家，2017（5）：105-116.

[109] 杨立新. 民法分则物权编应当规定物权法定缓和原则[J]. 清华法学，2017，11（2）：14-27.

[110] 杨立新. 我国继承制度的完善与规则适用[J]. 中国法学，2020（4）：88-108.

[111] 杨立新. 物权法定缓和的绝处逢生与继续完善：《民法典》规定"其他具有担保功能的合同"概念价值[J]. 上海政法学院学报（法治论丛），2021，36（1）：45-53.

[112] 姚明斌.《合同法》第114条（约定违约金）评注[J]. 法学家，2017（5）：154-174.

[113] 姚明斌.《民法典》违约金规范的体系性发展[J]. 比较法研究，2021（1）：90-104.

[114] 叶金强.《民法总则》"民事权利章"的得与失[J]. 中外法学，2017，29（3）：645-655.

[115] 叶林. 商法理念与商事审判[J]. 法律适用，2007（9）：17-20.

[116] 叶林. 商行为的性质[J]. 清华法学，2008（4）：40-54.

[117] 叶名怡. "共债共签"原则应写入《民法典》[J]. 东方法学，2019（1）：94-103.

[118] 叶名怡. 夫妻债务的清偿顺序[J]. 法学研究，2023，45（4）：74-92.

[119] 殷安军. 瑞士法上民商合一立法模式的形成兼评"单一法典"理念 [J]. 中外法学, 2014, 26 (6): 1462-1482.

[120] 尹田. 物权法定原则批判之思考 [J]. 法学杂志, 2004 (6): 8-11.

[121] 于飞. 基本原则与概括条款的区分: 我国诚实信用与公序良俗的解释论构造 [J]. 中国法学, 2021 (4): 25-43.

[122] 于莹. 民法基本原则与商法漏洞填补 [J]. 中国法学, 2019 (4): 285-302.

[123] 余佳楠. 我国有限公司股权善意取得制度的缺陷与建构: 基于权利外观原理的视角 [J]. 清华法学, 2015, 9 (4): 109-124.

[124] 余能斌, 程淑娟. 我国"民商合一"立法借鉴的新选择: 由《俄罗斯联邦民法典》引出的思考 [J]. 当代法学, 2006 (1): 36-46.

[125] 张谷. 管制还是自治, 的确是个问题! : 对《民法总则(草案)》"法人"章的评论 [J]. 交大法学, 2016 (4): 68-79.

[126] 张力. 民法典与商法通则对完善市场法制的分工: 中心化与去中心化 [J]. 当代法学, 2020, 34 (4): 3-14.

[127] 张力. 民法转型的法源缺陷: 形式化、制定法优位及其校正 [J]. 法学研究, 2014, 36 (2): 73-92.

[128] 张良. 民法典编纂背景下我国《合同法》分则之完善: 以民事合同与商事合同的区分为视角 [J]. 法学杂志, 2016, 37 (9): 26-32.

[129] 张梁. 数字经济下商个人的发展趋势及其制度回应 [J]. 法律科学(西北政法大学学报), 2024, 42 (2): 147-158.

[130] 张鸣起. 民法典分编的编纂 [J]. 中国法学, 2020 (3): 5-28.

[131] 张新宝, 唐青林. 经营者对服务场所的安全保障义务 [J]. 法学研究, 2003 (3): 79-92.

[132] 张新宝. 侵权行为法的一般条款 [J]. 法学研究, 2001 (4): 42-54.

[133] 张新宝. 侵权责任编起草的主要问题探讨 [J]. 中国法律评论, 2019 (1): 133-144.

[134] 赵磊. 反思"商事通则"立法: 从商法形式理性出发 [J]. 法律科学(西北政法大学学报), 2013, 31 (4): 156-164.

[135] 赵磊. 商事信用: 商法的内在逻辑与体系化根本 [J]. 中国法学, 2018 (5): 160-180.

[136] 赵万一, 赵吟. 论商法在中国社会主义市场经济法律体系中的地位和作用 [J]. 现代法学, 2012, 34 (4): 60-73.

[137] 赵万一. 后民法典时代商法独立性的理论证成及其在中国的实现 [J]. 法律科学（西北政法大学学报），2021，39（2）：119-132.

[138] 赵万一. 论民法的商法化与商法的民法化：兼谈我国民法典编纂的基本理念和思路 [J]. 法学论坛，2005（4）：28-33.

[139] 赵万一. 民商合一体制之困境思考 [J]. 法学杂志，2020，41（10）：42-51.

[140] 赵万一. 商法的独立性与商事审判的独立化 [J]. 法律科学（西北政法大学学报），2012，30（1）：54-64.

[141] 赵旭东，等.《商法通则》立法大家谈 [J]. 国家检察官学院学报，2018，26（3）：3-35.

[142] 赵旭东. 改革开放与中国商法的发展 [J]. 法学，2018（8）：32-47.

[143] 赵旭东. 民法典的编纂与商事立法 [J]. 中国法学，2016（4）：40-54.

[144] 赵旭东. 商法通则立法必要性和可行性研究 [J]. 地方立法研究，2018，3（2）：10-22.

[145] 郑彧. 民法逻辑、商法思维与法律适用 [J]. 法学评论，2018，36（4）：82-93.

[146] 郑在义. 论我国商主体的法定化 [J]. 国家检察官学院学报，2006（3）：141-147.

[147] 郑志涛，王崇敏. 我国商誉私法保护的实证分析与启示 [J]. 法律适用，2016（3）：54-59.

[148] 周林彬，陈胜蓝. 商事审判在中国经济发展中作用探析 [J]. 理论学刊，2011（8）：56-58.

[149] 周林彬，官欣荣. 论营业行为的商法安排 [J]. 学术论坛，2019，42（1）：16-22.

[150] 周林彬，李胜兰. 法律经济分析与我国物权法创新 [J]. 河北法学，2001（5）：10-14.

[151] 周林彬，王佩佩. 试论商事惯例的司法适用：一个经济法学的视角 [J]. 学术研究，2008（10）：66-72.

[152] 周林彬，王睿.《民法典》的中国之问与解决方案 [J]. 地方立法研究，2021，6（2）：1-11.

[153] 周林彬，王睿. 民法分则物权编中商事担保规范的立法选择：基于三类规范的视角 [J]. 社会科学战线，2020（3）：203-214.

[154] 周林彬,吴劲文. 我国商主体概念复兴与制度重构:基于多国商法典的比较分析 [J]. 安徽师范大学学报（人文社会科学版）, 2019, 47 (6): 83-94.

[155] 周林彬. 民法总则制定中商法总则内容的加入:以民法总则专家建议稿"一般规定"条款的修改意见为例 [J]. 社会科学战线, 2015 (12): 205-214.

[156] 周林彬. 商法入典标准与民法典的立法选择:以三类商法规范如何配置为视角 [J]. 现代法学, 2019, 41 (6): 55-76.

[157] 周游. 股权利益分离视角下夫妻股权共有与继承问题省思 [J]. 法学, 2021 (1): 167-178.

[158] 周友军. 《民法典》侵权责任编的守成与创新 [J]. 当代法学, 2021, 35 (1): 15-25.

[159] 朱慈蕴. 营业规制在商法中的地位 [J]. 清华法学, 2008 (4): 7-23.

[160] 庄加园. "买卖型担保"与流押条款的效力:《民间借贷规定》第24条的解读 [J]. 清华法学, 2016, 10 (3): 72-85.

[161] 邹海林. 论《民法典各分编（草案）》"担保物权"的制度完善:以《民法典各分编（草案）》第一编物权为分析对象 [J]. 比较法研究, 2019 (2): 27-47.

[162] 曾大鹏. 从法理到法条的转换:评苗延波先生的《商法通则》草案建议稿 [J]. 河北法学, 2010, 28 (7): 100-107.

五、外文期刊论文

[1] AKERLOF G A. The market for "lemons": quality uncertainty and the market mechanism [J]. The quarterly journal of economics, 1970, 84 (3): 488-500.

[2] BARRO R J. The loan market, collateral, and rates of interest [J]. Journal of money, credit and banking, 1976, 8 (2): 422-456.

[3] BLAIR M M, POLLMAN E. The derivative nature of corporate constitutional rights [J]. William & Mary law review, 2015, 56 (5): 1673-1744.

[4] CARTER J C. The fiduciary rights of shareholders [J]. William & Mary law review, 1988, 29 (4): 823-854.

[5] CARTY H. The economic torts and English law: an uncertain future [J].

Kentucky law journal, 2006 – 2007, 95 (4): 845 – 892.

[6] CASEY A J, NIBLETT A. The death of rules and standards [J]. Indiana law journal, 2017, 92 (4): 1401 – 1412.

[7] COJOCARU C. Adoption of the new Romanian Civil Code and some effects thereof on the business law [J]. Journal of advanced research in law and economics, 2013, 4: 96.

[8] GARCÍA I M. Enforcement of penalty clauses in civil and common law: a puzzle to be solved by the contracting parties [J]. European journal of legal studies, 2012, 5 (1): 95 – 124.

[9] GERGEN M P. Gerhart and private law's melody of reasonableness [J]. Case western reserve law review, 2021, 72 (2): 355 – 398.

[10] GERLACH R. Out of the rough: how the PGA tour can be held accountable for fan safety [J]. University of Illinois Law Review, 2021, 2021 (1): 229 – 260.

[11] GILSON R J, et al. Text and context: contract interpretation as contract design [J]. Cornell law review, 2014, 100 (1): 23 – 98.

[12] GUTTERIDGE H C. Contract and commercial law [J]. Law quarterly review, 1935, 51 (1): 91 – 141.

[13] HANESSIAN G. General principles of law in the Iran – U. S. claims tribunal [J]. Columbia journal of transnational law, 1989, 27 (2): 309 – 352.

[14] KADENS E E. Myth of the customary law merchant [J]. Texas law review, 2012, 90 (5): 1153 – 1206.

[15] KAHN C, HUBERMAN G. Default, foreclosure, and strategic renegotiation [J]. Law and contemporary problems, 1989, 52 (1): 49 – 62.

[16] KLASS G. Intent to contract [J]. Virginia law review, 2009, 95 (6): 1437 – 1504.

[17] KOZOLCHYK B. The commercialization of civil law and the civilization of commercial law [J]. Louisiana law review, 1979, 40 (1): 3 – 48.

[18] MATTEI U. The comparative law and economics of penalty clauses in contracts [J]. American journal of comparative law, 1995, 43 (3): 427 – 444.

[19] MERRILL T, SMITH H E. Optimal standardization in the law of property: the numerus clausus principle [J]. Yale law journal, 2000, 110 (1): 1 – 70.

[20] MOONEY C W. Fintech and secured transactions systems of the future [J].

Law and contemporary problems, 2018, 81 (1): 1-20.

[21] MORGAN J. Penalty clause doctrine: unlovable but untouchable [J]. Cambridge law journal, 2016, 75 (1): 11-14.

[22] NEZAR A. Reconciling punitive damages with tort law's normative framework [J]. Yale law journal, 2011, 121 (3): 678-724.

[23] OMAN N. Consent to retaliation: a civil recourse theory of contractual liability [J]. Iowa law review, 2011, 96 (2): 529-580.

[24] O'SULLIVAN J. Lost on penalties [J]. Cambridge law journal, 2014, 73 (3): 480-483.

[25] PARGENDLEr M. Veil peeking: the corporation as a nexus for regulation [J]. University of Pennsylvania law review, 2021, 169 (3): 717-781.

[26] PICKER R C. Perfection hierarchies and nontemporal priority rules [J]. Chicago-Kent law review, 1999, 74 (3): 1157-1190.

[27] PLANK T E. A new system of electronic chattel paper: notification of assignment [J]. South Carolina law review, 2019, 71 (1): 77-112.

[28] RHEE R J. A financial economic theory of punitive damages [J]. Michigan law review, 2012, 111 (1): 33-88.

[29] RHEE R J. The tort foundation of duty of care and business judgment [J]. Notre Dame law review, 2013, 88 (3): 1139-1198.

[30] ROY G. The codification of commercial law [J]. Monash university law review, 1988, 14 (3): 135-157.

[31] RUSTAD M L. Twenty-first-century tort theories: the internalist/externalist debate [J]. Indiana law journal, 2013, 88 (2): 419-448.

[32] SCHMITTHOFF C M. International business law: a new merchant [J]. Current law and social problems, 1961, 2: 129-153.

[33] SCHWARTZ A A. A standard clause analysis of the frustration doctrine and the material adverse change clause [J]. UCLA law review, 2010, 57 (3): 789-840.

[34] SCHWARTZ A, Scott R E. The common law of contract and the default rule project [J]. Virginia law review, 2016, 102 (6): 1523-1588.

[35] SELIGMAN M A. Moral diversity and efficient breach [J]. Michigan law review, 2019, 117 (5): 885-938.

[36] SHAHAR O B. Fixing unfair contracts [J]. Stanford law review, 2011, 63

(4): 869-906.

[37] SPEIDEL R E. Contract formation and modification under revised article 2 [J]. William & Mary law review, 1994, 35 (4): 1305-1336.

[38] TOT I. The risk of re-characterization of title transfer financial collateral arrangements [J]. InterEULawEast: journal for international and european law, economics and market integrations, 2018, 5 (2): 123-150.

[39] WHITMAN J Q. Commercial law and the American volk: a note on llewellyn's German sources for the uniform commercial code [J]. Yale law journal, 1987, 97 (1): 156-176.

[40] WINSBERG S. Contract's covert meddlers [J]. Notre Dame law review, 2022, 97 (3): 1265-1326.